부수명칭(部首名稱)

	1 획					
一	한 일	大	큰 대	木	나무 목
丨	뚫을 곤	女	계집 녀	欠	하품 흠
丶	점 주(점)	子	아들 자	止	그칠 지
丿	삐칠 별(삐침)	宀	집 면(갓머리)	歹(歺)	뼈앙상할 알(죽을사변)
乙(乚)	새 을	寸	마디 촌	殳	칠 수 (갖은등글월문)
亅	갈고리 궐	小	작을 소	毋	말 무
	2 획		尢(尣)	절름발이 왕	比	견줄 비
二	두 이	尸	주검 시	毛	터럭 모
亠	머리 두(돼지해머리)	屮(中)	싹날 철	氏	각시 씨
人(亻)	사람 인(인변)	山	메 산	气	기운 기
儿	어진사람 인	巛(川)	개미허리(내 천)	水(氵)	물 수(삼수변)
入	들 입	工	장인 공	火(灬)	불 화
八	여덟 팔	己	몸 기	爪(爫)	손톱 조
冂	멀 경(멀경몸)	巾	수건 건	父	아비 부
冖	덮을 멱(민갓머리)	干	방패 간	爻	점괘 효
冫	얼음 빙(이수변)	幺	작을 요	爿	조각널 장(장수장변)
几	안석 궤(책상궤)	广	집 엄(엄호)	片	조각 편
凵	입벌릴 감 (위터진입구)	廴	길게걸을 인(민책받침)	牙	어금니 아
刀(刂)	칼 도	廾	손맞잡을 공(밑스물입)	牛(牜)	소 우
力	힘 력	弋	주살 익	犬(犭)	개 견
勹	쌀 포	弓	활 궁		5 획	
匕	비수 비	彐(彑)	돼지머리 계(터진가로왈)	玄	검을 현
匚	상자 방(터진입구)	彡	터럭 삼(삐친석삼)	玉(王)	구슬 옥
匸	감출 혜(터진에운담)	彳	조금걸을 척(중인변)	瓜	오이 과
十	열 십		4 획		瓦	기와 와
卜	점 복	心(忄·㣺)	마음 심(심방변)	甘	달 감
卩(㔾)	병부 절	戈	창 과	生	날 생
厂	굴바위 엄(민엄호)	戶	지게 호	用	쓸 용
厶	사사로울 사(마늘모)	手(扌)	손 수(재방변)	田	밭 전
又	또 우	支	지탱할 지	疋	필 필
	3 획		支(攵)	칠 복 (등글월문)	疒	병들 녁(병질엄)
口	입 구	文	글월 문	癶	걸을 발(필발머리)
囗	에울 위(큰입구)	斗	말 두	白	흰 백
土	흙 토	斤	도끼 근(날근)	皮	가죽 피
士	선비 사	方	모 방	皿	그릇 명
夂	뒤져올 치	无(旡)	없을 무(이미기방)	目(罒)	눈 목
夊	천천히걸을 쇠	日	날 일	矛	창 모
夕	저녁 석	曰	가로 왈	矢	화살 시
		月	달 월	石	돌 석

示(礻)	보일 시	谷	골 곡		10 획
内	짐승발자국 유	豆	콩 두	馬	말 마
禾	벼 화	豕	돼지 시	骨	뼈 골
穴	구멍 혈	豸	발없는벌레 치(갖은돼지시변)	高	높을 고
立	설 립	貝	조개 패	髟	머리털늘어질 표(터럭발)
	6 획	赤	붉을 적	鬥	싸울 투
竹	대 죽	走	달아날 주	鬯	술 창
米	쌀 미	足(⻊)	발 족	鬲	솥 력
糸	실 사	身	몸 신	鬼	귀신 귀
缶	장군 부	車	수레 거		11 획
网(罒·㓁)	그물 망	辛	매울 신	魚	물고기 어
羊	양 양	辰	별 진	鳥	새 조
羽	깃 우	辵(辶)	쉬엄쉬엄갈 착(책받침)	鹵	소금밭 로
老(耂)	늙을 로	邑(⻏)	고을 읍(우부방)	鹿	사슴 록
而	말이을 이	酉	닭 유	麥	보리 맥
耒	쟁기 뢰	釆	분별할 변	麻	삼 마
耳	귀 이	里	마을 리		12 획
聿	붓 율		8 획	黃	누를 황
肉(月)	고기 육(육달월변)	金	쇠 금	黍	기장 서
臣	신하 신	長(镸)	길 장	黑	검을 흑
自	스스로 자	門	문 문	黹	바느질할 치
至	이를 지	阜(⻖)	언덕 부(좌부방)		13 획
臼	절구 구(확구)	隶	미칠 이	黽	맹꽁이 맹
舌	혀 설	隹	새 추	鼎	솥 정
舛(牟)	어그러질 천	雨	비 우	鼓	북 고
舟	배 주	靑	푸를 청	鼠	쥐 서
艮	그칠 간	非	아닐 비		14 획
色	빛 색		9 획	鼻	코 비
艸(艹)	풀 초(초두)	面	낯 면	齊	가지런할 제
虍	범의문채 호(범호)	革	가죽 혁		15 획
虫	벌레 충(훼)	韋	다룸가죽 위	齒	이 치
血	피 혈	韭	부추 구		16 획
行	다닐 행	音	소리 음	龍	용 룡
衣(衤)	옷 의	頁	머리 혈	龜	거북 귀(구)
襾	덮을 아	風	바람 풍		17 획
	7 획	飛	날 비	龠	피리 약변
見	볼 견	食(飠)	밥 식(변)	*는	*忄심방(변) *扌재방(변)
角	뿔 각	首	머리 수	부수의	*氵삼수(변) *犭개사슴록(변)
言	말씀 언	香	향기 향	변형글자	*⻏(邑)우부(방) *⻖(阜)좌부(변)

3단계 왕초보
1800 한자 쓰기 교본

국립중앙도서관 출판시도서목록(CIP)

3단계 왕초보 1800한자 쓰기 교본
감수: 최청화, 유향미 — 서울 : 창, 2014 p. ; cm
ISBN 978-89-7453-218-5 13640 : ₩16000

한자(글자)[漢字]
한자 쓰기[漢字---]

711.47-KDC5
495.78-DDC21 CIP2014020069

3단계 왕초보 1800 한자 쓰기 교본

2024년 5월 15일 7쇄 인쇄
2024년 5월 25일 7쇄 발행

감수자 | 최청화/유향미
펴낸이 | 이규인
펴낸곳 | 도서출판 **창**
등록번호 | 제15-454호
등록일자 | 2004년 3월 25일

주소 | 서울특별시 마포구 용강동 117-4 월명빌딩 4층
전화 | (02) 322-2686, 2687 / 팩시밀리 | (02) 326-3218
홈페이지 | http://www.changbook.co.kr
e-mail | changbook1@hanmail.net

ISBN 978-89-7453-218-5 13640

정가 16,000원
*잘못 만들어진 책은 〈도서출판 **창**〉에서 바꾸어 드립니다.

*이 책의 저작권은 〈도서출판 **창**〉에 있습니다.
  저작권법에 의해 보호를 받는 저작물이므로 무단 전재와 복제를 금합니다.

漢字 3단계 왕초보

1800 한자 쓰기 교본

최청화 · 유향미 감수

① 획
② 획
③ 획 五
④ 획 七
⑤ 획
六 四 八

■ 영자팔법(永字八法)

창
Chang Books

Foreword

간편하고 효율적인 학습을 위해

여러분은 지금 국제화 시대에 살고 있습니다. 한자는 중국 등 한자문화권 국가와의 비즈니스 관계에 따라 영어와 마찬가지로 여러분과 떼려야 뗄 수 없는 불가분의 관계입니다. 지구상에 글자를 소리글자와 뜻글자로 크게 분류한다면 소리글자가 영어라면 뜻글자는 한자입니다. 이러한 시대 상황을 고려하여 편집·제작된 3단계 왕초보 1800 한자쓰기 교본은 교육부에서 발표한 "21세기 한자·한문 교육의 내실을 기하며, 새로운 교육적 전망을 확립하기 위하여 만들어졌습니다. 따라서 한자 능력시험의 3급~8급까지의 기초한자 및 필수한자와 핵심한자 등을 포함해서 초급부터 누구나 부담없이 공부할 수 있도록 하였습니다. 그리고 왕초보자를 위해 필순을 넣어 쉽게 쓸 수 있도록 하였을 뿐만 아니라 쓰기 연습을 넣어 한 번에 완벽하게 끝낼 수 있도록 하였으며, 또한 10년 이상 각종 시험자료에서 입증된 핵심한자만을 골라 1850한자로 구성하였습니다. 우리글은 상당 부분을 한자에서 유래된 말이 많이 차지하고 있어 비록 복잡하지만 공부해보면 정말 신비하고 재미있는 철학이 담겨있다는 것을 알게 될 것입니다.

이 책의 구성을 살펴보면,
Part I   3단계 왕초보 1단계 기초한자 – 초급 단계 (5~8급)
Part II 3단계 왕초보 2단계 필수한자 – 중급 단계 (4~4II급)
Part III 3단계 왕초보 3단계 핵심한자 – 고급 단계 (3~3II급)

이와 같이 단계(급수)별로 분류한 후, 중요도에 따라 알기 쉽게 '가나다(ㄱ, ㄴ, ㄷ)'순으로 배열·수록하였으며, 학생들이 언어생활과 전공 학습에 필요한 한자를 학습하고, 국가공인 한자자격증 시험을 준비하는 데 도움을 주고자 상용 한자 어휘의 자료를 충실히 반영하고, 그외 다양한 실생활과 학업에 필요한 한자만을 열거하였습니다. 모든 한자는 표제자(標題字)의 부수(部首), 획수(畫數), 총획수(總畫數)를 표시하였습니다. 그리고 한문 교육용 기본한자 1800자 중에서 기초한자 500자, 필수한자 500자, 나머지 핵심한자 850자로 구성되었습니다. 그리고 세계화에 대비해서 완벽한 언어로 발전하기 위해 4개국어로

Foreword

표기되어 누구든지 쉽게 활용할 수 있습니다. 또한 한자 어휘를 중심으로 해당 한자의 음과 뜻, 한자 어휘의 활용, 해당 어휘가 활용된 예를 제시하였으며, 중·고등학교 교육용 기초한자는 中, 高로 구분하였으며, 한자능력검정시험용 급수도 함께 수록하였습니다. 급수 표기는 (社)대한민국한자교육연구회(대한검정회)와 (社)한국어문회가 배정한 공동으로 사용되는 급수를 앞에 수록하였으며, 중국어 간체자뿐만 아니라 일본어 약자 및 파생어 등도 함께 수록하여 한자 익히기에 도움을 주었다. 부록은 한자 학습에 꼭 필요한 알찬 내용만을 엄선하여 실었습니다. 그리고 쓰기용 노트로 만들어져 다시한번 복습함으로써 여러분의 한자실력을 단계별로 향상시켜 줄 것입니다.

참고로 이 책을 학습하는 데 필요한 사용기호를 살펴보면,
기본 뜻 외에 영어, 중국어, 일본어 등을 표기하고 교육용 1000 기본한자는 반대자와 상대자, 약자와 속자 등을 제시하고 영 → 영어 중 → 중국어 일 → 일본어 유 → 유의어 반 → 반의어를 표시하였습니다.
*예문은 두음법칙에 따라 표기했음. 中 - 중학교, 高 - 고등학교 표기.

〈본문설명〉

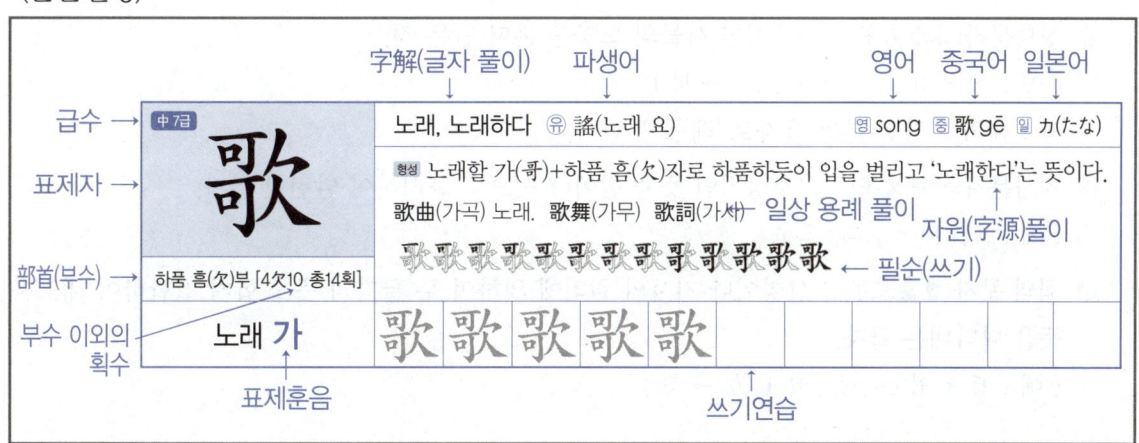

한자(漢字)에 대하여

1. 한자(漢字)의 필요성

지구상에서 한자가 통용되는 인구는 줄잡아 14억을 넘고 있다. 최근 글로벌 시대를 맞이하여 한자를 사용하고 있는 한국·중국·일본을 중심으로 한 동아시아의 경제와 문화가 급격히 부상하면서 한자 학습의 중요성이 더욱 강조되고 있다.

2. 한자(漢字)의 생성 원리

한글은 말소리를 나타내는 소리글자 즉, 표음문자(表音文字)이지만, 한자는 그림이나 사물의 형상을 본떠서 시각적으로 의미를 전달하는 뜻글자로 표의문자(表意文字)이다. 대부분의 사람들은 한자를 공부하는 데 우선 어렵다고 느껴지겠지만 한자의 기본 원칙인 육서(六書)를 익혀두고, 기본 부수 풀이를 익힌다면 한자를 이해하는 데 많은 도움이 될 것이다.

(가) 한자(漢字)의 세 가지 요소

모든 한자는 고유한 모양 '형(形)'과 소리 '음(音)'과 뜻 '의(義)'의 세 가지 요소로 이루어져 있으며, 일반적으로 뜻을 먼저 읽고 나중에 음을 읽는다.

모양	天	地	日	月	山	川
소리	천	지	일	월	산	천
뜻	하늘	땅	해·날	달	메	내

(나) 한자(漢字)를 만든 원리

❶ 상형문자(象形文字) : 구체적인 사물의 모양을 본떠 만든 것.
　(예 : ◎ → 日, ⛰ → 山, 〰 → 川)
　日 : 해의 모양을 본뜬 글자로 '해'를 뜻한다.

❷ 지사문자(指事文字) : 그 추상적인 뜻을 점이나 선으로 표시하여 발전한 글자.
　(예 : 上, 下, 一, 二, 三)

❸ 회의 문자(會意文字) : 상형이나 지사의 원리에 의하여 두 글자의 뜻을 합쳐 결합하여 새로운 뜻을 나타내는 글자.
　(예 : 日 + 月 → 明, 田 + 力 → 男)

❹ 형성문자(形聲文字) : 상형이나 지사문자들을 서로 결합하여 뜻 부분과 음 부분 나타내도록 만든 글자.
(예 : 工 + 力 → 功)

❺ 전주문자(轉注文字) : 이미 만들어진 글자를 최대한으로 다른 뜻으로 유추하여 늘여서 쓰는 것.
(예 : 樂 → 풍류 악, 즐거울 락, 좋아할 요 惡 → 악할 악, 미워할 오)

❻ 가차문자(假借文字) : 이미 있는 글자의 뜻에 관계 없이 음이나 형태를 빌어다 쓰는 글자.
(예 : 自 → 처음에는 코(鼻 : 코 비)라는 글자였으나 그음을 빌려서 '자기'라는 뜻으로 사용.

(다) 부수(部首)의 위치와 명칭

❶ 머리(冠) · 두(頭)
부수가 글자의 위에 있는 것.
대표부수: 亠, 宀, 竹, 艸(艹)

　宀 갓머리(집면) : 官(벼슬 관)
　艹(艸) 초두머리(풀초) : 花(꽃 화), 苦(쓸 고)

❷ 변(邊)
부수가 글자의 왼쪽에 있는 것.
대표부수: 人(亻), 彳, 心(忄), 手(扌), 木, 水(氵), 石

　亻(人) 사람인변 : 仁(어질 인), 代(대신 대)
　禾 벼화변 : 科(과목 과), 秋(가을 추)

❸ 발 · 다리(脚)
부수가 글자의 아래에 있는 것.
대표부수: 儿, 火(灬), 皿

　儿 어진사람인 : 兄(형 형), 光(빛 광)
　灬(火) 연화발(불화) : 烈(매울 열), 無(없을 무)

❹ 방(傍)
부수가 글자의 오른쪽에 있는 것.
대표부수: 刀(刂), 支(攵), 欠, 見, 邑(阝)

　刂(刀) 선칼도방 : 刻(새길 각), 刑(형벌 형)
　阝(邑) 우부방 : 郡(고을 군), 邦(나라 방)

❺ 엄(广)
부수가 글자의 위에서 왼쪽으로 덮여 있는 것.
대표부수: 厂, 广, 疒, 虍

广 엄호(집엄) : 序(차례 서), 度(법도 도)
尸(주검시) : 居(살 거), 局(판 국)

❻ 받침
부수가 왼쪽에서 밑으로 있는 것.
대표부수: 廴, 走, 辵(辶)

廴 민책받침(길게걸을인) : 廷(조정 정), 建(세울 건)
辶(辵) 책받침(쉬엄쉬엄갈착) : 近(가까울 근), 追(따를 추)

❼ 몸
부수가 글자를 에워싸고 있는 것.
대표부수: 凵, 囗, 門

凵 위튼입구몸(입벌릴감) : 凶(흉할 흉), 出(날 출)

匸 감출혜 : 匹(짝 필), 區(구분할 구)
匚 튼입구몸(상자방) : 匠(장인 장), 匣(갑 갑)

門 문문 : 開(열 개), 間(사이 간)

囗 큰입구몸(에운담) :
四(넉 사), 困(곤할 곤), 國(나라 국)

❽ 제부수
부수가 그대로 한 글자를 구성한다.

木(나무목) : 本(근본 본), 末(끝 말)
車(수레거) : 軍(군사 군), 較(비교할 교)
馬(말마) : 驛(역마 역), 騎(말탈 기)

영자팔법(永字八法)

영자팔법(永字八法)은 붓글씨를 쓸 때 한자의 글씨 쓰는 법을 가르치는 방법의 하나로 자주 나오는 여덟 가지 획의 종류를 '永(길 영)'자 한자 속에 쓰는 방법이다. 一(측:側)은 윗점, 二(늑:勒)는 가로획, 三(노:努)은 가운데 내리 획, 四(적:趯)는 아래 구부림, 五(책:策)는 짧은 가로획, 六(약:掠)은 오른쪽에서 삐침, 七(탁:啄)은 짧은 오른쪽 삐침, 八(책:磔)은 왼쪽에서 삐침을 설명한 것이다.

* '①~⑤'은 획순이며, '一~八'은 획의 종류 설명이다.

길 영 (물 수)부 [4水1 총5획]

c·o·n·t·e·n·t·s

차례

- 머리말   4
- 한자(漢子)에 대하여   6
- 한자(漢子)쓰기의 기본 원칙   8
- Part I   3단계 왕초보 1단계 기초 한자   13
           (초급 단계 : 5~8급)
- Part II   3단계 왕초보 2단계 필수한자   115
           (중급 단계 : 4~4 II 급)
- Part III   3단계 왕초보 3단계 핵심한자   217
           (고급 단계 : 3~3 II 급)

〈부록〉

- 부수(部首) 일람표   390
- 두음법칙(頭音法則) 한자   398
- 동자이음(同字異音) 한자   399
- 약자(略字) · 속자(俗字)   402
- 고사성어(故事成語)   403
- 찾아보기(색인)   411

Part I

3단계 왕초보 1800 한자 쓰기 교본

1단계

● 기초한자(초급단계 : 5~8급) ●

3단계 왕초보 → 1단계

歌 (中 7급)
하품 흠(欠)부 [4欠10 총14획]

노래, 노래하다 유 謠(노래 요) 영 song 중 歌 gē 일 カ(たな)

형성 노래할 가(哥)+하품 흠(欠)자로 하품하듯이 입을 벌리고 '노래한다'는 뜻이다.
歌曲(가곡) 노래. 歌舞(가무) 歌詞(가사)

歌歌歌歌歌歌歌歌歌歌歌歌歌歌

노래 가 — 歌 歌 歌 歌 歌

家 (中 7급)
갓머리(宀)부 [3宀7 총10획]

집, 가정 유 宅(집 댁) 영 house 중 家 jiā 일 カ·ケ(いえ)

회의 움집 면(宀)+돼지 시(豕)자로 돼지는 새끼를 많이 낳으므로 사람이 모여사는 '집'을 뜻한다.
家系(가계) 한 집안의 혈통. 家奴(가노) 家具(가구) 家內(가내)

家家家家家家家家家家

집 가 — 家 家 家 家 家

價 (中 5급) 〔価〕
사람 인(人)부 [2人13 총15획]

값, 시세 영 value 중 价 jià 일 価 カ(あたい)

형성 사람 인(亻)+앉은장사 고(賈)로 사람이 장사하는 데는 '물건 값'이 정해진다.
高價(고가) 높은 가격. 低價(저가) 價格(가격) 價值(가치)

價價價價價價價價價價價

값 가 — 價 價 價 價 價

加 (中 5급)
힘 력(力)부 [2力3 총5획]

더하다, 뽐내다 반 減(덜 감) 영 add 중 加 jiā 일 カ(くわえる)

회의 힘 력(力)+입 구(口)자로 힘을 들여 말을 많이 하므로 '더하다'의 뜻이다.
加減(가감) 더함과 뺌. 加工(가공) 加擔(가담) 加算(가산)

加加加加加

더할 가 — 加 加 加 加 加

| 中 5급 | 可
입 구(口)부 [3口2 총5획]
옳을 가 | 옳다, 인정하다　반 否(아닐 부)　　영 right　중 可 kě　일 カ(よい)
형성 입 구(口)+어여쁠 교(丁)자로 입에서 나온 소리는 '옳은' 소리다.
可憐(가련) 모양이 어여쁘고 아름다움.　可望(가망)　可決(가결)　可恐(가공)
可 可 可 可 可
可 可 可 可 可 |

| 中 6급 | 各
입 구(口)부 [3口3 총6획]
각각 각 | 각각, 제각기　　영 each　중 各 gè　일 カク(おのおの)
회의 뒤져올 치(夂)+입 구(口)자로 앞뒤에 한 말이 다르므로 '각각'의 뜻이다.
各樣(각양) 여러 가지의 모양.　各項(각항)　各界(각계)　各國(각국)
各 各 各 各 各 各
各 各 各 各 各 |

| 中 6급 | 角
뿔 각(角)부 [7角0 총7획]
뿔 각 | 뿔, 모　　영 horn　중 角 jiǎo　일 カク(つの)
상형 짐승뿔 모양을 본뜬 글자로 뿔이 뾰족하므로 '모나다'는 것이다.
角弓(각궁) 뿔로 만든 활.　角門(각문)　角度(각도)　角膜(각막)
角 角 角 角 角 角 角
角 角 角 角 角 |

| 中 7급 | 間
문 문(門)부 [8門4 총12획]
사이 간 | 사이, 틈　　영 gap　중 间 jiān　일 カン(あいだま)
회의 문 문(門)+날 일(日)자로 빛이 문틈으로 새어들어오므로 '사이'를 뜻한다.
間隔(간격) 서로 떨어져 있는 거리.　間色(간색)　間伐(간벌)　間食(간식)
間 間 間 間 間 間 間 間 間 間 間 間
間 間 間 間 間 |

| 中 6급 | 感
마음 심(심방변) 心(忄/㣺)부 [4心9 총13획]
느낄 감 | 느끼다, 깨닫다　　영 feel　중 感 gǎn　일 カン(かんずる)
형성 다 함(咸)+마음 심(心)자로 사람의 마음을 '느끼다'의 뜻이다.
感覺(감각) 느끼어 깨달음.　感激(감격)　感謝(감사)　感懷(감회)
感 感 感 感 感 感 感 感 感 感 感 感 感
感 感 感 感 感 |

5-8급 기초한자

江

中 7급

부수: 물 수(삼수변) 水(氵)부 [3氵3 총6획]

뜻: 강, 큰 내 반: 山(뫼 산) 영: river 중: 江 jiāng 일: コウ(え)

회의·형성: 물 수(氵=水)+만들 공(工)자로 가장 큰 물줄기를 만드는 '강'의 뜻이다.

江口(강구) 강 어귀. 江南(강남) 江邊(강변) 江村(강촌)

훈음: 강 강

強

中 6급

부수: 활 궁(弓)부 [3弓9 총12획]

뜻: 굳세다 반: 弱(약할 약) 영: strong 중: 强 qiáng 일: キョウ(しいる)

형성: 클 홍(弘)+벌레 충(虫)자로 크고 단단한 껍질을 가진 벌레로 '강하다'는 뜻이다.

強健(강건) 굳세고 건강함. 強國(강국) 強烈(강렬) 強要(강요)

훈음: 굳셀 강

開

中 6급

부수: 문 문(門)부 [8門4 총12획]

뜻: 열다, 벌임 반: 閉(닫을 폐) 영: open 중: 开 kāi 일: カイ(ひらく)

형성: 문 문(門)+빗장 견(幵)자로 문을 양손으로 '열다'의 뜻이다.

開封(개봉) 봉한 것을 엶. 開店(개점) 開講(개강) 開校(개교)

훈음: 열 개

改

中 5급

부수: 칠 복(등글월문)攴(攵)부 [4攵3 총7획]

뜻: 고치다, 바로잡다 영: fix 중: 改 gǎi 일: カイ(あらためる)

형성: 몸 기(己)+칠 복(攵)자로 자기의 잘못을 질책하여 '고치다'의 뜻이다.

改刊(개간) 고쳐서 간행함. 改年(개년) 改良(개량) 改名(개명)

훈음: 고칠 개

客

中 5급

부수: 갓머리(宀)부 [3宀6 총9획]

뜻: 손, 손님 반: 主(주인 주) 영: guest 중: 客 kè 일: キャク(まらうど)

회의·형성: 집 면(宀)+각 각(各)자로 외부사람이 집으로 오는 것은 '손님'의 뜻이다.

客死(객사) 객지에서 죽음. 客談(객담) 客苦(객고) 客觀(객관)

훈음: 손님 객

中 5급	去	가다, 떠나다 반 來(올 래)	영 leave 중 去 qù 일 キョ(さる)
		회의·형성 뚜껑이 있는 오목한 그릇을 본뜬 글자로 오목하므로 '모습을 감추다'의 뜻이다.	
		去去年(거거년) 지지난해. 去去日(거거일) 去殼(거각) 去毒(거독)	
마늘 모(厶)부 [2厶3 총5획]		去去去去去	
	갈 거	去 去 去 去 去	

中 5급	擧 <small>举</small>	들다, 일으키다	영 lift 중 举 jǔ 일 挙 キョ(あげる)
		회의 더불어 여(與)+손 수(手)자로 여럿이 마음을 합하여 손을 '들다'는 뜻이다.	
		擧家(거가) 온 집안. 擧國(거국) 擧國(거국) 擧動(거동)	
손 수(재방변) 手(扌)부 [4手14 총18획]			
	들 거	擧 擧 擧 擧 擧	

中 7급	車	수레, 수레의 바퀴	영 cart 중 车 jū, chē 일 シャ(くるま)
		상형 외바퀴차의 모양을 본뜬 글자이다.	
		車馬費(거마비) 교통비. 車駕(거가) 車馬(거마) 車輛(차량)	
수레 거(車)부 [7車0 총7획]			
	수레 거/차	車 車 車 車 車	

中 5급	件	일, 물건 유 物(물건 물)	영 case 중 件 jiàn 일 ケン(くだん)
		회의 사람 인(亻)+소 우(牛)자로 사람이 소를 끄는 것이 눈에 띄므로 '사건'의 뜻이다.	
		人件費(인건비) 노임. 件數(건수) 件名(건명) 與件(여건)	
사람 인(人)부 [2人4 총6획]		件件件件件件	
	사건 건	件 件 件 件 件	

中 5급	建	세우다, 길다	영 build 중 建 jiàn 일 ケン(たてる)
		회의 붓 율(聿)+길게 걸을 인(廴)자로 붓으로 글을 써서 계획을 '세우다'의 뜻이다.	
		建功(건공) 공을 세움. 建國(건국) 建軍(건군) 建立(건립)	
민책받침(廴)부 [3廴6 총9획]			
	세울 건	建 建 建 建 建	

中 5급 健 사람 인(人)부 [2人9 총11획] 튼튼할 건	굳세다, 튼튼하다　㊌ 康(건강할 강)　㊎ strong　㊐ 健 jiàn　㊐ ケン(すこやか) ㊌ 사람 인(亻)+세울 건(建)자로 자세를 바로 세우는 사람은 항상 몸이 '건강하다'는 뜻이다. 健忘症(건망증) 보고들은 것을 자꾸 잊어버림.　健實(건실)　健康(건강)　健全(건전) 健健健健健健健健健健健 健健健健健	
中 5급 格 나무 목(木)부 [4木6 총10획] 격식 격	이르다, 격식　㊎ formality　㊎ 格 gé　㊐ カク·キャク ㊌ 나무 목(木)+각 각(各)자로 나무를 돌계단같이 상하좌우로 '격식'의 뜻이다. 格式(격식) 격에 어울리는 법식.　格調(격조)　格上(격상)　格言(격언) 格格格格格格格格格格 格格格格格	
中 5급 見 볼 견(見)부 [7見0 총7획] 볼 견/나타날, 뵐 현	보다, 보이다　㊎ see, watch　㊎ 见 jiàn　㊐ ケン(みる) ㊌·㊌ 눈 목(目)+어진사람 인(儿)자로 사람은 눈으로 '보다'의 뜻이다. 見習(견습) 남이 하는 것을 보고 익힘.　見學(견학)　見本(견본)　謁見(알현) 見見見見見見見 見見見見見	
中 5급 決 물 수(삼수변) 水(氵)부 [3氵4 총7획] 틀 결	결단하다, 나누다　㊎ break·decide　㊎ 决 jué　㊐ ケツ(きめる) ㊌ 물 수(氵)+결단할 쾌(夬)자로 홍수의 범람을 막기 위해 둑을 '결단하다'의 뜻이다. 決勝(결승) 최후의 승부를 결정하는 일.　決算(결산)　決斷(결단)　決裂(결렬) 決決決決決決決 決決決決決	
中 5급 結 실 사(糸)부 [6糸6 총12획] 맺을 결	맺다, 묶다　㊎ join·tie　㊎ 结 jié　㊐ ケツ(むすぶ) ㊌ 실 사(糸)+길할 길(吉)자로 끊어진 실을 튼튼하고 좋게 '맺다'의 뜻이다. 結果(결과) 열매를 맺음.　結局(결국)　結實(결실)　結末(결말) 結結結結結結結結結結結結 結結結結結	

中 6급		서울, 수도(首都) 　반鄕(시골 향)　　　　영capital 　중京 jīng 　일キョウ
		상형 높을 고(高)+작을 소(小)자로 높은 언덕에 임금이 사는 '서울'의 뜻이다.
		京觀(경관) 적의 시체에 흙을 덮어 만든 무덤.　京畿(경기)　京仁(경인)　京鄕(경향)
	돼지해머리(亠)부 [2亠6 총8획]	京京京京京京京京
	서울 **경**	

中 5급		공경하다, 공경　　　　　　　　　　　　영respect 　중敬 jìng 　일ケイ(うやまう)
		회의 진실할 구(苟)+칠 복(攵)자로 회초리를 들고 성심껏 가르치는 사람을 '공경한다'는 뜻이다.
		敬拜(경배) 숭상함.　敬老(경로)　敬虔(경건)　敬禮(경례)
	칠 복(등글월문)攵부 [4攵9 총13획]	敬敬敬敬敬敬敬敬敬敬敬敬敬
	공경 **경**	

中 5급		다투다, 말다툼으로 겨룸 　유 爭(다툴 쟁)　영quarrel 　중竞 jìng 　일キョウ(きそう)
		회의 둘이 마주 서서[吅] 서로가 형[兄]이라고 심하게 '겨룸'의 뜻이다.
		競技(경기) 기술이나 능력을 겨룸.　競馬(경마)　競合(경합)　競賣(경매)
	설 립(立)부 [5立15 총20획]	競競競競競競競競競競競
	다툴 **경**	

中 5급		가볍다, 적다 　반 重(무거울 중)　　　　영light 　중轻 qīng 　일軽 ケイ(かるい)
		형성 수레 거(車)+물줄기 경(巠)자로 물줄기처럼 가볍게 달리는 수레로 '가볍다'의 뜻이다.
		輕妄(경망) 말이나 행동이 방정맞음.　輕犯(경범)　輕減(경감)　輕量(경량)
	수레 거(車)부 [7車7 총14획]	輕輕輕輕輕輕輕輕輕輕輕
	가벼울 **경**	

中 5급		볕, 빛　　　　　　　　　　　　　　　영sunlight 　중景 jǐng 　일ケイ
		형성 해 일(日)+서울 경(京)자로 높은 언덕에 세운 궁궐을 밝게 비추는 '볕'을 뜻하다.
		景觀(경관) 경치.　景慕(경모)　景氣(경기)　景品(경품)
	날 일(日)부 [4日8 총12획]	景景景景景景景景景景景景
	볕 **경**	

5-8급 기초한자 | 19

計

中6급

말씀 언(言)부 [7言2 총9획]

셀 계

세다, 수 ㉠ 算(셈 산) | ⑧ count ⑨ 计 jì ⑩ ケイ(はからう)

회의 말씀 언(言)+열 십(十)자로 입으로 물건의 수를 '세다'를 뜻한다.
計量(계량) 분량이나 무게를 잼. 計算(계산) 計巧(계교) 計策(계책)

界

中6급

밭 전(田)부 [5田4 총9획]

지경 계

지경(地境), 범위 ㉠ 境(지경 경) | ⑧ boundary ⑨ 界 jiè ⑩ カイ(さかい)

형성 밭 전(田)+끼일 개(介)자로 밭과 밭을 나누는 '경계'란 뜻이다.
界內(계내) 국경안. 花柳界(화류계) 界標(계표) 界限(계한)

苦

中6급

풀 초(초두) 艹(艹)부 [4艹5 총9획]

쓸 고

쓰다, 쓴맛 ㉡ 樂(즐길 락), 甘(달 감) | ⑧ bitter ⑨ 苦 kǔ ⑩ ク(くるしい)

형성 풀 초(艹)+옛 고(古)자로 풀이 오래 자라면 맛이 '쓰다'는 뜻이다.
苦杯(고배) 쓴 술잔. 苦心(고심) 苦難(고난) 苦惱(고뇌)

古

中6급

입 구(口)부 [3口2 총5획]

예 고

예, 예전 | ⑧ old ⑨ 古 gǔ ⑩ コ(ふるい)

회의 열 십(十)+입 구(口)자로 열 사람의 입으로 말할 만큼 '옛'의 뜻이다.
古宮(고궁) 옛 궁궐. 古來(고래) 古家(고가) 古物(고물)

固

中5급

큰입 구(口)부 [3口5 총8획]

굳을 고

굳다, 완고함 ㉠ 堅(굳을 견) | ⑧ hard ⑨ 固 gù ⑩ コ(かためる)

형성 에울 위(口)+옛 고(古)자로 오래된 나라의 기틀이 '굳다'는 뜻이다.
固守(고수) 굳게 지킴. 固執(고집) 固辭(고사) 固有(고유)

中 6급	高	높다, 위 반 低(낮을 저) 영 high 중 高 gāo 일 コウ(たかい)
		상형 성 위에 높이 세워진 망루누각과 드나드는 문을 본뜬 글자이다.
		高潔(고결) 고상하고 깨끗함. 高額(고액) 高級(고급) 高空(고공)
높을 고(高)부 [10高0 총10획]		高高高高高高高高高高
높을 고		高 高 高 高 高

中 5급	考	상고하다, 생각 유 慮(생각할 려) 영 consider 중 考 kǎo 일 キ(ふるう)
		형성 늙을 로(耂)+교묘할 교(巧)자로 노인은 수완이 좋으므로 '생각하다'의 뜻이다.
		考古(고고) 이것을 상고함. 考究(고구) 考慮(고려) 考課(고과)
늙을 로(老/耂)부 [4耂2 총6획]		考考考考考考
상고할 고		考 考 考 考 考

中 5급	告	알리다, 찾다 유 報(알릴 보) 영 tell 중 告 gào 일 コウ(つげる)
		회의 소 우(牛)+입 구(口)자로 소를 신에게 바치고 축사를 말하므로 '알리다'의 뜻이다.
		告祀(고사) 몸이나 집안에 탈이 없기를 비는 제사. 告白(고백) 告發(고발) 告寧(곡녕)
입 구(口)부 [3口4 총7획]		告告告告告告告
알릴 고/뵙고청할 곡		告 告 告 告 告

中 5급	曲	굽다, 굽히다 유 直(곧을 직) 영 bent 중 曲 qǔ 일 キョク(まげる)
		상형 대나무나 싸리로 만든 바구니 윗부분의 모양은 굴곡이 있어 '굽다'의 뜻이다.
		曲禮(곡례) 자세한 예식. 曲水(곡수) 曲目(곡목) 曲藝(곡예)
가로 왈(曰)부 [4曰2 총6획]		曲曲曲曲曲曲
굽을 곡		曲 曲 曲 曲 曲

中 7급	空	비다, 하늘 유 虛(빌 허) 영 empty 중 空 kōng 일 クウ(そら)
		형성 구멍 혈(穴)+장인 공(工)자로 공구로 땅을 파내므로 '비다'의 뜻이다.
		空間(공간) 비어 있는 곳. 空白(공백) 空氣(공기) 空腹(공복)
구멍 혈(穴)부 [5穴3 총8획]		空空空空空空空空
빌 공		空 空 空 空 空

5-8급 기초한자

工

中7급

장인, 교묘하다 영 artisan 중 歌 gē 일 コウ(たな)

상형 목수가 사용하는 자를 본뜬 자로 '만들다'의 뜻이다.

工科(공과) 공업에 관한 학과. 工巧(공교) 工具(공구) 工夫(공부)

工工工

장인 공(工)부 [3工0 총3획]

장인 공

共

中6급

함께, 모두 영 together 중 共 gòng 일 キョウ(ともに)

회의 스물 입(卄)+맞잡을 공(廾)자로 두 손을 써서 제물을 바친다는 데서 '함께'의 뜻이다.

共同(공동) 두 사람 이상이 함께 일을 함. 共榮(공영) 共鳴(공명) 共犯(공범)

共共共共共共

여덟 팔(八)부 [2八4 총6획]

함께 공

功

中6급

공로, 일 반 過(허물 과) 영 merits 중 功 gōng 일 コウ(いさお)

형성 장인 공(工)+힘 력(力)자로 힘써 만들어 '공을 세우다'의 뜻이다.

功過(공과) 공로와 허물. 功名(공명) 功德(공덕) 功勞(공로)

功功功功功

힘 력(力)부 [2力3 총5획]

공 공

公

中6급

공변되다, 공공(公共) 반 私(사사 사) 영 public 중 公 gōng 일 コウ(おおやけ)

지사·회의 여덟 팔(八)+사 사(私)자로 사사롭지 않게 '공평하다'의 뜻이다.

公告(공고) 널리 세상에 알림. 公道(공도) 公金(공금) 公主(공주)

公公公公

여덟 팔(八)부 [2八2 총4획]

공변될 공

課

中5급

과정, 과목 영 imposition 중 课 kè 일 カ

형성 말씀 언(言)+실과 과(果)자로 일의 결과를 물어보므로 '시험하다'의 뜻이다.

課目(과목) 과정을 세분한 항목. 課程(과정) 課稅(과세) 課業(과업)

課課課課課課課課課課課課課

말씀 언(言)부 [7言8 총15획]

매길 과

中 6급	果 나무 목(木)부 [4木4 총8획]	과실, 나무의 열매　유 實(열매 실)　　　영 fruit　중 果 guǒ　일 カ(はて)
		상형 나무 목(木)의 위에 열매[田]가 달려 있으므로 '과실'을 뜻한다.
		果敢(과감) 결단성이 있고 용감함.　果報(과보)　果樹(과수)　果然(과연)
		果果果果果果果果
	실과 과	果果果果果

中 5급	過 쉬엄쉬엄갈 착(책받침) 辶(辵)부 [4辶9 총13획]	지나다, 거치다　유 去(지날 거)　　　영 pass　중 过 guò　일 カ(すぎる)
		형성 입삐뚤어질 괘(咼)+쉬엄쉬엄갈 착(辶)자로 입삐뚤어진 말처럼 잘못 말하면 '지나다'의 뜻이다.
		過去(과거) 지나간 일.　過失(과실)　過多(과다)　過敏(과민)
		過過過過過過過過過過過過過
	지날 과	過過過過過

中 6급	科 벼 화(禾)부 [5禾4 총9획]	과목, 과정　　　　　　　　　영 subject, course　중 科 kē　일 カ(しな)
		회의 벼 화(禾)+말 두(斗)자로 벼나 곡식을 말로 되어 나누므로 '과목'을 뜻한다.
		科擧(과거) 관리를 등용하기 위하여 치르던 시험.
		科目(과목)　科學(과학)　教科書(교과서)
		科科科科科科科科科
	과정 과	科科科科科

中 5급	關 (関) 문 문(門)부 [8門11 총19획]	빗장, 닫다　　　　　　　　　영 bolt, connect　중 关 guān　일 関 カン(せき)
		회의·형성 문[門]에 실[絲]을 꿰어 잠그므로 '빗장'의 뜻이다.
		關門(관문) 국경이나 요새에 세운 문.　關鍵(관건)　關係(관계)　關心(관심)　關節(관절)
		關關關關關關關關關關關關
	빗장 관	關關關關關

中 5급	觀 (观) 볼 견(見)부 [7見18 총25획]	보다, 자세히 봄　유 覽(볼 람)　　　영 see　중 观 guān　일 観 カン(みる)
		형성 황새 관(雚)+볼 견(見)자로 황새가 먹이를 찾아 자세히 '관찰하다'의 뜻이다.
		觀客(관객) 구경하는 사람.　觀衆(관중)　觀念(관념)　觀戰(관전)
		觀觀觀觀觀觀觀觀觀觀觀
	볼 관	觀觀觀觀觀

5-8급 기초한자 | 23

光 (빛 광)

中6급 | 어진사람 인(儿)부 [2儿4 총6획]

빛, 재능·명성이 빛나다 — 영 light 중 光 guāng 일 コウ(ひかり)

회의 불 화(火)+어진 사람 인(儿)자로 사람이 햇불을 들고 있으므로 '빛'을 뜻한다.

光景(광경) 경치. 光揚(광양) 光度(광도) 光復(광복)

廣 (넓을 광)

中5급 | 엄 호(广)부 [3广12 총15획] (広)

넓다, 퍼지다 — 영 broad 중 广 guǎng 일 広 コウ(ひろい)

형성 집 엄(广)+누를 황(黃)자로 땅처럼 큰 집으로 '넓다'를 뜻한다.

廣農(광농) 농업을 발전시킴. 廣野(광야) 廣告(광고) 廣域(광역)

敎 (가르칠 교)

中7급 | 칠 복(등글월문) 攵(攴)부 [4攵7 총11획]

가르치다, 학교 — 유 訓(가르칠 훈) 영 educate 중 教 jiào 일 教 キョウ(おしえる)

회의 어린아이를 사귀거나 '가르치다'의 뜻이다.

敎權(교권) 교육상 교육자의 권리. 敎具(교구) 敎師(교사) 敎生(교생)

校 (학교 교)

中7급 | 나무 목(木)부 [4木6 총10획]

학교, 가르치다 — 영 school 중 校 xiào 일 コウ(くらべる)

형성 나무 목(木)+사귈 교(交)자로 구부러진 나무를 곧게 해주는 곳으로 '학교'라는 뜻이다.

校門(교문) 학교의 문. 校風(교풍) 校旗(교기) 校內(교내)

交 (사귈 교)

中6급 | 돼지해머리(亠)부 [2亠4 총6획]

사귀다, 섞이다 — 영 associate 중 交 jiāo 일 コウ(まじわる)

회의·형성 위의 [亠]은 사람이고 밑의 [乂]는 종아리를 엇걸어 꼬는 모양으로 '교차함'을 뜻한다.

交分(교분) 친구 사이의 정의. 交友(교우) 交感(교감) 交代(교대)

中5급 橋 나무 목(木)부 [4木12 총16획] 다리 교	다리, 교량　　영 bridge　중 桥 qiáo　일 キョウ(はし)
	형성 나무 목(木)+높을 교(喬)자로 개울 위에 높고 구부러지게 걸쳐 놓은 '다리'를 뜻한다. 橋脚(교각) 다리를 받치는 기둥. 橋梁(교량)　架橋(가교)　板橋(판교)

中8급 九 새 을(乙)부 [1乙1 총2획] 아홉 구	아홉, 아홉 번　　영 nine　중 九 jiǔ　일 キユウ·ク(ここのつ)
	지사 열 십(十)자의 열에서 하나 떨어져 나갔으므로 '아홉'을 뜻한다. 九曲(구곡) 아홉 굽이.　九十春光(구십춘광)　九氣(구기)　九族(구족)

中7급 口 입 구(口)부 [3口0 총3획] 입 구	입, 말하다　　영 mouth　중 口 kǒu　일 コウ(くち)
	상형 사람의 입모양을 본뜬 글자이다. 口舌(구설) 입과 혀.　口術(구술)　口徑(구경)　口頭(구두)

中6급 區  감출 혜(匚)부 [2匚9 총11획] 갈피 구	구역, 갈피　　영 separately　중 区 qū　일 区 ク(まち)
	회의 감출 혜(匚)+물건 품(品)자로 좁은 곳에 물건을 두기 위하여 '구역'의 뜻이다. 區間(구간) 일정한 지역.　區別(구별)　區民(구민)　區分(구분)

中5급  여덟 팔(八)부 [2八6 총8획] 갖출 구	갖추다, 차림　㊀ 備(갖출 비)　영 equipped　중 具 jù　일 グ(そなえる)
	회의 조개 패(貝→目)+받들 공(廾)의 변형자로 두 손에 돈을 쥐면 무엇이든 '갖추다'의 뜻이다. 具備(구비) 빠짐없이 갖춤.　具色(구색)　具象(구상)　具現(구현)

中 5급

구원하다, 돕다　@ 濟(건널 제)　　영 relieve　중 救 jiù　일 キュウ(すくう)

형성 구할 구(求)+칠 복(攵)자로 강자를 치고 약한 사람을 '구하다'의 뜻이다.

救世主(구세주) 인류를 구제하는 사람.　救助(구조)　救難(구난)　救命(구명)

칠 복(둥글월문)攴(攵)부 [4攵7 총11획]

구할 구

救 救 救 救 救 救 救 救 救 救 救

救 救 救 救 救

中 6급

공, 구슬　　　　영 beads　중 球 qiú　일 キュウ(たま)

회의·형성 가죽(求)을 구슬(玉)같이 둥글게 만들어 '공'을 뜻한다.

球速(구속) 투수가 던지는 공의 속도.　球技(구기)　球場(구장)　球團(구단)

구슬 옥(玉/王)부 [4王7 총11획]

구슬 구

球 球 球 球 球 球 球 球 球 球 球

球 球 球 球 球

中 5급

옛, 옛날　@ 新(새 신)　　영 old　중 旧 jiù　일 旧 キュウ(ふるい)

회의·형성 오래된 옛집을 찾아가니 처마에 새[隹]가 둥지를 틀고, 마당에 풀[艹]이 우거지고 마당엔 군데군데 웅덩이[臼]가 패어 있었다.

舊故(구고)　舊面(구면)　舊屋(구옥)

절구 구(臼)부 [6臼12 총18획]

옛 구

舊 舊 舊 舊 舊 舊 舊 舊 舊 舊 舊 舊

舊 舊 舊 舊 舊

中 8급

나라, 도읍　　　영 country　중 国 guó　일 国 コク(くに)

회의 에울 위(囗)+창 과(戈)+입 구(口)+한 일(一)자로 무기를 들고 백성 영토를 지키는 '나라'의 뜻이다.

國權(국권) 국가의 권력.　國手(국수)　國基(국기)　國道(국도)

큰입 구(囗)부 [3囗8 총11획]

나라 국

國 國 國 國 國 國 國 國 國 國 國

國 國 國 國 國

中 5급

판, 방　　　　　영 bureau　중 局 jú　일 キョク(つぼね)

회의 지붕 시(尸)+쌀 포(勹)자로 지붕 밑의 큰 공간을 구획지어 각각 '방'으로 쓰다.

局量(국량) 도량이나 재간.　局地(국지)　局外(국외)　局長(국장)

주검 시(尸)부 [3尸4 총7획]

판 국

局 局 局 局 局 局 局

局 局 局 局 局

| 中 8급 | 軍 | 군사, 전투 | 영 military· district | 중 军 jūn | 일 グン(いくさ) |

회의 수레 거(車)+ 포(勹)자로 전차를 둘러싸고 있는 '군사'란 뜻이다.
軍官(군관) 군인과 관리. 軍紀(군기) 軍歌(군가) 軍犬(군견)

수레 거(車)부 [7車2 총9획]

군사 군

| 中 6급 | 郡 | 고을, 행정 구역의 하나 ㈜ 邑(고을 읍) | 영 country | 중 郡 jùn | 일 グン(こおり) |

형성 임금 군(君)+고을 읍(邑)자로 임금의 명을 받아 다스리는 '고을'을 뜻한다.
郡民(군민) 군의 백성. 郡守(군수) 郡界(군계) 郡内(군내)

고을 읍(우부방) 邑(阝)부 [3阝7 총10획]

고을 군

| 中 5급 | 貴 | 귀하다, 비싸다 | 영 noble | 중 贵 guì | 일 キ(とうとい) |

형성 삼태기 궤(臾)+조개 패(貝:재물)자로 귀한 것을 삼태기에 담아두므로 '귀하다'의 뜻이다.
貴骨(귀골) 귀하게 생긴 사람. 貴宅(귀댁) 貴下(귀하) 貴人(귀인)

조개 패(貝)부 [7貝5 총12획]

귀할 귀

| 中 5급 | 規 | 법, 법칙 ㈜ 律(법칙 률) | 영 rule | 중 规 guī | 일 キ(のり) |

회의 사내 부(夫)+볼 견(見)자로 대장부가 보는 바에 합당해야 하므로 '법'을 뜻한다.
規格(규격) 표준. 規定(규정) 規則(규칙) 規律(규율)

볼 견(見)부 [7見4 총11획]

법 규

| 中 6급 | 根 | 뿌리, 사물의 밑부분 ㈜ 本(근본 본) | 영 root | 중 根 gēn | 일 コン(ね) |

형성 나무 목(木)+그칠 간(艮)자로 나무의 뿌리와 밑부분은 '근본'을 뜻한다.
根莖(근경) 뿌리와 같이 생긴 줄기. 根性(근성) 根幹(근간) 根據(근거)

나무 목(木)부 [4木6 총10획]

뿌리 근

5-8급 기초한자 | 27

近

中 6급

가깝다, 가까이하다　 반 遠(멀 원)　　　영 near　중 近 jīn　일 キン(ちかい)

회의·형성 도끼 근(斤)+쉬엄쉬엄갈 착(辶)자로 도끼로 끊은 것처럼 '가깝다'의 뜻이다.

近刊(근간) 가까운 시일 내에 간행함.　近來(근래)　近代(근대)　近方(근방)

近近近近近近近近

쉬엄쉬엄갈 착(책받침) 辶(辶)부 [4辶4 총8획]

가까울 근　近 近 近 近 近

今

中 6급

이제, 지금　 반 古(예 고)　　　영 now　중 今 jīn　일 キン・コン(いま)

회의 사람이 모이는 곳에 때맞춰가므로 '이제'의 뜻이다.

今生(금생) 살고 있는 지금.　今昔(금석)　今年(금년)　今方(금방)

今今今今

사람 인(人)부 [2人2 총4획]

이제 금　今 今 今 今 今

金

中 8급

쇠, 금　　　　　영 gold　중 金 jīn　일 キン(かね)

형성 이제 금(今)+흙 토(土)를 합치고 양쪽에 두 점을 찍어 흙 속에서 빛을 발하는 '금'을 뜻한다.

金冠(금관) 금으로 만든 관.　金髮(금발)　金庫(금고)　金泉(김천)

쇠 금(金)부 [8金0 총8획]

쇠 금 / 성 김　金 金 金 金

級

中 6급

등급, 차례　　　영 grade　중 级 jí　일 キュウ(しな)

형성 실 사(糸)+미칠 급(及)자로 실이 차례차례로 이어져 있는 것으로 '등급'을 뜻한다.

級友(급우) 같은 학급의 친구.　級數(급수)　級訓(급훈)　階級(계급)

실 사(糸)부 [6糸4 총10획]

등급 급　級 級 級 級 級

急

中 6급

급하다, 서두르다　　　영 hurried　중 急 jí　일 キュウ(いそぐ)

형성 미칠 급(及)+마음 심(心)자로 쫓기는 마음으로 '급하다'의 뜻이다.

急速(급속) 갑자기.　急告(급고)　急減(급감)　急冷(급랭)

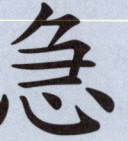

마음 심(심방변) 心(忄/㣺)부 [4心5 총9획]

급할 급　急 急 急 急 急

給

[中 5급]

주다, 넉넉하다 ㉮ 與(줄 여) 영 give 중 给 gěi 일 キュウ(たまう)

형성 실 사(糸)+합할 합(合)자로 실이 길게 이어지듯이 물건을 계속 주므로 '주다'를 뜻한다.

給料(급료) 노력에 대한 보수. 給仕(급사) 給水(급수) 給食(급식)

실 사(糸)부 [6糸6 총12획]

줄 급

給給給給給給給給給給給給

給 給 給 給 給

旗

[中 7급]

기, 대장기 영 flag 중 旗 qí 일 キ(はた)

형성 전쟁에서 지휘하기 위하여 높이 올리는 '기'를 뜻한다.

旗手(기수) 기를 든 사람. 旗亭(기정) 旗幟(기치) 旗章(기장)

모 방(方)부 [4方10 총14획]

기 기

旗旗旗旗旗旗旗旗旗旗旗旗旗旗

旗 旗 旗 旗 旗

氣

[中 7급]

기운, 숨기 영 energy 중 气 qì 일 気 キ

형성 기운 기(气)+쌀 미(米)자로 쌀로 밥을 지을 때 나오는 '수증기'를 뜻한다.

氣骨(기골) 기혈과 골격. 氣母(기모) 氣球(기구) 氣道(기도)

기운 기(气)부 [4气6 총10획]

기운 기

氣氣氣氣氣氣氣氣氣氣

氣 氣 氣 氣 氣

記

[中 7급]

기록하다, 적다 ㉮ 錄(기록할 록) 영 record 중 记 jì 일 キ(しるす)

형성 말씀 언(言)+몸 기(己)자로 말을 다듬어 마음에 '기록하다'를 뜻한다.

記事(기사) 사실을 있는 그대로 적음. 記名(기명) 記錄(기록) 記帳(기장)

말씀 언(言)부 [7言3 총10획]

적을 기

記記記記記記記記記記

記 記 記 記 記

期

[中 5급]

기약하다, 바라다 영 expect·meet 중 期 qī 일 ヒツ(かならず)

형성 그 기(其)+달 월(月)자로 그믐을 지나 상현달로 돌아오는 기간으로 '기약하다'를 뜻한다.

期日(기일) 특히 정한 날짜. 期約(기약) 期待(기대) 期間(기간)

달 월(月)부 [4月8 총12획]

만날, 기약할 기

期期期期期期期期期期期期

期 期 期 期 期

5-8급 기초한자 | 29

技

中 5급 | 재주, 재능　⊕ 藝(재주 예)　　영 skill　중 技 jì　일 ギ(わざ)

형성 손 수(扌)+지탱할 지(支)자로 손으로 다루는 '재주'의 뜻이다.

技能(기능) 기술상의 재능. 技巧(기교) 技法(기법) 技術(기술)

손 수(재방변) 手(扌)부 [3扌4 총7획]

재주 기

基

中 5급 | 터, 근본　　영 place　중 基 jī　일 キ(もとい)

형성 그 기(其)+흙 토(土)자로 삼태기나 키로 흙을 운반하여 땅을 굳히는 '터'를 뜻한다.

基幹(기간) 중심, 기초가 되는 부분. 基因(기인) 基金(기금) 基盤(기반)

흙 토(土)부 [3土8 총11획]

터 기

己

中 5급 | 몸, 자기　　영 self　중 己 jǐ　일 コ·キ(おのれ)

상형 사람이 자기 몸을 굽히고 있는 모양을 본뜬 글자로 '자기'를 뜻한다.

己見(기견) 자기 자신의 생각. 己巳(기사) 克己(극기) 利己(이기)

몸 기(己)부 [3己0 총3획]

몸 기

汽

中 5급 | 김, 증기　　영 steam　중 qì　일 汽 キ(ゆげ)

형성 물 수(氵)+기운 기(气)자로 물이 끓으면 '김'이 생긴다는 뜻이다.

汽車間(기차간) 기차의 하나하나의 칸. 汽船(기선) 汽笛(기적) 汽筒(기통)

물 수(삼수변) 水(氵)부 [3氵4 총7획]

물끓는김 기

吉

中 5급 | 길하다, 상서로움　⑪ 凶(흉할 흉)　　영 lucky　중 吉 jí　일 キツ·キチ(よい)

회의 선비 사(士)+입 구(口)자로 선비의 입에서 나오는 말은 '길하다'를 뜻한다.

吉期(길기) 혼인날. 吉兆(길조) 吉夢(길몽) 吉祥(길상)

입 구(口)부 [3口3 총6획]

길할 길

中8급	南 열 십(十)부 [2+7 총9획] 남녘 남	남녘, 남으로 향하다 반 北(북녘 북) 영 south 중 南 nán 일 ナン(みなみ)
		형성 싹나올 철(屮)+멀 경(冂)자로 나무가 무성해서 뻗어가는 곳은 '남쪽'의 뜻이다.
		南國(남국) 남쪽에 위치한 나라. 南方(남방) 南極(남극) 南部(남부)

中7급	男 밭 전(田)부 [5田2 총7획] 사내 남	사내, 남자 반 女(계집 녀) 영 man 중 男 nán 일 ダン(おとこ)
		회의 밭 전(田)+힘 력(力)자로 밭에 나가 노력하여 생산하는 '사내'의 뜻이다.
		男系(남계) 남자쪽의 혈연계통. 男性(남성) 男妹(남매) 男便(남편)

中7급	內 들 입(入)부 [2入2 총4획] 안 내	안, 속 반 外(바깥 외) 영 inside 중 内 nèi 일 内 ナイ(うち)
		회의 멀 경(冂)+들 입(入)자로 집 안으로 들어오므로 '안'을 뜻한다.
		內艱(내간) 어머니의 상사. 內申(내신) 內面(내면) 內服(내복)

中8급	女 계집 녀(女)부 [3女0 총3획] 계집 녀(여)	여자, 계집 반 男(사내 남) 영 female 중 女 nǚ 일 ジョ(おんな)
		상형 여자가 손을 앞으로 모으고 무릎을 꿇고 앉아 있는 '여자'의 모습이다.
		女傑(여걸) 걸출한 여자. 女唱(여창) 女軍(여군) 女王(여왕)

中8급	年 방패 간(干)부 [3干3 총6획] 해 년(연)	해, 나이 유 歲(해 세) 영 year 중 年 nián 일 ネン(とし)
		형성 벼 화(禾)+일천 천(千)자로 벼 수확하는 기간이 1년이므로 '해'를 뜻한다.
		年期(연기) 만1년. 年老(연로) 昨年(작년) 年歲(연세)

念

中 5급

생각, 생각하다 유 思(생각할 사) 영 think 중 念 niàn 일 ネン(おもう)

형성 이제 금(今)+마음 심(心)자로 지금도 잊지 않고 마음속에 '생각하다'를 뜻한다.
念力(염력) 온 힘을 모아 수행하려는 마음. 念佛(염불) 念頭(염두) 念慮(염려)

마음 심(심방변) 心(忄/㣺)부 [4心4 총8획]

念念念念念念念念

생각 **념(염)** 念 念 念 念 念

農

中 7급

농사, 농사짓다 영 farming 중 农 nóng 일 ノウ

형성 굽을 곡(曲)+별 신(辰)자로 농부가 밭일할 때는 별을 보며 일하므로 '농사'를 뜻한다.
農耕(농경) 논밭을 경작함. 農功(농공) 農家(농가) 農夫(농부)

별 진(辰)부 [7辰6 총13획]

農農農農農農農農農農農農農

농사 **농** 農 農 農 農 農

能

中 5급

능하다, 잘하다 영 able 중 能 néng 일 ノウ(よく)

상형 곰의 재주가 여러 가지로 '능하다'를 뜻한다.
能力(능력) 어떤 일을 이룰 수 있는 힘. 能文(능문) 能動(능동) 能通(능통)

고기 육(육달월) 肉(月)부 [4月6 총10획]

能能能能能能能能能能

능할 **능** 能 能 能 能 能

多

中 6급

많다, 많아지다 반 少(적을 소) 영 many 중 多 duō 일 タ(おおい)

회의 저녁 석(夕) 둘을 겹쳐 놓은 자로 일수(日數)가 '많다'의 뜻이다.
多感(다감) 감수성이 많음. 多年(다년) 多角(다각) 多量(다량)

저녁 석(夕)부 [3夕3 총6획]

多多多多多多

많을 **다** 多 多 多 多 多

短

中 6급

짧다, 작다 반 長(길 장) 영 short 중 短 duǎn 일 タン(みじかい)

형성 화살 시(矢)+콩 두(豆)자로 화살과 콩으로 함께 짧은 거리를 재어서 '짧다'의 뜻이다.
短身(단신) 키가 작은 몸. 短期(단기) 短劍(단검) 短歌(단가)

화살 시(矢)부 [5矢7 총12획]

短短短短短短短短短短短短

짧을 **단** 短 短 短 短 短

中 5급	 큰입 구(口)부 [3口11 총14획] 둥글 **단**	둥글다, 모이다 영 round 중 团 tuán 일 団 ダン(あつまり)

형성 에울 위(口)+오로지 전(專)자로 여러 사람이 한데 모여 '둥글다'를 뜻한다.
團結(단결) 여러 사람이 한데 뭉침.　團欒(단란)　團體(단체)　團合(단합)

團團團團團團團團團團團團團團

團 團 團 團 團

中 5급	 흙 토(土)부 [3土13 총16획] 단 **단**	제터, 제단 영 altar 중 坛 tán 일 ダン(だん)

회의·형성 흙 토(土)+도타울 단(亶)자로 흙을 도탑게 쌓아올린 '제단'를 뜻한다.
壇下(단하) 단의 아래.　壇上(단상)　壇垣(단원)　壇所(단소)

壇壇壇壇壇壇壇壇壇壇壇

壇 壇 壇 壇 壇

中 5급	 말씀 언(言)부 [7言8 총15획] 말씀 **담**	말씀, 이야기하다 유 話(말씀 화) 영 speak 중 谈 tán 일 ダン(はなす)

형성 말씀 언(言)+불꽃 염(炎)자로 불가에 둘러앉아 '말'을 나누다.
談話(담화) 서로 이야기를 주고받음.　談笑(담소)　談判(담판)　談論(담론)

談談談談談談談談談談談談

談 談 談 談 談

中 7급	 대 죽(竹)부 [6竹6 총12획] 대답할 **답**	대답하다, 갚다 반 問(물을 문) 영 answer 중 答 dá 일 トウ(こたえる)

형성 대 죽(竹)+합할 합(合)자로 옛날 대쪽에 써서 보낸 편지에 '대답'의 뜻이다.
答禮(답례) 받은 예를 갚는 일.　答辭(답사)　答訪(답방)　答狀(답장)

答答答答答答答答答答答答

答 答 答 答 答

中 6급	 흙 토(土)부 [3土8 총11획] 집 **당**	집, 마루 영 house 중 堂 táng 일 ドウ(おもてざしき)

형성 높을 상(尚)+흙 토(土)자로 높은 언덕에 지은 '큰집'을 뜻한다.
堂內(당내) 팔촌 이내의 일가.　堂堂(당당)　堂姪(당질)　堂山(당산)

堂堂堂堂堂堂堂堂堂堂堂

堂 堂 堂 堂 堂

當

中 5급

마땅하다, 당하다　반 落(떨어질 락)　영 suitable　중 当 dāng　일 当 トウ(あたる)

형성 높을 상(尙)+밭 전(田)자로 밭값이 비슷하여 서로 맞바꾸기에 '마땅'하다.
當代(당대) 그 시대.　當場(당장)　當國(당국)　當惑(당혹)

밭 전(田)부 [5田8 총13획]

마땅할 **당**

大

中 8급

크다, 많다　유 巨(클 거)　영 great　중 大 dà　일 タイ(おおきい)

지사 사람이 팔과 다리를 크게 벌리고 있는 모양을 본뜬 글자로 '크다'를 뜻한다.
大家(대가) 부귀한 집.　大吉(대길)　大闕(대궐)　大量(대량)

큰 대(大)부 [3大0 총3획]

큰 **대**

代

中 6급

대신하다, 세대　영 substitute　중 代 dài　일 ダイ(かわる)

형성 사람 인(亻)+주살 익(弋)자로 사람이 말뚝을 세워 국경을 '대신'한다는 뜻이다.
代理(대리) 남을 대신하여 일을 처리함.　代替(대체)　代金(대금)　代讀(대독)

사람 인(人)부 [2人3 총5획]

대신 **대**

待

中 6급

기다리다, 대접하다　영 wait　중 待 dài　일 タイ(まつ)

형성 자축거릴 척(彳)+절 사(寺)자로 관청에서 순서를 '기다린다'는 뜻이다.
待機(대기) 때가 오기를 기다림.　待人(대인)　待望(대망)　待遇(대우)

두인 변(彳)부 [3彳6 총9획]

기다릴 **대**

對

中 6급

대하다, 대답하다　영 reply　중 对 duì　일 対 タイ(こたえる)

회의 많은 사람들이 앉아 양[羊]같이 온순하게 법도[寸]에 따라 서로 '마주보다'의 뜻이다.
對應(대응) 맞서서 서로 응함.　對局(대국)　對答(대답)　對備(대비)

마디 촌(寸)부 [3寸11 총14획]

대답할 **대**

中5급		크다, 덕	영 virtue 중 德 dé 일 德 トク
		형성 [彳+直+心]자로 바른 마음대로 행하는 것이 '덕'이다. 德談(덕담) 잘되기를 비는 말. 德望(덕망) 德澤(덕택) 德分(덕분)	
두인 변(彳)부 [3彳12 총15획]		德德德德德德德德德德	
덕 덕		德 德 德 德 德	

中7급		길, 도로 유 路(길 로)	영 road 중 道 dào 일 ドウ(みち)
		회의·형성 머리 수(首)+쉬엄쉬엄갈 착(辶)자로 사람이 마땅히 지켜야 할 도덕적인 일이 '도리'이다. 道德(도덕) 사람이 행해야할 바른 길. 道界(도계) 道具(도구) 道民(도민)	
쉬엄쉬엄갈 착(책받침)(辶)부 [4辶9 총13획]		道道道道道道道道道道道道道	
길 도		道 道 道 道 道	

中6급	 図	그림, 지도 유 畫(그림 화)	영 picture 중 图 tú 일 図 ト(はかる)
		회의 화선지[囗] 위에 땅을 분할한 것을 '그림'으로 그리다. 圖示(도시) 그림으로 된 양식. 圖解(도해) 圖錄(도록) 圖面(도면)	
큰입 구(囗)부 [3囗11 총14획]		圖圖圖圖圖圖圖圖圖圖圖圖圖圖	
그림 도		圖 圖 圖 圖 圖	

中5급	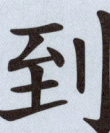	이르다, 닿음 유 着(이를 착)	영 reach 중 到 dào 일 トウ(いたる)
		형성 이를 지(至)+칼 도(刂)자로 옛날 먼길을 떠날 때 무기를 지녀야 무사히 '이르다'를 뜻한다. 到達(도달) 정한 곳에 이름. 到底(도저) 到來(도래) 到處(도처)	
칼 도(刀/刂)부 [2刀6 총8획]		到到到到到到到到	
이를 도		到 到 到 到 到	

中5급		섬	영 island 중 岛 dǎo 일 トウ(しま)
		형성 새 조(鳥)+뫼 산(山)자로 바다에 새같이 떠 있는 산이 '섬'이다. 島嶼(도서) 섬. 島國根性(도국근성) 島民(도민) 島配(도배)	
뫼 산(山)부 [3山7 총10획]		島島島島島島島島島島	
섬 도		島 島 島 島 島	

中 5급

도읍, 서울　　　　　　　　　　　영 capital　중 都 dū　일 ト(みやこ)

형성 놈 자(者)+고을 읍(阝)자로 많은 사람들이 살고 있는 '도읍'을 뜻한다.
都心(도심) 도회의 중심.　古都(고도)　都市(도시)　都邑(도읍)

고을 읍(우부방) 邑(阝)부 [3阝9 총12획]

도읍 도

中 6급

법도, 도수　　　　　　　　　　　영 law　중 度 dù　일 ド(のり)

형성 여러 사람[庶]들이 손[又]으로 헤아린다는 뜻에서 비롯되어 '법도'의 뜻이다.
度數(도수) 거듭된 횟수.　度量(도량)　態度(태도)　忖度(촌탁)

엄 호(广)부 [3广6 총9획]

법도 도/헤아릴 탁

中 5급

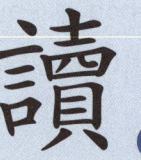

홀로, 혼자　유 孤(외로울 고)　　　영 alone　중 独 dú　일 独 ドク

형성 개[犭]와 닭[蜀]은 잘 싸우기 때문에 따로따로 '홀로' 두어야 한다.
獨立(독립) 혼자 섬.　獨房(독방)　獨斷(독단)　獨島(독도)

개 견(犬/犭)부 [3犭13 총16획]

홀로 독

中 6급

읽다, 설명함　　　　　　　　　　영 read　중 读 dú　일 読 ドク(よむ)

형성 말씀 언(言)+팔 매(賣)자로 장사꾼들이 물건을 팔 때 소리내어 글을 '읽다'의 뜻이다.
讀者(독자) 책이나 신문 등을 읽는 사람.　讀解(독해)　讀經(독경)　句讀(구두)

말씀 언(言)부 [7言15 총22획]

읽을 독/구절 두

中 8급

東

동녘, 동쪽　반 西(서녘 서)　　　　영 east　중 东 dōng　일 トウ(ひがし)

회의 해 일(日)+나무 목(木)자로 해가 떠올라 나뭇가지 중간에 걸쳐 있으므로 '동녘'을 뜻한다.
東史(동사) 우리 나라의 역사.　東床(동상)　東邦(동방)　東洋(동양)

나무 목(木)부 [4木4 총8획]

동녘 동

冬

[中 7급]

겨울, 동절기　　　영 winter　중 冬 dōng　일 トウ(ふゆ)

회의 뒤져올 치(夂)+얼음 빙(冫)자로 발밑에 얼음이 어는 '겨울'을 뜻한다.
冬季(동계) 겨울철.　冬至(동자)　冬眠(동면)　冬至(동지)

冬冬冬冬冬

이 수(冫)부 [2冫3 총5획]

겨울 동　冬 冬 冬 冬 冬

動

[中 7급]

움직이다, 일하다　반 靜(고요할 정)　영 move　중 动 dòng　일 ドウ(うごかす)

형성 무거울 중(重)+힘 력(力)자로 무거운 것을 힘으로 '움직이다'의 뜻이다.
動産(동산) 금전 등으로 이동이 가능한 재산.　動因(동인)　動力(동력)　動脈(동맥)

動動動動動動動動動動

힘 력(力)부 [2力9 총11획]

움직일 동　動 動 動 動 動

同

[中 7급]

한 가지, 같이 하다　반 異(다를 이)　영 the same　중 同 tóng　일 トウ(おなじ)

회의 무릇 범(凡)+입 구(口)자로 여러 사람의 입에서 나온 의견이 '한 가지'를 뜻한다.
同級(동급) 같은 학년.　同名(동명)　同甲(동갑)　同生(동생)

同同同同同同

입 구(口)부 [3口3 총6획]

한가지 동　同 同 同 同 同

童

[中 6급]

아이, 어리석다　유 兒(아이 아)　영 child　중 童 tóng　일 ドウ(わらべ)

회의 설 립(立)+마을 리(里)자로 동네어귀에 서서 잘 뛰노는 '아이'를 뜻한다.
童心(동심) 어린아이의 마음.　童然(동연)　童詩(동시)　童顔(동안)

童童童童童童童童童童童童

설 립(立)부 [5立7 총12획]

아이 동　童 童 童 童 童

洞

[中 7급]

고을, 구멍　　　　　　영 village　중 洞 dòng　일 ドウ(ほら)

형성 물 수(氵)+한 가지 동(同)자로 물로 움푹 패여 사람이 한데 모여사는 '마을'을 뜻한다.
洞窟(동굴) 깊고 넓은 큰 굴.　洞天(동천)　洞口(동구)　洞察(통찰)

洞洞洞洞洞洞洞洞洞

물 수(삼수변) 水(氵)부 [3氵6 총9획]

마을 동 / 통할 통　洞 洞 洞 洞 洞

5-8급 기초한자 | 37

中6급

머리 혈(頁)부 [9頁7 총16획]

머리, 우두머리

영 head　중 头 tóu　일 トウ(あたま)

형성 콩 두(豆)+머리 혈(頁)자로 사람의 '머리'는 콩같이 둥글게 생겼다.

頭角(두각) 머리끝, 뛰어난 재능.　頭巾(두건)　頭痛(두통)　頭緒(두서)

頭頭頭頭頭頭頭頭頭頭頭頭頭頭頭頭

머리 두

頭 頭 頭 頭 頭

中7급

걸을 발(癶)부 [5癶7 총12획]

오르다, 기재하다

영 climb　중 登 dēng　일 ト·トウ(のぼる)

회의 걸을 발(癶)+콩 두(豆)자로 두 발로 서서 높은 곳에 '오르다'의 뜻이다.

登高(등고) 높은 곳에 오름.　登用(등용)　登校(등교)　登極(등극)

登登登登登登登登登登登登

오를 등

登 登 登 登 登

中6급

대 죽(竹)부 [6竹6 총12획]

무리, 동아리

영 class　중 等 děng　일 トウ(ひとし)

회의 대 죽(竹)+절 사(寺)자로 절주변에 대나무들이 '무리'를 지어 자생하고 있다.

等邊(등변) 길이가 같은 변.　等外(등외)　等級(등급)　等分(등분)

等等等等等等等等等等等等

등급 등

等 等 等 等 等

中5급

풀 초(초두) 艸(艹)부 [4艹9 총13획]

떨어지다　반 及(미칠 급)

영 fall　중 落 luò　일 ラク(おとす)

회의 풀 초(艹)+낙수 락(洛)자로 초목의 잎이 '떨어지다'를 뜻한다.

落後(낙후) 뒤떨어짐.　落水(낙수)　落葉(낙엽)　落第(낙제)

落落落落落落落落落落落落落

떨어질 락(낙)

落 落 落 落 落

中6급

나무 목(木)부 [4木11 총15획]

즐기다　반 苦(쓸 고)

영 pleasure　중 乐 lè　일 楽 ラク(たのしい)

상형 어린 아이들[幺幺]이 손뼉치고[拍→白] 나무[木]를 두드리며 '즐거워하고' 있다.

樂劇(악극) 악곡을 극의 구성에 맞도록 만든 음악극.

苦樂(고락)　音樂(음악)　樂山樂水(요산요수)

樂樂樂樂樂樂樂樂樂樂樂樂樂

즐길 락/풍류 악/좋아할 요

樂 樂 樂 樂 樂

朗

中 5급	밝다　유 明(밝을 명)　　　　영 bright　중 朗 lǎng　일 ロウ(ほがらか)
	형성 어질 량(良)+달 월(月)자로 좋은 달 혹은 달빛이 '밝다'의 뜻이다.
	朗讀(낭독) 소리를 높여 읽음. 朗誦(낭송) 明朗(명랑) 朗朗(낭랑)

달 월(月)부 [4月7 총11획]

朗朗朗朗朗朗朗朗朗朗朗

밝을 랑(낭)　朗 朗 朗 朗 朗

來

中 7급	오다, 오게 하다　유 去(갈 거), 往(갈 왕)　영 come　중 来 lái　일 来 ライ(きたる)
	상형 보리 이삭이 매달려 처져 있는 모양을 본뜬 글자로 하늘이 내리신 것이므로 '오다'를 뜻한다.
	來訪(내방) 찾아옴. 來世(내세) 來賓(내빈) 來日(내일) 來訪(찾아옴)

사람 인(人)부 [2人6 총8획]

來來來來來來來來

올 래(내)　來 來 來 來 來

冷

中 5급	차다　유 寒(찰 한)　반 溫(따뜻할 온)　　영 cool　중 冷 lěng　일 レイ(ひや)
	형성 얼음 빙(冫)+명령 령(令)자로 얼음처럼 '차다'를 뜻한다.
	冷却(냉각) 식혀서 차게 함. 冷茶(냉차) 冷笑(냉소) 冷待(냉대)

얼음 빙(冫)부 [2冫5 총7획]

冷冷冷冷冷冷冷

찰 랭(냉)　冷 冷 冷 冷 冷

良

中 5급	어질다, 좋다　　　　　　　　　영 good　중 良 liáng　일 リョウ(かて)
	상형 체나 키로 쳐서 가려낸 좋은 종자[丶]가 뿌리를 내려 '좋다'는 뜻이다.
	良家(양가) 좋은 집안. 良弓(양궁) 良民(양민) 良書(양서)

그칠 간(艮)부 [6艮1 총7획]

良良良良良良良

좋을 량(양)　良 良 良 良 良

量

中 5급	양, 분량　　　　　　　　　　　영 amount　중 量 liàng　일 リョウ(はかる)
	형성 가로 왈(曰)+무거울 중(重)자로 무게를 '헤아리다'의 뜻이다.
	水量(수량) 물의 량. 物量(물량) 量産(양산) 量決(양결)

마을 리(里)부 [7里5 총12획]

量量量量量量量量量量量量

헤아릴 량(양)　量 量 量 量 量

5-8급 기초한자 | 39

旅

[중5급]

나그네, 여행하다　㊨ 客(손 객)　　㊇ traveler　㊄ 旅 lǚ　㊈ リョ(たび)

[회의] 깃발 아래 많은 사람[从]들이 모인 '군사'를 뜻한다.
旅客(여객) 나그네. 길손.　旅情(여정)　旅館(여관)　旅行(여행)

모 방(方)부 [4方6 총10획]

나그네 려(여)

歷

[중5급]

지내다, 겪다　　㊇ through　㊄ 历 lì　㊈ 歷 レキ(へる)

[형성] 책력 력(曆)+그칠 지(止)자로 책력과 같이 차례를 따라 걸어가 '지내다'의 뜻이다.
歷年(역년) 여러 해를 지냄.　歷代(역대)　歷任(역임)　歷史(역사)

가그칠 지(止)부 [4止12 총16획]

지낼 력(역)

力

[중7급]

힘, 힘쓰다　　㊇ strength　㊄ 力 lì　㊈ ヨク・リキ(ちから)

[상형] 물건을 들어올릴 때 팔에 생기는 근육의 모양을 본뜬 글자로 '힘쓰다'를 뜻한다.
力說(역설) 힘써 말함.　力點(역점)　力道(역도)　力士(역사)　力說(역설)

힘 력(力)부 [2力0 총2획]

힘 력(역)

練

[중5급]

익히다, 단련하다　㊨ 習(익힐 습)　㊇ practice　㊄ 练 liàn　㊈ 練 レン(ねる)

[형성] 실 사(糸)+분별할 간(柬)자로 실을 삶아 깨끗이 '가리다'를 뜻한다.
練磨(연마) 갈고 닦음.　練達(연달)　未練(미련)　練習(연습)

실 사(糸)부 [6糸9 총15획]

익힐 련(연)

令

[중5급]

명령하다, 법령　㊨ 命(목숨 명)　　　　㊇ order　㊄ 令 lìng　㊈ レイ

[회의] 모을 합(合)+병부 절(卩)자로 무릎 꿇고 명령을 받는 것을 뜻한다.
令色(영색) 아름다운 얼굴빛.　令狀(영장)　令息(영식)　令愛(영애)

사람 인(人)부 [2人3 총5획]

하여금 령(영)

領

中5급

머리 혈(頁)부 [9頁5 총14획]

옷깃 령(영)

옷깃, 거느리다 　　　영collar 중领lǐng 일リョウ(えり)

형성 명령 령(令)+머리 혈(頁)자로 명령을 내리는 우두머리로 '거느리다'의 뜻이다.
領內(영내) 영토 안.　領導(영도)　領土(영토)　領域(영역)

領領領領領領領領領領領領領領

領領領領領

例

中6급

사람 인(亻)부 [2亻6 총8획]

본보기 례(예)

본보기, 법식 　　　영instance 중例lì 일レイ

형성 사람 인(亻)+벌릴 렬(列)자로 사람을 차례로 줄세워 놓은 '본보기'을 뜻한다.
例法(예법) 용례로 드는 법.　例外(예외)　例文(예문)　例年(예년)

例例例例例例例例

例例例例例

禮 (礼)

中6급

보일 시(示)부 [5示13 총18획]

예도 례(예)

예도, 예절 　　　영courtesy 중礼lǐ 일礼レイ

회의 보일 시(示)+풍성할 풍(豊)자로 음식을 풍성하게 차려놓고 신에게 경의를 표하는 '예도'의 뜻이다.
禮拜(예배) 신이나 부처 앞에 경배함.　禮度(예도)　禮物(예물)　禮訪(예방)

禮禮禮禮禮

老

中7급

늙을 로(耂/老)부 [6老0 총6획]

늙을 로(노)

늙다, 지치다　반少(젊을 소)　　　영old 중老lǎo 일ロウ(おいる)

상형 머리카락이 길고 허리가 굽은 노인이 지팡이를 짚고 서 있는 모양을 본뜬 글자이다.
老境(노경) 늙바탕.　老年(노년)　老將(노장)　老翁(노옹)

老老老老老

勞 (劳)

中5급

힘 력(力)부 [2力10 총12획]

일할 로(노)

수고롭다, 애쓰다　유使(하여금 사)　　　영fatigues 중劳láo 일労ロウ(いたわる)

회의 밝을 형(熒)+힘 력(力)자로 밤에 불을 켜놓고 열심히 '수고롭다'의 뜻이다.
勞困(노곤) 일한 뒤끝의 피곤함.　勞力(노력)　勞苦(노고)　勤勞(근로)

勞勞勞勞勞

5-8급 기초한자 | 41

路

中 6급

길, 연줄　유 道(길 도)　　영 road　중 路 lù　일 ロ(じ)

형성 발 족(足)+각각 각(各)자로 사람이 각각 다니는 '길'을 뜻한다.

路面(노면) 길바닥.　路邊(노변)　路幅(노폭)　路線(노선)

발 족(足)부 [7足6 총13획]

길 로(노)

綠

中 6급

푸르다, 초록빛　유 靑(푸를 청)　　영 green　중 绿 lǜ　일 緑 ロク(みどり)

형성 실 사(糸)+나무깎을 록(彔)자로 나무의 껍질을 깎으면 초록빛으로 '푸르다'를 뜻한다.

綠色(녹색) 초록빛.　綠水(녹수)　綠色(녹색)　綠茶(녹차)

실 사(糸)부 [6糸8 총14획]

초록빛 록(녹)

料

中 5급

헤아리다, 세다　　영 measure　중 料 liào　일 リョウ(はかる)

회의 쌀 미(米)+말 두(斗)자로 말로 쌀을 되듯이 '헤아리다'를 뜻한다.

料量(요량) 말로 됨.　料率(요율)　料金(요금)　料理(요리)

말 두(斗)부 [4斗6 총10획]

헤아릴 료(요)

流

中 5급

흐르다, 떠돌다　　영 flow　중 流 liú　일 リュウ(ながす)

회의 깃발이 아래로 드리우듯이 물이 아래로 '흐르다'의 뜻이다.

流民(유민) 고향을 떠나 유랑하는 백성.　流水(유수)　流麗(유려)　流通(유통)

물 수(삼수변) 水(氵)부 [3氵7 총10획]

흐를 류(유)

類

中 5급

무리, 종류　　영 crowd　중 类 lèi　일 ルイ(たぐい)

회의 쌀 미(米)+개 견(犬)과 머리 혈(頁)의 합자로 쌀이나 개의 얼굴은 구별하기 어렵다는데서 '같은 무리'의 뜻이다.

類例(유례) 같거나 비슷한 예.　類別(유별)　類推(유추)　人類(인류)

머리 혈(頁)부 [9頁10 총19획]

무리 류(유)

六

中 8급

여섯, 여섯 번　　　　　　　　　영 six　중 六 liù　일 ロク

지사 양손의 세 손가락을 펼친 모양을 본뜬 글자로 합하여 '여섯'을 뜻한다.
六旬(육순) 60세. 또는 60일.　六角(육각)　六禮(육례)　六法(육법)

六六六六

여덟 팔(八)부 [2八2 총4획]

여섯 륙(육) ｜ 六 ｜ 六 ｜ 六 ｜ 六 ｜ 六 ｜

陸

中 5급

뭍, 육지　반 海(바다 해)　　　　영 land　중 陆 lù　일 リク(おか)

형성 언덕 부(阝)+언덕 륙(坴)자로 바다에 대하여 흙이 높게 쌓인 '뭍'의 뜻이다.
陸軍(육군) 뭍에서 싸우는 군대.　陸陸(육륙)　陸橋(육교)　陸地(육지)

陸陸陸陸陸陸陸陸陸陸

언덕 부(좌부방) 阜(阝)부 [3阝8 총11획]

뭍 륙(육) ｜ 陸 ｜ 陸 ｜ 陸 ｜ 陸 ｜ 陸 ｜

利

中 6급

이롭다, 이익　반 害(해로울 해)　　영 profit　중 利 lì　일 ソ(えきする)

회의 벼 화(禾)+칼 도(刂)자로 날카로운 낫으로 벼를 베어 수확하니 '이롭다'를 뜻한다.
利劍(이검) 날카로운 칼.　利得(이득)　利益(이익)　利子(이자)

利利利利利利利

칼 도(刀/刂)부 [2刀5 총7획]

이로울 리(이) ｜ 利 ｜ 利 ｜ 利 ｜ 利 ｜ 利 ｜

理

中 6급

다스리다, 바루다　　　　　　　영 regulate　중 理 lǐ　일 リ(おさめる)

형성 구슬 옥(玉)+마을 리(里)자로 옥은 주름에 따라 잘 '다스리다'의 뜻이다.
理念(이념) 이성의 판단으로 얻은 최고의 개념.　理性(이성)　理想(이상)　理解(이해)

理理理理理理理理理理理

구슬 옥(玉/王)부 [4王7 총11획]

다스릴 리(이) ｜ 理 ｜ 理 ｜ 理 ｜ 理 ｜ 理 ｜

李

中 6급

오얏, 오얏나무　　　　　　　　영 plum　중 李 lǐ　일 リ(すもも)

형성 나무 목(木)+아들 자(子)자로 나무에 열매가 많이 맺히는 나무로 '자두(오얏)'를 뜻한다.
李花(이화) 오얏꽃.　李成桂(이성계)　李朝(이조)　李白(이백)

李李李李李李李

나무 목(木)부 [4木3 총7획]

오얏나무 리(이) ｜ 李 ｜ 李 ｜ 李 ｜ 李 ｜ 李 ｜

5-8급 기초한자

里

中 7급

마을 리(里)부 [7里0 총7획]

마을, 이 영 village 중 里 lǐ 일 リ(さと)

회의·형성 밭 전(田)에 흙 토(土)자로 밭과 밭이 두렁을 사이에 두고 연이어 있는 '마을'을 뜻한다.

鄕里(향리) 고향. 洞里(동리) 里長(이장) 鄕里(향리)

里里里里里里里

마을 리(이) 里 里 里 里 里

林

中 7급

나무 목(木)부 [4木4 총8획]

수풀, 숲 ㊌ 樹(나무 수) 영 forest 중 林 lín 일 リン(はやし)

회의 두 그루의 나무가 서있는 형상으로 나무가 한곳에 많이 모여 있는 '수풀'의 뜻이다.

林立(임립) 숲의 나무들처럼 죽 늘어섬. 林業(임업) 林産(임산) 林野(임야)

林林林林林林林林

수풀 림(임) 林 林 林 林 林

立

中 7급

설 립(立)부 [5立0 총5획]

서다, 세우다 영 stand 중 立 lì 일 ツ(たてる)

회의 큰 대(大)+한 일(一)자로 사람이 땅 위에 바로 '서다'의 뜻이다.

立脚(입각) 발판을 만듦. 立證(입증) 立地(립지) 立冬(립동)

立立立立立

설 립(입) 立 立 立 立 立

馬

中 5급

말 마(馬)부 [10馬0 총10획]

말, 산가지 영 horse 중 马 mǎ 일 バ(うま)

상형 말의 머리와 갈기 그리고 네 다리와 꼬리 등 말의 모양을 본뜬 글자이다.

馬脚(마각) 말의 다리. 또는 거짓으로 숨긴 본성. 馬賊(마적) 馬券(마권) 馬上(마상)

馬馬馬馬馬馬馬馬馬馬

말 마 馬 馬 馬 馬 馬

萬 (万)

中 8급

풀초(초두) 艸(++)부 [4++9 총13획]

1만, 다수 영 ten thousand 중 万 wàn 일 万 マン(よろず)

상형 독충인 전갈 모양을 본뜬 자로 무리지어 사는 전갈은 수가 많다의 '일만'의 뜻이다.

萬福(만복) 많은 복. 萬歲(만세) 萬感(만감) 萬能(만능)

萬萬萬萬萬萬萬萬萬萬

일만 만 萬 萬 萬 萬 萬

中 5급

끝, 지엽(枝葉) ㊤ 端(끝 단)   영 end 중 末 mò 일 マツ(すえ)

지사 나무의 위쪽+한 일(一)의 부호를 그려서 그 나무의 위쪽가지 곧 '끝'을 뜻한다.
末期(말기) 끝나는 시기. 末尾(말미) 末路(말로) 末世(말세)

나무 목(木)부 [4木1 총5획]

끝 **말**

中 5급

바라다, 기다리다 ㊤ 希(바랄 희)   영 hope 중 望 wàng 일 ボウ(のぞむ)

회의 잃을 망(亡)+달 월(月)+우뚝설 임(壬)자로 없는 달이 뜨기를 '바란다'는 뜻이다.
望哭(망곡) 바라보며 통곡함. 望九(망구) 望臺(망대) 望樓(망루)

달 월(月)부 [4月7 총11획]

바랄 **망**

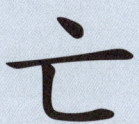

中 5급

망하다, 멸망하다 ㊤ 滅(멸망할 멸)   영 ruin 중 亡 wáng 일 ボウ(ほろびる)

회의 사람 인(亻)+숨은 은(隱)자로 사람이 잘못을 저지르고 은폐된 곳에 들어간다.
亡國(망국) 나라를 멸망시킴. 亡失(망실) 亡靈(망령) 亡身(망신)

돼지해머리(亠)부 [2亠1 총3획]

잃을 **망**/없을 **무**

中 7급

매양, 늘   영 every, always 중 每 měi 일 マイ(ごと)

형성 싹날 철(屮)+어미 모(母)자로 풀이 무성한 것을 뜻하며 '매양'의 뜻이다.
每番(매번) 번번이. 每事(매사) 每年(매년) 每日(매일)

말 무(毋)부 [5毋2 총7획]

매양 **매**

中 5급

사다, 구매하다 ㊥ 賣(팔 매)   영 buy 중 买 mǎi 일 バイ(かう)

회의 그물 망(罒)+조개 패(貝)자로 조개로 바꾼 물건을 그물로 '사다'의 뜻이다.
買價(매가) 사는 값. 買收(매수) 買氣(매기) 買入(매입)

조개 패(貝)부 [7貝5 총12획]

살 **매**

5-8급 기초한자 | 45

賣

中 5급

조개 패(貝)부 [7貝8 총15획]

팔 매

팔다, 넓히다 (반)買(살 매) (영)sell (중)卖 mài (일)売 バイ(うる)

(회의·형성) 선비 사(士)+살 매(買)자로 사들인 물건을 다시 내놓는 것으로 '팔다'의 뜻이다.

賣却(매각) 팔아버림. 賣渡(매도) 賣店(매점) 賣物(매물)

面

中 7급

얼굴 면(面)부 [9面0 총9획]

얼굴 면

낯, 얼굴 (영)face (중)面 miàn (일)メン(かお)

(상형) 목과 얼굴의 윤곽을 그려 '얼굴'을 뜻한다.

面鏡(면경) 얼굴을 볼 수 있는 작은 거울. 面刀(면도) 面談(면담) 面貌(면모)

名

中 7급

입 구(口)부 [3口3 총6획]

이름 명

이름, 외형 (영)name (중)名 míng (일)メイ(な)

(회의) 저녁 석(夕)+입 구(口)자로 저녁에는 얼굴을 분간할 수 없어 '이름'을 불러야 한다는 뜻이다.

名曲(명곡) 이름난 악곡. 名士(명사) 名物(명물) 名分(명분)

命

中 7급

입 구(口)부 [3口5 총8획]

목숨 명

목숨, 수명 (유)令(하여금 령) (영)life (중)命 mìng (일)メイ(いのち)

(회의) 명령 령(令)+입 구(口)자로 임금의 명령은 '목숨'을 바쳐 지켜야 한다는 뜻이다.

命令(명령) 윗사람이 아랫사람에게 시킴. 命中(명중) 命巾(명건) 運命(운명)

明

中 6급

날 일(日)부 [4日4 총8획]

밝을 명

밝다, 밝히다 (유)朗(밝을 랑) (반)暗(어두울 암) (영)light (중)明 míng (일)メイ(あかり)

(회의) 해 일(日)+달 월(月)자로 해는 낮, 달은 밤에 밝게 비춰주므로 '밝다'의 뜻이다.

明鑑(명감) 밝은 거울. 明鏡止水(명경지수) 明堂(명당) 明朗(명랑)

中 8급	母	어미, 근원	영mother 중母 mǔ 일ボ(はは)
		상형 어미가 어린아이를 가슴에 품고 있는 모양을 본뜬 자다.	
		母校(모교) 자기의 출신 학교. 母體(모체) 母系(모계) 母國(모국)	
말 무(毋)부 [5毋0 총5획]		母母母母母	
어미 모		母 母 母 母 母	

中 8급	木	나무, 목재 유樹(나무 수)	영tree 중木 mù 일ボク(き)
		상형 땅에 뿌리를 박고 가지를 벌리고 서있는 나무의 모양을 본뜬 글자이다.	
		木工(목공) 나무로 물건을 만드는 일. 木器(목기) 木馬(목마) 木石(목석)	
나무 목(木)부 [4木0 총4획]		木木木木	
나무 목		木 木 木 木 木	

中 6급	目	눈, 안구(眼球) 유眼(눈 안)	영eye 중目 mù 일モク(め)
		회의·형성 사람의 눈 모양을 본뜬 글자이다.	
		目擊(목격) 자기 눈으로 직접 봄. 目前(목전) 目錄(목록) 目禮(목례)	
눈 목(目)부 [5目0 총5획]		目目目目目	
눈 목		目 目 目 目 目	

中 5급	無 	없다, 아니다 반有(있을 유)	영nothing 중无 wú 일ム(ない)
		회의 나무가 무성한 숲이라도 불나면 '없어진다'는 뜻이다.	
		無故(무고) 까닭이 없음. 無能(무능) 無禮(무례) 無料(무료)	
불 화(火/灬)부 [4灬8 총12획]		無無無無無無無無無無無無	
없을 무		無 無 無 無 無	

中 8급	門	문, 문간	영door 중门 mén 일モン(かど)
		상형 두 개의 문짝을 달아놓은 모양을 본뜬 글자로 '집 안'을 뜻한다.	
		門客(문객) 집안에 있는 식객. 門限(문한) 門前(문전) 門中(문중)	
문 문(門)부 [8門0 총8획]			
문 문		門 門 門 門 門	

5-8급 기초한자

文 (글자 문)

中7급 | 글월, 문장 유 章(글 장) | 영 letter 중 文 wén 일 ブン(もじ)

상형 사람의 몸에 그린 무늬 모양을 본뜬 '글자'의 뜻이다.
文格(문격) 문장의 품격. 文魁(문괴) 文明(문명) 文魚(문어)

글월 문(文)부 [4文0 총4획]

文文文文

글자 문 | 文 | 文 | 文 | 文 | 文

問 (물을 문)

中7급 | 묻다, 안부를 묻다 반 答(대답 답) | 영 ask 중 问 wèn 일 モン(とう)

형성 문 문(門)+입 구(口)자로 문 앞에서 입을 열어 말하며 '묻다'의 뜻이다.
問病(문병) 앓는 사람을 찾아보고 위로함. 問罪(문죄) 問答(문답) 問題(문제)

입 구(口)부 [3口8 총11획]

問問問問問問問問問問問

물을 문 | 問 | 問 | 問 | 問 | 問

聞 (들을 문)

中6급 | 듣다, 냄새 맡다 유 聽(들을 청) | 영 hear 중 闻 wén 일 ブン(きく)

형성 문 문(門)+귀 이(耳)자로 방문자가 문 앞에서 묻는 것을 문틈으로 '듣는다'는 뜻이다.
見聞(견문) 보고 들어서 깨닫고 얻은 지식. 所聞(소문) 新聞(신문) 聞道(문도)

귀 이(耳)부 [6耳8 총14획]

聞聞聞聞聞聞聞聞聞聞聞聞

들을 문 | 聞 | 聞 | 聞 | 聞 | 聞

物 (만물 물)

中7급 | 만물, 일 유 件(물건 건) | 영 matter, goods 중 物 wù 일 ブツ(もの)

상형·지사 소 우(牛)+말 물(勿)자로 부정이 씻긴 산제물인 소의 뜻에서 '물건'을 뜻한다.
物價(물가) 물건의 값. 物望(물망) 物件(물건) 物量(물량)

소 우(牛)부 [4牛4 총8획]

物物物物物物物物

만물 물 | 物 | 物 | 物 | 物 | 物

米 (쌀 미)

中6급 | 쌀, 열매 | 영 rice 중 米 mǐ 일 マイ(こめ)

상형 네 개의 점은 낟알을, '十'은 낟알이 따로따로 매달려 있는 모양을 뜻한다.
米價(미가) 쌀값. 米穀(미곡) 米飮(미음) 玄米(현미)

쌀 미(米)부 [6米0 총6획]

米米米米米米

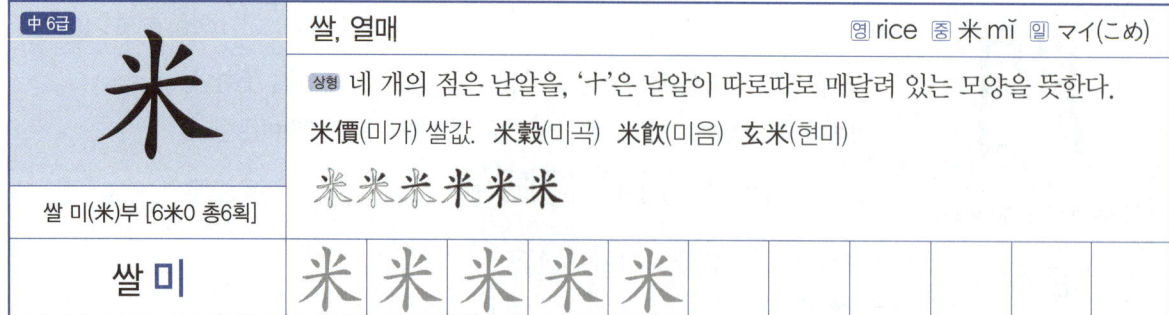

美

中6급	아름답다, 맛나다　㊎ 麗(고울 려)　㊇ beautiful　㊈ 美 měi　㊉ ビ(うつくしい)
	회의 양 양(羊)+큰 대(大)자로 양은 클수록 '아름답다'는 뜻이다. 美觀(미관) 훌륭한 정치.　美德(미덕)　美女(미녀)　美談(미담)

양 양(羊)부 [6羊3 총9획]

美美美美美美美美美

아름다울 미　美　美　美　美　美

民

백성, 평민　㊀ 官(벼슬 관)　㊇ people　㊈ 民 mín　㊉ ミン(たみ)

회의 덮을 멱(冖)+성 씨(氏)자로 집안 가득한 '백성'의 뜻이다.
民權(민권) 인민의 권리.　民族(민족)　民家(민가)　民泊(민박)

성 씨(氏)부 [5氏0 총5획]

民民民民民

백성 민　民　民　民　民　民

朴

中6급　순박하다, 나무껍질　　　㊇ naive　㊈ 朴 pǔ　㊉ ボク(ほお)

회의 나무 목(木)+점칠 복(卜)자로 나무하고 점치고 하며 사는 사람들은 '순박'하다.
朴鈍(박둔) 무기 등이 예리하지 못함.　素朴(소박)　朴訥(박눌)　質朴(질박)

나무 목(木)부 [4木2 총6획]

朴朴朴朴朴朴

순박할 박　朴　朴　朴　朴　朴

半

반, 한가운데　　　㊇ half　㊈ 半 bàn　㊉ 半 ハン(かば)

회의 여덟 팔(八)+소 우(牛)자로 소를 잡아 반씩 나눈다는 '반'의 뜻이다.
半徑(반경) 반지름.　半島(반도)　半開(반개)　半音(반음)

열 십(十)부 [2十3 총5획]

半半半半半

반 반　半　半　半　半　半

班

中6급　나누다, 구역　㊀ 常(떳떳할 상)　㊇ devide　㊈ 班 bān　㊉ ハン

회의 쌍옥 각(玨)+칼 도(刀)자로 옥을 둘로 쪼개서 '나누다'를 뜻한다.
班列(반열) 양반의 서열.　班常(반상)　班長(반장)　班常(반상)

구슬 옥(玉/王)부 [4王6 총10획]

班班班班班班班班班

나눌 반　班　班　班　班　班

中6급	 돌이킬 반/뒤집을 번 또 우(又)부 [2又2 총4획]	돌이키다, 되풀이 영 return 중 反 fǎn 일 ハン(そる) 회의 민엄 호(厂)+또 우(又)자로 덮어가린 것을 손으로써 '돌이키다'의 뜻이다. 反感(반감) 다른 사람의 의견에 반대함. 反對(반대) 反省(반성) 反田(번전) 反反反反

中6급	發 発 걸을 발(癶)부 [5癶7 총12획] 필 **발**	피다, 쏘다 빤 着(붙을 착) 영 bloom 중 发 fā 일 発 ハツ(ひらく) 형성 짓밟을 발(癶)+활 궁(弓)자로 두 발로 풀밭을 힘있게 딛고 서서 활을 '쏘다'는 뜻이다. 發覺(발각) 숨겼던 일이 드러남. 發見(발견) 發信(발신) 發掘(발굴) 

中7급	 모 방(方)부 [4方0 총4획] 모 **방**	모, 각 영 square 중 方 fāng 일 ホウ(かた) 상형 두 척의 뱃머리를 하나로 묶어놓은 모양으로 '방위'의 뜻이다. 方今(방금) 지금, 금방. 方書(방서) 方途(방도) 方面(방면) 方方方方

中6급	 칠 복(등글월문)攵(攴)부 [4攵4 총8획] 놓을 **방**	놓다, 풀어주다 영 release 중 放 fàng 일 ホウ(はなし) 형성 방위 방(方)+칠 복(攵)자로 회초리를 들고 멀리 내쫓는다는 것으로 '놓다'를 뜻한다. 放遣(방견) 놓아서 돌려보냄. 放光(방광) 放課(방과) 放浪(방랑) 放放放放放放放放

中5급	 사람 인(人)부 [2人8 총10획] 곱 **배**	곱, 곱하다 영 double 중 倍 bèi 일 バイ(ます) 형성 사람 인(亻)+가를 부(咅)자로 물건을 가르면 그 수가 '곱하다'를 뜻한다. 倍加(배가) 점점 더하여 감. 倍額(배액) 倍數(배수) 倍前(배전) 倍倍倍倍倍倍倍倍倍倍

中 8급	 흰 백(白)부 [5白0 총5획] 흰 **백**	희다, 깨끗하다　㊒伯(맏 백)　㊧黑(검을 흑)　㊥white　㊨白 bái　㊩ハク(しろい)
		지사 해 일(日)+삐칠 별(丿)자로 해가 빛을 발해 '희다'를 뜻한다. 白骨(백골) 흰 뼈.　白露(백로)　白晝(백주)　白人(백인) 白白白白白 白 白 白 白 白

中 7급	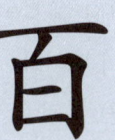 흰 백(白)부 [5白1 총6획] 일백 **백**	일백, 100　㊧hundred　㊥百 bǎi　㊩ヒャク(もも)
		형성 한 일(一)+흰 백(白)자로 머리카락이 하얗게 센 사람은 '많다'는 뜻이다. 百家(백가) 많은 집.　百方(백방)　百官(백관)　百姓(백성) 百百百百百百 百 百 百 百 百

中 6급	 밭 전(田)부 [5田7 총12획] 차례 **번**	차례, 번　㊧order, follow　㊥番 fān　㊩バン(つかい)
		상형 밭 전(田)+분별할 변(釆)자로 곡식 중 익은 것을 가려 '차례'로 거둬들이다. 番數(번수) 번들어 지킴.　番地(번지)　番外(번외)　番號(번호) 番番番番番番番番番番番番 番 番 番 番 番

中 5급	 물 수(삼수변) 水(氵)부 [3氵5 총8획] 법 **법**	법, 방법　㊒律(법칙 률), 規(법 규)　㊧law　㊥法 fǎ　㊩ホウ(のり)
		회의 물 수(氵)+갈 거(去)자로 물이 평평하게 흘러가듯 옳고 그름을 가리는 '법'을 뜻한다. 法則(법칙) 모든 현상들의 원인과 결과.　法益(법익)　法鼓(법고)　法規(법규) 法法法法法法法法 法 法 法 法 法

中 5급	 말씀 언(言)부 [7言16 총23획] 변할 **변**	변하다, 바뀌다　㊨化(될 화)　㊧change　㊥变 biàn　㊩変 ヘン(かわる)
		회의 말로 달래고 회초리로 가르치면 나쁜 버릇도 '변한다'의 뜻이다. 變貌(변모) 모양이 달라짐.　變色(변색)　變更(변경)　變動(변동) 變變變變變變變變變變變 變 變 變 變 變

別

中 6급

칼 도(刀/刂)부 [2刀5 총7획]

나눌 **별**

다르다, 나누다　㊤ 選(가릴 선)　㊓ different　㊥ 别 bié　㊐ ベツ(わかれる)

회의 뼈 골(骨)+칼 도(刂)자로 칼로써 뼈와 살을 갈라놓는 것으로 '다르다'의 뜻이다.
別居(별거) 따로 떨어져 삶.　別淚(별루)　別個(별개)　別曲(별곡)

病

中 6급

병질 엄(疒)부 [5疒5 총10획]

병 **병**

병들다, 질병　㊓ illness　㊥ 病 bìng　㊐ ビョウ(やむ)

형성 병 녁(疒)+밝을 병(丙)자로 병이 점점 심해지므로 '병들다'의 뜻이다.
病苦(병고) 병으로 인한 고통.　病床(병상)　病暇(병가)　病菌(병균)

兵

中 5급

여덟 팔(八)부 [2八5 총7획]

병사 **병**

군사, 병사　㊙ 將(장수 장)　㊓ soldier　㊥ 兵 bīng　㊐ ヘイ(つわもの)

회의 도끼 근(斤)+맞잡을 공(廾)자로 두 손에 무기를 가진 사람으로 '군사'의 뜻이다.
兵戈(병과) 싸움에 쓰는 창이란 뜻으로 무기를 뜻함.
兵亂(병란)　兵力(병력)　兵法(병법)

服

中 6급

달 월(月)부 [4月4 총8획]

옷 **복**

옷, 의복　㊤ 衣(옷 의)　㊓ clothes　㊥ 服 fú　㊐ フク(きもの)

형성 둥근달처럼 포근하게 몸을 보호하는 '옷'의 뜻이다.
服務(복무) 직무에 힘씀.　服色(복색)　服用(복용)　服裝(복장)

福

中 5급

보일 시(示)부 [5示9 총14획]

복 **복**

복, 행복　㊤ 幸(행복 행)　㊓ fortune　㊥ 福 fú　㊐ フク(さいわい)

형성 볼 시(示)+찰 복(畐)자로 신에게 정성스럽게 빌면 우리에게 '복'을 준다.
福券(복권) 경품권.　福音(복음)　福金(복금)　福祿(복록)

本

中 6급

근본, 근원　유 根(뿌리 근)　　영 origin　중 本 běn　일 ホン(もと)

지사 나무[木]의 밑뿌리[一]로 모든 일에 '근본' 뿌리이다.
本家(본가) 본집. 本夫(본부)　本能(본능)　本來(본래)

나무 목(木)부 [4木1 총5획]

本 木 木 本 本

근본 **본**

奉

中 5급

받들다, 바치다　　　　　　　영 honor　중 奉 fèng　일 ホウ(たてまつる)

회의 무성할 봉(丰)+들 공(廾)+손 수(手)자로 두 손으로 물건을 '받들다'를 뜻한다.
奉仕(봉사) 공손히 시중을 듦.　奉事(봉사)　奉養(봉양)　奉祝(봉축)

큰 대(大)부 [3大5 총8획]

奉 奉 奉 奉 奉 奉 奉 奉

받들 **봉**

父

中 8급

아비, 아버지　반 母(어미 모)　　영 father　중 父 fù　일 フ(ちち)

상형 오른 손[乂:又]에 도끼 들고 일하는 남자로 가족을 거느리고 인도하는 '아버지'를 뜻한다.
父道(부도) 아버지로서 지켜야할 도리.　父命(부명)　父女(부녀)　父母(부모)

아비 부(父)부 [4父0 총4획]

父 父 父 父

아비 **부**

夫

中 7급

지아비(남편), 사내　반 婦(아내 부)　영 husband　중 夫 fū　일 フ(おっと)

회의 큰 대(大)+한 일(一)자로 머리 위에 상투 틀어 관례를 올린 성인남자인 '지아비'의 뜻이다.
夫婦(부부) 남편과 아내.　夫日(부일)　夫君(부군)　夫婦(부부)

큰 대(大)부 [3大1 총4획]

夫 夫 夫 夫

지아비 **부**

部

中 6급

떼, 무리　　　　　　　　　영 department　중 部 bù　일 ブ(ベ)

형성 가를 부(阝)+고을 읍(邑)자로 여러 고을을 나누어 다스리는 것으로 '나누다'를 뜻한다.
部分(부분) 전체(全體)를 몇으로 나눈 것의 하나하나.　部落(부락)　部隊(부대)

고을 읍(우부방) 邑(阝)부 [3阝8 총11획]

部 部 部 部 部 部 部 部 部 部 部

나눌 **부**

5-8급 기초한자 | 53

中8급 北 비수 비(匕)부 [2匕3 총5획]	북녘, 북쪽 반 南(남녘 남) 영 north 중 北 běi 일 ホク(きた)
	상형 서로 등진 두 사람을 뜻한다.
	北極(북극) 북쪽 끝. 北斗(북두) 北道(북도) 敗北(패배)
	北 北 北 北 北
북녘 북/달아날 배	北 北 北 北 北

中6급 分 칼 도(刀/刂)부 [2刀2 총4획]	나누다, 나누이다 영 divide 중 分 fēn 일 フン(わける)
	회의 나눌 팔(八)+칼 도(刀)자로 칼로 '나누다'를 뜻한다.
	分立(분립) 갈라서 나누어 섬. 分擔(분담) 分家(분가) 分錢(푼전)
	分 分 分 分
나눌 분/단위 푼	分 分 分 分 分

中7급 不 한 일(一)부 [1—3 총4획]	아니다, 못하다 영 not 중 不 bù 일 フ・ブ
	지사 하나(一)의 작은(小) 잘못도 아니 된다.
	不德(부덕) 덕이 없음. 不變(불변) 不安(불안) 不渡(부도)
	不 不 不 不
아니 불/아닐 부	不 不 不 不 不

中5급  조개 패(貝)부 [7貝5 총12획]	쓰다, 소비하다 유 用(쓸 용) 영 spend 중 费 fèi 일 ヒ(ついやす)
	형성 아닐 불(弗)+조개 패(貝)자로 재물을 마구 '쓰다'는 뜻이다.
	費用(비용) 쓰는 돈. 費目(비목) 消費(소비) 經費(경비)
	費 費 費 費 費 費 費 費 費 費 費 費
쓸 비	費 費 費 費 費

中5급  코 비(鼻)부 [14鼻0 총14획]	코, 처음 영 nose 중 鼻 bí 일 ゼ(はな)
	형성 스스로 자(自)+줄 비(畀)자로 남에게 자기를 가리킬 때 주로 '코'를 가리킨다.
	鼻孔(비공) 콧구멍. 鼻笑(비소) 鼻炎(비염) 鼻音(비음)
	鼻 鼻 鼻 鼻 鼻 鼻 鼻 鼻 鼻 鼻 鼻 鼻 鼻 鼻
코 비	鼻 鼻 鼻 鼻 鼻

中 5급	比 견줄 비(比)부 [4比0 총4획]	견주다, 비교하다 영 compare 중 比 bǐ 일 ヒ(くらべる)
		회 사람이 나란히 앉아 있는 모양으로 '견주어보다'의 뜻이다. 比肩(비견) 어깨를 나란히 함. 比較(비교) 比肩(비견) 比率(비율) 比 比 比 比
	견줄 **비**	比 比 比 比 比

中 5급	氷 물 수(삼수변) 水(氵)부 [4水1 총5획]	얼음, 얼다 반 炭(숯 탄) 영 ice 중 冰 일 ヒョウ(こおり)
		회 얼음 빙(冫)+물 수(水)자로 물이 '얼음'을 뜻한다. 氷菓(빙과) 얼음 과자. 氷山(빙산) 氷水(빙수) 氷板(빙판) 氷 氷 氷 氷 氷
	얼음 **빙**	氷 氷 氷 氷 氷

中 7급	事 갈고리궐(亅)부 [1亅7 총8획]	일하다, 직분 영 work 중 事 shì 일 ジ(こと)
		형성 역사 사(史)+갈 지(之)자로 관청이나 상점에서 기를 내걸고 일을 취급한데서 '일'의 뜻이다. 事件(사건) 뜻밖에 있는 변고. 事理(사리) 事故(사고) 事實(사실) 事 事 事 事 事 事 事 事
	일 **사**	事 事 事 事 事

中 8급	四 큰입 구(口)부 [3口2 총5획]	넷, 네 번 영 four 중 四 sì 일 シ(よ·よつ)
		지사 에울 위(囗)+여덟 팔(八)자로 사방을 네 부분으로 나누는 모양으로 '넷'의 뜻이다. 四角(사각) 네모. 四面(사면) 四季(사계) 四足(사족) 四 四 四 四 四
	넷 **사**	四 四 四 四 四

中 5급	士 선비 사(士)부 [3士0 총3획]	선비, 사내 유 兵(병졸 병) 영 scholar 중 士 shì 일 シ
		회 열 십(十)+한 일(一)자로 하나를 들고 배우면 열을 깨우치는 사람이 '선비'의 뜻이다. 士林(사림) 훌륭한 선비들의 세계. 士族(사족) 士氣(사기) 士兵(사병) 士 士 士
	선비 **사**	士 士 士 士 士

5-8급 기초한자 | 55

中 6급 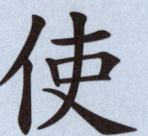 사람 인(人)부 [2人6 총8획] **부릴 사**	부리다, 사신　반 勞(수고로울 로)　영 employ　중 使 shǐ　일 シ(つかう) 회의 사람 인(亻)+아전 리(吏)자로 윗사람이 아전에게 일을 '부리다'의 뜻이다. 使命(사명) 해야할 일.　使人(사인)　使臣(사신)　勞使(노사) 使 使 使 使 使 使 使 使 使 使 使	
中 6급 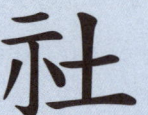 보일 시(示)부 [5示3 총8획] **모일 사**	모이다, 토지의 신　유 會(모일 회)　영 society　중 社 shè　일 シャ(やしろ) 회의 보일 시(示)+흙 토(土)자로 흙을 쌓아 제단을 만들고 신을 모시는 '사당'에 사람들이 모이다. 社交(사교) 사교 생활의 교제.　社日(사일)　社員(사원)　社宅(사택) 社 社 社 社 社 社 社 社 社 社 社 社	
中 5급 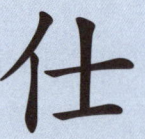 사람 인(人)부 [2人3 총5획] **벼슬 사**	벼슬, 벼슬살이　영 public office　중 仕 shì　일 シ(つかえる) 형성 사람 인(亻)+선비 사(士)자로 학문을 익힌 사람은 선비가 되어 '벼슬하다'의 뜻이다. 出仕(출사) 벼슬길에 나감.　給仕(급사)　仕官(사관)　仕版(사판) 仕 仕 仕 仕 仕 仕 仕 仕 仕 仕	
中 5급  입 구(口)부 [3口2 총5획] **역사 사**	역사, 사기　영 history　중 史 shǐ　일 シ(ふみ) 회의 가운데 중(中)+또 우(又)자로 손으로 올바른 사실을 기록하는 '사기'의 뜻이다. 史記(사기) 역사(歷史)를 기록한 책.　史蹟(사적)　史料(사료)　女史(여사) 史 史 史 史 史 史 史 史 史 史	
中 5급  갓머리(宀)부 [3宀12 총15획] **베낄 사**	베끼다, 그리다　영 sketch, copy　중 写 xiě　일 写 シャ(うつす) 형성 집 면(宀)+신 석(舃)자로 사당에서 신을 신고 옮겨가듯 집에서 그림 글을 '베끼다'의 뜻이다. 寫本(사본) 책이나 문서를 베낌.　寫生(사생)　寫實(사실)　描寫(묘사) 寫 寫 寫 寫 寫 寫 寫 寫 寫 寫 寫 寫 寫 寫 寫 寫	

査

中 5급

조사하다, 사실하다　　영 seek out　중 查 chá　일 サ(しらべる)

형성 나무 목(木)+또 차(且)자로 나무를 겹치고 또 겹쳐 방책을 만들어 통행인을 '조사'하다.
查問(사문) 조사하여 따져 물음.　查夫人(사부인)　查察(사찰)　查閱(사열)

나무 목(木)부 [4木5 총9획]

조사할 사

思

中 5급

생각하다, 바라다　유 慮(생각할 려)　　영 think　중 思 sī　일 シ(おもう)

회의 밭 전(田)+마음 심(心)자로 농부의 마음은 항상 밭의 곡식을 '생각한다'는 뜻이다.
思考(사고) 생각하고 이것저것 궁리함.　思想(사상)　思料(사료)　思慕(사모)

마음 심(심방변) 心(忄/㣺)부 [4心5 총9획]

생각할 사

死

中 6급

죽다, 죽은 이　반 活(살 활), 生(날 생)　　영 die　중 死 sǐ　일 シ(しぬ)

회의 목숨이 다해 살이 빠지고 앙상한 뼈로 변한다 하여 '죽다'는 뜻이다.
死亡(사망) 죽음.　死文(사문)　死力(사력)　死守(사수)

죽을 사(歹)부 [4歹2 총6획]

죽을 사

山

中 8급

뫼(메), 산　반 川(내 천), 海(바다 해)　　영 mountain　중 山 shān　일 サン(やま)

상형 지평선 위에 솟아 있는 세 산봉우리를 본뜬 자로 '산'을 뜻한다.
山林(산림) 산과 숲, 또는, 산에 있는 숲.　山寺(산사)　山蔘(산삼)　山脈(산맥)

뫼 산(山)부 [3山0 총3획]

뫼 산

算

中 7급

셈하다, 산가지　유 計(셀 계)　　영 count　중 suàn　일 サン(かぞえる)

회의 대나무 죽(竹)+갖출 구(具)를 합친 자로 산가지나 주판을 손에 잡고 '셈하다'는 뜻이다.
算法(산법) 계산하는 법.　算入(산입)　算數(산수)　算出(산출)

대 죽(竹)부 [6竹8 총14획]

셈할 산

5-8급 기초한자 | 57

中 5급

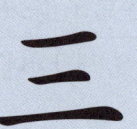

날 생(生)부 [5生6 총11획]

낳을 **산**

낳다, 나다 ㉠ 生(날 생)　　영 bear　중 产 chǎn　일 サン(うむ)

형성 선비 언(彦)+날 생(生)자로 훗날 선비가 될 잘 생긴 아이를 '낳다'의 뜻이다.

產出(산출) 만들어 냄.　產室(산실)　產卵(산란)　產物(산물)

產產產產產產產產產產

產 產 產 產 產

中 8급

三

한 일(一)부 [1一2 총3획]

석 **삼**

석, 셋　　　　　　　　　영 three　중 三 sān　일 サン(みっつ)

지사 세 개의 가로줄 모양 또는 손가락 셋을 나란히 한 모양으로 '셋'을 뜻한다.

三更(삼경) 밤 12시.　三權(삼권)　三冬(삼동)　三族(삼족)

三 三 三

三 三 三 三 三

中 7급

上

한 일(一)부 [1一2 총3획]

위 **상**

위, 위쪽 ㉠ 下(아래 하)　　영 upper　중 上 shàng　일 ジョウ(うえ)

회의·형성 기준 가로선 위에 짧은 하나의 선을 그어 위쪽을 가리킨다.

算法(산법) 계산하는 법.　算入(산입)　算數(산수)　算出(산출)

上 上 上

上 上 上 上 上

中 5급

조개 패(貝)부 [7貝8 총15획]

상줄 **상**

상 주다, 상 ㉠ 罰(벌할 벌)　　영 reward　중 赏 shǎng　일 ショウ(ほめる)

형성 숭상할 상(尚)+조개 패(貝)로 공을 세운 사람에게 '상주다'의 뜻이다.

賞罰(상벌) 상과 벌.　賞讚(상찬)　賞金(상금)　賞狀(상장)

賞賞賞賞賞賞賞賞賞賞賞賞

賞 賞 賞 賞 賞

中 5급

相

눈 목(目)부 [5目4 총9획]

서로 **상**

서로, 바탕　　　　　영 mutually　중 相 xiàng　일 ショウ(あい)

회의 나무 목(木)+눈 목(目)자로 눈으로 나무의 성장을 '서로'의 뜻이다.

相見(상견) 서로 봄.　相公(상공)　相關(상관)　相談(상담)

相相相相相相相相相

相 相 相 相 相

商

中 5급

장사하다, 장사　　　영 trade　중 商 shāng　일 ショウ(あきない)

회의 밝힐 장(商=啇)+빛날 경(冏)자로 물품의 가격을 상의해 밝히고 결정해 파는 '장사'의 뜻이다.

商歌(상가) 비통한 가락의 노래.　商術(상술)　商談(상담)　商標(상표)

입 구(口)부 [3口8 총11획]

장사 **상**

色

中 7급

빛, 빛깔　　　영 color　중 色 sè　일 ショク(いろ)

회의 사람 인(亻)+병부 절(巴)자로 사람의 얼굴에 나타난 것이 '낯빛'의 뜻이다.

色界(색계) 색의 세계, 화류계.　色魔(색마)　色感(색감)　色盲(색맹)

빛 색(色)부 [6色0 총6획]

빛 **색**

生

中 8급

나다, 낳다　유 産(낳을 산)　반 死(죽을 사)　영 born　중 生 shēng　일 セイ(なま)

상형 초목의 새싹이 땅위로 솟아나오는 모양을 본뜬 자로 '살다'의 뜻이다.

生家(생가) 자기가 난 집.　生計(생계)　生氣(생기)　生命(생명)

날 생(生)부 [5生0 총5획]

날 **생**

西

中 8급

서녘, 서쪽　반 東(동녘 동)　　　영 west　중 西 xī　일 セイ(にし)

상형 새가 둥지에 앉은 모양을 본뜬 자로 새가 둥지로 돌아올 무렵이 '서녘'이다.

西藏(서장) 티베트.　西風(서풍)　西曆(서력)　西洋(서양)

덮을 아(襾)부 [6襾0 총6획]

서녘 **서**

書

中 6급

글, 책　유 冊(책 책)　　　영 writing　중 书 shū　일 ショ(かく)

형성 붓 율(聿)+가로 왈(日)자로 성현의 말씀 이야기를 붓으로 적는 '책'의 뜻이다.

書簡(서간) 편지.　書庫(서고)　書架(서가)　書堂(서당)

가로 왈(日)부 [4日6 총10획]

글 **서**

序

中 5급
엄 호(广)부 [3广4 총7획]
차례 서

차례, 차례를 매기다 영 order 중 序 xù 일 ジョ(ついで)

형성 집 엄(广)+줄 여(予)자로 앞에 있는 방으로부터 들어가므로 '처음'의 뜻이다.
序曲(서곡) 가곡 등의 개막 전에 연주하는 음악. 序文(서문) 序頭(서두) 序列(서열)

夕

中 7급
저녁 석(夕)부 [3夕0 총3획]
저녁 석

저녁, 밤 반 朝(아침 조) 영 evening 중 夕 xī 일 セキ(ゆう)

지사 초저녁에 뜬 반달을 본뜬 자로 달[月]에서 한 획을 뺀 것이 초승달이다.
夕刊(석간) 저녁 신문. 夕室(석실) 夕霧(석무) 夕陽(석양)

席

中 6급
수건 건(巾)부 [3巾7 총10획]
자리 석

자리, 차지하고 있는 곳 유 座(자리 좌) 영 seat 중 席 xí 일 セキ(むしろ·せき)

형성 무리 서(庶) 밑에 수건 건(巾)자로 여러 사람이 앉을 수 있는 '자리'의 뜻이다.
席藁(석고) 자리를 깔고 엎드림. 席捲(석권) 席次(석차) 首席(수석)

石

中 6급
돌 석(石)부 [5石0 총5획]
돌 석

돌, 돌로 만든 악기 유 玉(구슬 옥) 영 stone 중 石 shí 일 セキ(いし)

회의·형성 'ㅁ'는 언덕 아래 굴러 있는 돌멩이 곧 '돌'을 나타낸다.
石間水(석간수) 바위틈에서 솟는 샘물. 石工(석공) 石磬(석경) 石燈(석등)

先

中 8급
어진사람 인(儿)부 [2儿4 총6획]
먼저 선

먼저, 우선 반 後(뒤 후) 영 first 중 先 xiān 일 セン(さき)

회의 갈 지(之)+어진사람 인(儿)자로 남보다 '먼저'란 뜻이다.
先見(선견) 장래 일어날 일을 미리 알아냄. 先例(선례) 先導(선도) 先頭(선두)

線

中6급

줄, 금   영 line   중 线 xiàn   일 セン(すじ)

형성 실 사(糸)+샘 천(泉)자로 샘물이 실같이 길게 흐르므로 '선'의 뜻이다.

線路(선로) 좁은 길.   線上(선상)   混線(혼선)   戰線(전선)

실 사(糸)부 [6糸9 총15획]

줄 선

善

中5급

착하다, 좋다   반 惡(악할 악)   영 good   중 善 shàn   일 ゼン(よい)

회의 양[羊]같이 온순한 사람이 하는 말[言]은 '착하다'의 뜻이다.

善良(선량) 착하고 어짊.   善人(선인)   善導(선도)   善行(선행)

입 구(口)부 [3口9 총12획]

착할 선

仙

中5급

신선, 선교(仙敎)   영 hermit   중 仙 xiān   일 セン

형성 사람 인(亻)+뫼 산(山)자로 사람이 산속에 들어가 불로장생의 도를 닦은 '신선'의 뜻이다.

仙境(선경) 신선이 사는 곳.   仙遊(선유)   仙女(선녀)   仙風(선풍)

사람 인(人)부 [2人3 총5획]

신선 선

選

中5급

가리다, 보내다   유 擇(가릴 택)   영 select   중 选 xuǎn   일 セン(えらぶ)

형성 쉬엄쉬엄갈 착(辶)+유순할 손(巽)자로 신께 제사지낼 유순한 사람을 '가려뽑는다'는 뜻이다.

選擧(선거) 많은 사람 가운데 적당한 사람을 뽑음.   選定(선정)   選曲(선곡)   選拔(선발)

쉬엄쉬엄갈 착(책받침) 辶(辶)부 [4辶12 총16획]

가릴 선

鮮

中5급

곱다, 선명하다   영 fine   중 鲜 xiān   일 セン(あざやか)

형성 고기 어(魚)+양 양(羊)자로 제사지낼 때 바치는 생선과 양은 '신선하다'의 뜻이다.

鮮度(선도) 고기나 채소 등의 신선함 정도를 가리킴.   鮮明(선명)   鮮血(선혈)   朝鮮(조선)

물고기 어(魚)부 [11魚6 총17획]

고울 선

5-8급 기초한자 | 61

船

中 5급

배 주(舟)부 [6舟5 총11획]

배 **선**

배   영 ship   중 船 chuán   일 セン(ふね)

형성 짐을 싣고 늪이나 강을 건너다니는 '배'의 뜻이다.

船價(선가) 배 삯. 船客(선객) 船內(선내) 船上(선상)

船船船船船船船船船船船

船 船 船 船 船

雪

中 6급

비 우(雨)부 [8雨3 총11획]

눈 **설**

눈, 눈이 오다   영 snow   중 雪 xuě   일 セツ(ゆき)

형성 비 우(雨)+쓸 혜(彗)자로 비가 얼어서 내리면 빗자루로 쓰는 것은 '눈'이라는 뜻이다.

雪景(설경) 눈이 내리거나 눈이 쌓인 경치. 雪膚(설부) 雪嶺(설령) 雪害(설해)

雪雪雪雪雪雪雪雪雪雪雪

雪 雪 雪 雪 雪

說

中 5급

말씀 언(言)부 [7言7 총14획]

말씀 **설**/달랠 **세**/기뻐할 **열**

말씀, 달래다   유 話(말씀 화)   영 speak   중 说 shuō   일 セツ(とく)

회의 말씀 언(言)+기쁠 태(兌)자로 자기의 뜻을 '말하다'의 뜻이다.

說破(설파) 상대방의 이론을 뒤집어 깨뜨림. 說教(설교) 遊說(유세) 說喜(열희)

說說說說說說說說說說說說說說

說 說 說 說 說

姓

中 7급

계집 녀(女)부 [3女5 총8획]

성 **성**

성, 성씨   영 family name   중 姓 xìng   일 セイ(みょうじ)

회의·형성 계집 녀(女)+날 생(生)자로 여자가 자식을 낳으면 이름을 짓는 '성'의 뜻이다.

姓名(성명) 성과 이름. 姓氏(성씨) 百姓(백성) 同姓(동성)

姓姓姓姓姓姓姓姓

姓 姓 姓 姓 姓

成

中 6급

창 과(戈)부 [4戈3 총7획]

이룰 **성**

이루다, 이루어지다   반 敗(패할 패)   영 accomplish   중 成 chéng   일 セイ(なる)

회의·형성 무성할 무(戊)+장정 정(丁)자로 혈기왕성한 장정이 되면 무엇이든 '이루다'의 뜻이다.

成家(성가) 집을 지음. 成功(성공) 成句(성구) 成長(성장)

成成成成成成成

成 成 成 成 成

性

中 5급

성품, 천성   영 nature   중 性 xìng   일 セイ(さが)

형성 마음 심(忄)+날 생(生)자로 사람이 태어날 때부터 가지고 있는 '성품'이란 뜻이다.
性格(성격) 각 사람이 가진 성질. 性急(성급) 性能(성능) 性質(성질)

마음 심(심방변) 心(忄/⺗)부 [3忄5 총8획]

성품 **성**

省

中 6급

살피다, 깨닫다   유 察(살필 찰)   영 abbreviate   중 省 shěng   일 セイ(かえりみる)

회의 적을 소(少)+눈 목(目)자로 아주 작은 것까지 자세히 보는 것으로 '살피다'의 뜻이다.
省察(성찰) 깊이 생각함. 省墓(성묘) 反省(반성) 省略(생략)

눈 목(目)부 [5目4 총9획]

살필 **성**/덜 **생**

世

中 7급

대, 세대   영 generation   중 世 shì   일 セ·セイ(と)

지사 서른 해를 하나[一]로 곧 30년을 1세로 친다는 뜻이다.
世代(세대) 한 세대를 30년으로 잡음. 世孫(세손) 世間(세간) 世界(세계)

한 일(一)부 [1一4 총5획]

인간 **세**

洗

中 5급

씻다, 깨끗이 씻다   영 wash   중 洗 xǐ   일 セン(あらう)

형성 물 수(水)+먼저 선(先)자로 물로 손발을 '씻다'는 뜻이다.
洗濯(세탁) 옷이나 피륙을 깨끗하게 하는 일. 洗手(세수) 洗面(세면) 洗車(세차)

물 수(삼수변) 水(氵)부 [3氵6 총9획]

씻을 **세**

歲

中 5급

해, 새해   유 年(해 년)   영 age, year   중 岁 suì   일 サイ(とし)

형성 걸음 보(步)+개 술(戌)자로 걸음을 멈추고 곡식을 거둬들이니 '해'가 바뀐다.
歲暮(세모) 세밑. 歲時(세시) 歲拜(세배) 歲月(세월)

그칠 지(止)부 [4止9 총13획]

해 **세**

5-8급 기초한자

小

中 8급

작다, 적다　(반) 大(큰 대)　　(영) small　(중) 小 xiǎo　(일) ショウ(ちいさい)

(지사) 큰 물체에서 떨어져나간 불똥 주(丶)가 세 개로 물건이 작은 모양을 나타낸다.
小家(소가) 작은 집. 小康(소강) 小國(소국) 小盤(소반)

작을 소(小)부 [3小0 총3획]

작을 소

少

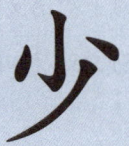

中 7급

적다, 잠시　(반) 多(많을 다)　　(영) few　(중) 少 shǎo　(일) ショウ(すくない)

(회의·형성) 작을 소(小)+삐칠 별(丿)로 작은 것을 일부분을 떨어내어 더 '적다'는 뜻이다.
少年(소년) 나이가 어린 사람. 少壯(소장) 少女(소녀) 少量(소량)

작을 소(小)부 [3小1 총4획]

적을 소

所

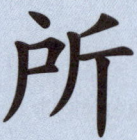

中 7급

바, 것　(유) 處(처할 처)　　(영) place　(중) 所 suǒ　(일) リク(あやまる)

(형성) 집 호(戶)+도끼 근(斤)자로 문에서 도끼소리가 나는 '곳'의 뜻이다.
所感(소감) 느낀 바. 所得(소득) 所望(소망) 所有(소유)

집 호(戶)부 [4戶4 총8획]

바 소

消

中 6급

사라지다, 사라지게 하다　　(영) extinguish　(중) 消 xiāo　(일) ショウ(きえる)

(형성) 물 수(氵)+작을 소(肖)자로 물의 흐름이 점점 '사라지다'의 뜻이다.
消滅(소멸) 모두 사라져 없어져 버림. 消失(소실) 消毒(소독) 消燈(소등)

물 수(삼수변) 水(氵)부 [3氵7 총10획]

사라질 소

速

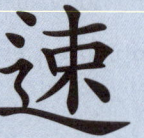

中 6급

빠르다, 빨리　　(영) fast　(중) 速 sù　(일) ソク(はやい)

(형성) 묶을 속(束)+쉬엄쉬엄갈 착(辶)자로 물건을 한데 묶어가면 '빠르다'의 뜻이다.
速記(속기) 빠른 속도로 기록함. 速達(속달) 速決(속결) 速攻(속공)

쉬엄쉬엄갈 착(책받침)부 辶(辶)부 [4辶7 총11획]

빠를 속

中 5급 **束** 나무 목(木)부 [4木3 총7획]	묶다, 묶음 　　　　　　　　　　　　　영 bind, tie　중 束 shù　일 ソク(たば)
	회의 나무 목(木)의 가운데에 입 구(口)자로 나무를 다발로 '묶다'는 뜻이다. 束帶(속대) 옷을 여미는 띠.　束裝(속장)　束縛(속박)　約束(약속)
	束束束束束束束
묶을 속	束 束 束 束 束

中 6급 **孫** 아들 자(子)부 [3子7 총10획]	손자, 자손　유 祖(할아비 조)　　　　영 grandson　중 孙 sūn　일 ソン(まご)
	회의 아들 자(子)+이을 계(系)자로 아들에서 아들로 이어지는 '손자'의 뜻이다. 孫子(손자) 아들의 자식.　孫婦(손부)　孫女(손녀)　子孫(자손)
	孫孫孫孫孫孫孫孫孫孫
손자 손	孫 孫 孫 孫 孫

中 8급 **水** 물 수(삼수변) 水(氵)부 [4水0 총4획]	물, 강　반 火(불 화)　　　　　　　영 water　중 水 shuǐ　일 ヌイ(みず)
	상형 물이 끊임없이 흐르고 있는 모양을 본뜬 글자이다. 水難(수난) 물로 말미암은 재난.　水魔(수마)　水路(수로)　水面(수면)
	水水水水
물 수	水 水 水 水 水

中 7급 **手** 손 수(재방변) 手(扌)부 [4手0 총4획]	손, 손가락　반 足(발 족)　　　　　　영 hand　중 手 shǒu　일 シュ(て)
	상형 다섯 손가락을 편 손의 모양을 본뜬 자이다. 手記(수기) 자기의 체험을 자신이 적은 글.　手段(수단)　手匣(수갑)　手巾(수건)
	手手手手
손 수	手 手 手 手 手

中 6급 **樹** 나무 목(木)부 [4木12 총16획]	나무, 초목　유 木(나무 목)　　　　　영 tree　중 树 shù　일 ジュ(き)
	형성 나무 목(木)+세울 주(壴)로 나무를 심을 때는 반드시 '세우다'의 뜻이다. 樹木(수목) 나무를 심음.　樹人(수인)　樹齡(수령)　樹立(수립)
	樹樹樹樹樹樹樹樹樹樹樹樹
나무 수	樹 樹 樹 樹 樹

首

中5급

머리, 첫머리　　영 head　중 首 shǒu　일 シュ(くび)

상형 머리털이 나 있는 머리모양을 본뜬 자로 '머리, 우두머리'의 뜻이다.

首功(수공) 첫째 가는 공.　首肯(수긍)　首都(수도)　首班(수반)

머리 수(首)부 [9首0 총9획]

首首首首首首首首首

머리 수

首 首 首 首 首

數

中7급

셈, 셈하다　유 算(셈 산)　　영 count　중 数 shǔ　일 数 スウ(かず)

회의·형성 끌 루(婁)+칠 복(攵)자로 여러 번 두드리며 그 수를 '세다'의 뜻이다.

數尿症(수뇨증) 오줌이 자꾸 마려운 병.　數學(수학)　數窮(삭궁)　數罟(촉고)

칠 복(등글월문)攴(攵)부 [4攵11 총15획]

數數數數數數數數數數數數數

셀 수/자주 삭/촉 촉

數 數 數 數 數

宿

中5급

자다, 묵다　유 星(별 성)　　영 sleep　중 宿 xiǔ　일 シュク(やどる)

형성 집 면(宀)+백사람 백(佰)자로 여러 사람이 머물러서 '자다'의 뜻이다.

宿老(숙노) 경험이 풍부한 노인.　宿命(숙명)　宿泊(숙박)　宿曜(수요)

갓머리(宀)부 [3宀8 총11획]

宿宿宿宿宿宿宿宿宿宿

잘 숙/별 수

宿 宿 宿 宿 宿

順

中5급

순하다, 따르다　반 逆(거스릴 역)　영 mild　중 顺 shùn　일 ジユン(したがう)

형성 내 천(川)+머리 혈(頁)자로 물이 흐르듯이 '순하다'의 뜻이다.

順産(순산) 별다른 어려움 없이 순조롭게 아이를 낳음.

順行(순행)　順理(순리)　順序(순서)

머리 혈(頁)부 [9頁3 총12획]

順順順順順順順順順

순할 순

順 順 順 順 順

術

中6급

재주, 기술　유 技(재주 기)　　영 means　중 术 shù　일 ジュツ

형성 다닐 행(行)+차조 출(朮)자로 여럿이 있는데 살아가는 방법은 각자의 '재주'이다.

術家(술가) 풍수사.　術數(술수)　術策(술책)　技術(기술)

다닐 행(行)부 [6行5 총11획]

術術術術術術術術術

꾀 술

術 術 術 術 術

習 (익힐 습)

中 6급

익히다, 익숙하다 　유 練(익힐 련)　　영 study　중 习 xí　일 シユウ(ならう)

회 깃 우(羽)+흰 백(白)자로 흰새가 날갯짓을 하며 나는 연습을 '익히다'의 뜻이다.

習慣(습관) 버릇.　習字(습자)　習得(습득)　習作(습작)

깃 우(羽)부 [6羽5 총11획]

勝 (이길 승)

中 6급

이기다, 성하다　반 敗(패할 패)　　영 win　중 胜 shèng　일 ショウ(かつ)

형성 나 짐(朕)+힘 력(力)자로 스스로 참고 힘쓰면 '이기다'의 뜻이다.

勝算(승산) 적에게 이길 가능성.　勝勢(승세)　勝利(승리)　勝負(승부)

힘 력(力)부 [2力10 총12획]

市 (시장 시)

中 7급

저자, 장　　영 market　중 市 shì　일 シ(いち)

회 갈 지(之)+수건 건(巾)자로 생활에 필요한 옷감(巾)을 사기 위해 가야 하는 '시장'의 뜻이다.

市街(시가) 도시의 큰 거리.　市價(시가)　市內(시내)　市立(시립)

수건 건(巾)부 [3巾2 총5획]

時 (때 시)

中 7급

때, 시간　　영 time　중 时 shí　일 ジ(とき)

형성 날 일(日)+절 사(寺)자로 절에서 종을 쳐서 '시간'을 뜻한다.

時急(시급) 매우 급함.　時勢(시세)　時間(시간)　時計(시계)

날 일(日)부 [4日6 총10획]

始 (처음 시)

中 6급

비로소, 비롯하다　유 初(처음 초)　　영 begin　중 始 shǐ　일 シ(はじめ)

회 계집 녀(女)+기를 이(台)자로 여자의 뱃속에서 자라는 아이는 생명의 '처음'을 뜻한다.

始終(시종) 시작과 끝.　始發(시발)　始動(시동)　始作(시작)

계집 녀(女)부 [3女5 총8획]

示

中 5급

보일 시(示)부 [5示0 총5획]

보이다, 가르치다 영 exhibit 중 示 shì 일 ジ·シ(しめす)

지사 제사상에 물건을 차려놓고 신에게 보이다.
示現(시현) 나타내 보임. 示唆(시사) 示達(시달) 示範(시범)

示示示示示

보일 시

植

나무 목(木)부 [4木8 총12획]

심다, 식물 영 plant 중 植 zhí 일 ショク(うつす)

형성 나무 목(木)+곧을 직(直)자로 나무나 식물은 곧게 세워 '심다'의 뜻이다.
植木(식목) 나무를 심음. 植毛(식모) 植物(식물) 植樹(식수)

植植植植植植植植植植植植

심을 식

式

주살 익(弋)부 [3弋3 총6획]

법, 제도 유 法(법 법) 영 rule, mode 중 式 shì 일 シキ(のり)

회의·형성 주살 익(弋)+장인 공(工)자로 장인이 도구로 일할 때는 일정한 '법식'을 따른다.
式車(식거) 수레의 가로지른 나무에 손을 얹고 있음. 式穀(식곡) 式順(식순)

式式式式式式

법 식

食

밥 식(食)부 [9食0 총9획]

밥, 음식 영 food, eat 중 食 shí 일 ショク(たべる)

회의·형성 밥이 쌓인 것과 숟가락으로 오곡을 익히면 고소한 밥이 되어 '먹다'의 뜻이다.
食器(식기) 음식을 담는 그릇. 食指(식지) 食糧(식량) 簞食(단사)

食食食食食食食食食

밥 식 / 먹일 사

識

말씀 언(言)부 [7言12 총19획]

알다, 기록하다 유 知(알 지) 영 recognize 중 识 shí 일 チ(しる)

형성 말씀 언(言)+찰흙 시(戠)자로 말과 소리를 흙벽이나 토기 등에 '기록하다'의 뜻이다.
識別(식별) 분별함. 識字(식자) 識見(식견) 標識(표지)

識識識識識識識識識識識

알 식 / 기록할 지

中6급	귀신, 신	영 god, soul　중 神 shén　일 ジン(かみ)
 보일 시(示)부 [5示5 총10획]	형성 보일 시(示)+펼 신(申)자로 번개가 치는 것은 귀신이 우는 것으로 '귀신'을 뜻한다. 神經(신경) 동물의 몸 속에 퍼져있는 지각운동.　神靈(신령)　神技(신기)　神童(신동)	
귀신 신		

中6급	몸, 아이 배다　유 體(몸 체)	영 body　중 身 shēn　일 シン(み)
 몸 신(身)부 [7身0 총7획]	상형 사람이 애를 밴 모양을 본뜬 글자로 임신하다를 뜻하여 '몸'을 뜻한다. 身病(신병) 몸의 병.　身上(신상)　身分(신분)　身世(신세)	
몸 신		

中6급	새롭다, 새로　반 舊(예 구)	영 new　중 绅 xīn　일 シン(あたらしい)
 도끼 근(斤)부 [4斤9 총13획]	회의 설 립(立)+나무 목(木)+도끼 근(斤)자로 나무를 도끼로 베어내면 '새롭다'의 뜻이다. 新舊(신구) 새것과 묵은 것.　新紀元(신기원)　新刊(신간)　新曲(신곡)	
새 신		

中6급	믿다, 믿음	영 believe, trust　중 信 xìn　일 シン(まこと)
 사람 인(人)부 [2人7 총9획]	회의 사람 인(亻)+말씀 언(言)자로 사람이 하는 말에는 '믿음'의 뜻이다. 信念(신념) 옳다고 굳게 믿고 있는 마음.　信心(신심)　信徒(신도)　信用(신용)	
믿을 신		

中5급	신하, 섬기다　반 君(임금 군)	영 minister　중 臣 shén　일 シン(たみ)
臣 신하 신(臣)부 [6臣0 총6획]	상형 임금 앞에 몸을 구부리고 있는 신하의 모양을 본뜬 글자다. 臣僕(신복) 신하가 되어 복종함.　臣民(신민)　臣下(신하)　家臣(가신)	
신하 신		

| 中8급 |  갓머리(宀)부 [3宀6 총9획] 집 실 | 집, 방　　　　　　　　　　　　　영 house　중 室 shì　일 シツ(へや)
회의 집 면(宀)+이를 지(至)자로 사람이 일과를 마치고 가는 '집'의 뜻이다.
室人(실인) 아내.　室家(실가)　室內(실내)　室長(실장)
室室室室室室室室室
室 室 室 室 室 |

| 中6급 |  큰 대(大)부 [3大2 총5획] 잃을 실 | 잃다, 잘못　반 得(얻을 득)　　　　영 lose　중 失 shī　일 シツ(うしなう)
회의·형성 손 수(手)+새 을(乙)자로 화살이 손에서 도망가니 '잃는다'의 뜻이다.
失脚(실각) 발을 헛디딤. 지위를 잃음.　失機(실기)　失格(실격)　失望(실망)
失失失失失
失 失 失 失 失 |

| 中5급 |  갓머리(宀)부 [3宀11 총14획] 열매 실 | 열매, 결실하다　유 果(실과 과)　　　영 fruit　중 实 shí　일 実 ジツ(みのる)
회의 집 면(宀)+꿸 관(貫)자로 집안에 꿴 재물이 가득 찼으므로 '열매'의 뜻이다.
實果(실과) 먹을 수 있는 초목의 열매.　實習(실습)　實感(실감)　實力(실력)
實實實實實實實實實實實實實實
實 實 實 實 實 |

| 中7급 |  마음 심(심방변) 心(忄/㣺)부 [4心0 총4획] 마음 심 | 마음, 생각　유 情(뜻 정)　　　　　영 heart　중 心 xīn　일 シン(こころ)
상형 심장의 모양을 본뜬 자로 심장은 마음의 바탕이 되므로 '마음'을 뜻한다.
心筋(심근) 심장의 벽을 이루는 근육.　心亂(심란)　心氣(심기)　心理(심리)
心心心心
心 心 心 心 心 |

| 中8급 |  열 십(十)부 [2十0 총2획] 열 십/시 | 열(번째), 완전하다　　　　　　　영 ten　중 十 shí　일 ジユウ(とお)
지사 동서[一]와 남북[丨]자로 사방 및 중앙을 모두 갖춘 '열십'을 뜻한다.
十誡命(십계명) 구약성경에 나오는, 하나님이 모세에게 내린 열 가지의 계명.
十代(십대)　十字(십자)　十月(시월)
十十
十 十 十 十 十 |

中 5급	아이, 유아　㊨ 童(아이 동)　　　㊇ child　㊥ 儿 ér　㊐ 児 ジ·ニ(こ)
	상형 정수리의 숫가마[臼]가 아직 굳지 않은 어린아이[儿]가 걸어다니는 모양을 본뜬 글자이다. 兒名(아명) 어릴 때의 이름.　孤兒(고아)　兒童(아동)　健兒(건아)

어진사람 인(儿)부 [2儿6 총8획]

兒兒兒兒兒兒兒兒

아이 아　兒 兒 兒 兒 兒

中 5급	악하다, 모질다　㊮ 好(좋을 호)　　　㊇ bad　㊥ 恶 è　㊐ 悪 アク(わるい)
	형성 버금 아(亞)+마음 심(心)자로 등이 굽은 것처럼 마음이 '악하다'의 뜻이다. 惡感(악감) 악한 감정, 또는 나쁜 느낌.　惡鬼(악귀)　惡魔(악마)　憎惡(증오)

마음 심(심방변) 心(忄/㣺)부 [4心8 총12획]

惡惡惡惡惡惡惡惡惡惡惡惡

악할 악/미워할 오　惡 惡 惡 惡 惡

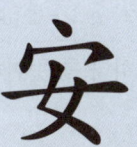

中 7급	편안하다, 즐기다　㊮ 危(위태할 위)　　　㊇ peaceful　㊥ 安 ān　㊐ アン(やすい)
	회의·상형 집 면(宀)+계집 녀(女)자로 여자가 집안에 있으니 '편안하다'의 뜻이다. 安保(안보) 편안히 보전함.　安眠(안면)　安寧(안녕)　安心(안심)

갓머리(宀)부 [3宀3 총6획]

安安安安安安

편안할 안　安 安 安 安 安

中 5급	책상, 방석　　　　　　　　　　　㊇ table, desk　㊥ 案 àn　㊐ アン
	형성 편안 안(安)+나무 목(木)자로 편안히 앉아서 책을 볼 수 있도록 나무로 '책상'을 만들다. 案山(안산) 집터나 묏자리의 맞은편 산.　案机(안궤)　案件(안건)　案内(안내)

나무 목(木)부 [4木6 총10획]

案案案案案案案案案案

책상 안　案 案 案 案 案

中 6급	사랑, 인정　㊮ 惡(미워할 오)　　　㊇ love　㊥ 爱 ài　㊐ アイ(あいする)
	회의 받을 수(受)+마음 심(心)자로 마음을 주고 받는 '사랑'을 뜻한다. 愛犬(애견) 개를 사랑함.　愛讀(애독)　愛馬(애마)　愛好(애호)

마음 심(심방변) 心(忄/㣺)부 [4心9 총13획]

愛愛愛愛愛愛愛愛愛愛愛愛愛

사랑 애　愛 愛 愛 愛 愛

夜

밤, 새벽　반 晝(낮 주)　영 night　중 夜 yè　일 ヤ(よる)

형성 또 역(亦)+저녁 석(夕)자로 해지면 밤이 오고 모든 생물이 '밤'에는 잠을 잔다.
夜間(야간) 밤. 夜勤(야근) 夜景(야경) 夜光(야광)

저녁 석(夕)부 [3夕5 총8획]

밤 야

野

들, 교외　반 與(더불 여)　영 field　중 野 yě　일 ヤ(の)

형성 마을 리(里)+줄 여(予)자로 마을의 논밭에서 농사를 지어들이는 '들'을 뜻한다.
野蠻(야만) 문화가 미개함. 野行(야행) 野球(야구) 野談(야담)

마을 리(里)부 [7里4 총11획]

들 야

弱

약하다, 쇠약해지다　반 强(강할 강)　영 weak　중 弱 ruò　일 ジャク(よわい)

상형 새끼새의 두 날개가 나란히 펼쳐진 모양을 본뜬 글자로 '약하다'를 뜻한다.
弱骨(약골) 골격이 약함. 弱勢(약세) 弱冠(약관) 弱點(약점)

활 궁(弓)부 [3弓7 총10획]

약할 약

藥

약, 화약　영 medicine　중 药 yào　일 薬 ヤク(くすり)

형성 풀 초(艹)+즐거울 락(樂)자로 풀뿌리나 잎으로 만든 것이 병을 낫게 하므로 '약'의 뜻이다.
藥局(약국) 약을 파는 가게. 藥石(약석) 藥果(약과) 藥草(약초)

풀초(초두) 艸(艹)부 [4艹15 총19획]

약 약

約

맺다, 묶다　영 bind　중 约 yuē　일 ヤク(おおむれ)

형성 실 사(糸)+작을 작(勺)자로 실로 작은 매듭을 '맺다'의 뜻이다.
約略(약략) 대강. 또는 대개. 約束(약속) 約款(약관) 公約(공약)

실 사(糸)부 [6糸3 총9획]

묶을 약

| 中6급 陽
언덕 부(좌부방) 阜(阝)부 [3阝9 총12획]
볕 양 | 볕, 해　㊥陰(그늘 음)　　㊇sunshine　㊅阳 yáng　㊐ヨウ(ひ)
㊗ 언덕 부(阝)+볕 양(昜)자로 언덕은 가리는 곳이 없으니 '볕'이 잘 든다.
陽光(양광) 태양의 빛.　陽朔(양삭)　陽刻(양각)　陽氣(양기) |

| 中6급 洋
물 수(삼수변) 水(氵)부 [3水6 총9획]
바다 양 | 바다, 큰 바다　㊤海(바다 해)　　㊇ocean　㊅洋 yáng　㊐ヨウ(おおうみ)
㊗ 물 수(氵)+양 양(羊)자로 수많은 양의 무리가 움직이듯이 '큰바다'를 뜻한다.
洋弓(양궁) 서양식 활.　洋女(양녀)　洋襪(양말)　洋酒(양주) |

| 中5급 養
밥 식(食)부 [9食6 총15획]
기를 양 | 기르다, 성장시키다　㊤育(기를 육)　　㊇breed　㊅养 yǎng　㊐ヨウ(やしなう)
㊗ 양 양(羊)+먹을 식(食)자로 양에게 먹이를 주어 '기르다'의 뜻이다.
養鷄(양계) 닭을 기름.　養蜂(양봉)　養女(양녀)　養豚(양돈) |

| 中7급 語
말씀 언(言)부 [7言7 총14획]
말씀 어 | 말씀, 말　㊤言(말씀 언)　　㊇words　㊅语 yǔ　㊐ゴ･ギョ(かたる)
㊗ 말씀 언(言)+나 오(吾)자로 나의 의견을 변론하는 '말씀'의 뜻이다.
語錄(어록) 위인이나 유명한 사람의 말을 기록한 책.
語源(어원)　語感(어감)　語句(어구) |

| 中5급 漁
물 수(삼수변) 水(氵)부 [3氵11 총14획]
고기 어 | 고기 잡다, 고기잡이　　㊇fishing　㊅渔 yú　㊐ギョ(あさる)
㊗ 물 수(氵)+고기 어(魚)자로 물고기가 있는 물에서 '물고기를 잡는다'는 뜻이다.
漁場(어장) 고기잡이 터.　漁撈(어로)　漁具(어구)　漁民(어민) |

중 5급	 물고기 어(魚)부 [11魚0 총11획] 고기 **어**	물고기, 고기 영 fish 중 鱼 yú 일 ギョ(さかな)

회의·형성 물고기의 모양을 본뜬 글자이다.
魚物(어물) 물고기의 총칭. 魚貝(어패) 魚卵(어란) 魚雷(어뢰)

魚魚魚魚魚魚魚魚魚魚魚
魚 魚 魚 魚 魚

중 5급	 사람 인(人)부 [2人13 총15획] 억 **억**	억, 수의 단위 영 hundred million 중 亿 yì 일 オク(おく)

형성 사람 인(亻)+뜻 의(意)자로 사람의 마음속에서만 생각할 수 있는 큰 수인 '억'을 뜻한다.
億丈(억장) 썩 높음. 百億(백억) 億劫(억겁) 億萬(억만)

億億億億億億億億億
億 億 億 億 億

중 6급	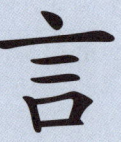 말씀 언(言)부 [7言0 총7획] 말씀 **언**	말씀, 언어 유 語(말씀 어) 영 talk 중 言 yán 일 ゲン(こと)

형성 생각한 것을 찌를 듯이 입으로 나타내는 '말씀'의 뜻이다.
言論(언론) 말이나 글로써 자기의 주장을 밝히는 일.
言動(언동) 言語(언어) 言爭(언쟁)

言言言言言言言
言 言 言 言 言

중 6급	 나무 목(木)부 [4木9 총13획] 업 **업**	업, 일 유 事(일 사) 영 business 중 业 yè 일 ギョウ(わざ)

상형 악기를 매단 받침틀의 모양을 본뜬 자로 음악을 배우려면 이 장치를 하는 '업'의 뜻이다.
業界(업계) 같은 산업, 사업의 종사자들의 사회. 業主(업주) 業務(업무) 業體(업체)

業業業業業業業業業業業業業
業 業 業 業 業

중 7급	 불 화(火/灬)부 [4灬8 총12획] 그러할 **연**	그러하다, 대답하는 말 영 so, such 중 然 rán 일 ゼン(しかり)

회의 고기 육(月:肉)+개 견(犬)+불 화(火)자로 고기를 불에 굽는다는 것은 '당연'하다.
然則(연즉) 그런즉, 그렇다면. 然而(연이) 然後(연후) 慨然(개연)

然然然然然然然然然然然然
然 然 然 然 然

中 5급	 불 화(火/灬)부 [4灬11 총15획]	덥다, 더위　　　　　　　　　영 hot　중 热 rè　일 ネツ(あつい)
		회의 형세 세(勢)+불 화(灬)자로 불의 형세는 '뜨겁다'의 뜻이다.
		熱狂(열광) 미친 듯이 열중함. 熱心(열심)　熱氣(열기)　熱帶(열대)
		熱熱熱熱熱熱熱熱熱熱熱熱熱熱熱
	더울 **열**	熱　熱　熱　熱　熱

中 5급	 풀초(초두) 艹(⺿)부 [4⺿9 총13획]	잎, 뽕　　　　　　　　　　　영 leaf　중 叶 yè　일 ヨウ(は)
		형성 초목에 달려 있는 무성한 '잎사귀'를 뜻한다.
		葉書(엽서) 우편엽서.　葉菜(엽채) 葉茶(엽차)　葉錢(엽전)
		葉葉葉葉葉葉葉葉葉葉葉葉葉
	잎 **엽**	葉　葉　葉　葉　葉

中 6급	 풀초(초두) 艹(⺿)부 [4⺿5 총9획]	꽃부리, 재주가 뛰어나다　유 特(특별할 특)　영 elite　중 英 yīng　일 エイ(はなぶさ)
		형성 풀 초(艹)+가운데 앙(央)자로 풀꽃의 아름다운 가운데를 나타내어 '꽃부리'의 뜻이다.
		英佛(영불) 영국과 프랑스.　英傑(영걸)　英國(영국)　英語(영어)
		英英英英英英英英英
	꽃부리 **영**	英　英　英　英　英

中 6급	 물 수(삼수변) 水(氵)부 [4水1 총5획]	길다, 오래다　유 遠(멀 원)　　영 eternal　중 永 yǒng　일 エイ(ながい)
		상형 강물이 여러 갈래로 갈라지면서 흘러가는 모양을 본뜬 글자이다.
		永訣(영결) 영원한 이별.　永眠(영면)　永世(영세)　永遠(영원)
		永永永永永
	길 **영**	永　永　永　永　永

中 8급	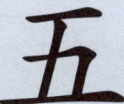 두 이(二)부 [2二2 총4획]	다섯, 다섯 번　　　　　　　영 five　중 五 wǔ　일 ゴ(いつつ)
		지사 「二十乂」화 수 목 금 토의 오행이 상생하여 '다섯'이란 뜻이다.
		五穀(오곡) 주식이 되는 다섯 가지 곡식.　五角(오각)　五感(오감)　五色(오색)
		五五五五
	다섯 **오**	五　五　五　五　五

5-8급 기초한자 | 75

午

中7급 | 열 십(十)부 [2+2 총4획] | 낮 **오**

낮, 일곱째 지지 영 noon 중 午 wǔ 일 ゴ(うま·ひる)

상형 절구질할 때 들어올린 절굿공이의 모양으로 11시부터 13시사이로 '한낮'을 뜻한다.

午睡(오수) 낮잠. 午初(오초) 午餐(오찬) 午後(오후)

屋

中5급 | 주검 시(尸)부 [3尸6 총9획] | 집 **옥**

집, 지붕 유 家(집 가) 영 house 중 屋 wū 일 オク(や)

회의 주검 시(尸)+이를 지(至)자로 사람이 이르러 머무를 수 있는 '집'이란 뜻이다.

屋漏(옥루) 집이 샘. 屋內(옥내) 屋上(옥상) 家屋(가옥)

溫

中6급 | 물 수(삼수변) 水(氵)부 [3氵10 총13획] | 따뜻할 **온**

따뜻하다, 온화하다 반 冷(찰 랭) 영 warm 중 温 wēn 일 温 オン(あたたか)

회의·형성 수증기가 방 안에 가득하므로 '따뜻하다'는 뜻이다.

溫帶(온대) 열대와 한대 사이의 지대. 溫情(온정) 溫氣(온기) 溫度(온도)

完

中5급 | 갓머리(宀)부 [3宀4 총7획] | 완전할 **완**

완전하다, 완전하게 하다 유 全(온전 전) 영 perfect 중 完 wán 일 カン(まっとうする)

형성 집 면(宀)+으뜸 원(元)자로 근본이 잘 되어 있는 집을 뜻해 '완전하다'는 뜻이다.

完璧(완벽) 흠을 잡을 곳이 없음. 完遂(완수) 完工(완공) 完決(완결)

王

中8급 | 구슬 옥(玉/王)부 [4王0 총4획] | 임금 **왕**

임금, 우두머리 유 帝(임금 제) 영 king 중 王 wáng 일 オウ(きみ)

지사 '三'은 天·地·人을 가리키고 'ㅣ'은 세 가지를 꿰뚫는 것을 뜻한다.

王家(왕가) 임금의 집안. 王命(왕명) 王國(왕국) 王妃(왕비)

外

中 8급

바깥, 타향 (반) 內(안 내) 영 outside 중 外 wài 일 ガイ(そと)

회의 저녁 석(夕)+점 복(卜)자로 점은 아침에 쳐야 하는데 저녁에 치는 점은 '예외'를 뜻한다.
外客(외객) 겨레붙이가 아닌 손님. 外觀(외관) 外國(외국) 外勤(외근)

저녁 석(夕)부 [3夕2 총5획]

바깥 외

外 夕 外 外 外

要

中 5급

요긴하다, 종요롭다 영 important 중 外 Yào 일 ヨウ(かなめ)

상형 여자가 두 손으로 허리를 잡고 있는 모양을 본뜬 글자로 '중요한'의 뜻이다.
要件(요건) 긴요한 용건. 要求(요구) 要綱(요강) 要請(요청)

덮을 아(襾)부 [6襾3 총9획]

중요할 요

曜

中 5급

빛나다, 요일 영 shine, flash 중 曜 yào 일 ヨウ(かがやく)

형성 해 일(日)+꿩깃 적(翟)자로 꿩의 깃털이 햇살을 받아 '빛나다'의 뜻이다.
曜日(요일) 일주일의 각 날을 나타내는 말. 日曜日(일요일) 日曜(일요) 九曜(구요)

날 일(日)부 [4日14 총18획]

빛날 요

浴

中 5급

목욕하다, 목욕 영 bathe 중 浴 yù 일 ヨク(あびる)

형성 물 수(氵)+골짜기 곡(谷)자로 골짜기에 흐르는 깨끗한 물로 '목욕을 한다'는 뜻이다.
浴室(욕실) 목욕을 하는 시설이 되어 있는 방. 浴湯(욕탕) 浴槽(욕조) 沐浴(목욕)

물 수(삼수변) 水(氵)부 [3氵7 총10획]

목욕할 욕

勇

中 6급

날래다, 용감하다 영 quick, brave 중 勇 yǒng 일 コウ(いさましい)

회의 물솟아오를 용(甬)+힘 력(力)자로 물이 솟아오르듯 '용감하다'의 뜻이다.
勇斷(용단) 용기 있게 결단함. 勇力(용력) 勇敢(용감) 勇氣(용기)

힘 력(力)부 [2力7 총9획]

날랠 용

中6급 **用** 쓸 용(用)부 [5用0 총5획] 쓸 용	쓰다, 쓰이다　⊕ 費(쓸 비)　　영 use, employ　중 用 yòng　일 ヨウ(もちいる)
	형성 점 복(卜)+가운데 중(中)자로 옛날 점을 쳐서 맞으면 반드시 '시행하다'의 뜻이다. 用件(용건) 볼일.　用處(용처)　用器(용기)　用品(용품) 用 用 用 用 用
	用 用 用 用 用

中7급 **右** 입 구(口)부 [3口2 총5획] 오른쪽 우	오른쪽, 숭상하다　⊕ 左(왼 좌)　　　　영 right　중 右 yòu　일 ユウ(みぎ)
	회의 감싸듯이 물건을 쥔 손모양이다. 右武(우무) 무를 숭상함.　右袒(우단)　右傾(우경)　右前(우전) 右 右 右 右 右
	右 右 右 右 右

中5급 **牛** 소 우(牛)부 [4牛0 총4획] 소 우	소, 무릅쓰다　　　　　　　　　　　영 ox· cow　중 牛 niú　일 ギュウ(うし)
	상형 머리와 두 뿔이 솟고 꼬리를 늘어뜨리고 있는 소의 모양을 본뜬 글자이다. 牛角(우각) 소뿔.　牛步(우보)　牛乳(우유)　牛黃(우황) 牛 牛 牛 牛
	牛 牛 牛 牛 牛

中5급 **友** 또 우(又)부 [2又2 총4획] 벗 우	벗, 동무　　　　　　　　　　　　영 friend　중 友 yǒu　일 コウ(とも)
	회의 왼 좌(ナ)+또 우(又)자로 왼손과 오른손을 맞잡은 친한 사이로 '벗'을 뜻한다. 友愛(우애) 친구간의 애정.　友邦(우방)　友情(우정)　友好(우호) 友 友 友 友
	友 友 友 友 友

中5급 **雨** 비 우(雨)부 [8雨0 총8획] 비 우	비, 비가 오다　　　　　　　　　　영 rain　중 雨 yǔ　일 ウ(あめ)
	상형 하늘[一]을 덮은 구름[冂] 사이로 물방울이 떨어짐을 본뜬 글자로 '비'를 뜻한다. 雨期(우기) 비가 많이 내리는 시기.　雨天(우천)　雨量(우량)　雨傘(우산) 雨 雨 雨 雨 雨 雨
	雨 雨 雨 雨 雨

運

中 6급

쉬엄쉬엄갈 착(책받침) 辵(辶)부 [4辶_9 총13획]

옮기다 운

돌다, 움직이다, 옮기다

영 transport 중 运 yùn 일 ウン(はこぶ)

형성 쉬엄쉬엄갈 착(辶)+군사 군(軍)자로 군사들이 전차를 몰고 병기를 '옮기다'의 뜻이다.

運命(운명) 운수. 運筆(운필) 運樞(운구) 運動(운동)

雲

中 5급

비 우(雨)부 [8雨4 총12획]

구름 운

구름, 습기

영 cloud 중 云 yún 일 ウン(くも)

상형 비 우(雨)+이를 운(云)자로 뭉게구름이 일어나는 모양을 본뜬 글자이다.

雲開(운개) 구름이 사라짐. 雲山(운산) 雲霧(운무) 雲峰(운봉)

雄

中 5급

새 추(隹)부 [8隹4 총12획]

수컷 웅

수컷, 수

영 male 중 雄 xióng 일 ユウ(おす)

형성 팔꿈치 굉(厷)+새 추(隹)자로 새 중에서 팔꿈치 날개살의 힘이 센 것은 '수컷'이란 뜻이다.

雄大(웅대) 웅장하고 큼. 雄圖(웅도) 雄據(웅거) 雄壯(웅장)

原

中 5급

민엄 호(厂)부 [2厂8 총10획]

근원 원

근원, 근본

영 origin 중 原 yuán 일 グン(はら·もと)

회의·형성 집 엄(厂)+샘 천(泉)자로 언덕밑에서 솟는 샘의 '근원'을 뜻한다.

原價(원가) 상품 생산비. 原案(원안) 原稿(원고) 原因(원인)

元

中 5급

어진사람 인(儿)부 [2儿2 총4획]

으뜸 원

으뜸, 우두머리

영 principal 중 元 yuán 일 ダン(もと)

회의 사람 몸[儿]의 위에 머리[·]를 그리는 '으뜸'을 뜻한다.

元氣(원기) 만물의 근원이 되는 기운. 元旦(원단) 元金(원금) 元年(원년)

院

中 5급

언덕 부(좌부방) 阜(阝)부 [3阝7 총10획]

집, 담   영 garden 중 院 yuàn 일 イン

형성 언덕 부(阝)+완전할 완(完)자로 담장으로 튼튼하게 둘러싸인 '집'을 뜻한다.
院長(원장) 원자가 붙은 기관의 장. 院生(원생) 院兒(원아) 病院(병원)

院院院院院院院院院院

원집 원 院 院 院 院 院

願

中 5급

머리 혈(頁)부 [9頁10 총19획]

원하다, 바라다 유 希(바랄 희)   영 want, hope 중 愿 yuàn 일 ガン(ねがう)

형성 근원 원(原)+머리 혈(頁)자로 머리는 생각하는 근원이며 생각이 잘되기를 '원하다'는 뜻이다.
願望(원망) 원하고 바람. 願書(원서) 祈願(기원) 發願(발원)

願願願願願願願願願願願願

원할 원 願 願 願 願 願

園

中 6급

큰입 구(口)부 [3口10 총13획]

동산, 정원   영 garden 중 园 yuán 일 エン(その)

형성 에울 위(口)+옷치렁거릴 원(袁)자로 과일이 치렁치렁 열린 과수로 에워싼 '동산'이란 뜻이다.
園頭幕(원두막) 밭을 지키기 위해 지은 막. 園所(원소) 園兒(원아)

園園園園園園園園園園園

동산 원 園 園 園 園 園

遠

中 6급

쉬엄쉬엄갈 착(책받침) 辵(辶)부 [4辶10 총14획]

멀다, 선조 반 近(가까울 근)   영 far 중 远 yuǎn 일 エン(とおい)

회의·형성 쉬엄쉬엄갈 착(辶)+옷치렁거릴 원(袁)자로 긴 옷을 입고 '먼' 길을 쉬엄쉬엄간다.
遠近(원근) 멀고 가까움. 遠景(원경) 遠隔(원격) 遠大(원대)

遠遠遠遠遠遠遠遠遠遠

멀 원 遠 遠 遠 遠 遠

月

中 8급

달 월(月)부 [4月0 총4획]

달, 달빛 반 日(해 일)   영 moon 중 月 yuè 일 ゲツ(つき)

상형 일그러진 초승달의 모양을 본뜬 글자이다.
月刊(월간) 매월 한 차례 간행함. 月光(월광) 月間(월간) 月給(월급)

月月月月

달 월 月 月 月 月 月

位

中 5급

자리, 위치　　　　　　　　　　　영 position　중 位 wèi　일 イ(くらい)

회의 사람 인(亻)+설 립(立)자로 사람이 일정한 자리에 서있다는 '자리'의 뜻이다.
位置(위치) 사람이나 물건의 장소.　位牌(위패)　位階(위계)　順位(순위)

位位位位位位位

사람 인(人)부 [2人5 총7획]

자리 위

位 位 位 位 位

偉

中 5급

위대하다, 훌륭하다　유 大(큰 대)　　　　영 great　중 伟 wěi　일 イ(えらい)

형성 사람 인(亻)+가죽 위(韋)자로 보통사람보다 뛰어난 '크다'는 뜻이다.
偉大(위대) 뛰어나고 훌륭함.　偉力(위력)　偉業(위업)　偉容(위용)

偉偉偉偉偉偉偉偉

사람 인(人)부 [2人9 총11획]

거룩할 위

偉 偉 偉 偉 偉

有

中 7급

있다, 가지다　반 無(없을 무)　　　　영 exist　중 有 yǒu　일 ユウ(ある)

회의 손에 고기를 들고[月←肉] 있다 하여 '가지고 있다'는 뜻이다.
有功(유공) 공로가 있음.　有無(유무)　有給(유급)　有能(유능)

有有有有有有

달 월(月)부 [4月2 총6획]

있을 유

油

中 6급

기름, 유지　　　　　　　　　　　영 oil　중 油 yóu　일 ユ(あぶら)

형성 물 수(氵)+말미암을 유(由)자로 액체로 말미암아 불타는 것이 '기름'이라는 뜻이다.
油然(유연) 구름이 피어오르는 모양.　油印物(유인물)　油性(유성)　油田(유전)

油油油油油油油油

물 수(삼수변) 水(氵)부 [3氵5 총8획]

기름 유

油 油 油 油 油

由

中 6급

말미암다, 인연하다　　　　　　　영 cause　중 由 yóu　일 コウ(よし)

상형 술이나 즙 따위를 뽑아 내는 항아리를 본뜬 글자이다.
由來(유래) 사물의 내력.　由緒(유서)　自由(자유)　理由(이유)

由 由 由 由 由

밭 전(田)부 [5田0 총5획]

말미암을 유

5-8급 기초한자 | 81

育

中 7급

고기 육(육달월) 肉(月)부 [4月4 총8획]

기를 육

기르다, 키우다 ㉭養(기를 양) 영bring up 중育 yù 일イク(そだてる)

형성 돌아나올 돌(云)+고기 육(月:肉)자로 아기가 어머니의 태내에서 '기르다'의 뜻이다.

育成(육성) 길러서 자라게 함. 育兒(육아) 乳方(유방) 酉時(유시)

銀

中 6급

쇠 금(金)부 [8金6 총14획]

은 은

은, 은빛 영silver 중银 yín 일ギン(しろがね)

형성 쇠 금(金)+그칠 간(艮)자로 황금 다음가는 백금이 '은'이라는 뜻이다.

銀幕(은막) 영화계. 銀河(은하) 銀塊(은괴) 銀河(은하)

音

中 6급

소리 음(音)부 [9音0 총9획]

소리 음

소리, 음악 ㉭聲(소리 성) 영sound 중音 yīn 일オン(おと)

지사 땅[一]에 서서[立] 말하는 입[曰]의 모양에서 모든 소리를 뜻한다.

音律(음률) 소리·음악의 가락. 音聲(음성) 雜音(잡음) 騷音(소음)

飮

中 6급

밥 식(食)부 [9食4 총13획]

마실 음

마시다, 마실 것 영drink 중饮 yǐn 일イン(のむ)

형성 밥 식(食)+하품할 흠(欠)자로 하품할 때처럼 입을 벌리고 물이나 술따위를 '마시다'는 뜻이다.

飮毒(음독) 독약을 먹음. 飮馬(음마) 飮酒(음주) 米飮(미음)

邑

中 7급

고을 읍(우부방) 邑(阝)부 [7邑0 총7획]

고을 읍

고을, 마을 영town 중邑 yì 일ユウ(むら)

회의 에워쌀 위(口=囗)+병부 절(巴)자로 일정한 경계 안에 사람이 모여사는 '고을'의 뜻이다.

邑內(읍내) 읍의 안. 邑長(읍장) 邑城(읍성) 邑民(읍민)

中 6급		옷, 의복　⊕ 服(옷 복)	영 clothing　중 衣 yī　일 イ(ころも)

상형 사람이 옷저고리를 입고 깃을 여민 모양을 본뜬 글자이다.

衣冠(의관) 의복과 갓.　衣服(의복)　衣類(의류)　衣服(의복)

옷 의(衤/衣)부 [6衣0 총6획]

| 옷 의 | 衣 衣 衣 衣 衣 |

中 6급		뜻, 생각　⊕ 志(뜻 지)	영 intention, will　중 意 yì　일 イ

회의 소리 음(音)+마음 심(心)자로 말로 나타내고자 하는 마음속의 '생각'의 뜻이다.

意見(의견) 마음속에 느낀 생각.　意味(의미)　意慾(의욕)　意志(의지)

마음 심(심방변) 心(忄/㣺)부 [4心9 총13획]

| 뜻 의 | 意 意 意 意 |

中 6급		의원, 의사	영 doctor　중 医 yī　일 医 イ(いやす)

회의 소리마주칠 예(殹)+닭 유(酉)자로 다쳐서 신음하는 환자를 고치는 '의원'이라는 뜻이다.

獸醫(수의) 짐승을 치료하는 의사.　洋醫(양의)　醫療(의료)　醫師(의사)

닭 유(酉)부 [7酉11 총18획]

| 의원 의 | 醫 醫 醫 醫 醫 |

中 8급	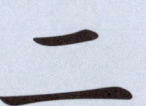	두, 둘	영 two　중 二 èr　일 二(ふたつ)

지사 가로로 두 선을 그어 '둘'을 가리킨다.

二姓(이성) 두 가지의 성.　二乘(이승)　二重(이중)　二輪車(이륜차)

두 이(二)부 [2二0 총2획]

| 두 이 | 二 二 二 二 二 |

中 5급	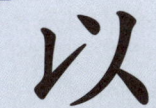	써(~로써), 이(是)	영 by, with　중 以 yǐ　일 イ(もって)

상형 사람이 쟁기를 써야 밭밭을 갈 수 있다는데서 '~로써 까닭'의 뜻이다.

以前(이전) 오래 전.　以內(이내)　以南(이남)　以北(이북)

사람 인(人)부 [2人3 총5획]

| 써 이 | 以 以 以 以 以 |

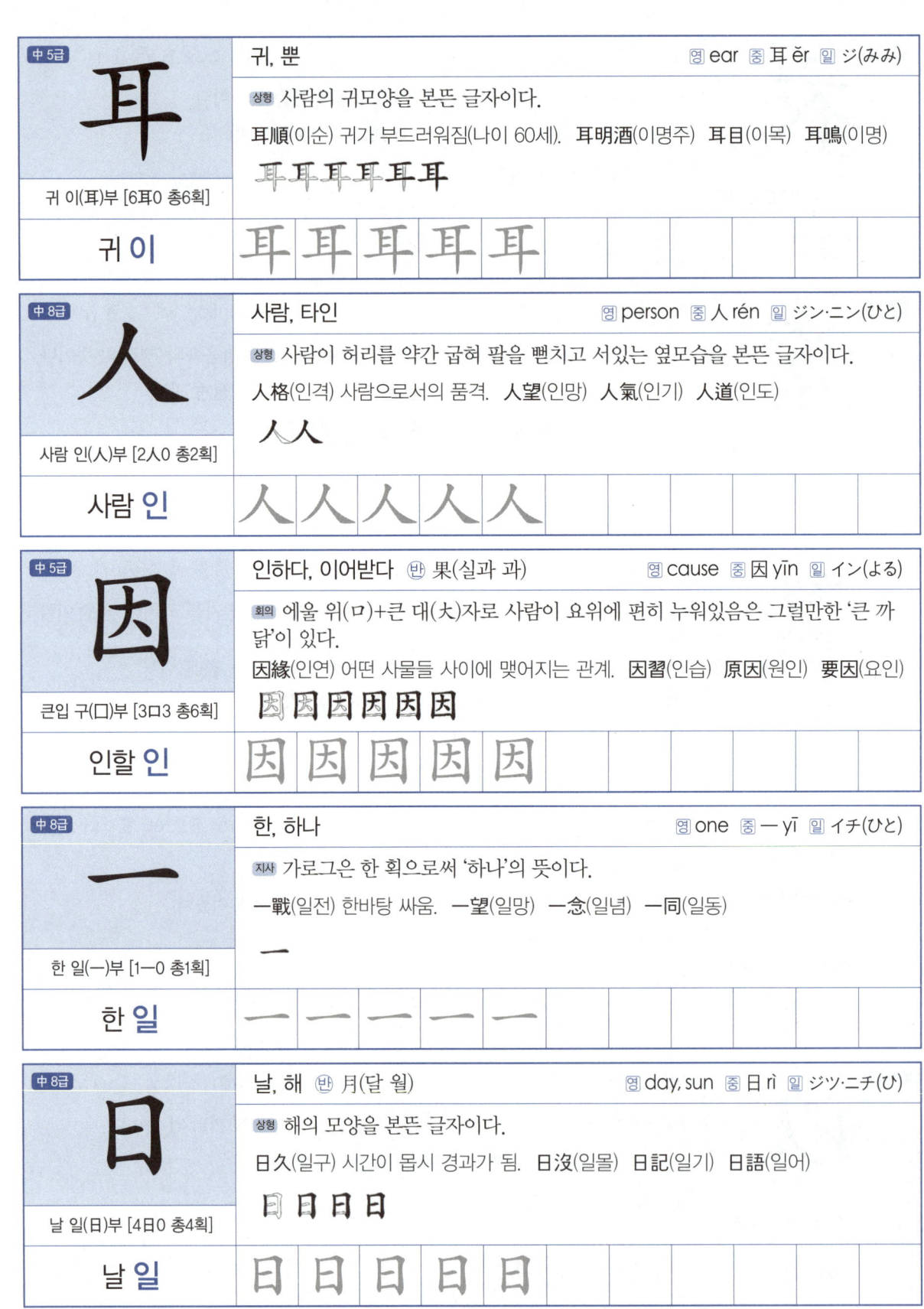

任 맡길 임

- 中5급
- 사람 인(人)부 [2人4 총6획]
- 맡기다, 주다 유 委(맡길 위)   영 entrust 중 任 rèn 일 ニン(まかせる)
- 형성 사람 인(亻)+아홉째천간 임(壬)자로 사람이 짐을 짊어지듯 책임을 '맡기다'의 뜻이다.
- 任期(임기) 어떤 직책을 맡은 기간. 任官(임관) 任命(임명) 任務(임무)

任任任任任任

入 들 입

- 中7급
- 들 입(入)부 [2入0 총2획]
- 들다, 들이다 반 出(날 출)   영 enter 중 入 rù 일 ニュウ(いる)
- 지사 하나의 줄기 밑에 뿌리가 갈라져 땅속으로 뻗어들어가는 모양을 본뜬 글자이다.
- 入庫(입고) 창고에 넣음. 入山(입산) 入校(입교) 入口(입구)

入入

自 스스로 자

- 中7급
- 스스로 자(自)부 [6自0 총6획]
- 스스로, 몸소 반 他(다를 타)   영 self 중 自 zì 일 シジ(みずから)
- 상형 사람의 코를 본뜬 글자로 사람이 코를 가리키며 자기를 '스스로'의 뜻이다.
- 自力(자력) 자기의 힘. 自立(자립) 自國(자국) 自己(자기)

自自自自自自

字 글자 자

- 中7급
- 아들 자(子)부 [3子3 총6획]
- 글자, 아이를 배다 유 文(글월 문)   영 letter 중 字 zì 일 ジ(もじ)
- 회의 집 면(宀)+아들 자(子)자로 젖을 먹여 자식이 커가듯 기본자를 바탕으로 늘어나는 '글자'란 뜻이다.
- 字句(자구) 글자와 글귀. 字體(자체) 字幕(자막) 字母(자모)

字字字字字字

子 아들 자

- 中7급
- 아들 자(子)부 [3子0 총3획]
- 아들, 자식 반 女(계집 녀)   영 son 중 子 zǐ 일 シ·ス(こ)
- 상형 어린아이가 두 팔을 벌리고 서있는 모양을 본뜬 글자이다.
- 子規(자규) 소쩍새. 子時(자시) 子女(자녀) 子婦(자부)

子子子

者

中 6급 | 놈, 사람 | 영 person, man | 중 者 zhě | 일 シャ(もの)

회의 노인[老]으로부터 갓난아이 모두가 '사람'이다.

近者(근자) 요사이. 記者(기자) 强者(강자) 結者解之(결자해지)

늙을 로(耂/老)부 [4耂5 총9획]

者者者者者者者者者

놈 자

者 者 者 者 者

作

中 6급 | 짓다, 만들다 유 製(지을 제) | 영 make | 중 作 zuò | 일 サク(つくる)

형성 사람 인(亻)+잠깐 사(乍)자로 사람이 잠깐의 쉴 사이도 없이 무엇을 '짓다'는 뜻이다.

作家(작가) 작품을 만드는 사람. 作別(작별) 作故(작고) 作黨(작당)

사람 인(人)부 [2人5 총7획]

作作作作作作作

지을 작

作 作 作 作 作

昨

中 6급 | 어제, 앞서 유 製(지을 제) | 영 yesterday | 중 昨 zuó | 일 サク(きのう)

형성 날 일(日)+잠깐 사(乍)자로 하루가 잠깐 사이에 지나가니 '어제'라는 뜻이다.

昨今(작금) 어제와 오늘. 昨夜(작야) 昨年(작년) 昨日(작일)

날 일(日)부 [4日5 총9획]

昨昨昨昨昨昨昨昨昨

어제 작

昨 昨 昨 昨 昨

長

中 8급 | 길다, 낫다 반 短(짧을 단) | 영 long | 중 长 cháng | 일 チョウ(ながい)

상형 수염과 머리카락이 긴 노인이 지팡이를 짚고 있는 모양을 본뜬 글자로 '길다'의 뜻이다.

長江(장강) 긴 강. 중국에서는 양자강을 이름. 長久(장구) 長男(장남) 長安(장안)

긴 장(長)부 [8長0 총8획]

長長長長長長長長

길 장

長 長 長 長 長

場

中 7급 | 마당, 구획 | 영 place, spot | 중 场 chǎng | 일 ジョウ(ば)

형성 흙 토(土)+빛날 양(昜)자로 햇빛이 잘 드는 양지바른 '마당'의 뜻이다.

場稅(장세) 시장 세. 場所(장소) 場面(장면) 場外(장외)

흙 토(土)부 [3土9 총12획]

場場場場場場場場場場

마당 장

場 場 場 場 場

章

中 6급

글, 문체 유 文(글월 문) 영 sentence 중 章 zhāng 일 ショウ(あや)

회의 소리 음(音)+열 십(十)자로 소리가 일단락지어진 '악장'의 뜻이다.

章牘(장독) 편지. 章理(장리) 肩章(견장) 旗章(기장)

설 립(立)부 [5立6 총11획]

문체 **장**

在

中 6급

있다, 찾다 유 存(있을 존) 영 exist 중 在 zài 일 ザイ(ある)

형성 재주 재(才)+흙 토(土)자로 새로 나온 싹은 작지만 확실히 땅 위에 있다.

在室(재실) 방안에 있음. 在京(재경) 在野(재야) 在外(재외)

흙 토(土)부 [3土3 총6획]

있을 **재**

才

中 6급

재주, 지혜 영 talent 중 才 cái 일 サイ(もちまえ·わざ)

상형 손 수(扌)자로 손에는 타고나는 '재주'가 있다.

才氣(재기) 재주 있는 기질. 才能(재능) 才幹(재간) 才致(재치)

손 수(재방변) 手(扌)부 [3扌0 총3획]

재주 **재**

再

中 5급

두, 둘 영 twice 중 再 zài 일 サイ(ふたたび)

회의 쌓아놓은 재목 위에 거듭 쌓으므로 '다시'의 뜻이다.

再建(재건) 다시 세움. 再顧(재고) 再生(재생) 再會(재회)

멀 경(冂)부 [2冂4 총6획]

두 **재**

材

中 5급

재목, 원료 영 timber 중 材 cái 일 ザイ

형성 나무 목(木)+재주 재(才)자로 집을 짓는 바탕이 되는 나무로 '재목'을 뜻한다.

才幹(재간) 솜씨. 才料(재료) 材木(재목) 材質(재질)

나무 목(木)부 [4木3 총7획]

재목 **재**

5-8급 기초한자 | 87

財

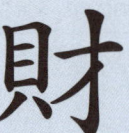

조개 패(貝)부 [7貝3 총10획]

재물, 재화 윤 貨(재물 화)   영 wealth   중 财 cái   일 ザイ(たから)

형성 조개 패(貝)+재주 재(才)자로 생활하는 데 바탕이 되는 '재물'의 뜻이다.
財務(재무) 재정에 관한 사무. 財界(재계) 財力(재력) 財閥(재벌)

財財財財財財財財財財

재물 재 財 財 財 財 財

災

불 화(火/灬)부 [4火3 총7획]

재앙, 천재   영 calamity   중 灾 zāi   일 サイ(わざわい)

회의 내 천(巛)+불 화(火)자로 물이나 불로 인하여 입는 '재앙'이란 뜻이다.
災難(재난) 재앙. 災殃(재앙) 災厄(재액) 災害(재해)

災災災災災災災

재앙 재 災 災 災 災 災

爭

손톱 조爪(爫)부 [4爫4 총8획]

다투다, 겨루다 윤 競(다툴 경)   영 quarrel   중 争 zhēng   일 争 ソウ(あらそう)

회의 손톱 조(爪)+바라 조(⺄)+갈고리 궐(亅)자로 손으로 물건을 서로 잡아당기며 '다투다'.
爭論(쟁론) 말로 다툼. 爭議(쟁의) 爭點(쟁점) 爭取(쟁취)

爭爭爭爭爭爭爭爭

다툴 쟁 爭 爭 爭 爭 爭

貯

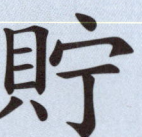

조개 패(貝)부 [7貝5 총12획]

쌓다, 저축하다 윤 蓄(쌓을 축)   영 save   중 贮 zhù   일 チク(たくわえる)

형성 조개 패(貝)+멈출 저(宁)자로 재물이 나가지 않도록 간직하는 것으로 '쌓다'의 뜻이다.
貯金(저금) 돈을 모아둠. 貯水(저수) 貯藏(저장) 貯蓄(저축)

貯貯貯貯貯貯貯貯貯貯貯貯

쌓을 저 貯 貯 貯 貯 貯

的

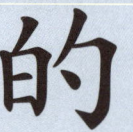

흰 백(白)부 [5白3 총8획]

적실하다, 과녁   영 target   중 的 de   일 テキ(まと)

형성 흰 백(白)+조금 작(勺)자로 흰판에 목표점을 향해 활을 쏘므로 '과녁'의 뜻이다.
的中(적중) 맞아떨어짐. 的實(적실) 目的(목적) 的當(적당)

的的的的的的的的

과녁 적 的 的 的 的 的

赤 (붉을 적)

中 5급

붉다, 붉은빛　　　영 red　중 赤 chì　일 セキ(あか)

회의 큰 대(大)+불 화(火)자로 크게 타는 불은 그 빛이 '붉다'는 뜻이다.

赤裸裸(적나라) 있는 그대로 드러냄. 赤貧(적빈) 赤旗(적기) 赤色(적색)

赤赤赤赤赤赤赤

붉을 적(赤)부 [7赤0 총7획]

붉을 **적**　　赤 赤 赤 赤 赤

全 (온전할 전)

中 7급

온전하다, 온전히 하다　　　영 perfect　중 全 quán　일 ゼン(まったく)

회의·상형 들 입(入)+구슬 옥(王:玉)자로 사람 손에 의해 옥이 가공되어 '온전하다'는 뜻이다.

全國(전국) 온 나라. 全一(전일) 全蠍(전갈) 全景(전경)

全全全全全全

들 입(入)부 [2入4 총6획]

온전할 **전**　　全 全 全 全 全

電 (번개 전)

中 7급

번개, 빠름의 비유　　　영 lightning　중 电 diàn　일 電 デン(いなづま)

회의 비 우(雨)+펼 신(申)자로 비가 올 때 번쩍번쩍 빛을 펼쳐서 '번개'라는 뜻이다.

電球(전구) 전등알. 電燈(전등) 電工(전공) 電車(전차)

電電電電電電電電電電電電電

비 우(雨)부 [8雨5 총13획]

번개 **전**　　電 電 電 電 電

前 (앞 전)

中 7급

앞, 나아가다　　반 後(뒤 후)　　영 front　중 前 qián　일 ゼン(まえ)

형성 배를 멈추는 밧줄을 칼로 끊으면 배가 앞으로 나아가므로 '앞'의 뜻이다.

前景(전경) 앞에 보이는 경치. 前功(전공) 前面(전면) 前生(전생)

前前前前前前前前前

칼 도(刀/刂)부 [2刀7 총9획]

앞 **전**　　前 前 前 前 前

戰 (싸움 전)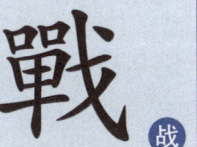

中 6급

싸움, 전쟁　　유 鬪(싸울 투)　　영 war　중 战 zhàn　일 戦 セン(たたかう)

형성 일대일[單]로 맞붙어 창[戈]을 들고 '싸우다'의 뜻이다.

戰功(전공) 전쟁에서 세운 공훈. 戰國(전국) 戰略(전략) 戰爭(전쟁)

戰戰戰戰戰戰戰戰戰戰

창 과(戈)부 [4戈12 총16획]

싸움 **전**　　戰 戰 戰 戰 戰

5-8급 기초한자 | 89

典

법, 규정 ㉲ 法(법 법)   영 law 중 典 diǎn 일 テン

회의 책 책(冊)+성씨 기(丌)자로 모든 이에게 소중하고 규범이 될 만한 것인 '책'의 뜻이다.
典據(전거) 바른 근거. 典當(전당) 古典(고전) 法典(법전)

여덟 팔(八)부 [2八6 총8획]

법 전

傳

전하다, 전하여지다   영 convey 중 传 chuán 일 伝 デン(つたえる)

형성 사람 인(亻)+오로지 전(專)자로 문서나 소식이 오직 사람에 의해서만 '전달'되었다.
傳達(전달) 전하여 이르게 함. 傳令(전령) 傳單(전단) 傳說(전설)

사람 인(人)부 [2人11 총13획]

전할 전

展

펴다, 열다   영 spread 중 展 zhǎn 일 テン(のびる)

형성 단 옷을 벗고 누워 팔다리를 '펴다'의 뜻이다.
展開(전개) 열리어 나타남. 展覽(전람) 展示(전시) 發展(발전)

주검 시(尸)부 [3尸7 총10획]

펼 전

節

마디, 절개   영 joint 중 节 jié 일 セツ(ふし)

형성 대 죽(竹)+곧 즉(卽)자로 대나무에 생기는 '마디'를 뜻한다.
節約(절약) 함부로 쓰지 않고 아끼는 것. 節減(절감) 節槪(절개) 節水(절수)

대 죽(竹)부 [6竹9 총15획]

마디 절

切

끊다, 자름   영 cut, all 중 切 qiē 일 セツ(きる)

형성 일곱 칠(七)+칼 도(刀)자로 칼로 잘라 여러 개로 나눈다는데서 '끊다'의 뜻이다.
切感(절감) 절실하게 느낌. 切迫(절박) 切親(절친) 一切(일체)

칼 도(刀/刂)부 [2刀2 총4획]

끊을 절/모두 체

店

中 5급

가게, 점방
영 shop 중 店 diàn 일 テン(みせ)

형 집 엄(广)+차지할 점(占)자로 집안을 차지할 만큼 가득 차려놓고 파는 '가게'의 뜻이다.
店頭(점두) 가게 앞. 店員(점원) 店主(점주) 店鋪(점포)

엄 호(广)부 [3广5 총8획]

가게 점

正

中 7급

바르다, 바로잡다 반 直(바를 직)
영 straight 중 正 zhèng 일 セイ(ただしい)

회의·형성 한 일(一)+그칠 지(止)자로 사람이 정지선에 발을 딛고 '바르다'의 뜻이다.
正刻(정각) 바로 그 시각. 正格(정격) 正答(정답) 正當(정당)

그칠 지(止)부 [4止1 총5획]

바를 정

定

中 6급

정하다, 바로잡다
영 settle 중 定 dìng 일 テイ(さだめる)

형성 집 면(宀)+바를 정(正)자로 사람이 집안의 제자리에 물건을 '정하다'의 뜻이다.
定式(정식) 정당한 격식이나 의식. 定價(정가) 定量(정량) 定量(정량)

갓머리(宀)부 [3宀5 총8획]

정할 정

庭

中 6급

뜰, 마당
영 garden 중 庭 tíng 일 テイ(にわ)

형성 집 엄(广)+조정 정(廷)자로 지붕을 덮은 조정의 뜰을 뜻하였으나 뒤에 백성의 '뜰'을 뜻한다.
庭球(정구) 테니스. 庭園(정원) 家庭(가정) 法庭(법정)

엄 호(广)부 [3广7 총10획]

뜰 정

停

中 5급

머무르다, 멈추다 유 留(머무를 류)
영 stay 중 停 tíng 일 テイ

형성 사람 인(亻)+정자 정(亭)자로 사람이 정자에 올라가 잠시 '머무르다'의 뜻이다.
停刊(정간) 신문·잡지 등의 정기적 발행을 중지함.
停會(정회) 停年(정년) 停電(정전)

사람 인(人)부 [2人9 총11획]

머무를 정

情

中 5급

뜻, 욕심 유 心(마음 심)   영 affection 중 情 qíng 일 ジョウ(なさけ)

형성 마음 심(忄)+푸를 청(靑)자로 푸른 하늘처럼 맑고 깨끗한 마음으로 '정'을 뜻한다.
情談(정담) 다정한 이야기. 情勢(정세) 情感(정감) 情景(정경)

마음 심(심방변) 心(忄/㣺)부 [3忄8 총11획]

情情情情情情情情情情情

뜻 정

弟

中 8급

아우, 제자 반 兄(형 형)   영 younger brother 중 弟 dì 일 テイ(おとうと)

회의 활[弓]과 막대 칼[丨]을 비껴[丿]차고 마음껏 노는 어린 '아우'의 뜻이다.
弟嫂(제수) 아우의 아내. 弟子(제자) 弟男(제남) 兄弟(형제)

활 궁(弓)부 [3弓4 총7획]

弟弟弟弟弟弟弟

아우 제

第

中 6급

차례, 계급   영 order, turn 중 第 dì 일 ダイ(ついで·やしき)

회의 대 죽(竹)에 아우 제(弟)자로 죽간을 순서대로 놓아서 '차례'의 뜻이다.
第五列(제오열) 적과 내통하는 집단. 第三者(제삼자) 第一(제일) 及第(급제)

대 죽(竹)부 [6竹5 총11획]

第第第第第第第第第第第

차례 제

題

中 6급

제목, 글제   영 title, subject 중 題 tí 일 ダイ

형성 옳을 시(是)에 머리 혈(頁)자로 머리를 바르게 잡아주는 '제목'의 뜻이다.
題目(제목) 책의 표제. 題言(제언) 題詩(제시) 題材(제재)

머리 혈(頁)부 [9頁9 총18획]

題題題題題題題題題題題

제목 제

祖

中 7급

할아버지, 조상 반 孫(손자 손)   영 grand father 중 祖 zǔ 일 ソ(じじ)

형성 보일 시(示)+또 차(且)자로 시조의 신위부터 대대로 내려온 '할아버지, 조상'을 뜻한다.
祖道(조도) 먼 여행길이 무사하기를 도신에게 비는 것. 祖先(조선) 祖國(조국)

보일 시(示)부 [5示5 총10획]

祖祖祖祖祖祖祖祖祖祖

할아비 조

操

中 5급

잡다, 부리다   영 manage   중 操 cāo   일 ソウ(あやつる)

형성 손 수(扌)+나무 목(木)+물건 품(品)자로 지저귀는 새떼를 전력을 다하여 '잡는다'.
操練(조련) 군대를 훈련함.   操弄(조롱)   操業(조업)   操作(조작)

손 수(재방변) 手(扌)부 [3扌13 총16획]

잡을 조

調

中 5급

고르다, 맞추다   영 harmonize   중 调 diào   일 チョウ(ととのう)

형성 말씀 언(言)+두루 주(周)자로 쌍방의 말을 두루 듣고 잘 어울리게 '고르다'.
調査(조사) 실정을 알기 위하여 자세히 살펴봄.   調節(조절)   調和(조화)   調整(조정)

말씀 언(言)부 [7言8 총15획]

고를 조

朝

中 6급

아침, 처음   반 夕(저녁 석)   영 morning   중 朝 zhāo   일 チョウ(あさ)

형성 태양이 지평선에서 솟아오르므로 '아침'이란 뜻이다.
朝刊(조간) 아침에 발행되는 신문.   朝飯(조반)   朝貢(조공)   朝鮮(조선)

달 월(月)부 [4月8 총12획]

아침 조

足

中 7급

발, 뿌리   반 手(손 수)   영 foot   중 足 zú   일 ソク(あし)

상형 무릎부터 발끝까지 모양을 본뜬 글자로 '발'을 뜻한다.
足炙(족적) 다리 구이.   足鎖(족쇄)   滿足(만족)   不足(부족)

발 족(足)부 [7足0 총7획]

발 족

族

中 6급

겨레, 인척   영 tribe, nation   중 族 zú   일 ゾク(やから)

회의 깃발 아래 화살이 쌓여 있듯이 한덩어리로 무리지어 있는 '겨레'의 뜻이다.
族姓(족성) 씨족의 성씨.   族子(족자)   族閥(족벌)   族譜(족보)

모 방(方)부 [4方7 총11획]

겨레 족

5-8급 기초한자 | 93

卒

中 5급

군사, 병졸, 마치다 반 兵(병사 병) 영 finish 중 卒 zú 일 ソツ(おわ)

회의 우두머리[亠] 밑에 여러 사람씩[十, 人人] 편대로 되어 있는 '병사, 하인'을 뜻한다.

卒年(졸년) 죽은 해. 卒倒(졸도) 卒兵(졸병) 卒業(졸업)

열 십(十)부 [2+6 총8획]

군사 졸

終

中 5급

마치다, 끝나다 반 末(끝 말) 영 finish 중 终 zhōng 일 シュウ(おえる)

형성 실 사(糸)+겨울 동(冬)자로 겨울은 사계절의 끝으로 '마치다'의 뜻이다.

終結(종결) 끝마침. 終乃(종내) 終局(종국) 終日(종일)

실 사(糸)부 [6糸5 총11획]

끝날 종

種

中 5급

씨, 근본 영 seed 중 种 zhǒng 일 シュ(たね)

형성 벼 화(禾)+무거울 중(重)자로 좋은 종자를 가리기 위해 물에서 고른 '씨앗'의 뜻이다.

種牛(종우) 종자를 퍼뜨리기 위하여 기르는 소. 種類(종류) 種豚(종돈) 種目(종목)

벼 화(禾)부 [5禾9 총14획]

씨 종

左

中 7급

왼쪽, 왼손 반 右(오른 우) 영 left 중 左 zuǒ 일 サ(ひだり)

회의·형성 왼손 좌(厂)+장인 공(工)자로 목수가 자를 잴 때는 왼손이므로 '왼쪽'의 뜻이다.

左記(좌기) 왼쪽에 적음. 左邊(좌변) 左傾(좌경) 左右(좌우)

장인 공(工)부 [3工2 총5획]

왼 좌

罪

中 5급

허물, 죄 영 sin, crime 중 罪 zuì 일 ザイ(つみ)

상형·형성 그물 망(罒)+아닐 비(非)자로 법망에 걸려들 그릇된 행동은 '죄'라는 뜻이다.

罪過(죄과) 죄와 과실. 罪名(죄명) 罪名(죄명) 罪目(죄목)

그물 망网(罒/㓁/网)부 [5罒8 총13획]

허물 죄

主

中 7급

주인, 소유자 반 客(손 객) 영 lord 중 主 zhǔ 일 ショウ(うける)

상형 촛불이 타는 모양을 본뜬 글자로 등불은 방 안의 가운데 있으므로 '주인'의 뜻이다.

主客(주객) 주인과 손. 主管(주관) 主動(주동) 主力(주력)

점 주(丶)부 [1丶4 총5획]

主 主 主 主 主

주인 주

主 主 主 主 主

住

中 7급

살다, 생활 유 居(살 거) 영 live 중 住 zhù 일 ジュウ(すむ)

회의·형성 사람 인(亻)+주인 주(主)자로 사람이 주로 '살다'의 뜻이다.

住所(주소) 살고 있는 곳. 住民(주민) 住居(주거) 住宅(주택)

사람 인(人)부 [2人5 총7획]

住 住 住 住 住 住 住

살 주

住 住 住 住 住

晝

中 6급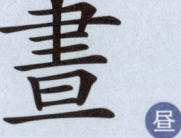

낮, 대낮 반 夜(밤 야) 영 day time 중 昼 zhòu 일 昼 チュウ(ひる)

회의 글 서(書)+한 일(一)자로 붓으로 해가 뜨고 지는 선을 그어 놓고 밤과 '낮'을 뜻한다.

晝間(주간) 낮동안. 晝食(주식) 晝夜(주야) 白晝(백주)

날 일(日)부 [4日7 총11획]

晝 晝 晝 晝 晝 晝 晝 晝 晝 晝 晝

낮 주

晝 晝 晝 晝 晝

注

中 6급

물을 대다, 흐르다 영 pour, infuse 중 注 zhù 일 チュウ(そそぐ)

형성 물 수(氵)+주인 주(主)자로 흐르는 물을 한쪽으로 '물대다'의 뜻이다.

注射(주사) 몸에 약을 바늘로 찔러 넣음. 注書(주서) 注目(주목) 注文(주문)

물 수(삼수변) 水(氵)부 [3氵5 총8획]

注 注 注 注 注 注 注 注

 **주**

注 注 注 注 注

週

中 5급

돌다, 회전하다 영 rotate 중 周 zhōu 일 シュウ(めぐる)

형성 두루두루[周] 돌아가[辶]는 한 바퀴를 나타내는 '1주일'의 뜻이다.

週末(주말) 한 주일의 끝. 週期(주기) 週番(주번) 每週(매주)

쉬엄쉬엄갈 책(책받침) 辵(辶)부 [4辶8 총12획]

週 週 週 週 週 週 週 週 週 週 週 週

 **주**

週 週 週 週 週

州

중5급 | 고을, 행정 구역　[유] 郡(고을 군)　[영] county　[중] 州 zhōu　[일] シュ(す・しま)

[상형] 강 가운데 모래가 쌓여 만들어진 섬의 모습으로 '고을'의 뜻이다.
州縣(주현) 주와 현.　州郡(주군)　州閭(주려)　坡州(파주)

개미허리(내천) 巛(川)부 [3川3 총6획]

고을 **주**

中

중8급 | 가운데, 안　[영] middle　[중] 中 zhōng　[일] チュウ(なか)

[지사] 사물의 복판을 꿰뚫은 모양에서 '가운데'를 뜻하다.
中間(중간) 한가운데.　中年(중년)　中國(중국)　中央(중앙)

뚫을 곤(|)부 [1 | 3 총4획]

가운데 **중**

重

중7급 | 무겁다, 크다　[반] 輕(가벼울 경)　[영] heavy　[중] 重 zhòng　[일] ジュウ(かさなる)

[형성] 클 임(壬)+동녘 동(東)자로 사람이 등에 '무거운' 짐을 지고 서있다는 뜻이다.
重量(중량) 무게.　重刊(중간)　重大(중대)　重力(중력)

마을 리(里)부 [7里2 총9획]

무거울 **중**

地

중7급 | 땅, 곳　[반] 天(하늘 천)　[영] earth, land　[중] 地 dì　[일] チ(つち)

[회의·상형] 흙 토(土)+어조사 야(也)자로 큰뱀이 꿈틀거리듯 땅의 굴곡된 형상에서 '땅'의 뜻이다.
地殼(지각) 지구의 껍데기 층.　地面(지면)　地球(지구)　地點(지점)

흙 토(土)부 [3土3 총6획]

땅 **지**

紙

중7급 | 종이, 종이를 세는 단위　[영] paper　[중] 纸 zhǐ　[일] シ(かみ)

[형성] 실 사(糸)+평평할 지(氏=砥)자로 나무의 섬유를 평평하게 눌러 만든 '종이'의 뜻이다.
紙燈(지등) 종이로 만든 초롱.　紙面(지면)　紙匣(지갑)　紙幣(지폐)

실 사(糸)부 [6糸4 총10획]

종이 **지**

知

中5급 · 화살 시(矢)부 [5矢3 총8획] · 알 지

알다, 깨닫다　㈜ 識(알 식)　영 know　중 知 zhī　일 シキ(しる)

회의 화살 시(矢)+입 구(口)자로 사람이 하는 말을 화살처럼 빠르게 '알다'의 뜻이다.

知覺(지각) 깨달음.　知能(지능)　知己(지기)　知慧(지혜)

止

中5급 · 그칠 지(止)부 [4止0 총4획] · 그칠 지

그치다, 거동　㈜ 停(머무를 정)　영 stop　중 止 zhǐ　일 シ(とめる)

상형 사람이 서있는 발의 모양을 본뜬 글자로 '멈추다'의 뜻이다.

止水(지수) 흐르지 않고 고여 있는 물.　止揚(지양)　防止(방지)　抑止(억지)

直

中7급 · 눈 목(目)부 [5目3 총8획] · 곧을 직

곧다, 바른 길　㈜ 曲(굽을 곡)　영 straight　중 直 zhí　일 チョク(なお)

회의 열[十]개의 눈[目]은 아무리 작게 굽은[ㄴ]것도 바로 알 수 있으므로 '곧다'의 뜻이다.

直諫(직간) 바른 말로 윗사람에게 충간함.　直立(직립)　直角(직각)　直感(직감)

質

中5급 · 조개 패(貝)부 [7貝8 총15획] · 바탕 질

바탕, 진실　㈜ 素(바탕 소)　영 disposition　중 质 zhì　일 シツ(ただす)

형성 모탕 은(所)+조개 패(貝)자로 재물은 사람이 살아가는 데 기본이 되므로 '바탕'의 뜻이다.

質朴(질박) 꾸밈없고 순박함.　質正(질정)　質量(질량)　質問(질문)

集

中6급 · 새 추(隹)부 [8隹4 총12획] · 모일 집

모이다, 모으다　㈜ 散(흩을 산)　영 assemble　중 集 jí　일 シユウ(あつまる)

회의 새 추(隹)+나무 목(木)자로 나무 위에 새가 떼지어 앉아 있으므로 '모이다'의 뜻이다.

集計(집계) 계산함.　集團(집단)　集結(집결)　集會(집회)

中 5급	着	붙다, 붙이다 田 到(이를 도) 영 attach 중 着 zháo 일 チャク(きる)
눈 목(目)부 [5目7 총12획]		형성 양 양(羊)+눈 목(目)자로 양들은 서로 눈을 보며 '붙다'의 뜻이다. 着工(착공) 공사를 시작함. 着服(착복) 着劍(착검) 着用(착용)
붙을 착		着着着着着着着着着着 着 着 着 着 着

中 5급	參	참여하다, 섞(삼) 田 與(참여할 여) 영 participate 중 参 cān 일 参 サン(みつ)
마늘 모(厶)부 [2厶9 총11획]		형성 맑을 정(晶)+머리검을 진(㐱)자로 머리 위에서 삼태성이므로 '셋'의 뜻이다. 參加(참가) 어떤 모임이나 일에 관여함. 參觀(참관) 參見(참견) 參席(참석)
참여할 참/섞 삼		參參參參參參參參參參 參 參 參 參 參

中 6급	窓	창, 창문 영 window 중 窗 chuāng 일 ソウ(まど)
구멍 혈(穴)부 [5穴6 총11획]		형성 구멍 혈(穴)+밝을 총(悤)자로 벽에 구멍내어 빛을 받아들이게 한 것이 '창문'의 뜻이다. 窓門(창문) 빛이 들어오도록 벽에 만들어 놓은 문. 窓口(창구) 同窓(동창) 鷄窓(계창)
창 창		窓窓窓窓窓窓窓窓窓窓 窓 窓 窓 窓 窓

中 5급	唱	노래, 노래 부르다 田 歌(노래 가) 영 sing 중 唱 chàng 일 ショウ(となえる)
입 구(口)부 [3口8 총11획]		형성 입 구(口)+창성할 창(昌)자로 입으로 소리를 우렁차게 '노래하다'의 뜻이다. 唱導(창도) 앞장을 서서 주장함. 唱歌(창가) 唱法(창법) 唱劇(창극)
부를 창		唱唱唱唱唱唱唱唱唱唱唱 唱 唱 唱 唱 唱

中 5급	責	꾸짖다, 요구하다 田 任(맡길 임) 영 scold 중 责 zè 일 セキ(せめる)
조개 패(貝)부 [7貝4 총11획]		형성 가시랭이 자(朿)+조개 패(貝)자로 꾼 돈을 갚으라고 가시로 찌르듯 '꾸짖다'의 뜻이다. 責望(책망) 허물을 들어 꾸짖음. 責務(책무) 責任(책임) 叱責(질책)
꾸짖을 책		責責責責責責責責責責 責 責 責 責 責

千

[中 7급]

열 십(十)부 [2+1 총3획]

일천 **천**

천, 천 번 　　　　　　　　　　　영 thousand　중 千 qiān　일 セン(ち)

지사 사람 인(亻)+한 일(一)자로 엄지손가락을 펴서 백을 나타내고 몸으로 '천'을 나타낸다.
千古(천고) 먼 옛날. 千里眼(천리안) 千年(천년) 千秋(천추)

千千千

千 千 千 千 千

川

[中 7급]

개미허리(내천) 巛(川)부 [3川0 총3획]

내 **천**

내, 물 흐름의 총칭　반 山(메 산)　　영 stream　중 川 chuān　일 セン(かわ)

상형 내가 흐르는 모양을 형상화한 글자다.
川獵(천렵) 물가에서 고기잡이를 하며 노는 일. 川邊(천변) 山川(산천) 河川(하천)

川川川

川 川 川 川 川

天

[中 7급]

큰 대(大)부 [3大1 총4획]

하늘 **천**

하늘, 하느님　반 地(땅 지)　　영 heaven　중 天 tiān　일 テン(そう)

회의 큰 대(大)+한 일(一)자로 사람의 머리 위에 하늘이 있어 끝없이 넓은 '하늘'을 뜻한다.
天界(천계) 하늘. 天氣(천기) 天國(천국) 天使(천사)

天天天天

天 天 天 天 天

鐵

[中 5급]

쇠 금(金)부 [8金13 총21획]

쇠 **철**

쇠, 검다　　　　　　　　　　　영 iron, metal　중 铁 tiě　일 鉄 テツ(くろがね)

형성 예리한 무기를 만들 수 있는 것은 '쇠'라는 뜻이다.
鐵甲(철갑) 쇠로 만든 갑옷. 鐵材(철재) 鐵拳(철권) 鐵筋(철근)

鐵鐵鐵鐵鐵鐵鐵鐵鐵鐵鐵鐵

鐵 鐵 鐵 鐵 鐵

靑

[中 8급]

푸를 청(靑)부 [8靑0 총8획]

푸를 **청**

푸르다, 푸른 빛　　　　　　　　영 blue　중 青 qīng　일 セイ(あおい)

회의 날 생(生)+붉을 단(丹)자로 초목의 싹이 나올 때는 자라면서 '푸르다'의 뜻이다.
靑盲(청맹) 뜨고도 보지 못하는 눈. 靑松(청송) 靑果(청과) 靑年(청년)

靑靑靑靑靑靑靑靑

靑 靑 靑 靑 靑

淸

맑을 청 — 물 수(氵)부 [3氵8 총11획]

맑다, 갚다 🈶 潔(깨끗할 결) 영 clear 중 清 qīng 일 セイ(きよい)

형성 물 수(氵)+푸를 청(青)자로 푸르게 보이는 물은 '맑다'의 뜻이다.

淸歌(청가) 맑고 청아한 목소리로 노래함. 淸潔(청결) 淸溪(청계) 淸淨(청정)

淸淸淸淸淸淸淸淸淸淸淸

淸淸淸淸淸

體

몸 체 — 뼈 골(骨)부 [10骨13 총23획]

몸, 신체 🈶 身(몸 신) 영 body 중 体 tǐ 일 体 タイ(からだ)

형성 뼈 골(骨)+풍성할 풍(豊)자로 몸은 뼈와 풍부한 살로 이루어졌다는 뜻이다.

體軀(체구) 몸뚱이. 體罰(체벌) 體感(체감) 體格(체격)

體體體體體體體體體體體體體

體體體體體

草

풀 초 — 풀 초(초두) 艹(++)부 [4++6 총10획]

풀, 풀숲   영 grass 중 草 cǎo 일 ソウ(くさ)

형성 풀 초(艹)+이를 조(早)자로 이른 봄에 가장 먼저 싹이 돋아나는 것은 '풀'이다.

草家(초가) 이엉으로 지붕을 덮은 집. 草色(초색) 草稿(초고) 草地(초지)

草草草草草

初

처음 초 — 칼 도(刀/刂)부 [2刀5 총7획]

처음, 시작 🈶 始(처음 시) 영 beginning 중 初 chū 일 ショ(はつ)

회의 옷 의(衣)+칼 도(刀)자로 옷을 만들 때 칼로써 마름질하는 데서 '처음'의 뜻이다.

初期(초기) 어떤 기간의 처음이 되는 시기. 初面(초면) 初段(초단) 初行(초행)

初初初初初

寸

마디 촌 — 마디 촌(寸)부 [3寸0 총3획]

마디, 치(길이의 단위) 영 inch, moment 중 寸 cùn 일 スン

지사 또 우(又)에 맥박이 뛰는 곳(丶)의 길이가 한 치이므로 '마디'의 뜻이다.

寸刻(촌각) 아주 짧은 시각. 寸鐵(촌철) 寸劇(촌극) 寸評(촌평)

寸寸寸寸寸

中 7급		마을, 시골	영 village 중 村 cūn 일 ソン(むら)
		형성 나무 목(木)+마디 촌(寸)자로 나무 밑에 질서있게 모여사는 '마을'의 뜻이다. 村婦(촌부) 시골에 사는 여자. 村落(촌락) 村長(촌장) 江村(강촌)	
나무 목(木)부 [4木3 총7획]		村村村村村村村	
마을 촌		村 村 村 村 村	

中 5급		가장, 제일	영 best 중 最 zuì 일 サイ(もっとも)
		회의 무릅쓸 모(冃:冒)와 취할 취(取)자로 위험을 무릅쓰고 적의 귀를 베는 것이 '가장'이란 뜻이다. 最古(최고) 가장 오래됨. 最惡(최악) 最强(최강) 最善(최선)	
가로 왈(日)부 [4日8 총12획]		最最最最最最最最最最最最	
가장 최		最 最 最 最 最	

中 7급		가을, 결실 반 春(봄 춘)	영 autumn, fall 중 秋 qiū 일 シュウ(あき)
		형성 벼 화(禾)+불 화(火)자로 곡식을 햇볕에 말려거두는 계절은 '가을'인 것이다. 秋季(추계) 가을철. 秋扇(추선) 秋穀(추곡) 秋霜(추상)	
벼 화(禾)부 [5禾4 총9획]		秋秋秋秋秋秋秋秋秋	
가을 추		秋 秋 秋 秋 秋	

中급		빌다, 축하하다	영 pray 중 祝 zhù 일 シュク(いわう)
		회의 보일 시(示)+입 구(口)와 어진사람 인(儿)자로 사람이 입으로 신에게 '빌다'의 뜻이다. 祝禱(축도) 축복하고 기도함. 祝儀(축의) 祝歌(축가) 祝辭(축사)	
보일 시(示)부 [5示5 총10획]		祝祝祝祝祝祝祝祝祝祝	
빌 축		祝 祝 祝 祝 祝	

中 7급	春	봄, 청춘 반 秋(가을 추)	영 spring 중 春 chūn 일 シュン(はる)
		회의 풀 초(艹)+어려울 둔(屯)+날 일(日)자로 햇볕을 받아 풀싹이 돋아나는 '봄'이다. 春季(춘계) 봄철. 春耕(춘경) 春困(춘곤) 春蘭(춘란)	
날 일(日)부 [4日5 총9획]		春春春春春春春春春	
봄 춘		春 春 春 春 春	

出

中 7급

나다, 태어나다　(반) 缺(이지러질 결)　(영) come out　(중) 出 chū　(일) シュツ(でる)

(지사) 초목이 움터에서 자라나므로 '나다'의 뜻이다.
出家(출가) 집을 나감.　出力(출력)　出擊(출격)　出庫(출고)

위터진입 구(凵)부 [2凵3 총5획]

날 출

充

中 5급

가득하다, 채우다　(유) 滿(찰 만)　(영) full　(중) 充 chōng　(일) ジュウ(あてる)

(회의·형성) 기를 육(育)+어진사람 인(儿)자로 아이가 자라 어진 사람이 되므로 '채우다'의 뜻이다.
充當(충당) 모자람을 채움.　充耳(충이)　充滿(충만)　充分(충분)

어진사람 인(儿)부 [2儿4 총6획]

찰 충

致

中 5급

이르다, 부르다　(영) arrive, reach　(중) 致 zhì　(일) チ(いたす)

(회의) 이를 지(至)+뒤져올 치(夂)자로 발로 천천히 걸어서 목적지에 '이르다'의 뜻이다.
致命(치명) 죽을 지경에 이름.　致富(치부)　致死(치사)　致賀(치하)

이를 지(至)부 [6至4 총10획]

이룰 치

則

中 5급

법칙, 규칙　(유) 法(법 법)　(영) rule, law　(중) 则 zé　(일) ソク(のり)

(회의) 조개 패(貝)+칼 도(刂)자로 공평하게 나눌 때는 일정한 '법칙'이 있다.
原則(원칙) 정해놓은 기준.　則效(칙효)　校則(교칙)　然則(연즉)

조개 패(貝)부 [2刀7 총9획]

법칙/곧 즉

親

中 6급

친하다, 사이좋게 지내다　(영) friendly　(중) 亲 qīn　(일) シン(おや·したしい)

(형성) 설 립(立)+나무 목(木)+볼 견(見)자로 나무처럼 자식을 보살피므로 '어버이'의 뜻이다.
親近(친근) 정의가 아주 가깝고 두터움.　親家(친가)　親舊(친구)　親戚(친척)

볼 견(見)부 [7見9 총16획]

친할 친

七

中 8급

일곱, 일곱 번   영 seven   중 七 qī   일 シチ(なな)

지사 열 십(十)의 세로로 그은 자로 하늘[一]의 북두칠성 모양을 본뜬 글자이다.

七星(칠성) 북두칠성. 七旬(칠순) 七寶(칠보) 七夕(칠석)

七七

한 일(一)부 [1−1 총2획]

일곱 칠

他

中 5급

다르다, 딴   유 自(스스로 자)   영 different   중 他 tā   일 タ(ほか)

형성 사람 인(亻)+어조사 야(也)자로 뱀이 머리를 든 모양으로 사람과 완전히 '다른' 동물이다.

他界(타계) 다른 세계. 關(타관) 他國(타국) 他人(타인)

他他他他他

사람 인(人)부 [2人3 총5획]

다를 타

打

中 5급

치다, 공격하다   유 擊(칠 격)   영 strike, hit   중 打 dǎ   일 ダ(うつ)

형성 손 수(扌)+장정 정(丁)자로 손에 망치를 들고 못을 '치다'의 뜻이다.

打擊(타격) 치는 것. 손실. 打算(타산) 打開(타개) 打倒(타도)

打打打打打

손 수(재방변) 手(扌)부 [3扌2 총5획]

칠 타

卓

中 5급

높다, 탁자   영 high   중 卓 zhuó   일 タク

회의 윗 상(上)+일찍 조(早)자로 아침 일찍 일어나는 사람이 뜻을 '높이' 세운다.

卓立(탁립) 우뚝하게 서 있음. 卓說(탁설) 卓見(탁견) 卓球(탁구)

卓卓卓卓卓卓卓卓

열 십(十)부 [2十6 총8획]

높을 탁

炭

中 5급

숯, 목탄   반 氷(얼음 빙)   영 charcoal   중 炭 tàn   일 タン(すみ)

회의 언덕 안(岸)+불 화(火)자로 산에서 구워낸 '석탄'을 뜻한다.

炭坑(탄갱) 석탄을 캐는 굴. 炭鑛(탄광) 炭層(탄층) 炭脈(탄맥)

炭炭炭炭炭炭炭炭炭

불 화(火/灬)부 [4火5 총9획]

숯 탄

5−8급 기초한자

中6급	크다, 심하다　　　　　　　　　　　영great 중太 tài 일タ(ふとい)
 큰 대(大)부 [3大1 총4획] **클 태**	지사 점[丶]같이 작은 씨앗이 자라서 '크다'의 뜻이다. 太古(태고) 아주 오랜 옛날. 太初(태초) 太極(태극) 太祖(태조) 太太太太 太 太 太 太 太

中5급	집, 대지(垈地)　　　　　　　　　영house 중宅 zhái 일タク(すまい)
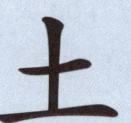 갓머리(宀)부 [3宀3 총6획] **집 택/댁 댁**	형성 집 면(宀)+맡길 탁(托)자로 집에 의지하고 사는 '집'을 뜻한다. 宅內(댁내) 남의 집을 높여서 일컫는 말. 住宅(주택) 宅地(택지) 宅內(댁내) 宅宅宅宅宅宅 宅 宅 宅 宅 宅

中8급	흙, 토양　유地(땅 지)　　　　　　영soil, earth 중土 tǔ 일ト·ド(つち)
 흙 토(土)부 [3土0 총3획] **흙 토**	상형 초목의 새싹이 땅위로 솟아오르며 자라는 모양을 본뜬 글자이다. 土窟(토굴) 땅속으로 판 굴. 土砂(토사) 土建(토건) 土窟(토굴) 土 土 土 土 土 土 土 土

中6급	통하다, 오가다　　　　　　　　영go through 중通 tōng 일ツ(とおす)
通 쉬엄쉬엄갈 착(책받침) 辶부 [4辶7 총11획] **통할 통**	형성 쉬엄쉬엄갈 착(辶)+골목길 용(甬)자로 골목길을 나와 큰길로 가니 사방으로 '통한다'의 뜻이다. 通過(통과) 들르지 않고 지나감. 通達(통달) 通告(통고) 通禁(통금) 通通通通通通通通通通 通 通 通 通 通

中6급	유다르다, 뛰어난 사람　　　　　영special 중特 tè 일トク(ことに)
 소 우(牛)부 [4牛6 총10획] **유다를 특**	회의·형성 소 우(牛)+절 사(寺)자로 관청에 희생으로 쓰는 황소는 반드시 '특별하다'의 뜻이다. 特急(특급) 특별 급행열차. 特講(특강) 特級(특급) 特命(특명) 特特特特特特特特特特 特 特 特 特 特

中 5급

널빤지, 널조각   영board   중板 bǎn   일ハン(いた)

형성 나무 목(木)+돌이킬 반(反)자로 나무를 켜고 뒤집어서 편 '널빤지'를 뜻한다.
板刻(판각) 글씨나 그림 같은 것을 나무에 새기는 것.
板橋(판교) 板紙(판지) 板本(판본)

나무 목(木)부 [4木4 총8획]

널빤지 **판**

板板板板板板板板

板 板 板 板 板

中 8급

여덟, 여덟째   영eight   중八 bā   일ハチ·ハツ(やつつ)

지사 두 손을 네 손가락씩 펴서 들어보이는 모양을 본뜬 글자로 '여덟'을 뜻한다.
八方美人(팔방미인) 어느 모로 보나 아름다운 미인. 八旬(팔순) 八角(팔각) 八景(팔경)

여덟 팔(八)부 [2八0 총2획]

여덟 **팔**

八八

八 八 八 八 八

中 5급

패하다, 지다 반勝(이길 승)   영defeated   중敗 bài   일ハイ(やぶれる)

형성 조개 패(貝)+칠 복(攵)자로 조개껍질을 쳐서 '패하다'의 뜻이다.
敗滅(패멸) 멸망함. 敗訴(패소) 敗亡(패망) 敗色(패색)

칠 복(등글월문)攴(攵)부 [4攵7 총11획]

패할 **패**

敗敗敗敗敗敗敗敗敗敗

敗 敗 敗 敗 敗

中 7급

편하다, 편리하다   영handy   중便 biàn   일べん(たより)

회의·형성 사람 인(亻)+고칠 경(更)자로 사람은 불편하면 다시 고쳐서 '편리하게'한다는 뜻이다.
便乘(편승) 남의 차를 타고 감. 便利(편리) 便安(편안) 便器(변기)

사람 인(人)부 [2人7 총9획]

편할 **편**/오줌 **변**

便便便便便便便

便 便 便 便 便

中 7급

平

평평하다, 바르게 하다   영flat·even   중平 píng   일ヘイ(たいら)

상형 물에 뜬 부평초의 모양을 본뜬 글자로 수면이 '평평하다'의 뜻이다.
平交(평교) 벗과의 오랜 사귐. 오래된 친구. 平吉(평길) 平等(평등) 平面(평면)

방패 간(干)부 [3干2 총5획]

평평할 **평**

平平平平平

平 平 平 平 平

5-8급 기초한자 | 105

中 6급  옷 의(衤/衣)부 [6衣2 총8획]	겉, 바깥　　　　　　　영 surface 중 表 biǎo 일 ヒョウ(おもて) 회의 털 모(毛)+옷 의(衣)자로 털옷은 그 털이 겉으로 나오므로 '겉'의 뜻이다. 表裏(표리) 겉과 속.　表面(표면)　表決(표결)　表現(표현) 表表表表表表表表	
겉 표	表 表 表 表 表	
中 5급  입 구(口)부 [3口6 총9획]	물건, 물품　　유 物(물건 물)　　영 goods 중 品 pǐn 일 ヒン(しな) 회의 입 구(口) 셋을 합한 글자로 여러 사람이 모여 의견을 내놓으므로 '품평하다'의 뜻이다. 品質(품질) 물건의 성질과 바탕.　品評(품평)　品格(품격)　品名(품명) 品品品品品品品品品	
물건 품	品 品 品 品 品	
中 6급  바람 풍(風)부 [9風0 총9획]	바람, 풍속　　　　　　　영 wind 중 风 fēng 일 フウ(かぜ) 형성 무릇 범(凡)+벌레 충(虫)자로 무릇 '바람'의 움직임에 따라 벌레가 생겨난다. 風角(풍각) 각적(角笛)으로 부는 소리.　風景(풍경)　風琴(풍금)　風車(풍차) 風風風風風風風風風	
바람 풍	風 風 風 風 風	
中 5급  대 죽(竹)부 [6竹6 총12획]	붓, 쓰다　　　　　영 pen·writing brush 중 笔 bǐ 일 ヒツ(ふで) 회의 대 죽(竹)+붓 율(聿)자로 대나무로 붓대를 만들어 글씨를 '쓰다'. 筆談(필담) 글로 써서 의사를 통일함.　筆墨(필묵)　筆耕(필경)　筆記(필기) 筆筆筆筆筆筆筆筆筆筆筆筆	
붓 필	筆 筆 筆 筆 筆	
中 5급 必 마음 심(심방변) 心(忄/㣺)부 [4心1 총5획]	반드시, 오로지　　　　　영 surely 중 必 bì 일 ヒ·ゴ(あう·ちぎる) 회의 주살 익(弋)+여덟 팔(八)자로 땅을 경계지을 때 '반드시' 표말을 세운다. 必死(필사) 죽을 각오로 일함.　必勝(필승)　必讀(필독)　必修(필수) 必必必必必	
반드시 필	必 必 必 必 必	

下

中 7급

한 일(一)부 [1—2 총3획]

아래, 낮은 곳　반 上(윗 상)　영 below　중 下 xià　일 カ(した)

지사 하늘 밑에 있는 것으로 '아래'를 뜻한다.

下級(하급) 등급이 낮음.　下略(하략)　下校(하교)　下待(하대)

下下下

아래 하

夏

中 7급

천천히걸을 쇠(夂)부 [3夂7 총10획]

여름, 나라 이름　영 summer　중 夏 xià　일 カ(なつ)

회의 머리 혈(頁)+천천히 걸을 쇠(夂)자로 더워서 머리와 발을 드러내므로 '여름'의 뜻이다.

夏季(하계) 하절기, 여름.　夏期(하기)　夏穀(하곡)　夏服(하복)

여름 하

河

中 5급

물 수(삼수변) 水(氵)부 [3氵5 총8획]

물, 황하(黃河)　유 川(내 천)　영 river　중 河 hé　일 カ(かわ)

형성 물 수(氵)+옳을 가(可)자로 굽이쳐 흐르는 '큰물'을 뜻한다.

河畔(하반) 물가.　河床(하상)　河口(하구)　河馬(하마)

강 하

學

中 8급　学

아들 자(子)부 [3子13 총16획]

배우다, 학문　반 敎(가르칠 교)　영 learn　중 学 xué　일 学 ガク(まなぶ)

회의 절구 구(臼)+본받을 효(爻)+덮을 멱(冖)+아들 자(子)로 몽매한 아이가 본받아 '배운다'의 뜻이다.

學說(학설) 학문상의 논설.　學文(학문)　學界(학계)　學科(학과)

배울 학

韓

中 8급

가죽 위(韋)부 [9韋8 총17획]

나라 이름, 삼한　영 Korea　중 韩 hán　일 カン(から)

형성 군사들이 성둘레를 지키는 해돋는 쪽의 '나라'를 뜻한다.

韓人(한인) 우리나라 사람.　韓國(한국)　韓方(한방)　韓紙(한지)

나라이름 한

5-8급 기초한자 | 107

中7급 | 한수(漢水), 은하수　　영 name of a river　중 汉 hàn　일 カン(かん)

회의·형성 중국의 한족은 황하강[氵]의 황토 진흙[堇]밭을 중심으로 발전해갔다.

漢文(한문) 중국의 문장.　漢陽(한양)　漢江(한강)　漢詩(한시)

물 수(삼수변) 水(氵)부 [3氵11 총14획]

한수 **한**

中5급 | 차다　반 暖(따뜻할 난)　　영 cold　중 寒 hán　일 カン(さむい)

회의 틈 하(𡨄)+얼음 빙(冫)자로 얼음이 얼면 움집에서 생활하므로 '춥다'의 뜻이다.

寒露(한로) 찬이슬.　寒微(한미)　寒氣(한기)　寒波(한파)

갓머리(宀)부 [3宀9 총12획]

찰 **한**

中6급 | 합하다, 들어맞다　반 離(떠날 리)　　영 unite　중 合 hé　일 ゴウ(あう)

회의 모을 집(集)+입 구(口)자로 여러 사람의 입에서 나오는 말을 '합하다'의 뜻이다.

合格(합격) 규격이나 격식의 기준에 맞음.　合設(합설)　合計(합계)　合唱(합창)

입 구(口)부 [3口3 총6획]

합할 **합**

中7급 | 바다, 바닷물　유 河(강 하)　　영 sea　중 海 hǎi　일 カイ(うみ)

형성 물 수(氵)+매양 매(每)자로 물이 마르지 않고 매양 가득차 있는 '바다'를 뜻한다.

海陸(해륙) 바다와 육지.　海洋(해양)　海軍(해군)　海諒(해량)

물 수(삼수변) 水(氵)부 [3氵7 총10획]

바다 **해**

中5급 | 해치다　유 利(이할 리)　　영 harm　중 害 hài　일 ガイ(そこなう)

회의 집에 앉아 남을 '해치다'의 뜻이다.

害毒(해독) 해와 독.　害惡(해악)　害蟲(해충)　被害(피해)

갓머리(宀)부 [3宀7 총10획]

해칠 **해**

中 6급	幸 방패 간(干)부 [3干5 총8획]	다행 ㊀ 福(복 복) 영 fortunate 중 幸 xìng 일 コウ(さいわい)
		회의 일찍 죽지 않고 장수해 '다행'이란 뜻이다.
		幸民(행민) 요행만을 바라고 일을 하지 않은 백성. 幸福(행복) 幸運(행운) 不幸(불행)
		幸幸幸幸幸幸幸幸
다행할 **행**		幸 幸 幸 幸 幸

中 6급	行 다닐 행(行)부 [6行0 총6획]	다니다, 걷다 ㊁ 言(말씀 언) 영 go 중 行 xíng 일 コウ(いく)
		상형 사방으로 통하는 사거리의 모양을 본뜬 글자이다.
		行客(행객) 나그네. 行進(행진) 行動(행동) 行列(항렬)
		行行行行行行
갈 **행**/줄 **항**		行 行 行 行 行

中 6급	 입 구(口)부 [3口3 총6획]	향하다, 나아감 영 face 중 向 xiàng 일 コウ(むく)
		상형 집 면(宀)+입 구(口)자로 옛날집의 북쪽에 환기를 위해 낸 창의 모양을 본뜬 글자.
		向日葵(향일규) 해바라기. 向日(향일) 向方(향방) 向發(향발)
		向向向向向向
향할 **향**		向 向 向 向 向

中 5급	 말씀 언(言)부 [7言4 총11획]	허락하다, 나아가다 영 permit 중 许 xǔ 일 キョ(ゆるす)
		형성 떡을 칠 때 내려쳐도 좋다고 '허락하다'의 뜻이다.
		許諾(허락) 청원을 들어줌. 許多(허다) 許可(허가) 許容(허용)
		許許許許許許許許許許許
허락할 **허**		許 許 許 許 許

中 6급	 구슬 옥(玉/王)부 [4王7 총11획]	나타나다, 나타냄 ㊀ 顯(나타날 현) 영 appear 중 现 xiàn 일 ゲン(あらわれる)
		형성 구슬 옥(玉)+볼 견(見)자로 옥돌을 갈고 닦으면 당장 아름다운 빛이 '나타난다'는 뜻이다.
		現金(현금) 현재 가지고 있는 돈. 現象(현상) 現代(현대) 現存(현존)
		現現現現現現現現現現現
나타날 **현**		現 現 現 現 現

5-8급 기초한자 | 109

兄

中 8급

어진사람 인(儿)부 [2儿3 총5획]

맏이, 형　🈯 弟(아우 제)　🅔 elder brother　🈹 兄 xiōng　🈶 ケイ(あに)

회의·형성 입 구(口)+어진사람 인(儿)자로 아래 형제들을 타이르고 지도하는 '맏이'의 뜻이다.

兄夫(형부) 언니의 남편. 兄嫂(형수) 兄弟(형제) 大兄(대형)

兄兄兄兄兄

맏 형 | 兄 | 兄 | 兄 | 兄 | 兄

形

中 6급

터럭 삼(彡)부 [3彡4 총7획]

형상, 모양　🈯 狀(모양 상)　🅔 form　🈹 形 xíng　🈶 ケイ(かたち)

회의 평평할 견(幵)+터럭 삼(彡)자로 붓으로 평평한 종이나 돌에 쓰는 '모양'의 뜻이다.

形狀(형상) 물체의 생긴 모양. 形局(형국) 形成(형성) 形便(형편)

形形形形形形形

형상 형 | 形 | 形 | 形 | 形 | 形

湖

中 5급

물 수(삼수변) 水(氵)부 [3氵9 총12획]

호수, 큰 못　🅔 lake　🈹 湖 hú　🈶 コ(みずうみ)

형성 옛 고(古)+달 월(月)+물 수(氵)자로 오랜 세월을 두고 물이 모인 곳이 '호수'이다.

湖岸(호안) 호숫가. 湖沼(호소) 湖南(호남) 湖畔(호반)

湖湖湖湖湖湖湖湖湖湖湖

호수 호 | 湖 | 湖 | 湖 | 湖 | 湖

號

中 6급

범호 엄(虍)부 [6虍7 총13획]

부르짖다, 울부짖다　🅔 shout　🈹 号 hào　🈶 号 コウ(さけぶ)

형성 이름 호(号)+범 호(虎)자로 범의 울음소리같이 우렁차게 '부르짖는다'의 뜻이다.

號角(호각) 호루라기. 號哭(호곡) 號令(호령) 號數(호수)

號號號號號號號號號號號號號

부르짖을 호 | 號 | 號 | 號 | 號 | 號

花

中 7급

풀 초(초두) 艸(艹)부 [4艹4 총8획]

꽃, 꽃이 피다　🅔 flower　🈹 花 huā　🈶 カ(はな)

형성 풀 초(艹)+될 화(化)자로 새싹이 돋아나와 꽃이 되므로 '꽃'을 뜻한다.

花信(화신) 꽃 소식. 花草(화초) 花壇(화단) 花盆(화분)

花花花花花花花花

꽃 화 | 花 | 花 | 花 | 花 | 花

話

中 7급

말씀, 말하다　㊨ 說(말씀 설)　　㊄ talk　㊅ 话 huà　㊆ 華 ワ(はなす)

㊋ 말씀 언(言)+혀 설(舌)자로 혀를 움직여 이야기하므로 '말하다'의 뜻이다.
話術(화술) 말하는 기술. 話法(화법)　話題(화제)　對話(대화)

말씀 언(言)부 [7言6 총13획]

話話話話話話話話話話話話話

말할 화

話 話 話 話 話

火

中 8급

불, 타다　㊉ 水(물 수)　　㊄ fire　㊅ 火 huǒ　㊆ カ(ひ)

㊊ 불이 활활 타오르는 모양을 본뜬 글자이다.
火口(화구) 화산의 분화구.　火氣(화기)　火急(화급)　火災(화재)

불 화(火/灬)부 [4火0 총4획]

火火火火

불 화

火 火 火 火 火

和

中 6급

고르다, 조화됨　㊨ 調(고를 조)　　㊄ harmonize　㊅ 和 hé　㊆ ワ(あえる)

㊋ 벼 화(禾)+입 구(口)자로 곡식을 풍족하게 먹으니 가족이 '화목하다'는 뜻이다.
和睦(화목) 서로 뜻이 맞고 정다움.　和顔(화안)　和色(화색)　和解(화해)

입 구(口)부 [3口5 총8획]

和和和和和和和和

고를 화

和 和 和 和 和

化

中 5급

되다, 화하다　㊨ 變(변할 변)　　㊄ change　㊅ 化 huà　㊆ カ(ばかす)

㊍ 바로 선 사람[亻]과 거꾸로 선 사람[匕]모양을 합쳐 사물이 '변하다'의 뜻이다.
化膿(화농) 상처 따위가 곪음.　化成(화성)　化石(화석)　强化(강화)

비수 비(匕)부 [2匕2 총4획]

化化化化

화할 화

化 化 化 化 化

畫

中 6급

그림, 그리다　㊨ 圖(그림 도)　　㊄ picture, draw　㊅ 画 huà　㊆ 画 ガ(えがく)

㊍ 붓 율(聿)+밭 전(田)+한 일(一)자로 붓으로 그림을 그리거나 밭의 경계를 '긋다'는 뜻이다.
時事漫畫(시사만화) 사회적인 일을 해학적 만화.　繪畫(회화)　漫畫鳥(만획조)

밭 전(田)부 [5田7 총12획]

畫畫畫畫畫畫畫畫畫畫畫畫

그림 화/고를 획

畫 畫 畫 畫 畫

中 5급	患	근심, 고통　　　영 anxiety　중 患 huàn　일 カン(うれえる)	
		형성 꼬챙이 곶(串)+마음 심(心)자로 꼬챙이로 찌르는 것같이 마음이 '근심스럽다'의 뜻이다. 患亂(환란) 재난. 患者(환자) 患部(환부) 疾患(질환)	
마음 심(심방변) 心(忄/㣺)부 [4心7 총11획]		患患患患患患患患患患患	
근심 환		患 患 患 患 患	
中 7급	活	살다, 생존하다　㈜ 生(살 생)　　영 live　중 活 huó　일 カツ(いきる)	
		회의 물 수(氵)+혀 설(舌)자로 막혔던 입에서 혀가 나오듯 활기 있으므로 '살다'의 뜻이다. 活氣(활기) 활동의 원천이 되는 싱싱한 생기. 活力(활력) 活劇(활극) 活字(활자)	
물 수(삼수변) 水(氵)부 [3氵6 총9획]		活活活活活活活活活	
살 활		活 活 活 活 活	
中 6급	黃	누르다, 누른빛　　　영 yellow　중 黄 huáng　일 黄 コウ(き)	
		회의 빛 광(光)+밭 전(田)자로 밭의 빛깔이 황토색으로 '누렇다'는 뜻이다. 黃口(황구) (참새 새끼의 입을 본뜬) 어린이. 黃金(황금) 黃狗(황구) 黃昏(황혼)	
누를 황(黃)부 [12黃0 총12획]		黃黃黃黃黃黃黃黃黃黃黃黃	
누를 황		黃 黃 黃 黃 黃	
中 6급	會 会	모이다, 모임　㈜ 社(모일 사)　　영 meet　중 会 huì　일 会 カイ(あう)	
		회의 모을 집(集)+거듭 증(曾)자로 더하여 '모으다'의 뜻이다. 會見(회견) 서로 만나 봄. 會堂(회당) 會同(회동) 會議(회의)	
가로 왈(日)부 [4日9 총13획]		會會會會會會會會會會會會會	
모일 회		會 會 會 會 會	
中 7급	孝	효도, 부모 잘 섬기다　　　영 filial duty　중 孝 xiào　일 コウ(まこと)	
		회의·형성 늙을 로(老)+아들 자(子)자로 자식이 늙은 어버이를 잘 섬기는 '효도'를 뜻한다. 孝者(효자) 효도하는 사람. 孝心(효심) 孝女(효녀) 孝道(효도)	
아들 자(子)부 [3子4 총7획]		孝孝孝孝孝孝孝	
효도 효		孝 孝 孝 孝 孝	

中5급		본받다, 힘쓰다　　　영 emulate　중 效 xiào　일 効 コウ(きく)
		형성 사귈 교(交)+칠 복(攵)자로 어질고 학식있는 사람과 사귀면 좋은 점을 '본받는다'는 뜻이다. 效用(효용) 보람. 效能(효능) 效果(효과) 效力(효력)
칠 복(등글월문)攴(攵)부 [4攵6 총10획]		效效效效效效效效效效
본받을 **효**		效 效 效 效 效

中7급		뒤, 나중　반 前(앞 전)　　영 back　중 后 hòu　일 コウ(あと)
		회의 자축거릴 척(彳)+뒤쳐져올 치(夂)로 어린이가 조금씩 걸으며 뒤따라오므로 '뒤'의 뜻이다. 後繼(후계) 뒤를 이음. 後年(후년) 後面(후면) 後進(후진)
두인 변(彳)부 [3彳6 총9획]		後後後後後後後後後
뒤 **후**		後 後 後 後 後

中6급	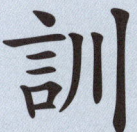	가르치다, 훈계함　유 敎(가르칠 교)　영 teach　중 训 xùn　일 クン(おしえる)
		형성 말씀 언(言)+내 천(川)자로 냇물이 흐름에 좇듯 도리를 좇도록 말로 '가르친다'는 뜻이다. 訓戒(훈계) 타일러 경계함. 訓詁(훈고) 訓讀(훈독) 訓示(훈시)
말씀 언(言)부 [7言3 총10획]		訓訓訓訓訓訓訓訓訓訓
가르칠 **훈**		訓 訓 訓 訓 訓

中7급		쉬다, 아름답다　유 息(쉴 식)　영 rest　중 休 xiū　일 キュウ(やすまる)
		회의 사람 인(亻)+나무 목(木)자로 사람은 대개 밭에서 일을 하다가 나무 그늘에서 '휴식'한다. 休校(휴교) 학교가 일정 기간 쉬는 것. 休日(휴일) 休講(휴강) 休學(휴학)
사람 인(人)부 [2人4 총6획]		休休休休休休
쉴 **휴**		休 休 休 休 休

中5급	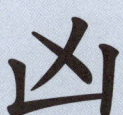	흉하다, 재앙　반 吉(길할 길)　영 wicked　중 凶 xiōng　일 キョウ(わるい)
		지사 사람이 함정에 빠져 운수가 '흉하다'의 뜻이다. 凶器(흉기) 사람을 살상하는 데 쓰는 도구. 凶夢(흉몽) 凶年(흉년) 凶測(흉측)
위터진입 구(凵)부 [2凵2 총4획]		凶凶凶凶
흉할 **흉**		凶 凶 凶 凶 凶

중 5급

검다　반 白(흰 백)　　영 black　중 黑 hēi　일 黒 コク(くろ)

회의·형성 불을 지피면 흙벽과 창문에 검게 그을리므로 '검다'는 뜻이다.

黑幕(흑막) 겉으로 드러나지 않은 내막.　黑字(흑자)　黑白(흑백)　黑人(흑인)

검을 흑(黑)부 [12黑0 총12획]

검을 흑　黑　黑　黑　黑　黑

Part II

3단계 왕초보
1800 한자 쓰기 교본

2단계
● 필수한자(중급단계 : 4~4Ⅱ급)

3단계 왕초보 → 2단계

街 거리 가

中4Ⅱ급 | 다닐 행(行)부 [6行6 총12획]

거리, 시가　⊕ 道(길 도)　영 street　중 街 jiē　일 カイ(まち)

다닐 행(行)+홀 규(圭)로 길이 교차되었으므로 '거리'를 뜻한다.
街路樹(가로수) 길거리에 심은 나무. 十字路(십자로) 街道(가도) 街頭(가두)

假 거짓 가

中4Ⅱ급 | 사람 인(人)부 [2人9 총11획]

거짓　⊕ 眞(참 진)　영 false　중 假 jiǎ　일 仮 カ·ケ(かり)

사람 인(亻)+빌릴 가(叚)로 허물이 있고 바르지 못한 사람은 일을 '거짓되게 함'을 뜻한다.
假令(가령) 가정하여 말할 때 쓰는 말. 假想(가상) 假橋(가교) 假髮(가발)

暇 겨를 가

中4급 | 날 일(日)부 [4日9 총13획]

겨를, 한가하다　영 leisure　중 暇 xiá　일 カ(ひま)

날 일(日)+빌릴 가(叚)자로 할 일 없는 하루이므로 '한가하다'의 뜻이다.
休暇(휴가) 정상 업무 날 이외에 쉴 수 있는 날. 暇日(가일) 病暇(병가) 餘暇(여가)

刻 새길 각

中4급 | 칼 도(刀/刂)부 [2刀6 총8획]

새기다, 깎다　영 carve　중 刻 kè　일 コク(きざむ)

핵(亥)+칼 칼[刂]자로 딱딱한 씨에 글을 써넣는 것으로 '새기다'의 뜻이다.
刻苦(각고) 고생을 이겨내면서 애를 씀. 刻字(각자) 刻印(각인) 刻薄(각박)

高 4급

볼 견(見)부 [7見13 총20획]

깨달을 각

깨닫다, 깨우치다   영 conscious   중 觉 jué   일 覚 カク(おぼえる)

형성 배울 학(學)+볼 견(見)자로 보고 배워서 사물의 이치를 '깨닫다'는 뜻이다.
覺書(각서) 약속을 지키겠다는 내용을 적은 문서. 覺知(각지) 覺悟(각오) 覺性(각성)

中 4급

방패 간(干)부 [3干0 총3획]

방패 간

방패, 막다   반 戈(창 과)   영 shield   중 干 gān   일 カン(ほす)

상형 나뭇가지로 만든 두 갈래진 창을 본뜬 글자로 무기로 적을 '찌르다'의 뜻이다.
干戈(간과) 창과 방패. 干求(간구) 干滿(간만) 干與(간여)

中 4급

눈 목(目)부 [5目4 총9획]

볼 간

보다, 바라봄   영 see   중 看 kàn   일 カン(みる)

회의 손 수(手)+눈 목(目)자로 눈 위에 손을 얹고 '보다'는 뜻이다.
看守(간수) 지킴. 看做(간주) 看過(간과) 看病(간병)

高 4급

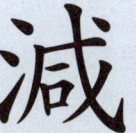

대 죽(竹)부 [6竹12 총18획]

편지 간

편지   유 略(간략할 략)   영 letter   중 简 jiǎn   일 カン(てがみ)

형성 대 죽(竹)+사이 간(間)자로 대쪽에 글을 쓰도록 엮은 '편지'를 뜻한다.
簡潔(간결) 간단하고 요령이 있음. 簡牘(간독) 簡單(간단) 簡略(간략)

中 4Ⅱ급

減

물 수(삼수변) 水(氵)부 [3氵9 총12획]

덜 감

덜다, 다하다   반 加(더할 가)   영 subtract   중 减 jiǎn   일 ゲン(へらす)

형성 물 수(氵)+다 함(咸)자로 물이 태양열에 증발하고 땅속으로 스며들어서 '덜다'의 뜻이다.
減速(감속) 속도를 줄임. 減壽(감수) 減軍(감군) 減量(감량)

甘

中 4급

달다, 맛 좋다 (반) 苦(쓸 고) (영) sweet (중) 甘 gān (일) カン(あまい)

(지사) 입 구(口)+음식물을 머금고 있는 '一'를 더하므로 맛이 '달다'는 뜻이다.

甘露(감로) 단 이슬. 甘味(감미) 甘瓜(감과) 甘草(감초)

달 감(甘)부 [5甘0 총5획]

달 **감**

敢

中 4급

감히, 함부로 (영) venture (중) 敢 gǎn (일) カン(あえて)

(형성) 적을 치[攻]고 그 증표로 귀[耳]를 잘라오므로 '용감하다'의 뜻이다.

敢當(감당) 과감히 떠맡음. 敢死(감사) 敢戰(감전) 敢鬪(감투)

칠 복(등글월문)攴(攵)부 [4攵8 총12획]

감히 **감**

監

中4Ⅱ급

보다, 경계하다 (유) 視(볼 시) (영) oversee (중) 监 jiān (일) カン(がみる)

(회의) 신하 신(臣)+사람 인(亻)+그릇 명(皿)+한 일(一)자로 눈뜨고 물에 비친 그림자를 '본다'는 뜻이다.

監督(감독) 감시하여 단속함. 監戒(감계) 監獄(감옥) 監視(감시)

그릇 명(皿)부 [5皿9 총14획]

볼 **감**

甲

中 4급

갑옷, 첫째 천간 (영) armor (중) 甲 jiǎ (일) コウ(よろい)

(상형) 거북의 등딱지 모양을 본뜬 글자이다.

甲板(갑판) 큰 배에 철판·나무를 깐 평평한 바닥. 甲富(갑부) 甲紗(갑사) 甲蟲(갑충)

발 전(田)부 [5田0 총5획]

갑옷 **갑**

康

中4Ⅱ급

편안하다, 화목하다 (유) 健(건강할 건) (영) healthy (중) 康 kāng (일) コウ

(회의·형성) 집[广]도 고치고[庚] 쌀[米→氺]도 풍족하니 '편안하다'는 뜻이다.

康衢煙月(강구연월) 태평성대. 康衢(강구) 康建(강건) 康寧(강녕)

엄 호(广)부 [3广8 총11획]

편안할 **강**

中4급	降	항복하다, 내리다　　　영 fall, yield　중 降 jiàng　일 コウ(おりる)
		회의 언덕 부(阝)+내릴 강(夅)자로 언덕에서 내려와 '항복한다'는 뜻이다.
		降等(강등) 등급이나 계급이 내림.　降水(강수)　降臨(강림)　降伏(항복)
언덕 부(좌부방) 阜(阝)부 [3阝6 총9획]		降降降降降降降降降
내릴 **강**/항복할 **항**		降　降　降　降　降

中4Ⅱ급	講	익히다, 강론하다　유 習(익힐 습)　영 expound　중 讲 jiǎng　일 コウ(ならう)
		형성 말씀 언(言)+쌓을 구(冓)자로 나무토막을 쌓듯이 여러 각도에서 '강론하다'의 뜻이다.
		講讀(강독) 글을 설명해가며 읽음.　講師(강의)　講究(강구)　講堂(강당)
말씀 언(言)부 [7言10 총17획]		講講講講講講講講講講
강론할 **강**		講　講　講　講　講

中4Ⅱ급	個	낱, 하나하나　　　영 piece　중 个 gè　일 カ·コ(ひとつ)
		형성 사람 인(亻)+굳을 고(固)자로 사람이 홀로 독립한다는 '낱개'의 뜻이다.
		個個(개개) 하나 하나.　個別(개별)　個當(개당)　個性(개성)
사람 인(人)부 [2人8 총10획]		
낱 **개**		個　個　個　個　個

中4급	更	고치다, 바꾸다　　　영 again　중 更 gēng　일 コウ(さら)
		형성 밝을 병(丙)+칠 복(攵)자로 밝은 길로 나아가도록 '고쳐준다'는 뜻이다.
		更生(갱생) 거의 죽을 지경에서 다시 살아남.　更新(갱신)　갱지(更紙)　更迭(경질)
가로 왈(曰)부 [4曰3 총7획]		
다시 **갱**/고칠 **경**		更　更　更　更　更

中4급	居	살다, 있다　유 住(살 주)　영 live　중 居 jū　일 キョ(いる·おる)
		형성 주검 시(尸)+옛 고(古)로 몸을 일정한 곳에 고정시키므로 '살다'의 뜻이다.
		居留(거류) 남의 나라 영토에 머물러 삶.　居敬(거경)　居間(거간)　居士(거사)
주검 시(尸)부 [3尸5 총8획]		
있을 **거**		居　居　居　居　居

巨 클 거

中 4급

크다, 거대하다　⊕ 大(큰 대)　영 great　중 巨 jù　일 キョ(おおきい)

상형 대목들이 쓰는 자[工]를 손에 들고 있는 모양을 본뜬 글자이다.

巨富(거부) 큰 부자.　巨星(거성)　巨軀(거구)　巨金(거금)

장인 공(工)부 [3工2 총5획]

拒 막을 거

高 4급

막다, 맞서다　영 defend　중 拒 jù　일 キョ(こばむ)

형성 손 수(扌)+클 거(巨)자로 가까이 오는 자를 손으로 '막다'의 뜻이다.

拒否(거부) 승낙을 하지 않고 물리침.　拒逆(거역)　拒納(거납)　拒切(거절)

손 수(재방변) 手(扌)부 [3扌5 총8획]

據 의거할 거

高 4급

의거하다, 의지하다　영 dependent　중 据 jù　일 拠 キョ(よる)

형성 손 수(扌)+원숭이 거(豦)자로 원숭이는 나무에 오를 때 손에 '의지하다'의 뜻이다.

據守(거수) 성안에 웅크린 채 지킴.　據點(거점)　據執(거집)　據有(거유)

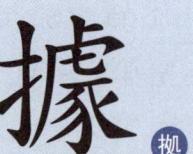

손 수(재방변) 手(扌)부 [3扌13 총16획]

傑 뛰어날 걸

高 4급

뛰어나다, 출중(出衆)함　영 eminent　중 杰 jié　일 ケツ(すぐれる)

회의·형성 사람 인(亻)+빼어날 걸(桀)자로 사람들 중에 인품이 빼어난 사람은 '호걸'이란 뜻이다.

傑作(걸작) 훌륭하게 잘된 작품.　英雄豪傑(영웅호걸)　傑出(걸출)　傑物(걸물)

사람 인(人)부 [2人10 총12획]

儉 검소할 검

高 4급

검소하다, 절약하다　영 thrifty　중 俭 jiǎn　일 倹 ケン(つづしやか)

회의·형성 사람 인(亻)+첨(僉)자로 많은 물건을 한 곳에 모아놓으므로 '검소하다'의 뜻이다.

儉素(검소) 사치하지 아니함.　勤儉(근검)　儉約(검약)　儉朴(검박)

사람 인(人)부 [2人13 총15획]

檢

中4Ⅱ급

조사하다 헤아리다, 생각하다 　영inspect 중检 jiǎn 일検 ケン(しらべる)

형성 나무 목(木)+첨(僉)자로 여러 사람이 모여 좋은 의견을 내놓으므로 '검사하다'는 뜻이다.

檢査(검사) 실상을 조사하여 시비나 우열을 가림. 檢討(검토) 檢問(검문) 檢擧(검거)

나무 목(木)부 [4木13 총17획]

조사할 검

激

高4급

과격하다, 부딪쳐 흐르다 　영flow 중激 jī 일カク(へだる)

형성 물 수(氵)+노래할 교(敫)자로 물결이 돌에 부딪치므로 '과격하다'의 뜻이다.

激突(격돌) 심하게 부딪침. 激烈(격렬) 激鬪(격투) 激減(격감)

물 수(삼수변) 水(氵)부 [3氵13 총16획]

부딪쳐 흐를 격

擊

中4급

치다, 두드리다 유 攻(칠 공) 　영hit 중击 jī 일撃 ゲキ(うつ)

형성 손 수(手)+몽둥이(殳)를 서로 '치다'의 뜻이다.

擊滅(격멸) 쳐서 멸망시킴. 擊蒙(격몽) 擊破(격파) 擊墜(격추)

손 수(재방변) 手(扌)부 [4手13 총17획]

칠 격

堅

中4급

굳다, 단단함 유 固(굳을 고) 　영hard, firm 중坚 jiān 일ケン(かたい)

형성 신하[臣]가 죽기를 각오하고 거듭[又] 땅[土]에 엎드려 상소드리니 '굳다'의 뜻이다.

堅靭(견인) 단단하고 질김. 堅果(견과) 堅固(견고) 堅實(견실)

흙 토(土)부 [3土8 총11획]

굳을 견

犬

中4급

개, 하찮은 것의 비유 　영dog 중犬 quǎn 일ケン(いぬ)

상형 개가 옆으로 보고 있는 모양을 본뜬 글자이다.

犬戎(견융) 옛날 협서성에 있던 나라 이름. 鬪犬(투견) 犬公(견공) 狂犬(광견)

개 견(犬/犭)부 [4犬0 총4획]

개 견

缺

中4Ⅱ급

이지러지다, 깨지다　　영 wane　중 缺 quē　일 欠 ケツ(かける)

회 장군 부(缶)+결단할 쾌(夬)자로 그릇이 흠이 나므로 '이지러지다'의 뜻이다.
缺格(결격) 필요한 자격을 갖추지 못함.　缺席(결석)　缺禮(결례)　缺航(결항)

장군 부(缶)부 [6缶4 총10획]

이지러질 결

潔

中4Ⅱ급

깨끗하다, 깨끗이 하다　㈜ 純(순수할 순)　영 clean　중 洁 jié　일 ケツ(いさぎよし)

형성 물 수(氵)+조촐할 결(絜)자로 물에 깨끗하게 씻은 실이므로 '깨끗하다'의 뜻이다.
潔白(결백) 마음이 깨끗함.　潔素(결소)　潔癖(결벽)　簡潔(간결)

물 수(삼수변) 水(氵)부 [3氵12 총15획]

깨끗할 결

傾

高 4급

기울다, 위태롭게 하다　　영 incline　중 倾 qīng　일 ケイ(かたむく)

회의·형성 사람 인(亻)+기울 경(頃)자로 사람의 몸이 '기울다'의 뜻이다.
傾聽(경청) 주의를 기울여 열심히 들음.　傾斜(경사)　傾度(경도)　傾注(경주)

사람 인(人)부 [2人11 총13획]

기울 경

警

高4Ⅱ급

경계하다, 타이르다　㈜ 戒(경계할 계)　영 warn　중 警 jǐng　일 ケイ(いましめる)

형성 공경할 경(敬)+말씀 언(言)자로 언행을 주의하여 삼가므로 '경계하다'의 뜻이다.
警覺(경각) 경계하여 깨닫게 하는 것.　警世(경세)　警備(경비)　警告(경고)

말씀 언(言)부 [7言13 총20획]

경계할 경

驚

中 4급

놀라다, 놀래다　　영 surprise　중 惊 jīng　일 キョウ(おどろかす)

형성 공경할 경(敬)+말 마(馬)자로 말이 '놀라다'의 뜻이다.
驚愕(경악) 크게 놀람.　驚歎(경탄)　驚異(경이)　驚蟄(경칩)

말 마(馬)부 [10馬13 총23획]

놀랄 경

境 경계 경

[中4Ⅱ급] 흙 토(土)부 [3土11 총14획]

지경, 경계　〔유〕界(지경 계)　〔영〕boundary　〔중〕境 jìng　〔일〕キョウ(さかい)

[형성] 흙 토(土)+마칠 경(竟)자로 자기의 땅이 끝나므로 '경계'를 뜻하다.
境內(경내) 지경의 안.　境外(경외)　境遇(경우)　境界(경계)

境境境境境境境境境境境境境境

境 境 境 境 境

鏡 거울 경

[高4급] 쇠 금(金)부 [8金11 총19획]

거울, 안경　〔영〕mirror　〔중〕镜 jìng　〔일〕キョウ(かがみ)

[형성] 쇠 금(金)+마칠 경(竟)자로 형상이 비치므로 '거울'의 뜻이다.
鏡中(경중) 거울 속.　銅鏡(동경)　眼鏡(안경)　顯微鏡(현미경)

鏡鏡鏡鏡鏡鏡鏡鏡鏡鏡鏡鏡

鏡 鏡 鏡 鏡 鏡

經 날 경 （経）

[中4Ⅱ급] 실 사(糸)부 [6糸7 총13획]

경서, 날　〔유〕過(지날 과)　〔영〕warp threads　〔중〕经 jīng　〔일〕経 ケイ(たていと)

[형성] 실 사(糸)+물줄기 경(巠)자로 실이 물줄기처럼 이어지므로 '날줄'의 뜻이다.
經國(경국) 나라를 경륜함.　經年(경년)　經過(경과)　經歷(경력)

經經經經經經經經經經經經

經 經 經 經 經

慶 경사 경

[中4Ⅱ급] 마음 심(심방변) 心(忄/㣺)부 [4心11 총15획]

경사, 경사스럽다　〔영〕happy event　〔중〕庆 qìng　〔일〕ケイ(よろこぶ)

[회의] 남의 경사에 사슴 가죽을 바쳤다는 데서 비롯되어 '경사'의 뜻이다.
慶事(경사) 기쁜 일.　慶祝(경축)　慶宴(경연)　慶賀(경하)

慶慶慶慶慶慶慶慶慶慶慶

慶 慶 慶 慶 慶

系 이을 계

[高4급] 실 사(糸)부 [6糸1 총7획]

잇다, 맺다　〔영〕connect　〔중〕系 xì　〔일〕ケイ(つなぐ)

[회의·형성] 삐칠 별(丿)+실 사(糸)자로 실을 잇는 '혈통'의 뜻이다.
系圖(계도) 대대의 계통을 한눈에 볼 수 있는 도표.
系連(계련)　系統(계통)　體系(체계)

系系系系系系系

系 系 系 系 系

4-4Ⅱ급 핵심한자 | 123

係

高4II급

사람 인(人)부 [2人7 총9획]

맬 계

매다, 묶다 　　　영 tie　중 系 xì　일 ケイ(かかり)

형성 사람 인(亻)+이을 계(系)자로 사람과 사람을 '연계하다'의 뜻이다.
係着(계착) 늘 마음에 두고 잊지 아니함. 係戀(계련) 係長(계장) 關係(관계)

季

中 4급

아들 자(子)부 [3子5 총8획]

끝 계

계절, 끝 　　　영 season　중 季 jì　일 キ(すえ)

회의 벼(禾)의 끝물(子)을 뜻하므로 '끝'의 뜻이다.
季氏(계씨) 남의 남동생을 높여 이르는 말. 季嫂(계수) 季刊(계간) 季節(계절)

鷄

中 4급

새 조(鳥)부 [11鳥10 총21획]

닭 계

닭 　　　영 cock　중 鸡 jī　일 鶏 ケイ(にわとり)

형성 어찌 해(奚)+새 조(鳥)자로 새벽을 알리는 '닭'을 뜻한다.
鷄冠(계관) 닭의 볏. 鷄卵(계란) 鷄肋(계륵) 鷄鳴(계명)

階

高 4급

언덕 부(좌부방) 阜(阝)부 [3阝9 총12획]

섬돌 계

섬돌, 층계　유 段(층계 단)　　영 stairs, steps　중 阶 jiē　일 カイ

형성 언덕 부(阝)+다 개(皆)자로 언덕을 오르려면 '층계'따라 올라야 한다는 뜻이다.
階段(계단) 층계. 階梯(계제) 階級(계급) 階層(계층)

戒

高 4급

창 과(戈)부 [4戈3 총7획]

경계할 계

경계하다, 삼가다　유 警(경계할 경)　　영 warning　중 戒 jiè　일 カイ(いましめ)

회의·형성 들 공(廾)+창 과(戈)자로 두 손에 창을 들고 비상사태를 '경계하다'의 뜻이다.
戒告(계고) 훈계와 충고. 戒名(계명) 戒律(계율) 戒命(계명)

繼

[高 4급]

이을 계 — 실 사(糸)부 [6糸14 총20획]

잇다, 계승하다 유 續(이을 속) 영 connect 중 继 jì 일 継 ケイ(つぐ)

형성 실 사(糸)+이을 계(䜌)자로 잘게 끊어진 실을 '잇다'를 뜻한다.

繼起(계기) 뒤를 이어 번성함. 繼母(계모) 繼譜(계보) 繼續(계속)

故

[中 4Ⅱ급]

연고 고 — 칠 복(등글월문)攵(攴)부 [4攵5 총9획]

연고, 예 영 ancient 중 故 gù 일 コ(ふるい·ゆえに)

형성 옛 고(古)+칠 복(攵)자로 옛날 일을 들추어 그 까닭을 물으므로 '연고'의 뜻이다.

故友(고우) 옛친구. 故居(고거) 故國(고국) 故事(고사)

孤

[高 4급]

외로울 고 — 아들 자(子)부 [3子5 총8획]

외롭다, 고아 유 獨(홀로 독) 영 lonely 중 孤 gū 일 コ(みなしご)

회의 아들 자(子)+오이 과(瓜)자로 오이덩굴이 시들어 열매만 달려있으므로 '외롭다'는 뜻이다.

孤獨(고독) 외톨박이. 孤立(고립) 孤兒(고아) 孤寂(고적)

庫

[高 4급]

곳집 고 — 엄 호(广)부 [3广7 총10획]

곳집, 곳간 영 warehouse 중 库 kù 일 コ·ク(くら)

회의 집 엄(广)+수레 거(車)자로 옛날 수레를 넣어 두던 '곳집'을 뜻한다.

庫房(고방) 창고. 倉庫(창고) 庫房(고방) 庫直(고직)

穀

[中 4급]

곡식 곡 — 벼 화(禾)부 [5禾10 총15획]

곡식, 곡물 영 corn, grain 중 穀 gǔ 일 穀 コク(たなつもの)

형성 벼 화(禾)+껍질 각(殼)자로 벼는 껍질로 덮여 있으므로 '곡물'을 뜻한다.

穀日(곡일) 좋은 날. 길일과 같은 뜻. 穀類(곡류) 穀氣(곡기) 穀物(곡물)

困 곤할 곤

[中 4급] 큰입 구(口)부 [3口4 총7획]

곤하다, 괴로움 영 distress 중 困 kùn 일 コン(こまる)

회의 에울 위(口)+나무 목(木)자로 갇힌 나무는 자라기 '곤란하다'는 뜻이다.

困境(곤경) 곤란한 처지. 困窮(곤궁) 困辱(곤욕) 困惑(곤혹)

困困困困困困困

困 困 困 困 困

骨 뼈 골

[中 4급] 뼈 골(骨)부 [10骨0 총10획]

뼈, 뼈대 영 bone 중 骨 gǔ 일 コツ(ほね)

회의 살발라낼 과(冎)+육달 월(肉:月)자로 살이 붙어 있는 '뼈'를 뜻한다.

骨格(골격) 뼈의 조직. 骨相(골상) 骨幹(골간) 骨折(골절)

骨骨骨骨骨骨骨骨骨骨

骨 骨 骨 骨 骨

攻 칠, 공격할 공

[高 4급] 칠 복(등글월문)攵(攴)부 [4攵3 총7획]

치다, 공격하다 동 擊(칠 격) 영 attack 중 攻 gōng 일 コウ(せめる)

형성 장인 공(工)+칠 복(攵)자로 무기를 만들어 적군을 '공격하다'의 뜻이다.

攻擊(공격) 적을 침. 攻玉(공옥) 攻防(공방) 攻勢(공세)

攻攻攻攻攻攻攻

攻 攻 攻 攻 攻

孔 구멍 공

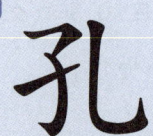

[高 4급] 아들 자(子)부 [3子1 총4획]

구멍, 매우 영 hole 중 孔 kǒng 일 コウ(あな)

상형 아들 자(子)+제비 을(乙)자로 아이의 정수리에 있는 '숨구멍'을 뜻한다.

孔孟(공맹) 공자와 맹자. 孔夫子(공부자) 孔性(공성) 孔雀(공작)

孔孔孔孔

孔 孔 孔 孔 孔

官 벼슬 관

[中4Ⅱ급] 갓머리(宀)부 [3宀5 총8획]

벼슬, 벼슬아치 반 民(백성 민) 영 official rank 중 官 guān 일 カン(つかさ)

회의 집 면(宀)+언덕 부(阜)의 줄임자로 많은 사람들이 모인 집이므로 '벼슬'을 뜻한다.

官公署(관공서) 관청과 공청. 官給(관급) 官家(관가) 官吏(관리)

官官官官官官官官

官 官 官 官 官

管

高4급

대롱, 피리 영 pipe, manage 중 管 guǎn 일 カン(くだ)

형성 대 죽(竹)+벼슬 관(官)자로 대나무로 만든 피리는 속이 비어 있으므로 '대롱'의 뜻이다.
管內(관내) 맡아서 다스리는 구역. 管下(관하) 管轄(관할) 管理(관리)

대 죽(竹)부 [6竹8 총14획]

대롱 관

鑛

高4급

쇳돌, 광석(鑛石) 영 mineral 중 矿 kuàng 일 鉱 コウ(あらがね)

형성 쇠 금(金)+넓을 광(廣)자로 땅 속에 넓게 묻혀 있는 '쇳돌'이란 뜻이다.
鑛脈(광맥) 광물의 맥. 鑛山(광산) 鑛物(광물) 鑛夫(광부)

쇠 금(金)부 [8金15 총23획]

쇳돌 광

究

中4Ⅱ급

궁구하다, 연구하다 유 硏(갈 연) 영 study 중 究 jiū 일 キュウ(きわめる)

형성 구멍 혈(穴)과 아홉 구(九)자로 굴속의 깊이까지 살펴들어가므로 '연구하다'는 뜻이다.
究竟(구경) 마침내. 필경. 究極(구극) 究考(구고) 究竟願(구경원)

구멍 혈(穴)부 [5穴2 총7획]

궁구할 

句

中4Ⅱ급

글귀, 구절 영 phrase 중 句 jù 일 ク

회의 쌀 포(勹)+입 구(口)자로 즉 단숨에 읽을 수 있는 '글귀'를 뜻한다.
句句節節(구구절절) 모든 구절. 句讀(구두) 句節(구절) 文句(문구)

입 구(口)부 [3口2 총5획]

글귀 구

求

中4Ⅱ급

구하다, 찾다 영 obtain, get 중 求 qiú 일 キュウ(もとめる)

상형 옷이 귀했던 시절은 누구나 가죽옷을 구하고자 하므로 '구하다'의 뜻이다.
求乞(구걸) 남에게 곡식·물건을 얻기 위해 청함. 求賢(구현) 求明(구명) 求愛(구애)

물 수(삼수변) 水(氵)부 [4水3 총7획]

할 구

高 4급	構	얽다, 맺다	영 frame 중 构 gòu 일 コウ(かまえる)
		형성 나무[木]를 가로 세로로 쌓아올린 모양으로 '얽어매다'의 뜻이다.	
		構成(구성) 얽어서 만듦. 構內(구내) 構築(구축) 構圖(구도)	

나무 목(木)부 [4木10 총14획]

얽을 구

中 4급	君	임금, 봉호(封號) 반 臣(신하 신)	영 king 중 君 jūn 일 クン(きみ)
		회의 다스릴 윤(尹)+입 구(口)자로 백성을 다스리는 분이 '임금'임을 뜻한다.	
		君國(군국) 임금과 나라. 君主(군주) 君臨(군림) 君臣(군신)	

입 구(口)부 [3口4 총7획]

임금 군

高 4급	群	무리, 떼 유 衆(무리 중)	영 crowd 중 群 qún 일 グン(むら)
		형성 임금 군(君)+양 양(羊)자로 임금 같은 지도자와 양같이 따르는 백성이 '무리'이다.	
		群居(군거) 무리를 지어 삶. 群賢(군현) 群島(군도) 群落(군락)	

양 양(羊)부 [6羊7 총13획]

高 4급	屈	굽히다, 굽다	영 stooped 중 屈 qū 일 クツ(かがむ)
		형성 주검 시(尸)+날 출(出)자로 몸을 굽히고 앞으로 나가는 것으로 '굽다'를 뜻한다.	
		屈强(굴강) 의지가 강함. 屈曲(굴곡) 屈伏(굴복) 屈折(굴절)	

주검 시(尸)부 [3尸5 총8획]

굽을 굴

高 4Ⅱ급	宮	집, 궁궐	영 palace 중 宫 gōng 일 キュウ(みや)
		회의 집 면(宀)+음률 려(呂)자로 여러 채의 건물이 연이어 있는 것으로 '궁궐'을 뜻한다.	
		宮闕(궁궐) 임금이 거처하는 집. 宮女(궁녀) 宮中(궁중) 宮合(궁합)	

갓머리(宀)부 [3宀7 총10획]

窮

高 4급

궁하다, 다하다   유 貧(가난할 빈)   영 finish   중 穷 qióng   일 キュウ(きわまる)

형성 구멍 혈(穴)+몸 궁(躬)자로 몸을 구부렸으나 좁아 더 들어갈수 없는 곳으로 '궁하다'는 뜻이다.

窮究(궁구) 파고 들어가 연구함.   窮極(궁극)   窮塞(궁색)   窮理(궁리)

구멍 혈(穴)부 [5穴10 총15획]

다할 궁

券

高 4급

문서, 증서   영 document   중 券 quàn   일 ケン(てがた)

형성 작거나[小] 큰[大] 문서도 모두 칼[刀]로 새겨 만든다.

株券(주권) 주주가 소유하거나 소유할 주식.   債券(채권)   券面(권면)   福券(복권)

칼 도(刀/刂)부 [2刀6 총8획]

문서 권

卷

中 4급

책, 말   영 volume   중 卷 Juàn   일 カン·ケン(まき)

형성 몸을 둥글게 둘러싸서 두 손으로 받는 모양이다.

卷頭言(권두언) 머리말.   卷末(권말)   卷末(권말)   席卷(석권)

병부 절(卩/㔾)부 [2卩6 총8획]

책 권

勸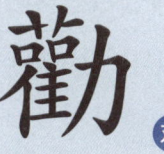

中 4급

권하다, 힘쓰다   영 advise   중 劝 quàn   일 勧 カン(すすめる)

형성 황새 관(雚)+힘 력(力)자로 황새처럼 부지런히 힘써 일하도록 '권하다'의 뜻이다.

勸農(권농) 농사를 권장함.   勸告(권고)   勸告(권고)   勸士(권사)

힘 력(力)부 [2力18 총20획]

권할 권

權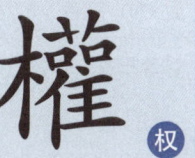

中 4Ⅱ급

권세, 권력   영 power   중 权 quán   일 権 ケン·ゴン

형성 나무 목(木)+황새 관(雚)자로 저울추를 당겨 무게 달듯 '권세'의 뜻이다.

權貴(권귀) 권세 있고 지위가 높음.   權道(권도)   權能(권능)   權益(권익)

나무 목(木)부 [4木18 총22획]

저울추 권

歸

| 中 4급 | 돌아가다, 돌아오다 | 영 return, go back | 중 归 guī | 일 帰 キ(かえる) |

형성 며느리[帚]는 친정집에 오래 머무르지[止] 말고 빨리 '돌아와야' 한다.
歸家(귀가) 집으로 돌아감. 歸結(귀결) 歸京(귀경) 歸國(귀국)

그칠 지(止)부 [4止14 총18획]

돌아갈 귀

均

| 中 4급 | 고르다, 가꾸다 | 영 even | 중 均 jūn | 일 キン(ならす) |

형성 흙 토(土)+가지런할 균(勻)자로 흙을 가지런하게 하는 것으로 '고르다'를 뜻한다.
均田(균전) 백성에게 고루 농토를 나누어 줌. 均質(균질) 均等(균등) 均配(균배)

흙 토(土)부 [3土4 총7획]

고를 균

劇

| 高 4급 | 심하다, 혹독하다 | 영 violent | 중 剧 jù | 일 ゲキ(はげしい) |

형성 호랑이와 멧돼지가 서로 '심하게' 싸우는 것을 뜻한다.
劇團(극단) 연극을 하는 단체. 劇場(극장) 悲劇(비극) 演劇(연극)

칼 도(刀/刂)부 [2刀13 총15획]

심할 극

極

| 中4Ⅱ급 | 다하다, 지극하다 | 유 端(끝 단) | 영 utmost | 중 极 jí | 일 ゴク·キョク(むね) |

형성 용마루를 올리는 일은 위험하니 빨리 정성을 다해야 하므로 '지극하다'의 뜻이다.
極上(극상) 아주 좋음. 極光(극광) 極烈(극렬) 極言(극언)

나무 목(木)부 [4木9 총13획]

다할 극

勤

| 中 4급 | 부지런하다, 힘쓰다 | 영 diligent | 중 勤 qín | 일 キン(つとめる) |

형성 진흙 근(堇)+힘 력(力)자로 맥질하는 일은 공을 들여 힘쓰므로 '부지런하다'를 뜻한다.
勤勞(근로) 힘을 다함. 勤儉(근검) 勤勉(근면) 勤務(근무)

힘 력(力)부 [2力11 총13획]

부지런할 근

筋

中 4급

대 죽(竹)부 [6竹6 총12획]

힘줄, 힘

영 muscle 중 筋 jīn 일 キン(すじ)

회의 육달 월(月)+힘 력(力)+대 죽(竹)자로 근육에 힘을 주면 대나무같이 강해지는 '힘줄'이란 뜻이다.
筋力(근력) 몸을 놀리고 활동하는 기운과 힘. 筋肉(근육) 鐵筋(철근) 眼筋(안근)

힘줄 근

禁

中 4Ⅱ급

보일 시(示)부 [5示8 총13획]

금하다, 꺼림

영 forbid 중 禁 jìn 일 キン(きんずる)

형성 수풀 림(林)+보일 시(示)자로 수풀로 덮여 있는 신전에 접근을 금하므로 '금지'의 뜻이다.
禁食(금식) 종교상의 문제나 건강을 위해 일정기간 굶음. 禁中(금중) 禁忌(금기)

금할 금

奇

高 4급

큰 대(大)부 [3大5 총8획]

기이하다, 기특하다

영 strange 중 奇 qí 일 キ(くし·めずらしい)

형성 큰 대(大)+옳을 가(可)자로 크게 옳다는 데서 '뛰어나다'의 뜻이다.
奇計(기계) 기이한 계책. 奇妙(기묘) 奇蹟(기적) 奇特(기특)

기이할 기

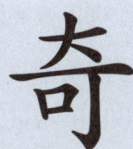

寄

高 4급

갓머리(宀)부 [3宀8 총11획]

부치다, 보냄

영 lodge 중 寄 jì 일 キ(よる)

형성 집 면(宀)+기이할 기(奇)자로 집없는 사람이 남의 집에 '붙여살다'의 뜻이다.
寄贈(기증) 물품을 보내어 증정함. 寄與(기여) 寄稿(기고) 寄託(기탁)

부칠 기

器

高 4Ⅱ급

입 구(口)부 [3口13 총16획]

그릇, 재능이나 도량

영 vessel 중 器 qì 일 キ(うつわ)

회의 입 구(口)+개 견(犬)자로 옛날 서민들이 개고기를 담던 '그릇'의 뜻이다.
器量(기량) 재능. 器物(기물) 器具(기구) 器皿(기명)

그릇 기

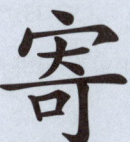

紀

[高4급] 실 사(糸)부 [6糸3 총9획]

벼리, 기강 영 discipline 중 纪 jì 일 キ(のり)

형성 실 사(糸)+몸 기(己)자로 그물이 헝클어지지 않게 하는 굵은 줄로 된 '벼리'를 뜻한다.
紀念(기념) 사적을 전하여 깊이 잊지 않게 함. 紀元(기원) 紀律(기율) 紀綱(기강)

벼리 **기**

起

[中4Ⅱ급] 달아날 주(走)부 [7走3 총10획]

일어나다, 일어서다 반 伏(엎드릴 복) 영 rise 중 起 qǐ 일 キ(おきる)

형성 달릴 주(走)+몸 기(己)자로 달아나려면 몸을 일으켜야 되므로 '일어나다'의 뜻이다.
起立(기립) 일어섬. 起伏(기복) 起床(기상) 起用(기용)

일 **기**

機

[高4급] 나무 목(木)부 [4木12 총16획]

틀, 베틀 영 machine 중 机 jī 일 キ(はた)

형성 나무 목(木)+몇 기(幾)자로 베를 짜는 기구의 일종으로 '베틀'를 뜻한다.
機根(기근) 중생의 마음속에 가지고 있던 능력. 機密(기밀) 機會(기회) 機械(기계)

베틀 **기**

暖

날 일(日)부 [4日9 총13획]

따뜻하다, 온순하다 영 warm 중 暖 nuǎn 일 ダン(あたたか)

형성 날 일(日)+당길 원(爰)자로 햇빛을 당기어 들여서 '따뜻하다'의 뜻이다.
暖房(난방) 방을 따뜻하게 함. 暖色(난색) 暖帶(난대) 暖冬(난동)

따뜻할 **난**

難

새 추(隹)부 [8隹11 총19획]

어렵다, 재앙 반 易(쉬울 이) 영 difficult 중 难 nán 일 ナン(むずかしい)

형성 진흙 근(堇)+새 추(隹)자로 새가 진흙밭에서 빠져나오지 못하므로 '어렵다'의 뜻이다.
難局(난국) 어지러운 판국. 難堪(난감) 難關(난관) 難民(난민)

어려울 **난**

中4급	納 실 사(糸)부 [6糸4 총10획] 들일 **납**	들이다, 받아들이다　반 出(낼 출)　영 receive　중 纳 nà　일 ノウ(おさめる)
		형성 실 사(糸)+안 내(內)자로 실을 당겨 창고에 계속 '들이다'의 뜻이다. 納吉(납길) 신랑집에서 신부집에 혼인날을 받아 보냄. 納得(납득)　納付(납부)　納入(납입)

高4Ⅱ급	努 힘 력(力)부 [2力5 총7획] 힘쓸 **노**	힘쓰다, 부지런히 일하다　영 endeavor　중 努 nǔ　일 ド(つとめる)
		형성 종 노(奴)+힘 력(力)자로 종처럼 '힘쓰다'를 뜻한다. 努力(노력) 힘을 다하고 애를 씀.　努肉(노육)　努目(노목)　努力家(노력가)

中4Ⅱ급	怒 마음 심(심방변) 心(忄/㣺)부 [4心5 총9획] 성낼 **노**	성내다, 성　반 喜(기쁠 희)　영 angry　중 怒 nù　일 ド(いかる)
		형성 종 노(奴)+마음 심(心)자로 무시당해 성난 종의 마음으로 '성내다'를 뜻한다. 怒濤(노도) 무섭게 밀려오는 큰 물결.　怒髮(노발)　怒氣(노기)　怒目(노목)

中4Ⅱ급	單 입 구(口)부 [3口9 총12획] 홑 **단**	홑, 하나　반 複(겹칠 복)　영 single　중 单 dān　일 単 タン(ひとえ)
		상형 끝이 두 갈래로 갈라진 납작한 모양의 '부채'를 나타낸다. 單純(단순) 복잡하지 아니함.　單身(단신)　單價(단가)　單獨(단독)

高4Ⅱ급	檀 나무 목(木)부 [4木13 총17획] 박달나무 **단**	박달나무, 향나무　영 birch　중 檀 tán　일 ダン(まゆみ)
		형성 나무 목(木)+도타울 단(亶)자로 단단한 나무인 '박달나무'를 뜻한다. 檀君王儉(단군왕검) 한국 민족의 시조.　檀木(단목)　檀君(단군)　檀紀(단기)

中4Ⅱ급	端 설 립(立)부 [5立9 총14획] 끝 **단**	끝, 가　㊌ 末(끝 말)　　　㊇ end　㊈ 端 duān　㊊ タン(はし) ㊅ 뫼 산(山)+설 립(立)자로 초목의 어린 싹이 돋아나므로 '실마리'를 뜻한다. 端緒(단서) 일의 시초.　端雅(단아)　端正(단정)　端役(단역)
高4Ⅱ급	斷 [断] 도끼 근(斤)부 [4斤14 총18획] 끊을 **단**	끊다, 끊어지다　㊌ 絕(끊을 절)　　㊇ cut off　㊈ 断 duàn　㊊ 断 ダン(たつ) ㊅·ㄹ 실 사(糸)+도끼 근(斤)자로 이어진 실다발을 도끼로 '자르다'를 뜻한다. 斷交(단교) 교제를 끊음.　斷念(단념)　斷水(단수)　斷乎(단호)
高 4급	段 칠 수(殳)부 [4殳5 총9획] 구분 **단**	층계, 층　㊌ 階(층계 계)　　　㊇ stairs　㊈ 段 duàn　㊊ ダン·タン ㊅ 막대기 끝으로 물건을 쳐서[殳] 조각을 내므로 '층계'를 뜻한다. 段階(단계) 일이 나아가는 과정.　段氏(단씨)　段落(단락)　段數(단수)
中4Ⅱ급	達 쉬엄쉬엄갈 착(책받침) 辵(辶)부 [4辶9 총13획] 통할 **달**	통달하다, 통하다　㊌ 到(이를 도)　㊇ succeed　㊈ 达 dá　㊊ タツ(さとる) ㊅ 새끼양 달(羍)+쉬엄쉬엄갈 착(辶)자로 새끼양이 어미 양에게로 찾아가므로 '이르다'의 뜻이다. 達人(달인) 학문이나 기예 등에 뛰어난 사람.　達觀(달관)　達辯(달변)　達成(달성)
高4Ⅱ급	擔 [担] 손 수(재방변) 手(扌)부 [3扌13 총16획] 멜 **담**	메다, 짊어지다　　　　　　　　㊇ bear　㊈ 担 dān　㊊ 担 タン(かつぐ) ㊅ 손 수(扌)+이를 첨(詹)자로 무거운 짐을 손으로 들어 어깨에 '메다'를 뜻한다. 擔當(담당) 일을 맡아봄.　擔保(담보)　擔當者(담당자)　擔任(담임)

黨 (当)

무리, 동아리 윤 徒(무리 도) 영 company 중 党 dǎng 일 党 トウ

형성 높을 상(尚)+검을 흑(黑)자로 어두운 장래를 개척하려는 '무리'를 뜻한다.
黨論(당론) 그 당파가 주장하는 의견. 黨規(당규) 黨內(당내) 黨權(당권)

검을 흑(黑)부 [12黑8 총20획]

무리 당

帶

띠, 띠다 영 belt 중 带 dài 일 タイ(おび)

회의 여러 장식품을 곁들여 허리[冖]에 두를 수건[巾]으로 만든 '띠'를 뜻한다
帶劍(대검) 칼을 참. 帶同(대동) 帶電(대전) 帶狀(대상)

수건 건(巾)부 [3巾8 총11획]

띠 대

隊

떼, 무리 영 band 중 队 duì 일 タイ

형성 돼지떼[豕]새끼 8마리가 '떼'지어가 언덕[阝]이건 밭이건 들쑤시고 다닌다.
隊員(대원) 대를 구성(構成)하고 있는 사람. 隊列(대열) 隊長(대장) 部隊(부대)

언덕 부(좌부방) 阜(阝)부 [3阝9 총12획]

대 대

導

이끌다, 인도하다 윤 引(끌 인) 영 guide 중 导 dǎo 일 ドウ(みちびく)

형성 길 도(道)+마디 촌(寸)자로 법도에 의하여 '이끌다'의 뜻이다.
導水路(도수로) 물을 끌어들이기 위하여 만든 수로.
導入(도입) 導水(도수) 導出(도출)

마디 촌(寸)부 [3寸13 총16획]

이끌 도

徒

무리, 동아리 윤 黨(무리 당) 영 crowd 중 徒 tú 일 ト·ズ(かち)

형성 자축거릴 척(彳)+달릴 주(走)자로 많은 '무리'가 걸어가고 달려 달아났다.
徒步(도보) 탈 것을 타지 않고 걸어감. 徒囚(도수) 徒輩(도배) 徒黨(도당)

두인 변(彳)부 [3彳7 총10획]

무리 도

4-4Ⅱ급 핵심한자 | 135

逃

高4Ⅱ급

달아나다, 도망하다 유 避(피할 피) 영 escape 중 逃 táo 일 トウ(にげる)

형성 조짐 조(兆)+쉬엄쉬엄갈 착(辶)자로 거북이의 등껍질이 갈라지듯이 '달아나다'를 뜻한다.
逃亡(도망) 달아남. 逃走(도주) 逃避(도피) 逃路(도로)

쉬엄쉬엄갈 착(책받침) 辶(辵)부 [4辶6 총10획]

달아날 도

盜

高4급

도둑, 훔치다 유 賊(도둑 적) 영 thief 중 盗 dào 일 トウ(ぬすむ)

형성 침 연(次)+그릇 명(皿)자로 그릇에 있는 음식을 침을 흘리며 탐내므로 '도둑'을 뜻한다.
盜掘(도굴) 몰래 매장물을 캠. 盜伐(도벌) 盜賊(도적) 盜用(도용)

그릇 명(皿)부 [5皿7 총12획]

도둑 도

毒

中4Ⅱ급

독하다, 독 영 poison 중 毒 dú 일 ドク(どく)

회의 풀 초(草)+음란할 매(毋)자로 먹으면 인간의 이성이 없어지는 '독'을 뜻한다.
毒性(독성) 독이 있는 성분. 毒藥(독약) 毒害(독해) 毒感(독감)

말 무(毋)부 [4毋5 총9획]

독 독

督

高4Ⅱ급

살펴보다, 감독하다 영 supervise 중 督 dū 일 トク(みる・ただす)

형성 아재비 숙(叔)+눈 목(目)자로 어린이를 잘 '살피다'의 뜻이다.
督勵(독려) 감독하며 격려함. 督促(독촉) 督戰(독전) 監督(감독)

눈 목(目)부 [5目8 총13획]

살펴볼 독

銅

高4Ⅱ급

구리, 동화 영 copper 중 铜 tóng 일 ドウ(あかがね)

형성 쇠 금(金)+한 가지 동(同)자로 금과 같은 빛깔을 가진 '구리'를 뜻한다.
銅鑛(동광) 구리를 캐는 광산. 銅錢(동전) 銅像(동상) 銅線(동선)

쇠 금(金)부 [8金6 총14획]

구리 동

斗

中4Ⅱ급	말(용량의 단위), 10승(升)	영 measure 중 斗 dǒu 일 ト(ます)

상형 옛날 쌀이나 곡식의 양을 헤아리는 단위이다.

斗極(두극) 북극성. 斗起(두기) 斗頓(두돈) 斗量(두량)

斗斗斗斗

말 두(斗)부 [4斗0 총4획]

말 두   斗 斗 斗 斗 斗

豆

中4Ⅱ급	콩, 팥	영 bean 중 豆 dòu 일 ゴ(さとる)

형성 먹는 여러 음식 중에서 힘을 보태주는 좋은 식품은 '콩'이다.

豆腐(두부) 콩으로 만든 식품의 한가지. 大豆(대두) 豆類(두류) 豆油(두유)

豆豆豆豆豆豆豆

콩 두(豆)부 [7豆0 총7획]

콩 두   豆 豆 豆 豆 豆

得

中4Ⅱ급	얻다, 깨닫다 반 失(잃을 실)	영 get 중 得 dé 일 トク(える)

회의 자축거릴 척(彳)+조개 패(貝)+마디 촌(寸)자로 걸어가서 재물을 손에 '얻다'의 뜻이다.

得男(득남) 아들을 낳음. 得道(득도) 得勢(득세) 得票(득표)

得得得得得得得得得得得

두인 변(彳)부 [3彳8 총11획]

얻을 득   得 得 得 得 得

燈

中4Ⅱ급	등잔, 등	영 lamp 중 灯 dēng 일 灯 トウ(ひ)

형성 불 화(火)+오를 등(登)자로 불을 켜서 높이 올려놓는 '등불'을 뜻한다.

燈下不明(등하불명) 등잔 밑이 어둡다는 뜻. 燈臺(등대) 燈油(등유) 燈盞(등잔)

燈燈燈燈燈燈燈燈燈燈燈燈

불 화(火/灬)부 [4火12 총16획]

등불 등   燈 燈 燈 燈 燈

羅

高4Ⅱ급	그물, 벌이다, 늘어서다 유 列(벌릴 렬)	영 net 중 罗 luó 일 ラ

회의 그물 망(罒)+맬 유(維)자로 실로 그물을 만들어 새를 잡기 위해 '벌려' 놓다.

羅網(나망) 새 잡는 그물. 羅城(나성) 新羅(신라) 網羅(망라)

羅羅羅羅羅羅羅羅羅羅

그물 망网(罒/罓/㓁)부 [5罒14 총19획]

그물 라(나)   羅 羅 羅 羅 羅

亂

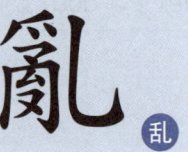

高 4급 乱

새 을(乙)부 [1乙12 총13획]

어지러울 **란(난)**

어지럽다, 난리　　영 confuse　중 乱 luàn　일 乱 ラン(みだれる)

형성 손(爪)+창(▽)을 들고 다투고 또(又) 발자국(内)이며, 새떼(乙)가 나는 것 같은 '어지럽다'의 뜻이다.

亂離(난리) 세상의 소란을 만나 뿔뿔이 헤어짐.　亂立(난립)　亂國(난국)　亂動(난동)

卵

中 4급

병부 절(卩/㔾)부 [2卩5 총7획]

알 **란(난)**

알, 새・물고기・벌레 따위의 알　　영 egg　중 卵 luǎn　일 ラン(たまご)

상형 '알'에서 막 부화한 새끼들의 모양을 본뜬 글자이다.

卵白(난백) 알의 흰자.　卵塊(난괴)　卵生(난생)　卵巢(난소)

覽

高 4급 览

볼 견(見)부 [7見14 총21획]

볼 **람**

보다, 두루 보다　유 觀(볼 관)　영 view　중 览 lǎn　일 覧 ラン(みる)

형성 볼 감(監)+볼 견(見)자로 보고 또 '보다'를 뜻한다.

展覽會(전람회) 그림 등을 전시하여 여러 사람이 봄.

閱覽(열람)　觀覽(관람)　博覽會(박람회)

略

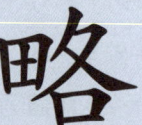

高 4급

밭 전(田)부 [5田6 총11획]

다스릴 **략(약)**

간략하다, 생략하다　유 簡(간략할 간)　영 govern　중 略 lüè　일 リャク(ほぼ)

회의 밭 전(田)+각각 각(各)자로 논밭을 개간한 다음 그 경계를 대강 만드므로 '간략하다'를 뜻한다.

略圖(약도) 간략하게 그린 도면.　略歷(약력)　戰略(전략)　政略(정략)

兩

中4Ⅱ급 両

들 입(入)부 [2入6 총8획]

두 **량(양)**

두, 둘　　영 two　중 两 liǎng　일 両 リョウ

상형 천칭 저울을 본뜬 자로 저울추가 양쪽에 있다 하여 '둘'의 뜻이다.

兩得(양득) 한 가지 일로 두 가지 이득을 얻음.　兩面(양면)　兩班(양반)　兩國(양국)

糧

쌀 미(米)부 [6米12 총18획]

양식 **량(양)**

양식, 먹이 | 영 food | 중 粮 liáng | 일 リョウ(かて)

형성 쌀 미(米)+헤아릴 량(量)자로 쌀을 먹을 만큼 헤아려서 남겨놓으므로 '양식'이다.
糧穀(양곡) 양식이 되는 곡물. 糧食(양식) 糧米(양미) 食糧(식량)

慮

마음 심(심방변) 心(忄/㣺)부 [4心11 총15획]

생각할 **려(여)**

생각하다, 염려하다 | 영 consider | 중 虑 lǜ | 일 リョ(おもんばかり)

회의 범 호(虍)+생각 사(思)자로 호랑이가 나타날까 '염려하다'를 뜻한다.
考慮(고려) 생각해 둠. 念慮(염려) 憂慮(우려) 慮外(여외)

麗

사슴 록(鹿)부 [11鹿8 총19획]

고울 **려(여)**

곱다, 빛나다 | 유 美(아름다울 미) | 영 beautiful | 중 丽 lì | 일 レイ(うるわしい)

회의 사슴들이 나란히 걸어가는 모양이 '아름답다'의 뜻이다.
麗句(여구) 아름다운 글귀. 麗代(여대) 華麗(화려) 高麗(고려)

連

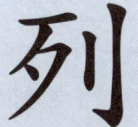

쉬엄쉬엄갈 착(책받침) 辵(辶)부 [4辶7 총11획]

이을 **련(연)**

잇다, 잇닿다 | 유 絡(이을 락) | 영 connect | 중 连 lián | 일 レン(つらなる)

회의 수레 거(車)+쉬엄쉬엄갈 착(辶)자로 수레가 '잇다'의 뜻이다.
連帶(연대) 서로 연결함. 連累(연루) 連結(연결) 連絡(연락)

列

칼 도(刀/刂)부 [2刀4 총6획]

벌일 **렬(열)**

벌이다, 늘어놓음 | 유 羅(벌릴 라) | 영 display | 중 列 liè | 일 レツ(つらねる)

형성 앙상한 뼈 알(歹)+칼 도(刂)자로 고기를 발라낸 뼈를 차례로 '벌이다'를 뜻한다.
列國(열국) 여러 나라. 列島(열도) 列擧(열거) 列車(열차)

烈

中 4급

불 화(火/灬)부 [4灬6 총10획]

세찰 렬(열)

세차다, 굳세다

영 fierce 중 烈 liè 일 レツ(はげしい)

형성 벌릴 렬(列)+불화 발(火)자로 불길이 여러 갈래로 번져 '세차다'는 뜻이다.

烈女(열녀) 절개가 굳고 기상이 강한 여자. 烈士(열사) 烈夫(열부) 烈火(열화)

錄

高 4Ⅱ급

쇠 금(金)부 [8金8 총16획]

기록할 록(녹)

기록하다, 베끼다 유 記(기록할 기)

영 record 중 录 lù 일 録 ロク(しるす)

형성 쇠 금(金)+나무깎을 록(彔)자로 쇠붙이에 나무깎듯 글자를 '기록하다'의 뜻이다.

記錄(기록) 써서 남김. 目錄(목록) 錄音(녹음) 錄畵(녹화)

論

中 4Ⅱ급

말씀 언(言)부 [7言8 총15획]

의논할 론(논)

논의하다, 말하다 유 議(의논할 의)

영 discuss 중 论 lùn 일 ロン

형성 말씀 언(言)+조리세울 륜(侖)자로 생각을 조리있게 '논의하다'를 뜻한다.

論據(논거) 논의 또는 논설의 근거. 論難(논란) 論理(논리) 論說(논설)

龍

高 4급

용 룡(龍)부 [16龍0 총16획]

용 룡(용)

용, 임금

영 dragon 중 龙 lóng 일 竜 リュウ

상형 기다란 육신[月]이 서서[효] 공중으로 올라가는 모양을 합친 자로 '용'의 모양이다.

龍尾(용미) 용의 꼬리. 龍鬚(용수) 龍王(용왕) 龍宮(용궁)

柳

中 4급

나무 목(木)부 [4木5 총9획]

버들 류(유)

버들, 버드나무

영 willow 중 柳 liǔ 일 リュウ(やなぎ)

형성 나무 목(木)+토끼 묘(卯)자로 가지와 잎이 나부끼는 '버드나무'의 뜻이다.

柳眉(유미) 버들잎처럼 가늘고 아름다운 눈썹. 柳車(유거) 柳器(유기) 柳絮(유서)

留

中4Ⅱ급

밭 전(田)부 [5田5 총10획]

머무를 류(유)

머무르다, 체류하다 ㉠ 停(머무를 정) | 영 stay 중 留 liú 일 リュウ(とめる)

형성 농부가 밭의 무성한 풀을 뽑기 위해 오래 '머무르다'의 뜻이다.
留念(유념) 마음에 새기고 생각함. 留任(유임) 留意(유의) 留學(유학)

輪

高 4급

수레 거(車)부 [7車8 총15획]

바퀴 륜(윤)

바퀴, 둘레 | 영 wheel 중 轮 lún 일 リン(わ)

형성 수레 거(車)+질서 륜(侖)자로 수레바퀴는 여러 개의 둥근 살대로 만들어진 '바퀴'의 뜻이다.
輪讀(윤독) 여러 사람이 돌려가며 책을 읽음. 輪轉(윤전) 輪換(윤환) 輪廓(윤곽)

律

中4Ⅱ급

두인 변(彳)부 [3彳6 총9획]

법 률(율)

법, 법칙 ㉠ 法(법 법), 規(법 규) | 영 law 중 律 lǜ 일 りつ・りち

형성 조금 걸을 척(彳)+붓 율(聿)자로 인간행위의 기준을 적은 것으로 '법칙'의 뜻이다.
律客(율객) 음률에 밝은 사람. 律師(율사) 律法(율법) 律動(율동)

離

高 4급

새 추(隹)부 [8隹11 총19획]

떠날 리(이)

떠나다, 이별하다 ㉣ 合(합할 합) | 영 leave 중 离 lí 일 リ(はなれる)

형성 헤어질 리(离)+새 추(隹)자로 산신과 새가 서로 만났다가 '떠나다'의 뜻이다.
離居(이거) 떨어져 따로 삶. 離陸(이륙) 離散(이산) 離職(이직)

滿

中4Ⅱ급

물 수(삼수변) 水(氵)부 [3氵11 총14획]

찰 만

차다, 넉넉하다 ㉣ 干(마를 간) | 영 full 중 满 mǎn 일 満 マン(みちる)

형성 물 수[氵]이 사방으로 평평하게 가득차서 '차다'의 뜻이다.
滿朔(만삭) 아이 낳을 달이 참. 滿山(만산) 滿開(만개) 滿喫(만끽)

妹

中 4급

손아래누이, 누이 영 younger sister 중 妹 mèi 일 マイ(いもうと)

형성 계집 녀(女)+아닐 미(未)자로 아직 철나지 않은 '손아래 누이'를 뜻한다.
妹夫(매부) 누이의 남편. 妹弟(매제) 妹兄(매형) 男妹(남매)

계집 녀(女)부 [3女5 총8획]

妹妹妹妹妹妹妹妹

누이 매

妹 妹 妹 妹 妹

脈

高 4 II 급

맥, 물길 영 pulse 중 脉 mài 일 ミャク(すじ)

회의 몸 육(月)+물갈래 파(㕣)자로 몸속의 피가 갈라져서 흐르듯 순환하는 '혈맥'을 뜻한다.
脈絡(맥락) 혈관. 脈搏(맥박) 血脈(혈맥) 文脈(문맥)

고기 육(육달월) 肉(月)부 [4月6 총10획]

脈脈脈脈脈脈脈脈脈脈

맥 맥

脈 脈 脈 脈 脈

勉

中 4급

힘쓰다, 권하다 영 exert 중 勉 miǎn 일 ベン(つとめる)

형성 면할 면(免)+힘 력(力)자로 고생을 면하려면 힘써 일해야 되므로 '힘쓰다'의 뜻이다.
勉勵(면려) 스스로 애써 노력함. 勉學(면학) 勤勉(근면) 勸勉(권면)

힘 력(力)부 [2力7 총9획]

勉勉勉勉勉勉勉勉勉

힘쓸 면

勉 勉 勉 勉 勉

鳴

中 4급

울다, 새·짐승 울음 영 chirp 중 鸣 míng 일 メイ(なく)

회의 입 구(口)+새 조(鳥)자로 새가 입을 벌려 '운다'는 뜻이다.
鳴金(명금) 징 치는 것. 鳴禽類(명금류) 鷄鳴(계명) 共鳴(공명)

새 조(鳥)부 [11鳥3 총14획]

鳴鳴鳴鳴鳴鳴鳴鳴鳴鳴鳴鳴鳴鳴

울 명

鳴 鳴 鳴 鳴 鳴

模

高 4급

법, 본뜰 유 範(법 범) 영 form 중 模 mó 일 モ(のり)

형성 나무 목(木)+없을 막(莫)자로 똑같은 물건을 여러개 만들려면 먼저 나무를 '본 뜬다'는 뜻이다.
模倣(모방) 본받고 흉내를 냄. 模寫(모사) 模造(모조) 模範(모범)

나무 목(木)부 [4木11 총15획]

模模模模模模模模模模模模模模模

법 모

模 模 模 模 模

毛

털 모(毛)부 [4毛0 총4획]

털, 머리털　㊨ 髮(터럭 발)　　㊎ hair　㊥ 毛 máo　㊐ モウ(け)

상형 사람의 머리털이나 눈썹 또는 짐승의 털모양을 본떠 만든 글자이다.
毛孔(모공) 털구멍.　毛髮(모발)　毛根(모근)　毛織(모직)

毛毛毛毛

| 털 모 | 毛 | 毛 | 毛 | 毛 | 毛 | | |

牧

소 우(牛)부 [4牛4 총8획]

치다, 기르다　　㊎ pasture　㊥ 牧 mù　㊐ ボク(まき)

형성 소 우(牛)+칠 복(攵)자로 손에 회초리를 들고 소를 '치다'는 뜻이다.
牧民(목민) 백성을 다스림.　牧者(목자)　牧草(목초)　牧師(목사)

牧牧牧牧牧牧牧牧

| 칠 목 | 牧 | 牧 | 牧 | 牧 | 牧 | | |

墓

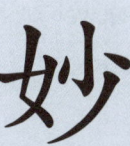

흙 토(土)부 [3土11 총14획]

무덤, 묘지　　㊎ grave　㊥ 墓 mù　㊐ ボ(はか)

형성 저물 모(莫)+흙 토(土)자로 죽은 사람을 흙속에 감추어 보이지 않게 하는 '무덤'의 뜻이다.
墓碑(묘비) 무덤 앞에 세우는 비석.　墓穴(묘혈)　墓所(묘소)　墓地(묘지)

墓墓墓墓墓墓墓墓墓墓

| 무덤 묘 | 墓 | 墓 | 墓 | 墓 | 墓 | | |

妙

묘하다, 뛰어나다　　㊎ gorgeous　㊥ 妙 miào　㊐ チョク(なおす)

형성 계집 녀(女)+젊을 소(少)자로 젊은 여자는 예쁘고 '묘하다'의 뜻이다.
妙計(묘계) 묘한 꾀.　妙技(묘기)　妙味(묘미)　妙手(묘수)

妙妙妙妙妙妙妙

계집 녀(女)부 [3女4 총7획]

| 젊을 묘 | 妙 | 妙 | 妙 | 妙 | 妙 | | |

務

힘 력(力)부 [2力9 총11획]

힘쓰다, 일　　㊎ exert　㊥ 务 wù　㊐ ム(つとめる)

형성 창[矛]으로 적을 치듯[攵] 힘써 '힘쓰다'를 뜻한다.
務望(무망) 간절히 바람.　務實力行(무실역행)　服務(복무)　業務(업무)

務務務務務務務務務務務

| 힘 무 | 務 | 務 | 務 | 務 | 務 | | |

中4II급  그칠 지(止)부 [4止4 총8획] 호반 무	호반(虎班), 굳세다　반 文(글월 문)　영 military　중 武 wǔ　일 ブ(たけしい) 형성 창 과(戈)+그칠 지(止)자로 무기를 들고 침략을 미연에 방어하는 '군사'의 뜻이다. 武術(무술) 무도의 기술.　武勇(무용)　武功(무공)　武器(무기)	
中4급  어그러질 천(舛)부 [6舛8 총14획] 춤출 무	춤추다, 무용하다　영 dance　중 舞 wǔ　일 ブ(まい·まう) 형성 없을 무(無)+어그러질 천(舛)자로 발을 엇갈리고 손을 비스듬히 하며 '춤춘다'는 뜻이다. 舞曲(무곡) 춤을 출 때 부르는 노래.　舞踊(무용)　舞臺(무대)　舞童(무동)	
中4II급  나무 목(木)부 [4木1 총5획] 아닐 미	아니다, 못하다　영 not　중 未 wèi　일 ミ·ビ(いまだ) 회의·형성 나무[木]에 가지[一]가 많아 아직 자라지 않았다는 뜻이다. 未納(미납) 아직 바치지 아니하거나 못함.　未備(미비)　未開(미개)　未達(미달)	
中4II급 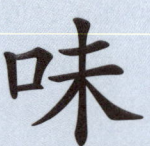 입 구(口)부 [3口5 총8획] 맛 미	맛, 풍미(風味)　영 taste　중 味 wèi　일 ミ(あじ) 형성 입 구(口)+아닐 미(未)자로 맛이 어떤가 입으로 '맛보다'의 뜻이다. 味覺(미각) 맛을 아는 감각.　味盲(미맹)　嘗味(상미)　興味(흥미)	
中4II급 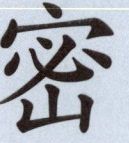 갓머리(宀)부 [3宀8 총11획] 빽빽할 밀	빽빽하다, 자세하다　영 dense, secret　중 密 mì　일 ミツ(ひそか) 형성 빽빽할 밀(宓)+뫼 산(山)자로 산에 나무가 '빽빽하다'는 뜻이다. 密使(밀사) 은밀하게 보내는 밀사.　密室(밀실)　密告(밀고)　密林(밀림)	

博

高4Ⅱ급

넓다, 크다
- 영 wide, broad 중 博 bó 일 ハク(ひろい)

회의 열 십(十)+펼 부(尃)자로 여러 방면으로 '넓다'를 뜻한다.
博覽(박람) 널리 견문함. 博識(박식) 博士(박사) 賭博(도박)

열 십(十)부 [2+10 총12획]

넓을 **박**

拍

高4급

치다, 손뼉치다
- 영 strike 중 拍 pāi 일 ハク・ヒョウ(うつ)

형성 손 수(扌)+흰 백(白)자로 손뼉을 치며 떠드는 것으로 '손뼉치다'의 뜻이다.
拍手(박수) 손뼉을 침. 拍子(박자) 拍車(박차) 間拍(간박)

손 수(재방변) 手(扌)부 [3扌5 총8획]

칠 **박**

髮

高4급

머리털(머리), 터럭 유 毛(터럭 모)
- 영 hair 중 发 fā/fà 일 髮 ハツ(かみ)

형성 머리늘일 발(髟)+뽑을 발(犮)자로 '머리카락'을 뜻한다.
理髮(이발) 머리털을 다듬어 깎음. 白髮(백발) 假髮(가발) 頭髮(두발)

터럭 발(髟)부 [10髟5 총15획]

터럭 **발**

妨

高4급

방해하다, 손상하다
- 영 obstruct 중 妨 fáng 일 ボウ(さまたげる)

형성 계집 녀(女)+모 방(方)자로 여자가 사방에 있으면 '방해'의 뜻이다.
無妨(무방) 방해될 것이 없음. 妨碍(방애) 妨害(방해) 妨礙(방애)

계집 녀(女)부 [3女4 총7획]

방해할 **방**

防

中4Ⅱ급

막다, 둑 유 衛(지킬 위) 반 攻(칠 공)
- 영 block 중 防 fáng 일 ボウ(ふせぐ)

형성 언덕 부(阝)+모 방(方)자로 흐르는 물을 '막다'의 뜻이다.
防空(방공) 공중으로 오는 적을 막아냄. 防犯(방범) 防水(방수) 防禦(방어)

언덕 부(좌부방) 阜(阝)부 [3阝4 총7획]

둑 **방**

房

中4Ⅱ급
집 호(戶)부 [4戶4 총8획]

방, 곁방 　　　　　　　　　　　　　영 room 중 房 fáng 일 ボウ(へや)

형성 집 호(戶)+모 방(方)자로 지게문에 이어진 모진 '방'의 뜻이다.
房宿(방수) 28수의 하나로 남쪽에 있는 별자리. 房帳(방장) 房門(방문) 庫房(고방)

房房房房房房房房

방 **방**

房房房房房

訪

中4Ⅱ급
말씀 언(言)부 [7言4 총11획]

찾다, 뵙다 유 探(찾을 탐)　　　　　영 visit 중 访 fǎng 일 ホウ(とう)

형성 말씀 언(言)+방위 방(方)자로 좋은 말을 듣기 위해 널리 '찾다'의 뜻이다.
訪問(방문) 찾아봄. 探訪(탐방) 訪韓(방한) 巡訪(순방)

訪訪訪訪訪訪訪訪訪訪

찾을 **방**

訪訪訪訪訪

拜

中4Ⅱ급
손 수(재방변) 手(扌)부 [4扌5 총9획]

절, 절하다 　　　　　　　　　　　　영 bow 중 拜 bài 일 ハイ(おがむ)

형성 손 수(手)를 두 개 합치고 아래 하(下)를 받친 자로 두 손 모아 '절하다'는 뜻이다.
拜見(배견) 귀인을 봄. 拜金(배금) 拜禮(배례) 拜上(배상)

拜拜拜拜拜拜拜拜拜

절 **배**

拜拜拜拜拜

背

高4Ⅱ급
고기 육(육달월) 肉(月)부 [4月5 총9획]

등, 뒤 　　　　　　　　　　　　　　영 back 중 背 bèi 일 ハイ(そむく)

형성 배반할 배(背)+고기 육(月)자로 배반하듯 몸을 돌려 '등지다'의 뜻이다.
背景(배경) 뒷면의 경치. 또는 뒤에서 도와주는 사람.
背信(배신) 背反(배반) 背囊(배낭)

背背背背背背背背背

등 **배**

背背背背背

配

高4Ⅱ급
닭 유(酉)부 [7酉3 총10획]

짝, 짝하다 유 分(나눌 분) 반 集(모을 집)　영 couple 중 配 pèi 일 ハイ(くばる)

형성 술 주(酒)에 몸 기(己)자로 술을 따라 놓고 서로 인사를 올리고 백년가약을 올린 몸이 '짝'이란 뜻이다.
配慮(배려) 관심을 기울여 살핌. 配所(배소) 配達(배달) 配匹(배필)

配配配配配配配配配配

짝 **배**

配配配配配

中4Ⅱ급 伐 사람 인(人)부 [2人4 총6획]	치다(징벌하다), 베다 유 討(칠 토)　　영 attack 중 伐 fá 일 バツ(うつ)
	회의 사람 인(亻)+창 과(戈)자로 사람이 창을 들고 적을 '치다'의 뜻이다.
	伐木(벌목) 나무를 벰. 伐採(벌채) 伐草(벌초) 征伐(정벌)
	伐伐伐伐伐伐
칠 벌	伐 伐 伐 伐 伐

高4Ⅱ급 罰 그물 망(罒/网)부 [5罒9 총14획]	벌주다, 벌 유 賞(상줄 상)　　영 punish 중 罚 fá 일 バツ(つみ)
	회의 그물 망(罒)+말씀 언(言)+칼 도(刂)자로 죄지은 사람을 꾸짖거나 칼로 '벌하다'의 뜻이다.
	罰金(벌금) 벌로 내는 돈. 罰酒(벌주) 罰則(벌칙) 處罰(처벌)
	罰罰罰罰罰罰罰罰罰罰罰罰罰罰
벌 벌	罰 罰 罰 罰 罰

高 4급 犯 개 견(犬/犭)부 [3犭2 총5획]	범하다, 어기다　　영 violate 중 犯 fàn 일 ハン(おかす)
	형성 개 견(犭)+마디 절(㔾)자로 미친 개가 사람에게 '범하다'의 뜻이다.
	犯法(범법) 법을 범함. 犯人(범인) 犯罪(범죄) 侵犯(침범)
	犯犯犯犯犯
범할 범	犯 犯 犯 犯 犯

高 4급  대 죽(竹)부 [6竹9 총15획]	법, 틀 유 規(법 규)　　영 rule 중 范 fàn 일 ハン(のり)
	형성 본보기 범(范)+수레 거(車)자로 수레바퀴자국처럼 일정한 질서가 있으므로 '법'을 뜻한다.
	範例(범례) 본보기. 範圍(범위) 範疇(범주) 範例(범례)
	範範範範範範範範範範範範範範範
법 범	範 範 範 範

高4Ⅱ급 壁 흙 토(土)부 [3土13 총16획]	바람벽, 진터　　영 wall 중 壁 bì 일 ヘキ(かべ)
	형성 임금[君]과 고생하는[辛] 백성들 사이를 흙[土]으로 추위나 적을 물리치려고 돌흙으로 쌓은 '벽'이다.
	壁壘(벽루) 성채. 壁欌(벽장) 壁報(벽보) 壁紙(벽지)
	壁壁壁壁壁壁壁壁壁壁壁壁壁壁壁壁
벽 벽	壁 壁 壁 壁 壁

4-4Ⅱ급 핵심한자

高4Ⅱ급	 쉬엄쉬엄갈 착(책받침) 辵(辶)부 [4辶15 총19획]	가, 가장자리　　　　영 edge, side　중 边 biān　일 辺 ヘン(ほとり)
		형성 낭떠러지 가장자리가 연이어 있는 '가장자리'의 뜻이다.
		邊利(변리) 이자.　邊方(변방)　邊境(변경)　周邊(주변)
		邊邊邊邊邊邊邊邊邊邊
	가 **변**	邊 邊 邊 邊 邊

高4급	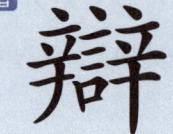 매울 신(辛)부 [7辛14 총21획]	말 잘하다, 판별하다　　영 speaker　중 辩 biàn　일 弁 べん(わきまえる)
		형성 서로 매섭게[辛辛] 다투는 사람을 말[言]로 가리어 시비를 가려주는 것으로 '말 잘하다'의 뜻이다.
		辯明(변명) 시비를 가림.　辯舌(변설)　辯論(변론)　答辯(답변)
		辯辯辯辯辯辯辯辯辯辯
	말 **변**	辯 辯 辯 辯 辯

中4Ⅱ급	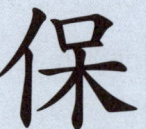 사람 인(人)부 [2人7 총9획]	보호하다, 지키다　유 守(지킬 수)　영 keep　중 保 bǎo　일 ホウ(たもつ)
		회의 사람 인(亻)+보호할 보(呆)자로 어린아이를 강보에 싸서 '보호한다'는 뜻이다.
		保姆(보모) 탁아 시설 등에서 어린이를 돌보는 여자.
		保身(보신)　保健(보건)　保管(보관)
		保保保保保保保保保
	보전할 **보**	保 保 保 保 保

中4Ⅱ급	 흙 토(土)부 [3土9 총12획]	갚다, 보답　유 告(고할 고)　영 repay　중 报 bào　일 ホウ(むくいる)
		회의·형성 죄를 짓고 벌을 받도록 '갚다'를 뜻한다.
		報國(보국) 나라를 위해 충성함.　報恩(보은)　報告(보고)　報答(보답)
		報報報報報報報報報報
	갚을 **보**	報 報 報 報 報

中4Ⅱ급	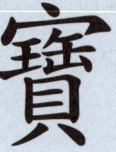 갓머리(宀)부 [3宀17 총20획]	보배, 보배롭다　유 珍(보배 진)　영 treasure　중 宝 bǎo　일 宝 ホウ(たから)
		회의 집 면(宀)+구슬 옥(王:玉)+장군 부(缶)+조개 패(貝)자로 집에 재물이 가득하므로 '보배'의 뜻이다.
		寶鑑(보감) 본보기가 될 만한 일이나 물건.　寶輦(보련)　寶物(보물)　寶石(보석)
		寶寶寶寶寶寶寶寶寶寶
	보배 **보**	寶 寶 寶 寶 寶

普

[高 4급]

넓다, 두루　　　　　　　　영 wide　중 普 pǔ　일 フ(あまねし)

형성 아우를 병(竝)+해 일(日)자로 햇빛이 널리 퍼지는 것으로 '넓다'를 뜻한다.

普及(보급) 널리 미침.　普通(보통)　普施(보시)　高普(고보)

날 일(日)부 [4日8 총12획]

普普普普普普普普普普普普

두루 **보**

普普普普普

步

[中 4Ⅱ급]

걸음, 걷다　　　　　　　　영 walk　중 步 bù　일 步 ホ·ブ(あるく)

상형 조금씩[少] 멈추었다[止] 서는 것으로 두 발을 번갈아 떼어놓으므로 '걷다'는 뜻이다.

步道(보도) 사람이 걸어 다니는 인도.　步兵(보병)　步調(보조)　步行(보행)

그칠 지(止)부 [4止3 총7획]

步步步步步步步

걸을 **보**

步步步步步

伏

[中 4급]

엎드리다, 엎어짐　반 起(일어날 기)　영 lie face down　중 伏 fú　일 フク(ふす)

회의 사람 인(亻)+개 견(犬)자로 개가 주인 옆에서 '엎드리다'의 뜻이다.

伏望(복망) 엎드려 바람.　伏中(복중)　伏拜(복배)　伏兵(복병)

사람 인(人)부 [2人4 총6획]

伏伏伏伏伏伏

엎드릴 **복**

伏伏伏伏伏

復

[中 4Ⅱ급]

다시, 회복하다　반 往(갈 왕)　영 recover　중 复 fù　일 フク(かえる)

형성 조금걸을 척(彳)+거듭 복(复)자로 갔던 길을 되돌아오는 것으로 '회복하다'를 뜻하다.

復歸(복귀) 본래 대로 돌아감.　復讐(복수)　復古(복고)　復活(부활)

두인 변(彳)부 [3彳9 총12획]

復復復復復復復復復復復復

회복할 **복**/다시 **부**

復復復復復

複

[高 4급]

겹치다, 겹쳐지다　반 單(홑 단)　영 double　중 複 fù　일 フク

형성 옷 의(衣)+거듭 복(复)자로 안감을 넣어서 만든 겹으로 된 옷이 '겹치다'의 뜻이다.

複利(복리) 이자에 이자가 붙음.　複數(복수)　複道(복도)　複利(복리)

옷 의(衤/衣)부 [5衤9 총14획]

複複複複複複複複複複

겹옷 **복**

複複複複複

府

高4II급

엄 호(广)부 [3广5 총8획]

곳집 **부**

마을, 관청   영 warehouse   중 府 fǔ   일 フ(やくしょ)

형성 집 엄(广)+줄 부(付)자로 일을 처리하고 흉년 들면 곡식 나눠주는 '관청'의 뜻이다.

府庫(부고) 문서나 재화·기물 등을 넣어두는 곳. 府君堂(부군당) 府君(부군)

副

高4II급

칼 도(刀/刂)부 [2刀9 총11획]

버금 **부**

버금, 다음   유 次(버금 차)   영 second   중 副 fù   일 フク(わける)

형성 찰 복(畐)+칼 도(刀)자로 재산을 둘로 나누어 만일을 대비하는 '예비'의 뜻이다.

副應(부응) 무엇에 쫓아서 응함. 副官(부관) 副木(부목) 副業(부업)

富

中4II급

갓머리(宀)부 [3宀9 총12획]

가멸 **부**

가멸(재산이 많다), 넉넉하다   반 貧(가난할 빈)   영 rich   중 富 fù   일 フウ(とみ)

회의·형성 집 면(宀)+찰 복(畐)자로 집안에 재물이 가득하므로 '넉넉하다'를 뜻한다.

富國(부국) 재물이 풍부한 나라. 富者(부자) 富强(부강) 富農(부농)

否

中 4급

입 구(口)부 [3口4 총7획]

아닐 **부**/막힐 **비**

아니다, 부정하다   반 可(옳을 가)   영 not, no   중 否 fǒu   일 ヒ·ビ(いな)

회의 아닐 불(不)+입 구(口)자로 입으로 '아니다'의 뜻이다.

否認(부인) 그렇다고 인정하지 아니함. 否決(부결) 否票(부표) 否運(비운)

婦

中4II급

계집 녀(女)부 [3女8 총11획]

며느리 **부**

며느리, 아내   반 夫(지아비 부)   영 wife   중 妇 fù   일 フ(おんな)

회의 계집 녀(女)+비 추(帚)자로 비를 들고 집안 청소를 하는 여자로 '아내'의 뜻이다.

婦女(부녀) 부인과 여자. 부녀자라고도 함. 婦德(부덕) 婦人(부인) 子婦(자부)

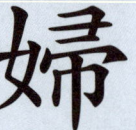

負

高 4급

조개 패(貝)부 [7貝2 총9획]

질 **부**

짐지다, 책임을 지다　반 勝(이길 승)　영 bear　중 负 fù　일 フ(おう)

회의 사람 인(亻)+조개 패(貝)자로 사람이 재물을 등에 '짊어지다'의 뜻이다.

負擔(부담) 어떤 일이나 의무.　負傷(부상)　負債(부채)　勝負(승부)

粉

高 4급

쌀 미(米)부 [6米4 총10획]

가루 **분**

가루, 분　영 powder　중 粉 fěn　일 フン(こな)

형성 쌀 미(米)+나눌 분(分)자로 쌀을 잘게 나누어 부순 '가루'의 뜻이다.

粉末(분말).　粉匣(분갑)　粉食(분식)　粉筆(분필)

憤

高 4Ⅱ급

마음 심(심방변) 心(忄/㣺)부 [3心12 총15획]

성낼 **분**

분하다, 성내다　영 indignant　중 愤 fèn　일 フン(いきどおる)

형성 마음 심(忄)+클 분(賁)자로 마음속으로 못마땅하여 '분하다'를 뜻한다.

憤慨(분개) 무척 분하게 여김.　憤激(분격)　憤死(분사)　憤敗(분패)

佛 (仏)

中 4Ⅱ급

사람 인(人)부 [2人5 총7획]

부처 **불**

부처, 깨닫다　유 寺(절 사)　영 buddha　중 佛 fó　일 仏 フ(ほとけ)

형성 활[弓]이나 칼[刂] 같은 힘이나 무력이 아닌 덕을 베푸는 사람(亻)이 '부처'다.

佛經(불경) 불교의 경전.　佛書(불서)　佛家(불가)　佛像(불상)

備

中 4Ⅱ급

사람 인(人)부 [2人10 총12획]

갖출 **비**

갖추다, 구비하다　유 具(갖출 구)　영 prepare　중 备 bèi　일 ビ(そなえる)

형성 사람[亻]이 언제나 늘 공동으로[共] 쓸 수 있도록[用] '갖추다'의 뜻이다.

備忘錄(비망록) 잊지 않기 위하여 적어두는 기록.
備置(비치)　備蓄(비축)　備品(비품)

非

아니다, 거짓 반 是(옳을 시) 　　 영 not 　 중 非 fēi 　 일 ヒ(あらず)

지사 새의 양쪽 날개가 서로 다른 방향으로 '어긋난다'는 뜻이다.
非經濟(비경제) 경제적이 아님. 非番(비번) 非難(비난) 非理(비리)

아닐 비(非)부 [8非0 총8획]

非非非非非非非非

아닐 비

悲

슬프다, 슬퍼하다 반 喜(기쁠 희) 　　 영 sad 　 중 悲 bēi 　 일 ヒ(かなしい)

형성 아닐 비(非)+마음 심(心)자로 바라는 바가 어겨지고 마음이 '슬프다'는 뜻이다.
悲歌(비가) 슬픈 노래. 悲感(비감) 悲觀(비관) 悲劇(비극)

마음 심(심방변) 心(忄/㣺)부 [4心8 총12획]

悲悲悲悲悲悲悲悲悲悲

슬플 비

碑

비석, 돌기둥 　　 영 monument 　 중 碑 bēi 　 일 ヒ(いしぶみ)

회의·형성 돌 석(石)+낮을 비(卑)자로 돌을 작게 깎아 글을 새겨 무덤 밑에 두는 '비석'의 뜻이다.
碑石(비석) 돌로 만든 비. 紀念碑(기념비) 碑臺(비대) 碑銘(비명)

돌 석(石)부 [5石8 총13획]

碑碑碑碑碑碑碑碑碑

비석 비

批

비평하다, 후려치다 유 評(비평할 평) 　　 영 criticize 　 중 批 pī 　 일 ヒ

형성 손 수(扌)+견줄 비(比)자로 작품을 비교해 잘못된 곳을 '비평하다'의 뜻이다.
批點(비점) 시문(詩文)의 잘된 곳을 찍는 점. 批准(비준) 批判(비판) 批評(비평)

손 수(재방변) 手(扌)부 [3扌4 총7획]

批批批批批批批

칠 비

祕

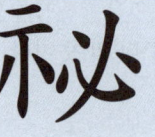

숨기다, 비밀 　　 영 conceal, hide 　 중 祕 bì,pì 　 일 ヒ(ひそめる)

형성 보일 시(示)+반드시 필(必)자로 보이지는 않지만 반드시 있는 것이 '비밀'이다.
祕事(비사) 비밀리(祕密裏)에 숨겨진 일.
祕佛(비불) 祕傳(비전) 祕傳膏(비전고)

보일 시(示)부 [5示5 총10획]

祕祕祕祕祕祕祕祕祕祕

숨길 비

飛

날 비(飛)부 [9飛0 총9획]

날다, 날리다　　　　　　영 fly　중 飞 fēi　일 ヒ(とぶ)

상형 새가 두 날개를 활짝 펴고 하늘 높이 '날다'의 뜻이다.

飛閣(비각) 높은 누각.　飛報(비보)　飛上(비상)　飛躍(비약)

날 **비**

貧

조개 패(貝)부 [7貝4 총11획]

가난하다, 모자라다　㊠ 窮(궁할 궁)　영 poor　중 贫 pín　일 ヒン(まずしい)

회의·형성 나눌 분(分)+조개 패(貝)자로 재물이 나누어져 적어지니 '가난하다'는 뜻이다.

貧者(빈자) 가난한 사람.　貧弱(빈약)　貧困(빈곤)　貧國(빈국)

가난할 **빈**

寺

마디 촌(寸)부 [3寸3 총6획]

절, 불도를 수행하는 곳　㊠ 佛(부처 불)　영 temple　중 寺 sì　일 ジ(てら)

회의 갈 지(土=之)+마디 촌(寸)자로 일정한 법도 하에서 일을 해나가는 '관청'의 뜻이다.

寺內(사내) 절안.　寺刹(사찰)　本寺(본사)　寺人(시인)

절 **사**/내시 **시**

射

마디 촌(寸)부 [3寸7 총10획]

쏘다, 벼슬 이름　　　　　영 shoot　중 射 shè　일 シャ(いる)

회의 몸 신(身)+화살 시(矢)자로 몸에서 화살을 '쏘다'의 뜻이다..

射擊(사격) 총이나 활 등을 쏨.　射殺(사살)　射倖(사행)　射手(사수)

쏠 **사**

謝

말씀 언(言)부 [7言10 총17획]

사례하다, 사과하다　　　　영 thank　중 谢 xiè　일 シャ(あやまる)

형성 말씀 언(言)+쏠 사(射)자로 활을 쏘듯이 분명한 의사를 밝히는 '사례하다'를 뜻한다.

謝恩(사은) 은혜에 사례함.　謝禮(사례)　謝過(사과)　謝意(사의)

사례할 **사**

師

中4Ⅱ급

스승, 선생 〔반〕 弟(제자 제)   〔영〕 teacher 〔중〕 师 shī 〔일〕 シ(せんせい)

〔회의〕 언덕 위에서 군사 훈련을 시킨데서 지도하는 '스승'을 뜻한다.
師母(사모) 스승의 부인. 師事(사사) 師道(사도) 師範(사범)

수건 건(巾)부 [3巾7 총10획]

師師師師師師師師師師

스승 사

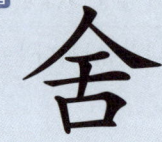

舍

中4Ⅱ급

집, 가옥 〔유〕 屋(집 옥)   〔영〕 house 〔중〕 舍 shě 〔일〕 シャ

〔상형〕 집은 사람[人]에 길한[吉] 좋은 곳이다.
舍兄(사형) 편지 등에서 형이 아우에게 이르는 말.
舍叔(사숙) 舍監(사감) 舍利(사리)

혀 설(舌)부 [6舌2 총8획]

舍舍舍舍舍舍舍舍

집 사

私

中4급

사사(私事), 개인 〔반〕 公(공평할 공)   〔영〕 private 〔중〕 私 sī 〔일〕 シ(わたくし)

〔형성〕 벼 화(禾)+사사 사(厶)자로 공적인 조세에 대응해 자기 벼라는데서 '사사롭다'는 뜻이다.
私感(사감) 개인적인 원한. 私物(사물) 私見(사견) 私製(사제)

벼 화(禾)부 [5禾2 총7획]

私私私私私私私

사사 사

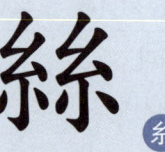

絲

中4급

실, 명주실   〔영〕 thread 〔중〕 丝 sī 〔일〕 糸 シ(いと)

〔회의〕 실 사(糸)+실 사(糸)자로 실감아놓은 실타래의 겹쳐진 모양을 본뜬 글자이다.
鐵絲(철사) 쇠를 가느다랗게 만든 것. 絲竹(사죽) 絹絲(견사) 螺絲(나사)

실 사(糸)부 [6糸6 총12획]

絲絲絲絲絲絲絲絲絲絲絲絲

실 사

絲絲絲絲絲

辭

高4급

말씀, 언어 〔유〕 言(말씀 언)   〔영〕 speech 〔중〕 辞 cí 〔일〕 辞 ジ(ことば)

〔회의〕 다스릴 란(亂)+매울 신(辛)자로 죄인을 다스리기 위해 상황을 설명하는 '말'의 뜻이다.
辭令(사령) 응대하는 말, 관직에 임명하는 것. 辭讓(사양) 辭典(사전) 辭意(사의)

매울 신(辛)부 [7辛12 총19획]

辭辭辭辭辭辭辭辭辭辭辭

말씀 사

散

中 4급

흩다, 흩어지다 반 集(모일 집) 영 scatter 중 散 sǎn 일 サン(ちらす)

회의 스물 입(卄)+고기 육(月)+칠 복(攵)자로 단단한 힘줄의 고기를 회초리로 치니 '흩어진다'는 뜻이다.
散錄(산록) 붓이 가는 대로 적음. 散步(산보) 散漫(산만) 散髮(산발)

칠 복(등글월문)攴(攵)부 [4攵8 총12획]

흩을 **산**

殺

中 4Ⅱ급

죽이다, 없애다 영 kill 중 杀 shā 일 サツ(ころす)

형성 죽일 살(杀)+칠 수(殳)자로 나무를 베어 넘어뜨리는 것으로 '죽이다'의 뜻이다.
殺菌(살균) 병균을 죽임. 殺人(살인) 殺氣(살기) 殺到(쇄도)

칠 수(殳)부 [4殳7 총11획]

죽일 **살**/감할 **쇄**

傷

中 4급

다치다, 상하다 영 injure 중 伤 shāng 일 ショウ(きずつ)

형성 사람의 몸이 상처를 입어 '다치다'는 뜻이다.
傷心(상심) 마음이 상함. 傷害(상해) 傷處(상처) 負傷(부상)

사람 인(人)부 [2人11 총13획]

다칠 **상**

象

高 4급

코끼리, 모양 영 elephant 중 象 xiàng 일 ゾウ(かたち)

상형 코끼리의 귀·엄니·발·꼬리를 본뜬 글자이다.
象牙(상아) 코끼리의 어금니. 象牙塔(상아탑) 象毛(상모) 象徵(상징)

돼지시(豕)부 [7豕5 총12획]

코끼리 **상**

常

中 4Ⅱ급

항상, 늘 반 班(양반 반) 영 always 중 常 cháng 일 ジョウ(とこ)

형성 높을 상(尙)+수건 건(巾)자로 사람은 '항상' 옷을 입고 다니는 것은 떳떳한 일이다.
常客(상객) 늘 찾아오는 손님. 단골손님. 常途(상도) 常勤(상근) 常習(상습)

수건 건(巾)부 [3巾8 총11획]

항상 **상**

高4Ⅱ급  엄 호(广)부 [3广4 총7획] 상 상	평상, 잠자리　　　　　영 bed　중 床 chuáng　일 ショウ(ゆか) 형성 조각널 장(爿)+나무 목(木)자로 집안에 있는 나무침상이라 하여 '평상'의 뜻이다. 床褓(상보) 상을 덮는 보자기. 床石(상석) 册床(책상) 溫床(온상) 床床床床床床床 床床床床床	
中4Ⅱ급  마음 심(심방변) 心(忄/㣺)부 [4心9 총13획] 생각 상	생각하다, 상상하다　유 念(생각할 념)　영 think　중 想 xiǎng　일 ソウ(おもう) 형성 서로 상(相)+마음 심(心)자로 서로가 마음을 맞바라보듯 '생각하다'를 뜻한다. 想起(상기) 지난 일을 생각해냄. 想思(상사) 想念(상념) 想定(상정) 想想想想想想想想想想想想想 想想想想想	
高4Ⅱ급  개 견(犬/犭)부 [4犬4 총8획] 형상 상/문서 장	형상, 모양　　　　　영 shape, letter　중 状 zhuàng　일 状 ジョウ 형성 조각널 장(爿)+개 견(犬)자로 개의 '형상'의 뜻이다. 狀貌(상모) 얼굴의 생김새. 狀態(상태) 症狀(증상) 狀啓(장계) 狀狀狀狀狀狀狀狀 狀狀狀狀狀	
高4급  갓머리(宀)부 [3宀6 총9획] 베풀 선	베풀다, 펴다　　　　　영 give　중 宣 xuān　일 セン(のたまう) 형성 궁궐에서 임금이 정치를 펼치는 것으로 '베풀다'의 뜻이다. 宣敎(선교) 가르침을 넓힘. 宣傳(선전) 宣明(선명) 宣布(선포) 宣宣宣宣宣宣宣宣宣 宣宣宣宣宣	
高4급  혀 설(舌)부 [6舌0 총6획] 혀 설	혀, 말　　　　　영 tongue　중 舌 shé　일 ゼツ(した) 상형 사람의 혀가 입에서 내밀어진 모양에 침이 밖으로 떨어지는 모양으로 '혀'라는 뜻이다. 舌根(설근) 혀뿌리. 舌戰(설전) 舌耕(설경) 毒舌(독설) 舌舌舌舌舌舌 舌舌舌舌舌	

設 베풀 설

- 베풀다, 늘어놓다 유 施(베풀 시)
- 영 give 중 设 shè 일 セツ(もうける)
- 형성 말씀 언(言)+칠 수(殳)자로 사람을 시켜 일을 하도록하는 '베풀다'의 뜻이다.
- 設令(설령) 그렇다 하더라도. 設置(설치) 設計(설계) 設備(설비)
- 말씀 언(言)부 [7言4 총11획]

城 성 성

- 성, 재
- 영 castle 중 城 chéng 일 ジョウ(しろ)
- 회의·형성 흙 토(土)+이룰 성(成)자로 흙을 높게 쌓아 백성이 모여 살게 만든 '성'을 뜻한다.
- 城砦(성채) 성과 진지. 城址(성지) 城郭(성곽) 城內(성내)
- 흙 토(土)부 [3土7 총10획]

盛 담을 성

- 성하다, 넘치다
- 영 thriving 중 盛 shèng 일 セイ(さかり)
- 형성 이룰 성(成)+그릇 명(皿)자로 성공해 잔치하는데 그릇과 음식이 '많다'는 뜻이다.
- 盛年(성년) 원기가 왕성한 젊은 나이. 盛大(성대) 盛業(성업) 盛行(성행)
- 그릇 명(皿)부 [5皿6 총11획]

誠 정성 성

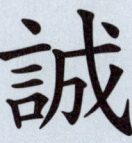

- 정성, 진심 유 精(정성 정)
- 영 sincerity 중 诚 chéng 일 セイ(まこと)
- 형성 자기가 한 말[言]을 책임지고 이루려[成] 정성을 쏟다.
- 誠金(성금) 정성으로 내는 돈. 誠心(성심) 誠實(성실) 誠意(성의)
- 말씀 언(言)부 [7言7 총14획]

星 별 성

- 별, 세월
- 영 star 중 星 xīng 일 セイ·ショウ(ほし)
- 형성 날 일(日)+날 생(生)자로 해와 같이 빛을 발하는 '별'의 뜻이다.
- 星群(성군) 별무리. 星霜(성상) 星雲(성운) 晨星(신성)
- 날 일(日)부 [4日5 총9획]

聖

中4Ⅱ급

귀 이(耳)부 [6耳7 총13획]

성스러울 **성**

성인(聖人), 거룩한 사람 영 saint 중 圣 shèng 일 セイ(ひじり)

형성 귀 이(耳)+드러날 정(呈)자로 사람의 말을 귀로 들으면 '성인이다'의 뜻이다.
聖君(성군) 거룩한 임금. 聖上(성상) 聖歌(성가) 聖經(성경)

聲

中4Ⅱ급

귀 이(耳)부 [6耳11 총17획]

소리 **성**

소리, 음향 ㊒ 音(소리 음) 영 voice 중 声 shēng 일 声 セイ(こえ)

형성 경쇠 경(磬)+귀 이(耳)자로 경쇠를 치는 소리가 귀에 들리므로 '소리'의 뜻이다.
聲價(성가) 명성과 평가. 聲量(성량) 聲樂(성악) 聲優(성우)

勢

中4Ⅱ급

힘 력(力)부 [2力11 총13획]

기세 **세**

기세, 권세 영 force, power 중 势 shì 일 セイ(いきおい)

형성 심을 예(埶)+힘 력(力)자로 심은 초목이 힘차게 자라나는 '기세'를 뜻한다.
勢道家(세도가) 권세가 있는 집안. 勢力(세력) 勢道(세도) 攻勢(공세)

稅

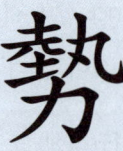

中4Ⅱ급

벼 화(禾)부 [5禾7 총12획]

세금 **세**

구실, 징수(세금) 영 tax 중 税 shuì 일 ゼイ

형성 벼 화(禾)+기쁠 태(兌)자로 벼를 수확하게 된 기쁨을 감사드리기 위해 거두는 '세금'의 뜻이다.
稅金(세금) 조세로 바치는 돈. 稅政(세정) 稅入(세입) 租稅(조세)

細

中4Ⅱ급

실 사(糸)부 [6糸5 총11획]

가늘 **세**

가늘다, 잘다 영 thin 중 细 xì 일 サイ(ほそい)

형성 실 사(糸)+밭 전(田)자로 뽕밭의 누에고치에서 나온 '가늘다'의 뜻이다.
細菌(세균) 박테리아. 細密(세밀) 細工(세공) 細胞(세포)

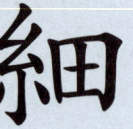

掃

高4Ⅱ급

쓸다, 없애다　　　　　　　　　영 sweep　중 扫 sǎo　일 ソウ(はく)

형성 손 수(扌)+비 추(帚)자로 손에 비를 들고 '쓸다'의 뜻이다.
掃萬(소만) 모든 일을 제쳐놓음. 掃除(소제)　掃蕩(소탕)　掃滅(소멸)

손 수(재방변) 手(扌)부 [3扌8 총11획]

쓸 **소**

掃掃掃掃掃掃掃掃掃掃掃

掃掃掃掃掃

笑

中4Ⅱ급

웃다, 웃음　　　　　　　　　　영 laugh　중 笑 xiào　일 ショウ(わらう)

형성 대 죽(竹)+굽을 요(夭)자로 대나무가 바람에 휘어지며 '웃는다'의 뜻이다.
笑劇(소극) 크게 웃어댐. 笑聞(소문)　冷笑(냉소)　微笑(미소)

대 죽(竹)부 [6竹4 총10획]

웃을 **소**

笑笑笑笑笑笑笑笑笑笑

笑笑笑笑笑

素

中4Ⅱ급

희다, 바탕　　유 質(바탕 질)　　　영 white　중 素 sù　일 ソ(しろい)

형성 실[糸]을 처음 짰을 때[生]의 '바탕'은 흰색이다.
素飯(소반) 고기 없는 밥.　素扇(소선)　素望(소망)　素描(소묘)

실 사(糸)부 [6糸4 총10획]

흴 **소**

素素素素素素素素素素

素素素素素

俗

中4Ⅱ급

풍속, 풍습　　　　　　　　　　영 custom　중 俗 sú　일 ゾク

형성 사람 인(亻)+골 곡(谷)자로 한고을에 모여 살면 '풍속'이 같다.
俗界(속계) 속인들이 사는 세상.　俗名(속명)　俗談(속담)　俗物(속물)

사람 인(人)부 [2人7 총9획]

풍속 **속**

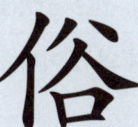

俗俗俗俗俗

屬

高4급

붙다, 잇다　　　　　　　　　　영 group　중 属 shǔ　일 属 ゾク・ショク

형성 꼬리 미(尾)+벌레 촉(蜀)자로 벌레가 꼬리를 마주하고 교미하므로 '붙다'의 뜻이다.
屬文(속문) 글을 지음.　屬領(속령)　屬性(속성)　屬島(속도)

주검 시(尸)부 [3尸18 총21획]

붙을 **속**

屬屬屬屬屬屬屬屬屬屬屬屬

屬屬屬屬屬

續

中4Ⅱ급 실 사(糸)부 [6糸15 총21획]

잇다, 뒤를 잇다 윤 繼(이을 계) 영 continue 중 续 xù 일 続 ゾク(つづく)

형성 실 사(糸)+팔 매(賣)자로 물건을 다 팔면 실을 대주다의 '잇다'의 뜻이다.
續續(속속) 잇닿는 모양. 續出(속출) 續開(속개) 續報(속보)

이을 **속**

損

高 4급 손 수(재방변) 手(扌)부 [3扌10 총13획]

덜다, 줄임 반 益(더할 익) 영 reduce 중 损 sǔn 일 ソン(へる)

형성 손 수(扌)+인원 원(員)자로 손으로 둥근 구멍을 파내니 '덜다'의 뜻이다.
損金(손금) 손해금. 損耗(손모) 損害(손해) 損失(손실)

덜 **손**

松

中 4급 나무 목(木)부 [4木4 총8획]

소나무, 솔 영 pine 중 松 sōng 일 ショウ(まつ)

형성 나무 목(木)+공변될 공(公)자로 모든 인간이 널리 쓰는 '소나무'란 뜻이다.
松竹梅(송죽매) 소나무, 대나무, 매화. 松林(송림) 松柏(송백) 松花(송화)

소나무 **송**

頌

高 4급 머리 혈(頁)부 [9頁4 총13획]

기리다, 칭송하다 윤 讚(기릴 찬) 영 praise 중 颂 sòng 일 ショウ(ほめる)

형성 공변될 공(公)+머리 혈(頁)자로 여러 사람이 모두 '칭송하다'의 뜻이다.
頌德(송덕) 덕을 기림. 頌祝(송축) 頌歌(송가) 頌辭(송사)

기릴 **송**

送

中4Ⅱ급 쉬엄쉬엄갈 착(책받침) 辵(辶)부 [4辶6 총10획]

보내다, 전송하다 반 迎(맞을 영) 영 send 중 送 sòng 일 ソウ(おくる)

회의 물건을 불다루듯 조심스럽게 받쳐들고 '보내다'의 뜻이다.
送金(송금) 돈을 보냄. 送年(송년) 送別(송별) 送信(송신)

보낼 **송**

修

中4Ⅱ급	닦다, 익히다	영cultivate 중修 xiū 일シュウ(おさめる)

회의 아득할 유(攸)+터럭 삼(彡)자로 흐르는 물에 머리털을 감듯이 마음을 '닦다'의 뜻이다.

修德(수덕) 덕을 닦음. 修道(수도) 修交(수교) 修女(수녀)

사람 인(人)부 [2人8 총10획]

닦을 수

受

中4Ⅱ급	받다, 받아들이다 ⑪授(줄 수)	영receive 중受 shòu 일ジュ(うける)

회의·형성 손톱 조(爪)+덮을 멱(冖)+또 우(又)자로 쟁반에 물건을 담아 '받는다'의 뜻이다.

受難(수난) 어려움을 당함. 受納(수납) 受講(수강) 受諾(수락)

또 우(又)부 [2又6 총8획]

받을 수

授

中4Ⅱ급	주다, 가르치다 ㈜與(줄 여)	영give 중授 shòu 일ジュ(さずける)

회의 손 수(扌)+받을 수(受)자로 상대방에게 '주다'의 뜻이다.

授賞(수상) 상을 받음. 授業(수업) 授賞(수상) 授受(수수)

손 수(재방변) 手(扌)부 [3扌8 총11획]

줄 수

守

中4Ⅱ급	지키다, 막다 ㈜衛(지킬 위)	영keep 중守 shǒu 일シユ(まもる)

회의 집 면(宀)+마디 촌(寸)자로 관청에서 법도에 따라 일을 수행하므로 '지키다'의 뜻이다.

守舊(수구) 종래의 관습이나 노선을 지킴. 守身(수신) 守令(수령) 守備(수비)

갓머리(宀)부 [3宀3 총6획]

지킬 수

收

中4Ⅱ급	거두다, 받아들이다	영gather 중收 shōu 일収 シュウ(おさめる)

형성 얽힐 구(丩)+칠 복(攵)자로 이삭의 낟알을 쳐서 수확한다.

收監(수감) 옥에 가둠. 收支(수지) 收去(수거) 收金(수금)

칠 복(등글월문)攴(攵)부 [4攵2 총6획]

거둘 수

4-4Ⅱ급 핵심한자

中 4급	秀 벼 화(禾)부 [5禾2 총7획] 빼어날 **수**	빼어나다, 꽃　　　　　　　　　　영 surpass　중 秀 xiù　일 シユウ(ひいでる)
		형성 벼 화(禾)+이에 내(乃)자로 벼이삭이 패어 탐스럽게 잘 여물어 '빼어나다'의 뜻이다. 秀麗(수려) 빼어나고 아름다움.　秀穎(수영)　秀作(수작)　秀才(수재)

中 4급	叔 또 우(又)부 [2又6 총8획] 아재비 **숙**	아재비, 숙부　　　　　　　　　　영 uncle　중 叔 shū　일 シユク(おじ)
		회의·형성 콩 숙(尗)+또 우(又)자로 손에 쥔 작은 콩으로 아버지보다 어린 '숙부'의 뜻이다. 叔父(숙부) 아버지의 아우.　叔姪(숙질)　堂叔(당숙)　從叔(종숙)

高 4급	肅 붓 율(聿)부 [6聿7 총13획] 엄숙할 **숙**	엄숙하다, 공경하다　　　　　　　영 solemn　중 肃 sù　일 肅 シュク
		회의 붓 율(聿)+못 연(淵)자로 못가에서 붓을 들고 글씨를 쓸 때는 '엄숙하다'는 뜻이다. 肅啓(숙계) 삼가 아룀.　肅軍(숙군)　肅淸(숙청)　肅然(숙연)

中 4Ⅱ급	純 실 사(糸)부 [6糸4 총10획] 순수할 **순**	순수하다, 순진하다　유 潔(깨끗할 결)　영 pure　중 纯 chún　일 ジュン(きいと)
		형성 실 사(糸)+모일 둔(屯)자로 아직 염색하지 않은 생실은 '순수하다'의 뜻이다. 純潔(순결) 마음에 더러움이 없이 깨끗함.　純金(순금)　純粹(순수)　純眞(순진)

中 4급	崇 뫼 산(山)부 [3山8 총11획] 높을 **숭**	높다, 높이다　유 高(높을 고)　영 high　중 崇 chóng　일 スウ(あがめる)
		형성 뫼 산(山)+마루 종(宗)자로 산마루는 '높다'를 뜻한다. 崇古(숭고) 존엄하고 거룩함.　崇拜(숭배)　隆崇(융숭)　崇慕(숭모)

中4Ⅱ급	 손 수(재방변) 手(扌)부 [4手4 총8획]	잇다, 받들다 유 繼(이을 계) 영 support 중 承 shéng 일 ショウ(うける)
		회의·형성 줄 승(丞)+손 수(手)자로 임금이 주는 부절을 두 손으로 '받들다'를 뜻한다.
		承繼(승계) 뒤를 이음. 承命(승명) 承諾(승낙) 承服(승복)
	받들 승	承承承承承承承承

中4Ⅱ급	 말씀 언(言)부 [7言6 총13획]	시, 시경(詩經) 영 poetry 중 诗 shī 일 シ(からうた)
		형성 말씀 언(言)+절 사(寺)자로 마음속에 있는 뜻을 법칙 운율에 맞춰 '시'의 뜻이다.
		詩歌(시가) 시와 노래. 詩伯(시백) 詩想(시상) 詩心(시심)
	시 시	詩詩詩詩詩詩詩詩詩詩詩詩詩

中4Ⅱ급	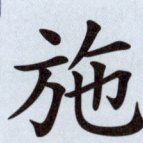 모 방(方)부 [4方5 총9획]	베풀다, 주다 유 設(베풀 설) 영 give 중 施 shī 일 セ·シ(ほどこす)
		형성 깃발 언(㫃)+잇기 야(也)자로 군대가 진을 친다는 뜻이니 '베풀다'의 뜻이다.
		施工(시공) 공사를 착수하여 시행함. 施賞(시상) 施設(시설) 施政(시정)
	베풀 시	施施施施施施施施施

中4Ⅱ급	 날 일(日)부 [4日5 총9획]	이, 이것 반 非(아닐 비) 영 right 중 是 shì 일 ゼシ(ただしい)
		회의 날 일(日)+바를 정(疋=正)자로 태양의 운행이 일정하고 '바르다'의 뜻이다.
		是非(시비) 옳고 그름. 是正(시정) 是認(시인) 或是(혹시)
	옳을 시	是是是是是是是是是

中4Ⅱ급	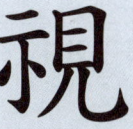 볼 견(見)부 [7見5 총12획]	보다, 살피다 반 監(볼 감) 영 look at 중 视 shì 일 シ(みる)
		형성 보일 시(示)+볼 견(見)자로 신에게 바치는 제상은 잘 '보다'의 뜻이다.
		視力(시력) 눈으로 물체를 보는 힘. 視察(시찰) 視界(시계) 視線(시선)
	볼 시	視視視視視視視視視視視

4-4Ⅱ급 핵심한자

中4Ⅱ급 試 말씀 언(言)부 [7言6 총13획] / 시험할 시

시험하다, 해보다 반驗(시험할 험) 영 examine 중 试 shì 일 シ(こころみる)

형성 말씀 언(言)+법 식(式)자로 말이 법식에 맞는지를 '시험하다'의 뜻이다.
試圖(시도) 시험 삼아 일을 도모함. 試掘(시굴) 試食(시식) 試驗(시험)

高4Ⅱ급 息 마음 심(심방변) 心(忄/㣺)부 [4心6 총10획] / 숨쉴 식

숨쉬다, 쉬다 유 休(쉴 휴) 영 breathe 중 息 xī 일 ソク(いき)

회의 코 비(自:鼻)+마음 (心)자로 심기가 코로 나오는 것이 '숨쉬다'의 뜻이다.
息鄙(식비) 남에게 자기 딸을 이르는 말. 息肩(식견) 子息(자식) 休息(휴식)

中4Ⅱ급 申 밭 전(田)부 [5田0 총5획] / 납 신

납, 아홉째 지지 유 告(고할 고) 영 Chinese zodiac 중 申 shēn 일 シン(さる)

상형 번개의 모양을 본뜬 글자로 하늘이 인간에게 경고의 말을 '펴다'의 뜻이다.
申時(신시) 12시의 아홉째. 오후 3시에서 5시 사이.
申告(신고) 申請(신청) 追申(추신)

中4Ⅱ급 深 물 수(삼수변) 水(氵)부 [3氵8 총11획] / 깊을 심

깊다, 깊이 영 deep 중 深 shēn 일 シン(ふかい)

형성 물이 불어 '깊다'는 뜻이다.
深刻(심각) 아주 깊고 절실함. 深海(심해) 深度(심도) 深夜(심야)

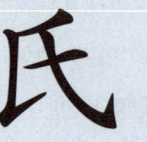

中4급 氏 성 씨(氏)부 [4氏0 총4획] / 씨 씨

각시, 씨 영 family name 중 氏 shì 일 シ(うじ)

상형 땅 속에 내린 뿌리와 땅 위에 내민 줄기의 모양으로 '성씨'를 뜻한다.
氏名(씨명) 성씨와 이름. 無名氏(무명씨) 氏族(씨족) 某氏(모씨)

眼

中4II급	눈, 눈알 ㉠ 目(눈 목)	영 eye 중 眼 yǎn 일 ガン(め)

형성 눈 목(目)+그칠 간(艮)자로 눈으로 볼 수 있는 '눈'의 뜻이다.

眼鏡(안경) 눈을 보호하거나 시력을 돕는 기구. 眼球(안구) 眼科(안과) 眼藥(안약)

눈 목(目)부 [5目6 총11획]

눈안

眼眼眼眼眼眼眼眼眼眼眼

眼 眼 眼 眼 眼

暗

中4II급 어둡다, 어리석다 ㉡ 明(밝을 명) 영 dark 중 暗 àn 일 アン(くらい)

회의 날 일(日)+소리 음(音)자로 해가 져서 앞은 보이지 않고 소리만 들릴 정도로 '어둡다'의 뜻이다.

暗君(암군) 무도하고 어리석은 군주. 暗算(암산) 暗記(암기) 暗澹(암담)

날 일(日)부 [4日9 총13획]

어두울 암

暗暗暗暗暗暗暗暗暗暗暗暗暗

暗 暗 暗 暗 暗

壓

高4II급 누르다, 제지하다 영 press 중 压 yā 일 圧 アツ(おさえる)

형성 누를 압(厭)+흙 토(土)자로 땅이 꺼지도록 '누른다'의 뜻이다.

壓卷(압권) 여럿 가운데 으뜸이 감. 壓力(압력) 壓勝(압승) 壓倒(압도)

흙 토(土)부 [3土14 총17획]

누를 압

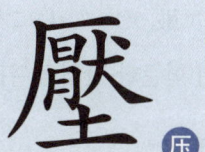

額

高 4급 이마, 머릿수 영 forehead 중 额 é 일 ガク(ひたい)

형성 손님 객(客)+머리 혈(頁)자로 손님의 머리는 이마부터 보인다고 '이마'의 뜻이다.

額面(액면) 유가증권 등에 적힌 금액. 額數(액수) 額面(액면) 額子(액자)

머리 혈(頁)부 [9頁9 총18획]

이마 액

額額額額額額額額額額額額

額 額 額 額 額

液

中4II급 진, 즙 영 liquid 중 液 yè 일 エキ(しる)

회의 물 수(水)+밤 야(夜)자로 식물은 밤에 많은 분비물을 쏟아내는 '진액'의 뜻이다.

體液(체액) 몸속에 있는 액체. 津液(진액) 液體(액체) 溶液(용액)

물 수(삼수변) 水(氵)부 [3氵8 총11획]

진액

液 液 液 液 液

羊

| 中4Ⅱ급 | 양 | 영 sheep 중 羊 yáng 일 ヨウ(つじ) |

상형 뿔난 양의 모양을 본뜬 글자이다.
羊毛(양모) 양털. 羊腸(양장) 羊肉(양육) 山羊(산양)

羊 羊 羊 羊 羊 羊

양 양(羊)부 [6羊0 총6획]

양 양 | 羊 羊 羊 羊 羊

樣

| 高 4급 | 모양, 형태 | 영 style, form 중 样 yàng 일 樣 ヨウ(さま) |

형성 나무[木]에 길게[永] 양[羊]들을 묶어 놓은 '모양'은 아름답다.
樣式(양식) 일정한 방식. 樣態(양태) 樣式(양식) 樣相(양상)

樣 樣 樣 樣 樣 樣 樣 樣 樣 樣

나무 목(木)부 [4木11 총15획]

모양 양 | 樣 樣 樣 樣 樣

嚴

| 中 4급 | 엄하다, 엄정하다 | 영 strict 중 严 yán 일 嚴 ゲン·ゴン(おごそか) |

형성 부르짖을 훤(叩)+험할 엄(厥)자로 큰소리로 낸 호령이 험준한 산처럼 '위엄스럽다'.
嚴禁(엄금) 엄중하게 금지함. 嚴冬(엄동) 嚴格(엄격) 嚴罰(엄벌)

嚴 嚴 嚴 嚴 嚴 嚴 嚴 嚴 嚴 嚴 嚴 嚴

입 구(口)부 [3口17 총20획]

엄할 엄 | 嚴 嚴 嚴 嚴 嚴

餘

| 中4Ⅱ급 | 남다, 넉넉함 ㉔ 殘(남을 잔) | 영 remain 중 余 yú 일 余 ヨ(あまる) |

형성 밥 식(食)+남을 여(余)자로 음식이 먹고 남을 정도로 풍족한 것으로 '남다'를 뜻한다.
餘念(여념) 나머지 생각. 餘力(여력) 餘談(여담) 餘恨(여한)

餘 餘 餘 餘 餘 餘 餘 餘 餘 餘

밥 식(食)부 [9食7 총16획]

남을 여 | 餘 餘 餘 餘 餘

如

| 中4Ⅱ급 | 같다, 따르다 | 영 same 중 如 rú 일 ジョ·ニョ(ごとし) |

형성 계집 녀(女)+입 구(口)자로 여자의 미덕이란 부모 남편 자식의 말을 '같이'한다는 뜻이다.
如反掌(여반장) 손바닥 뒤집듯 쉬움. 如實(여실) 如干(여간) 如前(여전)

如 如 如 如 如 如

계집 녀(女)부 [3女3 총6획]

같을 여 | 如 如 如 如 如

166 | 3단계 왕초보 1800한자 쓰기 교본

與

| 中4급 | 주다, 동아리 | 유 參(참여할 참) | 영 give | 중 与 yǔ | 일 与 ヨ(あたえる) |

회의 마주들 여(舁)+줄 여(与)자로 맞들어 주므로 '주다'의 뜻이다.

與件(여건) 주어진 조건. 與黨(여당) 參與(참여) 給與(급여)

절구 구(臼)부 [6臼8 총14획]

줄 여

易

| 中4급 | 바꾸다, 교환 | | 영 exchange | 중 易 yì | 일 エキ(とりかえる) |

상형 도마뱀의 머리와 네 발을 본뜬 글자로 도마뱀이 색깔을 쉽게 '바꾸다'를 뜻한다.

易經(역경) 오경의 하나인 주역. 易學(역학) 交易(교역) 難易(난이)

날 일(日)부 [4日4 총8획]

바꿀 역/쉬울 이

逆

| 中4Ⅱ급 | 거스르다, 배반하다 | 반 順(따를 순) | 영 disobey | 중 逆 nì | 일 ギャク(さか) |

형성 길을 반대 방향으로 거슬러간다(辶)의 '거스르다'의 뜻이다.

逆流(역류) 물이 거슬러 흐름. 逆謀(역모) 逆境(역경) 逆風(역풍)

쉬엄쉬엄갈 착(책받침)(辶)부 [4辶6 총10획]

거스를 역

域

| 高4급 | 지경, 나라 | | 영 boundary | 중 域 yù | 일 イキ |

형성 흙 토(土)+창 과(戈)+에울 위(囗)+한 일(一)이 사방을 둘러싼 땅을 창들고 지키므로 '구역'의 뜻이다.

域內(역내) 일정한 장소의 안. 地域(지역) 聖域(성역) 區域(구역)

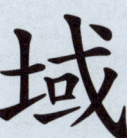

흙 토(土)부 [3土8 총11획]

지경 역

燃

| 高4급 | 불사르다, 불타다 | | 영 burn | 중 燃 rán | 일 ネン(もえる) |

회의 불 화(火)+태울 연(然)자로 '불타다'의 뜻이다.

燃料(연료) 불 때는 데에 쓸 감. 燃費(연비) 燃燒(연소) 內燃(내연)

불 화(火/灬)부 [4火12 총16획]

사를 연

煙 연기 연

[中4Ⅱ급] 연기, 그을음 | 영 smoke | 중 烟 yān | 일 エン(けむり)

형성 불 화(火)+막을 인(垔)자로 향로에 불을 붙이면 피어오르는 '연기'를 뜻한다.

煙景(연경) 봄 경치. 煙霧(연무) 煙氣(연기) 禁煙(금연)

불 화(火/灬)부 [4火9 총13획]

硏 갈 연

[中4Ⅱ급] 갈다, 연구하다 | 유 究(연구할 구) | 영 grind, study | 중 研 yán | 일 ケン(みがく)

회의 돌 석(石)+평평할 견(幵)자로 돌을 반듯하게 '갈다'의 뜻이다.

硏修(연수) 연구하고 수련함. 硏磨(연마) 硏究(연구) 硏修(연수)

돌 석(石)부 [5石6 총11획]

延 끌 연

[高4급] 끌다, 끌어들이다 | 영 delay | 중 延 yán | 일 エン(ひく)

회의 삐칠 별(丿)+그칠 지(止)+끌 인(廴)자로 길게 잡아늘인다는 것으로 '끌다'를 뜻한다.

延見(연견) 손님을 맞이하여 만나봄. 延人員(연인원) 延命(연명) 延期(연기)

민책받침(廴)부 [3廴4 총7획]

鉛 납 연

[高4급] 납, 백분 | 영 lead | 중 铅 qiān | 일 エン(なまり)

형성 쇠 금(金)+산속늪 연(㕣)자로 늪의 물빛이 푸르스름한 잿빛으로 '납'을 뜻한다.

鉛筆心(연필심) 연필 대의 속에 들어 있는 심. 鉛版(연판) 亞鉛(아연) 丹鉛(단연)

쇠 금(金)부 [8金5 총13획]

演 흐를 연

[高4Ⅱ급] 펴다, 흐르다 | 영 extend | 중 演 yǎn | 일 エン(のべる)

형성 물 수(氵)+범 인(寅)자로 물이 멀리 동방까지 '펼치다'의 뜻이다.

演技(연기) 배우가 무대에서 연출하는 말이나 행동.
演說(연설) 演劇(연극) 演奏(연주)

물 수(삼수변) 水(氵)부 [3氵11 총14획]

高4급	緣	인연, 가선	영 affinity, fate 중 缘 yuán 일 縁 エン(ふち)
		형성 실 사(糸)+끊을 단(彖)자로 천이 끊긴 데를 실로 감치어 올이 풀리지 않는 '인연'의 뜻이다. 緣故(연고) 까닭, 이유. 緣分(연분) 緣由(연유) 緣坐(연좌)	
실 사(糸)부 [6糸9 총15획]		緣緣緣緣緣緣緣緣緣緣緣緣	
가서 **연**		緣 緣 緣 緣 緣	

中4Ⅱ급	榮(栄)	영화, 영화롭다	영 glory 중 荣 róng 일 栄 エイ(さかえる)
		형성 나무[木]에 불[火]이 붙어 활활 타오르듯 '번영하다'의 뜻이다. 榮轉(영전) 예전보다 더 높은 자리에 오름. 榮進(영진) 榮光(영광) 榮達(영달)	
나무 목(木)부 [4木10 총14획]		榮榮榮榮榮榮榮榮榮榮榮	
번영할 **영**		榮 榮 榮 榮 榮	

高4급	營	경영하다, 경영	영 manage 중 营 yíng 일 営エイ(いとなむ)
		형성 법[呂]에 합당하게 열심히 일하니 불꽃[火火]처럼 화려하게 '경영하다'의 뜻이다. 營農(영농) 농업을 경영함. 營業(영업) 營利(영리) 經營(경영)	
불 화(火/灬)부 [4火13 총17획]		營營營營營營營營營營營	
경영할 **영**		營 營 營 營 營	

高4급	映	비치다, 빛나다	영 reflect 중 映 yìng 일 エイ(うつる)
		형성 해 일(日)+가운데 앙(央)자로 하늘의 중앙에 있는 햇볕을 받아들여 '비추는' 것을 뜻한다. 映像(영상) 비치는 그림자. 映窓(영창) 映畫(영화) 放映(방영)	
날 일(日)부 [4日5 총9획]		映映映映映映映映映	
비칠 **영**		映 映 映 映 映	

中4급	迎	맞다, 맞이하다 반 送(보낼 송)	영 welcome 중 迎 yíng 일 ゲイ(むかえる)
		형성 쉬엄쉬엄갈 착(辶)+높을 앙(卬)자로 높은 사람이 오는 것을 공손히 '맞이한다'는 뜻이다. 迎入(영입) 맞아들임. 迎新(영신) 迎接(영접) 迎合(영합)	
쉬엄쉬엄갈 착(책받침) 辶부 [4辶4 총8획]		迎迎迎迎迎迎迎迎	
맞을 **영**		迎 迎 迎 迎 迎	

藝

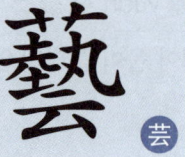

中4II급

재주, 기예 ㊌ 術(재주 술) ㊄ art, skill ㊉ 艺 yì ㊊ 芸 ゲイ(わざ)

회의·형성 풀 초(艹)+심을 예(埶)+이를 운(云)자로 초목을 심고 가꾸는 데는 '재주'가 필요하다.

藝人(예인) 배우처럼 기예를 업으로 하는 사람. 藝能(예능) 藝名(예명) 藝術(예술)

풀초(초두) 艸(艹)부 [4艹15 총19획]

재주 예

豫

高 4급

미리, 기뻐하다 ㊄ beforehand ㊉ 豫 yù ㊊ 予 ヨ(あらかじめ)

회의 나 여(予)와 코끼리는 죽을 때 정해진 곳으로 '미리' 간다는 뜻이다.

豫感(예감) 미리 육감으로 헤아림. 豫見(예견) 豫測(예측) 猶豫(유예)

돼지시(豕)부 [7豕9 총16획]

미리 예

誤

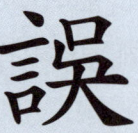

中4II급

그르치다, 잘못 ㊁ 正(바를 정) ㊄ mistake ㊉ 误 wù ㊊ ゴ(あやまる)

형성 말씀 언(言)+나라 오(吳)자로 큰소리치며 장담하는 말은 사실과 달라 '그르치다'를 뜻한다.

誤信(오신) 잘못 믿음. 誤謬(오류) 誤答(오답) 誤解(오해)

말씀 언(言)부 [7言7 총14획]

그르칠 오

玉

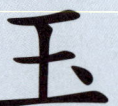

中4II급

구슬, 아름다운 돌 ㊁ 石(돌 석) ㊄ gem, jewel ㊉ 玉 yù ㊊ ギョク(たま)

상형 [三+丨]는 구슬 세 개를 끈으로 꿴 모양을 본뜬 글자이다.

玉門(옥문) 옥으로 장식한 문. 궁궐. 玉色(옥색) 玉體(옥체) 玉篇(옥편)

구슬 옥(玉/王)부 [5玉0 총5획]

구슬 옥

往

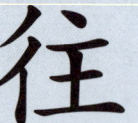

中4II급

가다, 옛적 ㊁ 來(올 래) ㊄ go ㊉ 往 wǎng ㊊ オウ(ゆく)

형성 자축거릴 척(彳)+날 생(主-生)자로 모든 생물이 세상에 나왔다가 '가다'의 뜻이다.

往年(왕년) 지나간 해. 往事(왕사) 往來(왕래) 往診(왕진)

두인 변(彳)부 [3彳5 총8획]

갈 왕

謠

高4Ⅱ급

노래하다, 소문 윤 歌(노래 가) 영 ballad 중 谣 yáo 일 ク(くぎり)

형성 말씀 언(言)+질그릇 요(䍃)자로 말에 가락을 넣어 질그릇을 두들기며 부르는 '노래'를 뜻한다.
謠言(요언) 뜬 소문. 謠俗(요속) 童謠(동요) 民謠(민요)

말씀 언(言)부 [7言10 총17획]

노래 요

容

中4Ⅱ급

얼굴, 모양 영 face 중 容 róng 일 ヨウ(いれる)

회의·형성 집 면(宀)+골짜기 곡(谷)자로 사람은 깨끗이 씻은 몸이 가장 아름다우므로 '얼굴'의 뜻이다.
容共(용공) 공산주의. 容量(용량) 容恕(용서)

갓머리(宀)부 [3宀7 총10획]

얼굴 용

遇

中 4급

만나다, 알현 영 meet 중 遇 yù 일 グウ(めう)

회의·형성 우연히 우(偶)+쉬엄쉬엄갈 착(辶)자로 길가다가 생각지 않은 사람을 '만난다'는 뜻이다.
遇害(우해) 해(害)를 만남. 禮遇(예우) 奇遇(기우) 待遇(대우)

쉬엄쉬엄갈 착(책받침)辵(辶)부 [4辶9 총13획]

만날 우

優

高 4급

넉넉하다, 뛰어날 윤 患(근심 환) 영 superior 중 优 yōu 일 ユウ(すぐれる)

형성 사람 인(亻)+근심 우(憂)자로 남의 근심까지 해주는 사람은 마음이 '넉넉하다'는 뜻이다.
優等(우등) 성적이 우수함. 優良(우량) 優勝(우승) 優待(우대)

사람 인(人)부 [2人15 총17획]

넉넉할 우

郵

高 4급

우편, 역 영 post 중 邮 yóu 일 ユウ

회의 드리울 수(垂)+고을 읍(邑)자로 변방의 고을로서 신이나 연락을 취하는 '우편'의 뜻이다.
郵票(우표) 편지에 붙이는 증표. 郵政(우정) 郵遞(우체) 軍郵(군우)

고을 읍(우부방) 邑(阝)부 [3阝8 총11획]

역참 우

源

[高 4급]

근원, 샘 영 source 중 源 yuán 일 ゲン(みなもと)

형성 물 수(氵)+언덕 원(原)자로 언덕 밑에서 솟아나는 샘은 곧 물의 '근원'이란 뜻이다.
源流(원류) 물이 흐르는 근원. 源泉(원천) 資源(자원) 水源(수원)

물 수(삼수변) 水(氵)부 [3氵10 총13획[]]

근원 **원**

員

[高 4Ⅱ급]

인원, 관원 영 number, staff 중 员 yuán 일 イン

형성 입 구(口)+조개 패(貝)자로 돈을 관리하는 '관원'을 뜻한다.
員役(원역) 지방 관아의 이속. 員數(원수) 議員(의원) 職員(직원)

입 구(口)부 [3口7 총10획]

수효 **원**

圓

[中 4Ⅱ급]

둥글다, 동그라미 영 round 중 圆 yuán 일 円 エン(まる)

형성 에울 위(囗)+인원 원(員)자로 솥의 모양을 본떠 '둥글다'는 뜻이다.
圓柱(원주) 둥근 기둥. 圓卓(원탁) 圓滿(원만) 圓心(원심)

큰입 구(囗)부 [3囗10 총13획]

둥글 **원**

援

[高 4급]

돕다, 구원하다 유 助(도울 조) 영 rescue 중 援 yuán 일 エン(たすける)

회의·형성 손 수(扌)+당길 원(爰)자로 위험한 처지의 사람을 손으로 끌어당겨 '도와주다'의 뜻이다.
援助(원조) 도와 줌. 援筆(원필) 援軍(원군) 援兵(원병)

손 수(재방변) 手(扌)부 [3扌9 총12획]

당길 **원**

怨

[中 4급]

원망하다, 원한 유 恨(한할 한) 영 grudge 중 怨 yuàn 일 エン(うらむ)

형성 누워뒹굴 원(夗)+마음 심(心)자로 잠자리에서 뒹굴며 생각해도 울적하여 '원망'의 뜻이다.
怨仇(원구) 원수. 怨念(원념) 怨望(원망) 怨聲(원성)

마음 심(심방변) 心(忄/㣺)부 [4心5 총9획]

원망할 **원**

圍

[高4급]

둘레, 구역 영 surround 중 围 wéi 일 囲 イ(かこむ)

형성 에울 위(囗)+가죽 위(韋)자로 군사들이 사방을 '에워싸다'는 뜻이다.
圍繞(위요) 빙 둘러쌈. 圍攻(위공) 周圍(주위) 範圍(범위)

큰입 구(囗)부 [3囗9 총12획]

둘레 위

衛

[高4Ⅱ급]

지키다, 호위하다 유 防(막을 방) 영 keep 중 卫 wèi 일 エイ(まもる)

회의 다닐 행(行)+가죽 위(韋)자로 군사가 왔다갔다 성을 '지키다'는 뜻이다.
衛兵(위병) 호위병. 衛星(위성) 衛生(위생) 衛兵(위병)

다닐 행(行)부 [6行9 총15획]

지킬 위

爲

[中4Ⅱ급]

하다, 위하다 영 for 중 为 wèi 일 為 イ(なす·ため)

회의 손톱 조(爪)+코끼리 상(象)자로 손으로 코끼리를 부려 공사를 '하다'는 뜻이다.
爲國(위국) 나라를 위함. 爲己(위기) 爲民(위민) 爲始(위시)

손톱 조爪(爫)부 [4爫8 총12획]

할 위

危

[中4급]

위태하다, 험하다 반 安(편안 안) 영 danger 중 危 wēi 일 キ

회의 우러러볼 첨(⺈)+병부 절(㔾)자로 사람이 절벽 위에서 두려워 쩔쩔매는 모양에서 '위태하다'의 뜻이다.
危空(위공) 높은 하늘. 危急(위급) 危機(위기) 危篤(위독)

병부 절(卩/㔾)부 [2㔾4 총6획]

위태할 위

委

[高4급]

맡기다, 버리다 유 任(맡길 임) 영 entrust 중 委 wěi 일 イ(くわしい)

형성 벼 화(禾)+계집 녀(女)자로 여자는 벼이삭같이 고개를 숙이고 몸을 남자에게 '맡긴다'는 뜻이다.
委棄(위기) 버려둠. 委付(위부) 委任(위임) 委託(위탁)

계집 녀(女)부 [3女5 총8획]

맡길 위

中 4급	위엄, 세력　　　　　　　　　　영 dignity　중 威 wēi　일 イ(たけし)
 계집 녀(女)부 [3女6 총9획]	형성 큰도끼 월(戌)+계집 녀(女)자로 큰도끼로 약한 여자를 위협하는 데서 '위엄'의 뜻이다. 威力(위력) 다른 사람을 위압하는 세력. 威嚴(위엄) 威勢(위세) 威容(위용) 威威威威威威威威威
위엄 위	威 威 威 威 威

高 4급	위로하다, 달래다　　　　　　　영 comfort　중 慰 wèi　일 イ(なぐさむ)
 마음 심(심방변) 心(忄/㣺)부 [4心11 총15획]	형성 벼슬 위(尉)+마음 심(心)자로 마음을 편안하게 '위로하다'는 뜻이다. 慰勞(위로) 육체적·정신적으로 따뜻하게 대해줌. 慰安(위안) 慰樂(위락) 慰問(위문) 慰慰慰慰慰慰慰慰慰慰慰慰慰慰慰
위로할 위	慰 慰 慰 慰 慰

中 4급	젖, 젖먹이다　　　　　　　　　영 milk　중 乳 rǔ　일 ニュウ(ち)
 새 을(乙)부 [1乙7 총8획]	회의·형성 부화할 부(孚)+새 을(乙)자로 사람이나 새가 자식을 낳아 '젖'을 먹여 기른다는 뜻이다. 乳頭(유두) 젖꼭지. 乳母(유모) 乳酪(유락) 牛乳(우유) 乳乳乳乳乳乳乳乳
젖 유	乳 乳 乳 乳 乳

高 4급	선비, 유교　　　　　　　　　　영 scholar　중 儒 rú　일 ジュ
 사람 인(人)부 [2人14 총16획]	형성 사람 인(亻)+구할 수(需)자로 사회를 구하고 지도하는 데 꼭 필요한 '선비'의 뜻이다. 儒生(유생) 유학을 배우는 사람. 儒儒(유유) 儒教(유교) 儒學(유학) 儒儒儒儒儒儒儒儒儒儒
선비 유	儒 儒 儒 儒 儒

中 4급	놀다, 놀이　　　　　　　　　　영 play　중 游 yóu　일 ユ·ユウ(あそぶ)
 쉬엄쉬엄갈 착(책받침) 辵(辶)부 [4辶9 총13획]	형성 쉬엄쉬엄갈 착(辶)+깃술 유(斿)자로 어린이가 깃발을 들고 '놀다'의 뜻이다. 遊覽(유람) 돌아다니며 구경함. 遊戲(유희) 遊星(유성) 遊學(유학) 遊遊遊遊遊遊遊遊遊遊遊遊遊
놀 유	遊 遊 遊 遊 遊

中 4급 遺

남기다, 끼치다 　　영 leave, remain　중 遗 yí　일 イ(のこす)

형성 귀할 귀(貴)+쉬엄쉬엄갈 착(辶)자로 길을 가다가 귀한 것을 '남기다'의 뜻이다.
遺棄(유기) 내다 버림.　遺言(유언)　遺憾(유감)　遺骨(유골)

쉬엄쉬엄갈 착(책받침) 辶(辶)부 [4辶_12 총16획]

남길 유

中 4Ⅱ급 肉

고기, 살　 유 身(몸 신)　　영 meat　중 肉 ròu　일 ニク(しし)

상형 잘라낸 한 점의 고깃덩어리를 본뜬 글자이다.
育成(육성) 길러서 자라게 함.　育兒(육아)　肉感(육감)　肉類(육류)

고기 육(육달월) 肉(月)부 [6肉0 총6획]

고기 육

高 4급 隱

숨다, 숨기다　 반 顯(나타날 현)　　영 hide　중 隐 yǐn　일 隠 イン(かくれる)

형성 아끼는 물건을 벽으로 가리어 '숨기다'의 뜻이다.
隱匿(은닉) 숨어서 감춤.　隱遁(은둔)　隱退(은퇴)　隱蔽(은폐)

언덕 부(좌부방) 阜(阝)부 [3阝14 총17획]

숨을 은

中 4Ⅱ급 恩

은혜, 사랑하다　 유 惠(은혜 혜)　　영 favor　중 恩 ēn　일 オン

형성 인할 인(因)+마음 심(心)자로 의지해오는 사람에게 베푸는 마음을 '은혜'라는 뜻이다.
恩功(은공) 은혜와 공.　恩師(은사)　恩德(은덕)　恩人(은인)

마음 심(심방변) 心(忄/㣺)부 [4心6 총10획]

은혜 은

中 4Ⅱ급 陰

그늘, 음기　 반 陽(볕 양)　　영 shade　중 阴 yīn　일 陰 イン(かげ)

형성 언덕에 가려서 햇빛이 들지 않은 '그늘'이라는 뜻이다.
陰氣(음기) 음랭한 기운.　陰冷(음랭)　陰散(음산)　陰地(음지)

언덕 부(좌부방) 阜(阝)부 [3阝8 총11획]

응달 음

中4Ⅱ급	 应	응하다, 승낙하다 영reply 중应 yìng 일応 オウ(こたえる)
	마음 심(심방변) 心(忄/㣺)부 [4心13 총17획]	형성 매 응(鷹)+마음 심(心)자로 매가 주인의 마음에 따라 '응하다'의 뜻이다. 應急(응급) 급한 일에 응함. 感應(감응) 應諾(응낙) 應試(응시)
응할 응		應 應 應 應 應 應 應 應 應 應

中4급		의지하다, 기대다 영depend, rely 중依 yī 일イ·エ(よる)
	사람 인(人)부 [2人6 총8획]	형성 사람 인(亻)+옷 의(衣)자로 사람이 옷을 입어 몸을 보호하여 '의지한다'는 뜻이다. 依舊(의구) 옛모양과 변함없음. 依然(의연) 依賴(의뢰) 依託(의탁)
의지할 의		依 依 依 依 依 依 依

中4Ⅱ급		옳다, 바르다 영righteous 중义 yì 일ギ(よし)
	양 양(羊)부 [6羊7 총13획]	회의·형성 양 양(羊)+나 아(我)자로 자기를 착한 양처럼 희생하고 순종하므로 '의리'의 뜻이다. 義擧(의거) 정의를 위해 일으키는 일. 義理(의리) 義兵(의병) 義人(의인)
옳을 의		義 義 義 義 義

高4급		거동, 법도 영manner 중仪 yí 일ギ(のり)
	사람 인(人)부 [2人13 총15획]	형성 사람 인(亻)+옳을 의(義)자로 사람이 의리에 맞는 일을 한다는데서 '법도'의 뜻이다. 儀觀(의관) 위엄이 있는 몸가짐. 儀禮(의례) 儀式(의식) 弔儀(조의)
거동 의		儀 儀 儀 儀

中4Ⅱ급	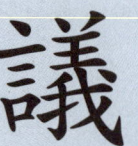	의논하다, 논쟁하다 유論(논할 론) 영discuss 중议 yì 일ギ(はかる)
	말씀 언(言)부 [7言13 총20획]	형성 말씀 언(言)+옳을 의(義)자로 올바른 결과를 얻기 위하여 '의논하다'의 뜻이다. 議事(의사) 일을 의논함. 議案(의안) 議論(의논) 議席(의석)
의논할 의		議 議 議 議

[高4급]  짝 필(疋)부 [5疋9 총14획] **의심할 의**	의심하다, 의심 〔영〕 doubt 〔중〕 疑 yí 〔일〕 ギ(うたがう) [회의] 칼[匕]과 화살[矢], 일이 어찌될지 몰라서 노심초사하고 있는 모습을 나타낸다. 疑懼(의구) 의심하여 두려워함. 疑問(의문) 疑心(의심) 疑訝(의아)	
[中4급]  밭 전(田)부 [5田6 총11획] **다를 이**	다르다, 달리하다 〔반〕 同(한가지 동) 〔영〕 different 〔중〕 异 yì 〔일〕 イ(ことなる) [회의] 줄 비(畀)+두 손 공(廾)자로 사람이 두 손을 들어 귀신가면을 쓴 모양이 각각 '다르다'. 異見(이견) 다른 생각. 異口同聲(이구동성) 異動(이동) 異變(이변)	
[中4Ⅱ급]  벼 화(禾)부 [5禾6 총11획] **옮길 이**	옮기다, 보내다 〔영〕 carry, move 〔중〕 移 yí 〔일〕 イ(うつす) [형성] 벼 화(禾)+많을 다(多)자로 벼를 많이 수확하면 적은 곳으로 '옮기다'는 뜻이다. 移管(이관) 관할을 옮김. 移植(이식) 移動(이동) 移民(이민)	
[中4Ⅱ급]  그릇 명(皿)부 [5皿5 총10획] **더할 익**	더하다, 보태다 〔유〕 增(더할 증) 〔영〕 add 〔중〕 益 yì 〔일〕 エキ(ます) [회의] 물 수(氵)+그릇 명(皿)자로 그릇에 물을 더 부으니 '더하다'의 뜻이다. 益友(익우) 사귀어 도움이 되는 친구. 益鳥(익조) 公益(공익) 利益(이익)	
[中4급] 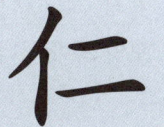 사람 인(人)부 [2人2 총4획] **어질 인**	어질다, 어진 이 〔영〕 benevolent 〔중〕 仁 rén 〔일〕 ジン(いつくしみ) [회의] 사람 인(亻)에 두 이(二)자로 두 사람이 친하게 지낸다는 의미에서 '어질다'의 뜻이다. 仁德(인덕) 어진 덕. 仁君(인군) 仁術(인술) 仁慈(인자)	

認

中4II급

말씀 언(言)부 [7言7 총14획]

알 인

인정하다, 알다   영recognize   중认 rèn   일ニン(みとめる)

형성 말씀 언(言)에 참을 인(忍)자로 남의 말을 참고 되는 것으로 '알다'의 뜻이다.
認可(인가) 인정하여 허가함. 認容(인용) 認知(인지) 認准(인준)

印

中4II급

병부 절(卩/㔾)부 [2卩4 총6획]

도장 인

도장, 찍다   영seal   중印 yìn   일イン(しるし)

회의 손톱 조(爪)+병부 절(卩)자로 신분 확인을 위한 사람의 정사를 맡은 사람이 찍는 '도장'이란 뜻이다.
印象(인상) 사물을 보고 마음에 와 닿는 느낌. 印紙(인지) 印章(인장)

引

中4II급

활 궁(弓)부 [3弓1 총4획]

당길 인

끌다, 당기다   유導(인도할 도)   영pull   중引 yǐn   일イン(ひく)

회의 활 궁(弓)+뚫을 곤(丨)자로 활에 화살을 먹여 과녁을 향해 '끌다'는 뜻이다.
引見(인견) 아랫사람을 불러들여 만나봄. 引渡(인도) 引上(인상) 引下(인하)

姊

中 4급

계집 녀(女)부 [3女5 총8획]

손위누이 자

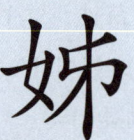

손위누이, 여자의 경칭   반妹(누이 매)   영elder sister   중姊 zǐ   일姉 シ(あね)

형성 계집 녀(女)+그칠 자(朿)자로 먼저 태어나다 곧 '손위누이'의 뜻이다.
姊妹(자매) 여자 형제. 姊兄(자형) 母姊(모자) 姊夫(자부)

姿

高 4급

계집 녀(女)부 [3女6 총9획]

맵시 자

맵시, 태도   유態(모습 태)   영figure   중姿 zī   일シ(すがた)

형성 버금 차(次)+계집 녀(女)자로 여자가 앉아 몸매를 꾸미는 '모양'의 뜻이다.
姿態(자태) 몸가짐과 맵시. 姿體(자체) 姿勢(자세) 風姿(풍자)

資

高 4급

재물, 밑천   영 property   중 资 zī   일 シ

형성 버금 차(次)+조개 패(貝)자로 다음의 큰일을 위하여 재산을 모아두는 '재물'이란 뜻이다.

資格(자격) 신분이나 지위.   資金(자금)   資源(자원)   資本(자본)

조개 패(貝)부 [7貝6 총13획]

재물 자

殘

高 4급

잔인할, 남은   유 餘(남을 여)   영 remain   중 残 cán   일 残 ザン(のこる)

형성 뼈앙상할 알(歹)+상할 잔(戔)자로 창(戈)을 맞대고 서로 찌르니 '잔인하다'는 뜻이다.

殘務(잔무) 남은 근무.   殘滓(잔재)   殘黨(잔당)   殘忍(잔인)

죽을 사(歹)부 [4歹8 총12획]

남을 잔

雜

高 4급

어른, 장(길이)   유 混(섞을 혼)   영 mixed   중 杂 zá   일 雑 ザツ(まじる)

형성 옷[衣]이 여러 색깔로 만들어지듯이 나무[木]에 여러 종류의 새[隹]가 섞여 앉아 있다.

雜穀(잡곡) 쌀 외의 곡식.   雜念(잡념)   雜輩(잡배)   雜歌(잡가)

새 추(隹)부 [8隹10 총18획]

섞일 잡

腸

高 4급

창자, 마음   영 bowels   중 肠 cháng   일 チョウ(はらわた)

형성 고기 육(月:肉)+빛날 양(昜)자로 햇살을 상징하여 '길다'는 뜻이다.

腸壁(장벽) 장의 벽.   腸癌(장암)   腸骨(장골)   斷腸(단장)

고기 육(육달월) 肉(月)부 [4月9 총13획]

창자 장

壯

高 4급

장하다, 굳세다   영 valiant   중 壮 zhuàng   일 壮 ソウ(さかん)

형성 조각널 장(爿)+선비 사(士)자로 무기(爿)를 들고 적과 싸우는 사내는 '씩씩하다'는 뜻이다.

壯觀(장관) 굉장하고 볼만한 경치.   壯麗(장려)   壯年(장년)   壯談(장담)

선비 사(士)부 [3士4 총7획]

씩씩할 장

4-4Ⅱ급 핵심한자 | 179

裝

高 4급 — 옷 의(衤/衣)부 [6衣7 총13획]

치장하다, 간직함 영 decorate 중 装 zhuāng 일 装 ショク(かさる)

형성 장할 장(壯)+옷 의(衣)자로 옷속에 두툼하게 솜을 넣어 의복을 아름답게 '꾸미다'의 뜻이다.
裝備(장비) 필요한 장비와 설비. 裝飾(장식) 裝幀(장정) 裝着(장착)

꾸밀 장

將

中 4Ⅱ급 — 마디 촌(寸)부 [3寸8 총11획]

장수, 장차 반 卒(군사 졸) 영 general 중 将 jiàng 일 将 ショウ(はた)

형성 조각널 장(爿)+고기 육(月=肉)과 마디 촌(寸)자로 여러 재물과 씨족을 거느린 '장수'를 뜻한다.
將官(장관) 원수. 將器(장기) 將校(장교) 將軍(장군)

장수 장

獎

中 4급 — 큰 대(大)부 [3大11 총14획]

권면하다, 장려하다 영 exhort 중 奖 jiǎng 일 奨 ショウ(すすめる)

형성 장수 장(將)+큰 대(大)자로 장차 큰 인물이 되라고 '장려하다'의 뜻이다.
勸獎(권장) 권하여 장려함. 獎學士(장학사) 報獎金(보장금) 獎勵策(장려책)

권면할 장

張

高 4급 — 활 궁(弓)부 [3弓8 총11획]

베풀다, 당기다 영 give, extend 중 张 zhāng 일 チョウ(はる)

형성 활 궁(弓)+길 장(長)자로 활시위를 길게 잡아당겨 '벌린다'의 뜻이다.
張力(장력) 당기거나 당기어 지는 힘. 張本(장본) 張大(장대) 張力(장력)

베풀 장

帳

高 4급 — 수건 건(巾)부 [3巾8 총11획]

휘장, 장막 영 curtain 중 帐 zhàng 일 チョウ(とばり)

형성 수건 건(巾)+길 장(長)자로 베로써 길게 둘러서 무엇을 가리우는 '장막'이란 뜻이다.
帳幕(장막) 둘러치는 막. 帳殿(장전) 帳簿(장부) 通帳(통장)

휘장 장

中4Ⅱ급 障 언덕 부(좌부방) 阜(阝)부 [3阝11 총14획]	막다, 장애 영block, defend 중障 zhàng 일ショウ(さわる)
	형성 언덕 부(阝)+글 장(章)자로 음악에 있어 장과 장이 구별되듯이 언덕이 '막히다'의 뜻이다.
	障碍(장애) 자꾸만 가로막고 거치적거림. 障壁(장벽) 障害(장해) 保障(보장)
	障障障障障障障障障障
막을 장	障障障障障

中4Ⅱ급 低 사람 인(人)부 [2人5 총7획]	낮다, 숙이다 반 高(높을 고) 영low 중低 dī 일テイ(ひくい)
	형성 사람 인(亻)+낮을 저(氐)자로 사람이 몸을 낮게 구부리는 것으로 '낮다'는 뜻이다.
	低價(저가) 싼값. 낮은 가격. 低級(저급) 低音(저음) 低溫(저온)
	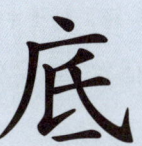
낮을 저	低低低低低

高4급 底 엄 호(广)부 [3广5 총8획]	밑, 바닥 영bottom 중底 dǐ 일テイ(そこ)
	형성 집 엄(广)에 +낮을 저(氐)자로 돌바위 아래의 낮은 곳이 '밑'이란 뜻이다.
	底力(저력) 속에 감춘 끈기 있는 힘. 底面(저면) 底意(저의) 底流(저류)

밑 저	底底底底底

中4Ⅱ급 敵 칠 복(등글월문)攴(攵)부 [4攵11 총15획]	원수, 적 영enemy 중敌 dí 일テキ(あいて)
	형성 뿌리 적(啇)+칠 복(攵)자로 적의 근거지를 친다는 것으로 '대적하다'의 뜻이다.
	敵愾心(적개심) 적을 미워하여 싸우려는 마음. 敵魁(적괴) 敵國(적국) 敵軍(적군)
	敵敵敵敵敵敵敵敵敵敵
원수 적	敵敵敵敵敵

中4급 適 쉬엄쉬엄갈 책(책받침) 辵(辶)부 [4辶11 총15획]	알맞다, 맞다 영go, fit 중适 shì 일テキ(かなう)
	형성 뿌리 적(啇)+쉬엄쉬엄갈 착(辶)자로 나무뿌리는 알맞게 뻗어나가므로 '알맞다'는 뜻이다.
	適格(적격) 자격이 갖추어짐. 適當(적당) 適應(적응) 適合(적합)

갈 적	適適適適適

積

高 4급

벼 화(禾)부 [5禾11 총16획]

쌓을 적

쌓다, 모으다　⊕ 蓄(쌓을 축)　영 pile up　중 积 jī　일 セキ(つむ)

[형성] 벼 화(禾)+맡을 책(責)자로 책임지고 거둬들인 볏짚을 높이 '쌓다'.

積立(적립) 모아서 쌓아둠.　積善(적선)　積金(적금)　山積(산적)

績

高 4급

실 사(糸)부 [6糸11 총17획]

자을 적

길쌈하다, 잣다　영 weave　중 绩 jì　일 セキ(つむぐ)

[회의·형성] 실 사(糸)+맡을 책(責)자로 실을 겹겹이하여 짜서 '길쌈'의 뜻이다.

績女(적녀) 실을 잣는 여자.　績麻(적마)　治績(치적)　行績(행적)

籍

高 4급

대 죽(竹)부 [6竹14 총20획]

문서 적

문서, 서적　영 text　중 籍 jí　일 セキ(ふみ)

[형성] 대 죽(竹)+깔개 적(耤)자로 대를 깔개처럼 엮어 벌려놓은 대쪽으로 '문서'를 뜻한다.

籍記(적기) 문서(文書)에 적어 넣음.　戸籍(호적)　書籍(서적)　本籍(본적)

賊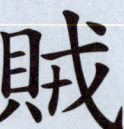

高 4급

조개 패(貝)부 [7貝6 총13획]

도둑 적

도둑, 죽이다　⊕ 盜(도둑 도)　영 thief　중 贼 zéi　일 ゾク

[형성] 조개 패(貝)+병장기 융(戎)자로 흉기를 들고 남의 재물을 훔치므로 '도둑'을 뜻한다.

賊徒(적도) 도둑의 무리.　賊臣(적신)　賊反荷杖(적반하장)　賊被狗咬(적피구교)

專

高 4급

마디 촌(寸)부 [3寸8 총11획]

오로지 전

오로지, 마음대로　영 only　중 专 zhuān　일 専 セン(もつばら)

[회의·형성] 실을 감는 물레는 오로지 한쪽으로만 법도 있게[寸] 규칙적으로 돌아간다.

專決(전결) 혼자서 마음대로 결정함.　專攻(전공)　專擔(전담)　專橫(전횡)

轉

高4급 | 구르다, 옮기다 | 영 turn 중 转 zhuǎn 일 転 テン(ころぶ)

형성 수레 거(車)+오로지 전(專)자로 수레바퀴가 둥글게 돌아간다는 것으로 '구르다'의 뜻이다.
轉勤(전근) 근무하는 직장을 옮김. 轉落(전락) 轉學(전학) 轉送(전송)

수레 거(車)부 [7車11 총18획]

구를 전

錢

中4급 | 돈, 안주 | 영 money 중 钱 qián 일 錢 セン(ぜに)

형성 쇠 금(金)+깎을 잔(戔)자로 옛날 쇠를 깎아 창이나 칼처럼 만들어 '돈'으로 사용한다.
錢穀(전곡) 돈과 곡식. 守錢奴(수전노) 銅錢(동전) 葉錢(엽전)

쇠 금(金)부 [8金8 총16획]

돈 전

田

中4Ⅱ급 | 밭, 경지 구획 이름 | 영 field 중 田 tián 일 デン(た)

형성 가로와 세로로 구획된 농토를 위에서 본 모양을 본뜬 글자이다.
田結(전결) 논밭의 조세. 田獵(전렵) 田畓(전답) 田園(전원)

밭 전(田)부 [5田0 총5획]

밭 전

折

高4급 | 꺾다, 굽히다 | 영 break off 중 折 zhé 일 セツ(おり)

회의 손 수(扌)+도끼 근(斤)자로 손에 도끼를 들고 나무를 '꺾다'의 뜻이다.
折角巾(절각건) 도인이 쓰던 쓰개의 한가지. 折骨(절골) 折半(절반) 折衝(절충)

손 수(재방변) 手(扌)부 [3扌4 총7획]

꺾을 절

絕

中4Ⅱ급 | 끊다, 막다 유 斷(끊을 단) | 영 cut off 중 绝 jué 일 ゼツ(たえる)

형성 실 사(糸)+칼 도(刀)와 병부 절(巴)자로 실의 매듭마디를 칼로 '끊는다'는 뜻이다.
絕景(절경) 아주 훌륭한 정치. 絕交(절교) 絕壁(절벽) 絕筆(절필)

실 사(糸)부 [6糸6 총12획]

끊을 절

占

[高 4급]

점 복(卜)부 [2卜3 총5획]

점치다, 점 　영 divine, gain　중 占 zhàn　일 セン(しめる)

회의·형성 점 복(卜)+입 구(口)자로 점치는 것을 보고 말하므로 '점'의 뜻이다.

占據(점거) 일정한 곳을 차지하여 자리를 잡음. 占卜(점복) 占有(점유) 占領(점령)

占 占 占 占 占

점칠 점

點

[中 4급]

검을 흑(黑)부 [12黑5 총17획]

점, 흠 　영 dot　중 点 diǎn　일 点 テン(てん)

형성 검을 흑(黑)+차지할 점(占)자로 먹물이 튀어 '점점찍다'는 뜻이다.

點心(점심) 끼니로 낮에 먹는 음식. 觀點(관점) 焦點(초점) 點數(점수)

點 點 點 點 點 點 點 點 點 點 點 點 點

점 점

接

[中4Ⅱ급]

손 수(扌재방변) 手(扌)부 [3扌8 총11획]

사귀다, 접하다 　영 associate　중 接 jiē　일 セツ(まじわる)

형성 손 수(手)+첩 첩(妾)자로 계집종이 손님을 맞이하는 것으로 '접근하다'의 뜻이다.

接口(접구) 음식을 조금 먹음. 接近(접근) 接見(접견) 接骨(접골)

接 接 接 接 接 接 接 接 接 接

사귈 접

丁

[中 4급]

한 일(一)부 [1一1 총2획]

넷째 천간, 장정 　영 rake, adult　중 丁 dīng　일 テイ(ひのと)

상형 고무래 못(釘) 모양을 본뜬 글자로 이것을 사용하는 '장정'의 뜻이다.

丁夜(정야) 축시(丑時). 丁憂(정우) 白丁(백정) 壯丁(장정)

丁 丁

넷째 정

程

[高4Ⅱ급]

벼 화(禾)부 [5禾7 총12획]

법도, 길이 단위 　유 路(길 로)　영 road　중 程 chéng　일 テイ(ほど)

형성 벼 화(禾)+드러낼 정(呈)자로 볏단을 순서대로 골라 수확된 '한도'의 뜻이다.

程度(정도) 알맞은 한도. 程式(정식) 過程(과정) 日程(일정)

程 程 程 程 程 程 程 程 程 程 程

법 정

政 정사 정

[中4Ⅱ급]

정사, 다스리다　　영 politice　중 政 zhèng　일 セイ(まつりごと)

회의·형성 바를 정(正)에 칠 복(攵)자로 바르지 아니한 자를 쳐서 바르게 만드므로 '정치'를 뜻한다.
政權(정권) 정치를 행하는 권력.　政令(정령)　政見(정견)　政府(정부)

칠 복(등글월문)攵(攴)부 [4攵5 총9획]

整 가지런할 정

[高 4급]

가지런하다, 정돈함　　영 arrange　중 整 zhěng　일 ヒイ(ととのう)

형성 묶을 속(束)+칠 복(攵)+바를 정(正)자로 나무다발의 흩어진 곳을 쳐서 '가지런히'한다.
整頓(정돈) 가지런히 함.　整然(정연)　整風(정풍)　整理(정리)

칠 복(등글월문)攵(攴)부 [4攵12 총16획]

精 정미로울 정

[中4Ⅱ급]

정미하다, 찧다　유 誠(정성 성)　영 detailed　중 精 jīng　일 セイ

형성 쌀 미(米)+푸를 청(靑)자로 쌀이 푸른 빛이 나도록 '깨끗하다'의 뜻이다.
精潔(정결) 깨끗하고 조촐함.　精勤(정근)　精巧(정교)　精氣(정기)

쌀 미(米)부 [6米8 총14획]

靜 고요할 정

[中 4급]

고요하다, 맑다　반 動(움직일 동)　영 quiet　중 静 jìng　일 静 セイ(しず)

형성 푸를 청(靑)+다툴 쟁(爭)자로 해가 다투어 저무는 저녁 석양초목의 푸른 색은 '고요하다'.
靜觀(정관) 조용히 사물을 관장함.　靜謐(정밀)　靜寂(정적)　安靜(안정)

푸를 청(靑)부 [8靑8 총16획]

制 절제할 제

[高4Ⅱ급]

법도, 억제하다　　영 restrain　중 制 zhì　일 セイ

회의 아닐 미(未)+칼도(刂)자로 제멋대로 자란 가지를 칼로 '절제하다'는 뜻이다.
制度(제도) 제정된 법규.　制令(제령)　制服(제복)　制止(제지)

칼 도(刀/刂)부 [2刀6 총8획]

製

中4II급	짓다, 만들다　㊨ 作(지을 작)　　㊇ make　㊈ 制 zhì　㊊ セイ(つくる)

형성 절제할 제(制)+옷 의(衣)자로 옷감을 치수에 맞게 잘라서 옷을 '만들다'의 뜻이다.
製糖(제당) 설탕을 만듦.　製本(제본)　製菓(제과)　製造(제조)

옷 의(衤/衣)부 [6衣8 총14획]

지을 **제**

濟

高4II급	건너다, 구제하다　㊨ 救(구원할 구)　　㊇ cross　㊈ 济 jǐ　㊊ 済 サイ(すます)

형성 물 수(氵)+가지런할 제(齊)자로 여러 사람이 줄지어서서 물을 '건너다'의 뜻이다.
濟度(제도) 중생을 구제함.　濟衆(제중)　經濟(경제)　救濟(구제)

물 수(삼수변) 水(氵)부 [3氵14 총17획]

건널 **제**

提

高4II급	끌다, 이끌다　　　　　　　　　　　　　　㊇ pull, lift　㊈ 提 tí　㊊ テイ(ひつさげる)

형성 손 수(扌)+바를 시(是)자로 손으로 사물을 바르게 '끌다'의 뜻이다.
提高(제고) 높임. 끌어올림.　提起(제기)　提案(제안)　提出(제출)

손 수(재방변) 手(扌)부 [3扌9 총12획]

끌 **제**

帝

中 4급	임금, 천자　㊨ 王(임금 왕)　　　　　　㊇ emperor　㊈ 帝 dì　㊊ テイ(みかど)

상형 하늘에 제사지낼 때 제삿상을 본뜬 글자로 하늘의 신이 그의 아들 '임금'이다.
帝室(제실) 임금의 거처.　帝王(제왕)　天帝(천제)　帝國(제국)

수건 건(巾)부 [3巾6 총9획]

임금 **제**

除

中4II급	덜다, 버리다　　　　　　　　　　　　　　㊇ deduct　㊈ 除 chú　㊊ ジョ(のぞく)

형성 언덕 부(阝)+나 여(余)자로 집의 계단은 항상 깨끗해야 하므로 '없애다'의 뜻이다.
除名(제명) 명단에서 이름을 뺌.　除去(제거)　除毒(제독)　外(제외)

언덕 부(좌부방) 阜(阝)부 [3阝7 총10획]

덜 **제**

祭

中4II급
보일 시(示)부 [5示6 총11획]
제사 제

제사, 제사 지내다
영 sacrifice　중 祭 jì　일 サイ(まつり)

회의 고기 육(月:肉)+또 우(又)와 보일 시(示)자로 제물을 정결하게 하여 '제사'의 뜻이다.

祭物(제물)　祭需(제수).　祭文(제문)　祭壇(제단)　祭禮(제례)

際

高4II급
언덕 부(좌부방) 阜(阝)부 [3阝11 총14획]
사이 제

사이, 가
영 while, brink　중 际 jì　일 サイ(きわ)

형성 언덕 부(阝)+제사 제(祭)자로 무덤의 제물들이 일정한 간격으로 있어 '즈음'의 뜻이다.

際限(제한) 끝이 되는 부분.　際涯(제애)　交際(교제)　國際(국제)

助

中4II급
힘 력(力)부 [2力5 총7획]
도울 조

돕다, 도움
영 help　중 助 zhù　일 ジョ(たすける)

형성 또 차(且)+힘 력(力)자로 힘을 들여 일하는 사람에게 '돕다'의 뜻이다.

助言(조언) 말로 거듦.　助手(조수)　助長(조장)　補助(보조)

組

高4급
실 사(糸)부 [6糸5 총11획]
끈 조

짜다, 끈　유 織(짤 직)
영 string　중 组 zǔ　일 ソ(くむ)

형성 실 사(糸)+또 차(且)자로 많은 실을 합치어 베를 '짜다'의 뜻이다.

組閣(조각) 내각을 조직함.　組紱(조불)　組立(조립)　組織(조직)

潮

高4급
물 수(삼수변) 水(氵)부 [3氵12 총15획]
조수 조

조수, 밀물
영 tide　중 潮 cháo　일 チョウ(しお)

형성 물 수(氵)+아침 조(朝)자로 바닷물이 아침에 밀려들어오는 '조수'를 뜻한다.

潮流(조류) 조수의 흐름.　滿潮(만조)　潮境(조경)　潮水(조수)

中4II급	早	일찍, 새벽	영 early 중 早 zǎo 일 ソウ·サツ(はやい)
		회의·형성 해가 사람의 머리 위를 비추고 있는 이른 아침이므로 '이르다'의 뜻이다.	
		早急(조급) 아주 서두름. 早起(조기) 早稻(조도) 早退(조퇴)	
날 일(日)부 [4日2 총6획]		早早早早早早	
일찍 조		早 早 早 早 早	

高4급	條 条	가지, 나뭇가지	영 branch 중 条 tiáo 일 条 ジョウ(えだ)
		회의 아득할 유(攸)+나무 목(木)자로 흔들리는 나무의 '가지'를 뜻한다.	
		條理(조리) 일의 순서. 條析(조석) 條項(조항) 條目(조목)	
나무 목(木)부 [4木7 총11획]		條條條條條條條條條條	
가지 조		條 條 條 條 條	

中4II급	造	짓다, 만듦 유 製(지을 제)	영 make 중 造 zào 일 ソウ(つくる)
		형성 쉬엄쉬엄갈 착(辶)+알릴 고(告)자로 일을 알리고 나아가 작품을 '만들다'.	
		造林(조림) 나무를 심어 숲을 만듦. 造作(조작) 造景(조경) 造花(조화)	
쉬엄쉬엄갈 착(책받침)(辶)부 [4辶7 총11획]		造造造造造造造造造造	
지을 조		造 造 造 造 造	

中4II급	鳥	새, 별 이름	영 bird 중 鸟 niǎo 일 ショウ(かね)
		상형 꽁지가 긴 새의 모양을 본뜬 글자이다.	
		鳥瞰圖(조감도) 높은 곳에서 내려다보듯 그린 그림. 鳥媒(조매) 鳥獸(조수) 吉鳥(길조)	
새 조(鳥)부 [11鳥0 총11획]		鳥鳥鳥鳥鳥鳥鳥鳥鳥鳥鳥	
새 조		鳥 鳥 鳥 鳥 鳥	

中4급	存	있다, 생존하다 유 在(있을 재)	영 exist 중 存 cún 일 ゾン(ある)
		회의 있을 재(在)와 아들 자(子)자로 어린아이를 편안히 잘 있게 하므로 '있다'의 뜻이다.	
		存亡(존망) 생존과 멸망. 存否(존부) 存立(존립) 存在(존재)	
아들 자(子)부 [3子3 총6획]		存存存存存存	
있을 존		存 存 存 存 存	

尊

높다, 우러러보다 유 重(무거울 중) 영 respect 중 尊 zūn 일 ソン(みこと)

회의 우두머리 추(酋)밑에 마디 촌(寸)자로 두 손으로 술통을 받들어 '존경'을 뜻한다.
尊敬(존경) 받들어 공경함. 尊嚴(존엄) 尊貴(존귀) 尊重(존중)

마디 촌(寸)부 [3寸9 총12획]

높을 존

宗

마루, 일의 근원 영 ancestral 중 宗 zōng 일 ソウ(むね)

회의 집 면(宀)+보일 시(示)자로 집에 신을 모신 '사당'을 뜻한다.
宗統(종통) 본가의 계통. 宗兄(종형) 宗家(종가) 宗團(종단)

갓머리(宀)부 [3宀5 총8획]

마루 종

從

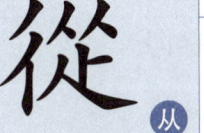

좇다, 쫓아가다 반 主(주될 주) 영 obey 중 从 cóng 일 従 ジュウ(したがう)

회의 좇을 종(从)+자축거릴 척(彳)자로 앞사람의 뒤를 '좇다'의 뜻이다.
從姑母(종고모) 아버지의 사촌 자매. 從軍(종군) 從屬(종속) 姑從(고종)

두인 변(彳)부 [3彳8 총11획]

좇을 종

鐘

쇠북, 종 영 bell 중 钟 zhōng 일 ショウ(かね)

형성 쇠 금(金)+아이 동(童)자로 쇠종을 치면 아이처럼 우는 '쇠북'의 뜻이다.
鐘閣(종각) 큰 종을 매달아 놓은 누각. 鐘路(종로) 打鐘(타종) 巨鐘(거종)

쇠 금(金)부 [8金12 총20획]

종 종

座

자리, 깔개 유 席(자리 석) 영 seat 중 座 zuò 일 ザ(すわる ところ)

회의 집 엄(广)+앉을 좌(坐)자로 집안에서 앉아있으므로 '자리'의 뜻이다.
座席(좌석) 앉은자리. 座右(좌우) 座中(좌중) 座談(좌담)

엄 호(广)부 [3广7 총10획]

자리 좌

高4급 **周** 입 구(口)부 [3口5 총8획] 두루 **주**	두루, 널리　　　　　영 all around　중 周 zhōu　일 シュウ(めぐる) 회의 쓸 용(用)+입 구(口)자로 입을 잘 써서 설명하면 일이 '두루' 미친다는 뜻이다. 周郭(주곽) 주위의 윤곽.　周年(주년)　周邊(주변)　周到(주도) 周周周周周周周周 周周周周周	

中4급 **朱** 나무 목(木)부 [4木2 총6획] 붉을 **주**	붉다, 붉은 빛깔을 띤 물건　유 紅(붉을 홍)　영 red　중 朱 zhū　일 シュ(あけ) 지사 아닐 미(未)+삐칠 별(丿)자로 소나무의 중간의 가지를 자른 고갱이는 속이 '붉다'의 뜻이다. 朱丹(주단) 붉은색.　朱明(주명)　朱木(주목)　朱黃(주황) 朱朱朱朱朱朱 朱朱朱朱朱	

中4Ⅱ급 **走** 달아날 주(走)부 [7走0 총7획] 달릴 **주**	달리다, 뛰어감　　　　영 run, rush　중 走 zǒu　일 ソウ(はしる) 회의 흙 토(土)+그칠 지(止)자로 흙을 박차고 '달리다'의 뜻이다. 走狗(주구) 사냥개.　走力(주력)　走行(주행)　疾走(질주) 走走走走走走走 走走走走走	

中4급 **酒** 닭 유(酉)부 [7酉3 총10획] 술 **주**	술, 물　　　　　　　영 wine, liquor　중 酒 jiǔ　일 シュ(さけ) 회의 물 수(氵)+닭 유(酉)자로 술병에 들어 있는 '술'의 뜻이다. 酒色(주색) 술과 여색. 얼굴에 나타난 술기운.　酒肴(주효)　酒幕(주막)　酒店(주점) 酒酒酒酒酒酒酒酒酒酒 酒酒酒酒酒	

中4Ⅱ급 **竹** 대 죽(竹)부 [6竹0 총6획] 대 **죽**	대나무, 피리　　　　영 bamboo　중 竹 zhú　일 チク(たけ) 상형 대나무의 잎이 아래로 드리워진 모양을 본뜬 글자이다. 竹木(죽목) 대나무와 나무.　竹簡(죽간)　竹刀(죽도)　竹筍(죽순) 竹竹竹竹竹竹 竹竹竹竹竹	

準

[高4Ⅱ급]

법, 법도, 평평하다 　영 apply, flat　중 准 zhǔn　일 ジユン(みずもり)

형성 물 수(氵)+새매 준(隼)자로 새매가 물위를 수평으로 날아가므로 '평평하다'의 뜻이다.

準據(준거) 표준으로 삼음. 準備(준비) 準用(준용) 準則(준칙)

물 수(삼수변) 水(氵)부 [3氵10 총13획]

평평할 준

衆

[中4Ⅱ급]

무리, 많다　유 群(무리 군)　영 crowd　중 众 zhòng　일 シュウ(むれ)

회의 눈 목(血:目)+사람 인(亻)합친 글자로 많은 사람이 모이므로 '무리'의 뜻이다.

衆寡(중과) 많음과 적음. 衆口(중구) 衆生(중생) 觀衆(관중)

피 혈(血)부 [6血6 총12획]

무리 중

增

[中4Ⅱ급]

더하다, 늘　반 減(덜 감)　영 increase　중 增 zēng　일 增 ゾウ(ます)

형성 흙 토(土)+거듭 증(曾)자로 흙 위에 흙을 거듭하니 '더하다'의 뜻이다.

增强(증강) 늘리어 강하게 함. 增員(증원) 增加(증가) 增車(증차)

흙 토(土)부 [3土12 총15획]

불어날 증

證

[中4급]

증거, 증명하다　영 evidence　중 证 zhèng　일 証 ショウ(あかし)

형성 여러 사람이 잘 보이는 곳에 올라가[登] 사실대로 말[言]하여 '증거'의 뜻이다.

證券(증권) 어음. 證書(증서) 證人(증인) 證言(증언)

말씀 언(言)부 [7言12 총19획]

증거 증

持

[中4급]

가지다, 지니다　영 hold, have　중 持 chí　일 チ･ジ(もつ)

형성 손 수(扌)+절 사(寺)자로 관청에서 내보낸 공문서를 손에 소중히 '가지고' 있다는 뜻이다.

持久(지구) 오래 유지함. 持論(지론) 持病(지병) 持分(지분)

손 수(재방변) 手(扌)부 [3扌6 총9획]

가질 지

中4II급 指 손 수(재방변) 手(扌)부 [3扌6 총9획]	손가락, 발가락	영 finger 중 指 zhǐ 일 シ(ゆび)
	형성 손 수(扌)+뜻 지(旨)자로 손으로 가리켜서 모든 뜻을 나타내는 '손가락'을 뜻한다. 指南車(지남차) 방향을 가리키는 기계를 단 수레. 指導(지도) 指令(지령)	
손가락 지	指 指 指 指 指 指 指 指 指	
	指 指 指 指 指	

中4II급 志 마음 심(심방변) 心(忄/⺗)부 [4心3 총7획]	뜻, 의향 유 意(뜻 의)	영 will 중 zhì 일 シ(こころざし)
	회의 갈 지(士=之)+마음 심(心)자로 마음이 지향하는 '뜻'을 말한다. 志向(지향) 뜻이 쏠리는 방향. 志願(지원) 志望(지망) 志士(지사)	
뜻 지	志 志 志 志 志 志 志	
	志 志 志 志 志	

高4급 誌 말씀 언(言)부 [7言7 총14획]	기록하다, 적어 두다	영 record 중 志 zhì 일 シ(しるす)
	형성 말씀 언(言)+뜻 지(志)자로 어른이 하신 말과 뜻을 '기록하다'의 뜻이다. 誌面(지면) 글이나 그림 등이 실린 면. 誌文(지문) 雜誌(잡지) 書誌(서지)	
기록할 지	誌 誌 誌 誌 誌 誌 誌 誌 誌 誌 誌	
	誌 誌 誌 誌 誌	

中4II급  지탱할 지(支)부 [4支0 총4획]	가지, 지탱할 반 收(거둘 수)	영 devide, support 중 支 zhī 일 シ(ささえる)
	회의·형성 손[又]으로 가지[十]를 꽉 쥐고 '지탱하다'의 뜻이다. 支離(지리) 이리저리 흩어짐. 支拂(지불) 支局(지국) 支配(지배)	
가를, 지탱할 지	支 支 支 支	
	支 支 支 支 支	

高4급 智 날 일(日)부 [4日8 총12획]	슬기, 지혜	영 wisdom 중 智 zhì 일 チ(ちえ)
	형성 알 지(知)+해 일(日)자로 아는 바를 해처럼 밝히므로 '지혜롭다'의 뜻이다. 智略(지략) 슬기로운 계략. 智勇(지용) 智慧(지혜) 機智(기지)	
슬기 지	智 智 智 智 智 智 智 智 智 智	
	智 智 智 智 智	

至

中4Ⅱ급

이르다, 오다 유 極(다할 극) 영 reach 중 至 zhì 일 シ(いたる)

지사 맨 밑의 '一'은 땅 그 위는 머리를 땅쪽으로 두고 날아내리므로 '이르다'는 뜻이다.

至極(지극) 극진할 때까지 이름. 至急(지급) 至毒(지독) 至尊(지존)

이를 지(至)부 [6至0 총6획]

至至至至至至

이를 지

織

高4급

짜다, 베를 짬 유 組(짤 조) 영 weave 중 织 zhī 일 シキ(おる)

형성 실 사(糸)+찰흙 시(戠)자로 염색된 실로 베를 '짜다'의 뜻이다.

織機(직기) 베틀. 織物(직물) 織造(직조) 毛織(모직)

실 사(糸)부 [6糸12 총18획]

織織織織織織織織織織織織

짜다 직

職

高4Ⅱ급

벼슬, 구실 영 public office 중 职 zhí 일 ショク(つかさどる)

형성 귀 이(耳)+찰흙 시(戠)자로 전해 오는 말을 듣고 찰흙 그릇에 새기는 일이 업으로 '직분'이다.

職分(직분) 직무상의 본분. 職位(직위) 職責(직책) 職場(직장)

귀 이(耳)부 [6耳12 총18획]

職職職職職職職職職職職職

벼슬 직

陣

高4급

진치다, 줄 영 encamp, pitch 중 阵 zhèn 일 ジン(つらわる)

회의 언덕 부(阝)+수레 거(車)자로 언덕에 전쟁에 쓰이는 수레들을 '진치다'의 뜻이다.

陣頭(진두) 진의 선두. 투쟁의 선두. 陣法(진법) 陳腐(진부) 陳列(진열)

언덕 부(좌부방) 阜(阝)부 [3阝7 총10획]

陣陣陣陣陣陣陣陣陣陣

진칠 진

珍

高4급

보배, 진귀하다 유 寶(보배 보) 영 treasure 중 珍 zhēn 일 チン(めずらしい)

회의 구슬 옥(玉)+머리숱많을 진(㐱)자로 털에 덮인 사람처럼 보배는 '진귀하다'의 뜻이다.

珍本(진본) 진기한 책. 珍奇(진기) 珍品(진품) 珍味(진미)

구슬 옥(玉/王)부 [4王5 총9획]

珍珍珍珍珍珍珍珍珍

보배 진

進

中4Ⅱ급 쉬엄쉬엄갈 책(辶)부 [4辶8 총12획]

나아가다, 벼슬하다 〔반〕退(물러날 퇴) 〔영〕advance 〔중〕进 jìn 〔일〕シン(すすむ)

〔형성〕 쉬엄쉬엄갈 착(辶)+새 추(隹)자로 새가 날아가는 것처럼 앞으로 '나아간다'는 뜻이다.
進擊(진격) 나아가서 적을 침. 進路(진로) 進軍(진군) 進級(진급)

나아갈 진

盡

中4급 그릇 명(皿)부 [5皿9 총14획]

다하다, 정성 〔영〕exhaust 〔중〕尽 jìn 〔일〕尽 ジン(つまる)

〔회의〕 붓 율(聿)+불 화(火)+그릇 명(皿)자로 그릇 속을 솔로 털어서 비우므로 '다하다'는 뜻이다.
盡力(진력) 온힘을 다함. 盡心(진심) 未盡(미진) 無盡(무진)

다할 진

眞

中4Ⅱ급 눈 목(目)부 [5目5 총10획]

참, 진짜 〔반〕假(거짓 가) 〔영〕true 〔중〕真 zhēn 〔일〕真 シン(まこと)

〔회의〕 비수 비(匕)+눈 목(目)+마음 심(心)자로 비수로 눈을 도려내도 마음속으로는 '참된' 것은 변치 않는다.
眞價(진가) 참된 값어치. 眞談(진담) 眞骨(진골) 眞理(진리)

참 진

差

高4급 장인 공(工)부 [3工7 총10획]

다르다, 잘못 〔유〕異(다를 이) 〔영〕difference 〔중〕差 chā 〔일〕サ(さす)

〔회의〕 드리워질 수(垂)+왼 좌(左)자로 이삭이 포기의 좌우로 늘어져 서로 '어긋나다'의 뜻이다.
差減(차감) 덜어냄. 差別(차별) 差度(차도) 差益(차익)

어긋날 차

次

中4Ⅱ급 하품 흠(欠)부 [4欠2 총6획]

버금, 잇다 〔유〕副(버금 부) 〔영〕second 〔중〕次 cì 〔일〕ジ·シ(つぎ)

〔형성〕 두 이(二)+하품 흠(欠)자로 사람이 지쳐 하품하며 두 번째로 '다음'의 뜻이다.
次期(차기) 다음 시기. 次男(차남) 次官(차관) 次例(차례)

버금 차

讚

高4급	기리다, 칭찬함　㉭頌(기릴 송)　　　㉢praise　㊥赞 zàn　㊐サン(たたえる)
	㊗ 말씀 언(言)+도울 찬(贊)자로 말로써 잘 되도록 '칭찬하다'의 뜻이다. 讚頌歌(찬송가) 찬송하는 노래.　讚美(찬미)　讚辭(찬사)　讚揚(찬양)

말씀 언(言)부 [7言19 총26획]

기릴 찬

察

中4Ⅱ급	살피다, 알다　㉭省(살필 성)　　㉢watch　㊥察 chá　㊐サツ
	㊗ 집 면(宀)+제사 제(祭)자로 집에서 제사지낼 때 제상을 자세히 '살피다'는 뜻이다. 察色(찰색) 혈색을 살펴서 병을 진찰함.　察知(찰지)　監察(감찰)　考察(고찰)

갓머리(宀)부 [3宀11 총14획]

살필 찰

創

高4Ⅱ급	비롯하다, 시작하다　　　㉢begin　㊥创 chuàng　㊐ソウ(はじめる)
	㊗ 곳집 창(倉)에 칼 도(刂)자로 곳집을 지을 때 재목을 연장으로 깎으므로 '비롯하다'의 뜻이다. 創立(창립) 처음으로 세움.　創建(창건)　創軍(창군)　創成(창성)

칼 도(刀/刂)부 [2刀10 총12획]

비롯할 창

採

中4급	캐다, 파냄　　　㉢pick　㊥采 cǎi　㊐サイ(とる)
	㊗ 손 수(扌)+캘 채(采)자로 손으로 나무 열매를 따거나 땅속의 풀뿌리를 '캐다'의 뜻이다. 採鑛(채광) 광물을 캐어냄.　採金(채금)　採卵(채란)　採集(채집)

손 수(재방변) 手(扌)부 [3扌8 총11획]

캘 채

冊

中4급	책, 칙서(봉록·작위를 내리는)　㉭書(글 서)　㉢book　㊥册 cè　㊐サツ(ほん)
	㊗ 글을 적은 대조각을 한 줄로 엮어놓은 '책'의 뜻이다. 冊曆(책력) 책으로 된 역서.　冊房(책방)　冊名(책명)　冊欌(책장)

멀 경(冂)부 [2冂3 총5획]

책 책

4-4Ⅱ급 핵심한자 | **195**

中4II급	곳, 장소　윤 所(바 소)	영 place, site　중 处 chù　일 処 ショ(おる)
 범호 엄(虍)부 [6虍5 총11획]	회의 안석 궤(几)+천천히걸을 쇠(夊)자로 걸음을 멈추고 걸상에 앉아 쉬는 '곳'의 뜻이다. 處決(처결) 결정하여 처분함.　處事(처사)　處女(처녀)　處理(처리) 處處處處處處處處處處處	
머무를 처	處 處 處 處 處	

中 4급	샘, 물이 솟아 나오는 근원	영 spring　중 泉 quán　일 セン(いずみ)
 물 수(삼수변) 水(氵)부 [4水5 총9획]	상형 땅속이나 바위틈 등에서 물이 솟아나와서 떨어지는 모양을 본뜬 글자로 '샘'이다. 泉亭(천정) 샘터에 세운 정자.　泉石膏肓(천석고황)　溫泉(온천)　泉水畓(천수답) 泉泉泉泉泉泉泉泉泉	
샘 천	泉 泉 泉 泉 泉	

中 4급	듣다, 단정하다　윤 聞(들을 문)	영 hear　중 听 tīng　일 聴 チョウ(きく)
 귀 이(耳)부 [6耳16 총22획]	회의 귀 이(耳)+간사할 임(壬)+큰 덕(悳)자로 귀는 간사한 소리보다 덕있는 소리를 '들어야한다'. 聽訟(청송) 재판하기 위하여 송사를 들음.　聽力(청력)　聽覺(청각)　聽衆(청중) 聽聽聽聽聽聽聽聽聽聽聽聽聽	
들을 청	聽 聽 聽 聽 聽	

高 4급	관청, 관아	영 government　중 厅 tīng　일 庁 チョウ
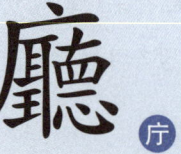 엄 호(广)부 [3广22 총25획]	형성 집 엄(广)+들을 청(聽)자로 백성들의 송사를 듣고 판결해주는 '관청'의 뜻이다. 廳舍(청사) 관아(官衙)의 집.　廳長(청장)　市廳(시청)　退廳(퇴청) 廳廳廳廳廳廳廳廳廳廳廳	
관청 청	廳 廳 廳 廳	

中4II급	청하다, 원하다	영 request　중 请 qǐng　일 セイ(こう)
請 말씀 언(言)부 [7言8 총15획]	형성 말씀 언(言)+푸를 청(靑)자로 윗사람을 뵙고 자기의 뜻을 '청하다'의 뜻이다. 請暇(청가) 휴가를 청함.　請負(청부)　請求(청구)　請約(청약) 請請請請請請請請請請請	
청할 청	請 請 請 請 請	

招

[中 4급]

손 수(재방변) 手(扌)부 [3扌5 총8획]

부를 초

부르다, 초래하다
영 invite, call 중 招 zhāo 일 ショウ(まねく)

회의 손 수(扌)+부를 소(召)자로 손으로 부른다 하여 '부르다'의 뜻이다.

招來(초래) 불러서 옴. 招請(초청) 招聘(초빙) 招待(초대)

招招招招招招招招

總

[高 4Ⅱ급] (総)

실 사(糸)부 [6糸11 총17획]

거느릴 총

거느리다, 합하다
영 command 중 总 zǒng 일 総 ソウ(ふさ)

형성 실 사(糸)+총총할 총(悤)자로 실을 총총히 묶으므로 '합하다'의 뜻이다.

總角(총각) 아직 결혼하지 아니한 남자. 總意(총의) 總販(총판) 總務(총무)

總總總總總總總總總總總總

銃

[高 4Ⅱ급]

쇠 금(金)부 [8金6 총14획]

총 총

총, 화총
영 gun, arms 중 铳 chòng 일 ジュウ

형성 쇠 금(金)+채울 충(充)자로 도끼에 자루를 끼우는 '소총'을 뜻한다.

銃彈(총탄) 총알. 長銃(장총) 銃口(총구) 銃器(총기)

銃銃銃銃銃銃銃銃銃銃銃銃銃銃

推

[中 4급]

손 수(재방변) 手(扌)부 [3扌8 총11획]

옮을 추/밀 퇴

옮다, 변천
영 get, push 중 推 tuī 일 スイ(おす)

형성 손 수(扌)+새 추(隹)자로 새가 앞으로 힘차게 '밀다'의 뜻이다.

推仰(추앙) 높이 받들어 우러름. 推考(추고) 推理(추리) 推算(추산)

推推推推推推推

蓄

[高 4Ⅱ급]

풀초(초두) 艸(艹)부 [4艹10 총14획]

쌓을 축

쌓다, 쌓아두다 유 積(쌓을 적)
영 store up 중 蓄 xù 일 チク(たくわえる)

형성 풀 초(艹)+짐승 축(畜)자로 가축에게 겨울에 먹을 풀을 '쌓아둔다'는 뜻이다.

蓄膿症(축농증) 콧속에 고름이 괴는 병. 蓄財(축재) 蓄積(축적) 蓄電(축전)

蓄蓄蓄蓄蓄蓄蓄蓄蓄蓄蓄蓄蓄

高4Ⅱ급 築 대 죽(竹)부 [6竹10 총16획]	쌓다, 건축함　　　　영 build, raise　중 筑 zhù　일 チク(きづく) 형성 주울 축(筑)+나무 목(木)자로 나무로 만든 공이로 흙을 다지고 '쌓다'의 뜻이다. 築臺(축대) 대를 쌓음.　築舍(축사)　築城(축성)　築造(축조) 築築築築築築築築築築築築	
쌓을 축	築　築　築　築　築	
高4급 縮 실 사(糸)부 [6糸11 총17획]	줄어들다, 오그라들다　　　영 shrink　중 缩 suō　일 シュク(ちぢむ) 형성 실 사(糸)+잘 숙(宿)자로 실천을 물에 담갔다 꺼내어 잠재우면 '줄어든다'의 뜻이다. 縮米(축미) 줄어든 쌀.　縮小(축소)　短縮(단축)　減縮(감축) 縮縮縮縮縮縮縮縮縮縮縮縮	
오그라들 축	縮　縮　縮　縮　縮	
中4Ⅱ급 忠 마음 심(심방변) 心(忄/㣺)부 [4心4 총8획]	충성, 진심　　　　영 loyalty　중 忠 zhōng　일 チュウ(まごころ) 형성 가운데 중(中)+마음 심(心)자로 마음속에서 우러나온 '충성'의 뜻이다. 忠良(충량) 충성스럽고 선량함.　忠臣(충신)　忠犬(충견)　忠僕(충복) 忠忠忠忠忠忠忠忠	
충성 충	忠　忠　忠　忠　忠	
中4Ⅱ급 蟲 _(虫) 벌레 충(虫)부 [6虫12 총18획]	벌레, 벌레 피해　　　영 insect　중 虫 chóng　일 虫 チュウ(むし) 회의 벌레 훼(虫) 셋을 합친 자로 발이 없는 벌레를 뜻한다. 幼蟲(유충) 애벌레.　蟲齒(충치)　昆蟲(곤충)　寄生蟲(기생충) 	
벌레 충		
中4Ⅱ급 取 또 우(又)부 [2又6 총8획]	취하다, 가지다　　　영 take, pick　중 取 qǔ　일 シュ(とる) 회의 귀 이(耳)+또 우(又)자로 전쟁에서 적을 죽여 증거물로 '취하다'의 뜻이다. 取得(취득) 손에 넣음.　取妻(취처)　取捨(취사)　取材(취재) 取取取取取取取取	
취할 취	取　取　取　取　取	

高 4급	 趣 달아날 주(走)부 [7走8 총15획] 달릴 **취**	달리다, 뜻 ㊌ 旨(뜻 지) ㊀ run, interest ㊁ 趣 qù ㊂ シュ(おもむき)
		형성 달아날 주(走)에 취할 취(取)자로 자기가 좋아하는 것을 얻는 것이 '재미'란 뜻이다. 趣舍(취사) 쓸 것은 쓰고 버릴 것은 버림. 趣向(취향) 趣味(취미) 趣旨(취지)

中 4급	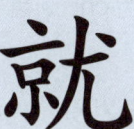 就 절름발이왕(尢)부 [3尢9 총12획] 이룰 **취**	나아가다, 이루다 ㊌ 進(나아갈 진) ㊀ achieve ㊁ 就 jiù ㊂ シュウ・ジュ(つく)
		회의 서울 경(京)+더욱 우(尤)자로 높은 언덕 위에 집을 짓고 살아감이 '이루어지다'. 就勞(취로) 일에 착수함. 就中(취중) 就業(취업) 就任(취임)

高 4Ⅱ급	測 물 수(삼수변) 水(氵)부 [3氵9 총12획] 잴 **측**	재다, 측량하다 ㊀ measure ㊁ 測 cè ㊂ ソク(はかる)
		회의·형성 물 수(氵)+법칙 칙(則)자로 물의 깊이를 '재다'의 뜻이다. 測量(측량) 다른 사람의 마음을 헤아림. 測雨器(측우기) 測定(측정) 推測(추측)

高 4급	 層 주검 시(尸)부 [3尸12 총15획] 층 **층**	층, 겹 ㊌ 階(층계 계) ㊀ storey ㊁ 层 céng ㊂ ソウ(かさなる)
		형성 주검 시(尸)+거듭 증(曾)자로 집 위에 지붕을 겹겹이 잇은 것으로 '층'을 뜻한다. 層階(층계) 층 사이를 오르내리는 계단. 層層(층층) 層數(층수) 階層(계층)

高 4Ⅱ급	 置 그물 망(网)(㓁/罒/冈)부 [5罒8 총13획] 둘 **치**	두다, 놓다 ㊀ place ㊁ 置 zhì ㊂ チ(おく)
		회의·형성 그물 망(罒)+곧을 직(直)자로 새그물을 바르게 쳐두므로 '두다'의 뜻이다. 置簿(치부) 금전의 출납을 적어놓은 장부. 位置(위치) 置重(치중) 措置(조치)

4-4Ⅱ급 핵심한자 | **199**

治

中4Ⅱ급

다스리다, 병 고치다　㊨ 政(다스릴 정)　㊇ govern　㊈ 治 zhì　㊉ ジ(おさめる)

형성 물 수(氵)+기를 이(台)자로 하천에 인공을 가하여 '다스리다'의 뜻이다.

治世(치세) 세상을 다스림.　治亂(치란)　治療(치료)　治山(치산)

물 수(삼수변) 水(氵)부 [3氵5 총8획]

다스릴 치

齒

中4Ⅱ급

이, 나이　㊇ tooth　㊈ 齿 chǐ　㊉ 歯 シ(は)

상형 이가 아래위로 나란히 박힌 모양을 본뜬 글자이다.

齒德(치덕) 나이가 많고 덕이 높음.　齒牙(치아)　齒科(치과)　齒痛(치통)

이 치(齒)부 [15齒0 총15획]

이 치

侵

高4Ⅱ급

침노하다, 침략　㊇ invade　㊈ 侵 qīn　㊉ シン(おかす)

회의 사람 인(亻)+비 추(帚)+또 우(又)자로 비를 들고 땅을 쓸어 남의 땅까지 '침'하다'.

侵攻(침공) 침입하여 공격함.　侵犯(침범)　侵入(침입)　侵蝕(침식)

사람 인(人)부 [2人7 총9획]

침범할 침

寢

高4급

잠자다, 쉬다　㊩ 起(일어날 기)　㊇ sleep　㊈ 寝 qǐn　㊉ 寝 シン(ねる)

형성 집 면(宀)+조각널 장(爿)+비 추(帚)자로 비로 깨끗이 청소한 침대에서 '잠자다'의 뜻이다.

寢牀(침상) 잠자리.　寢臺(침대)　寢具(침구)　寢室(침실)

갓머리(宀)부 [3宀11 총14획]

잠잘 침

針

中4급

바늘, 침　㊇ needle, pin　㊈ 针 zhēn　㊉ シン(はり)

형성 쇠 금(金)+열 십(十)자로 쇠로 만들어 열손가락을 써서 하는 '바느질'의 뜻이다.

針母(침모) 남의 집에서 바느질을 맡아 하던 여인.

方針(방침)　蜂針(봉침)　針葉樹(침엽수)

쇠 금(金)부 [8金2 총10획]

바늘 침

稱

高 4급

벼 화(禾)부 [5禾9 총14획]

일컫다, 칭찬 　㊌ 頌(칭송할 송) 　㊇ call 　㊆ 称 chēng 　㊊ 称 ショウ(となえる)

형성 벼[禾]를 손[爫]으로 쌓고 얼마만큼이라고 '칭하다'의 뜻이다.
稱量(칭량) 저울로 닮. 　稱名(칭명) 　稱頌(칭송) 　稱讚(칭찬)

일컬을 칭

快

中 4Ⅱ급

마음 심(심방변) 心(忄/㣺)부 [3忄4 총7획]

쾌하다, 상쾌하고 기분이 좋다 　㊇ cheerful 　㊆ 快 kuài 　㊊ カイ(こころよい)

형성 마음 심(忄)+결단할 쾌(夬)자로 마음속에 고민하던 일을 '쾌하다'의 뜻이다.
快感(쾌감) 상쾌한 느낌. 　快刀(쾌도) 　快擧(쾌거) 　快擲(쾌척)

쾌할 쾌

彈

高 4급

활 궁(弓)부 [3弓12 총15획]

탄환, 탄알 　㊇ bullet 　㊆ 弹 dàn 　㊊ 弾 ダン(たま·はじく)

형성 활 궁(弓)+홑 단(單)자로 화살이 활시위를 '튕기다'의 뜻이다.
彈琴(탄금) 거문고나 가야금을 탐. 　彈力(탄력) 　彈劾(탄핵) 　彈性(탄성)

탄환 탄

歎

高 4급

하품 흠(欠)부 [4欠11 총15획]

탄식하다, 노래하다 　㊇ lament 　㊆ 叹 tàn 　㊊ タン(なげく)

형성 어려울 난(難)+하품 흠(欠)자로 어려운 일을 당하면 '탄식하다'의 뜻이다.
歎服(탄복) 깊이 감탄하여 복종함. 　歎聲(탄성) 　歎辭(탄사) 　歎息(탄식)

탄식할 탄

脫

中 4급

고기 육(육달월) 肉(月)부 [4月7 총11획]

벗다, 벗기다 　㊇ slip off 　㊆ 脱 tuō 　㊊ ダツ(ぬける)

형성 고기 육(月:肉)+바꿀 태(兌)자로 벌레가 허물을 '벗다'의 뜻이다.
脫却(탈각) 나쁜 상태에서 벗어남. 　脫穀(탈곡) 　脫稿(탈고) 　脫線(탈선)

벗을 탈

探

中 4급

찾다, 뒤져서 가지다 ㉰ 訪(찾을 방)   영 search   중 探 tàn   일 タン(さがす)

형성 손 수(扌)+깊은 심(深)자로 손으로 깊은 곳을 더듬어 '찾는다'의 뜻이다.

探査(탐사) 더듬어 살펴 조사함. 探究(탐구) 探險(탐험) 探情(탐정)

손 수(재방변) 手(扌)부 [3扌8 총11획]

찾을 탐

態

高 4II급

모양, 태도 ㉰ 狀(모양 상)   영 shape, attitude   중 态 tài   일 タイ(さま)

회의 능할 능(能)+마음 심(心)자로 마음의 움직임에 따라서 나타나는 '태도'를 뜻한다.

態度(태도) 몸가짐. 樣態(양태) 態勢(태세) 狀態(상태)

마음 심(심방변) 心(忄/㣺)부 [4心10 총14획]

모양 태

擇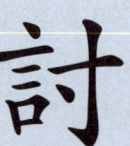

高 4급

가리다, 좋은 것을 가려 뽑다 ㉰ 選(가릴 선)   영 select   중 择 zé   일 択 タク(えらぶ)

형성 늘어놓는 물건을 많이 엿보아 좋은 것으로 '가리다'의 뜻이다.

擇一(택일) 하나를 고름. 擇吉(택길) 擇地(택지) 選擇(선택)

손 수(재방변) 手(扌)부 [3扌13 총16획]

가릴 택

討

高 4급

치다, 토벌하다 ㉰ 伐(칠 벌)   영 attack   중 讨 tǎo   일 トウ(うつ)

형성 말씀 언(言)+마디 촌(寸)자로 법도에 맞는 말로 다스리고 적을 '토벌'한다.

討索(토색) 벼슬아치 등이 재물을 강제로 청함. 討賊(토적) 討論(토론) 討議(토의)

말씀 언(言)부 [7言3 총10획]

칠 토

痛

高 4급

아프다, 원통하다   영 painful   중 痛 tòng   일 ツウ(いたむ)

형성 병 녁(疒)+물솟아오를 용(甬)자로 상처가 물이 솟아오르듯이 부풀어올라 '아프다'의 뜻이다.

痛感(통감) 마음에 사무친 느낌. 痛悔(통회) 痛哭(통곡) 痛歎(통탄)

병들 녁(疒)부 [5疒7 총12획]

아플 통

統

中4II급

실 사(糸)부 [6糸6 총12획]

거느릴 **통**

거느리다, 통괄하다 영 command 중 统 tǒng 일 トウ(すべる)

형성 실 사(糸)+채울 충(充)자로 누에가 뽑아낸 한 줄기의 긴실이므로 '계통'의 뜻이다.

統括(통괄) 낱낱이 한데 묶음. 統帥(통수) 統監(통감) 統計(통계)

退

中4II급

쉬엄쉬엄갈 착(책받침) 辵(辶)부 [4辶6 총10획]

물러날 **퇴**

물러나다, 후퇴함 반 進(나아갈 진) 영 retreat 중 退 tuì 일 タイ(しりぞく)

형성 쉬엄쉬엄갈 착(辶)+그칠 간(艮)자로 하던 일을 그치고 '물러가다'의 뜻이다.

退却(퇴각) 뒤로 물러남. 退社(퇴사) 退去(퇴거) 退勤(퇴근)

投

中 4급

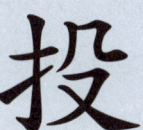

손 수(재방변) 手(扌)부 [3扌4 총7획]

던질 **투**

던지다, 내던지다 영 throw 중 投 tóu 일 トウ(なげる)

형성 손 수(扌)에 칠 수(殳)자로 손으로 창을 '던지다'의 뜻이다.

投光(투광) 조명기 따위로 빛을 내비침. 投球(투구) 投稿(투고) 投網(투망)

鬪

高 4급

싸울 투(鬥)부 [10鬥10 총20획]

싸움 **투**

싸움, 싸우게 하다 유 爭(다툴 쟁) 영 fight 중 斗 dòu 일 闘 トウ(たたかう)

형성 엄격한 법[寸]에 따라 서로 맞서 때리고 상처를 내며 '싸우다'의 뜻이다.

鬪犬(투견) 개싸움. 鬪牛(투우) 鬪志(투지) 鬪士(투사)

波

中4II급

물 수(삼수변) 水(氵)부 [3氵5 총8획]

물결 **파**

물결, 흐름 영 wave 중 波 bō 일 ハ(なみ)

회의 물 수(氵)+가죽 피(皮)자로 물의 거죽은 항상 움직여 '물결'이 인다.

波紋(파문) 수면에 이는 잔 물결. 波動(파동) 波高(파고) 波及(파급)

4-4II급 핵심한자 | 203

中4Ⅱ급 破 돌 석(石)부 [5石5 총10획] 깨뜨릴 **파**	깨뜨리다, 부수다　　　　　　　　영 break　중 破 pò　일 ハ(やぶる)
	형성 돌 석(石)+가죽 피(皮)자로 돌의 표면이 가죽처럼 '깨뜨리다'의 뜻이다. 破鏡(파경) 깨어진 거울. 부부 사이가 금이 간 상태. 破産(파산)　破壞(파괴)　破損(파손)

高4급 派 물 수(삼수변) 水(氵)부 [3氵6 총9획] 물갈래 **파**	물갈래, 가닥　　　　　　　　영 branch of a river　중 派 pài　일 ハ(わかれ)
	회의·형성 물 수(氵)+가죽 피(皮)자로 흐르는 '물줄기'의 모양이다. 派兵(파병) 군대를 파견함.　派爭(파쟁)　派生(파생)　派閥(파벌)

中4급 判 칼 도(刀/刂)부 [2刀5 총7획] 판단할 **판**	판단하다, 가르다　　　　　　　　영 judge　중 判 pàn　일 ハン(わける)
	형성 반 반(半)+칼 도(刀)자로 물건을 칼로 절반씩 자르듯 모든 일의 시비를 '판단'한다. 判讀(판독) 뜻을 판단하여 읽음.　判決(판결)　判別(판별)　判明(판명)

中4급 篇 대 죽(竹)부 [6竹9 총15획] 책 **편**	책, 완결된 책　　　　　　　　영 book　중 篇 piān　일 ヘン(まき)
	형성 대 죽(竹)+현판 변(扁)자로 대쪽에 글을 써서 가죽으로 꿰어 엮은 '책'의 뜻이다. 篇次(편차) 서책을 분류할 때의 차례.　篇籍(편적)　短篇(단편)　玉篇(옥편)

高4급 評 말씀 언(言)부 [7言5 총12획] 평할 **평**	평론하다　유 批(비평할 비)　　　　영 evaluate　중 评 píng　일 ヒョウ
	형성 말씀 언(言)+평평할 평(平)자로 어떤 문제에 대해 공평하게 '평'해야 한다. 評論(평론) 사물의 가치나 시비를 논함.　評傳(평전)　評價(평가)　評判(평판)

閉

문 문(門)부 [8門3 총11획]

닫다, 닫힘　⑱ 開(열 개)　　　영 shut　중 闭 bì　일 ヘイ(とじる)

회의 문 문(門)+재주 재(才)자로 문에 빗장을 '닫다'의 뜻이다.

閉幕(폐막) 연극을 마치고 막을 내림.　閉門(폐문)　閉講(폐강)　閉門(폐문)

閉閉閉閉閉閉閉閉閉閉閉

닫을 폐

閉 閉 閉 閉 閉

包

쌀 포(勹)부 [2勹3 총5획]

싸다, 감쌈　　　　　　　　　영 pack, wrap　중 包 bāo　일 ホウ(つつむ)

상형 어머니 태[勹]+아기[巳]가 웅크리고 있는 모양을 본뜬 글자이다.

包括(포괄) 여러 사물을 한데 묶음.　包攝(포섭)　包含(포함)　包袋(포대)

包包包包包

쌀 포

包 包 包 包 包

胞

고기 육(육달월) 肉(月)부 [4月5 총9획]

태보, 세포　　　　　　　　영 womb, cell　중 胞 bāo　일 ホウ(えな·はら)

회의 고기 육(月:肉)+쌀 포(包)자로 몸이 태아를 싸고 있는 '세포'의 뜻이다.

胞宮(포궁) 아기집.　胞衣(포의)　胞子(포자)　同胞(동포)

胞胞胞胞胞胞胞胞胞

세포 포

胞 胞 胞 胞 胞

砲

돌 석(石)부 [5石5 총10획]

대포, 포　　　　　　　　　영 cannon　중 炮 páo　일 ホウ(ほえる)

형성 돌 석(石)+쌀 포(包)자로 돌을 싸서 쏘는 무기인 '대포'의 뜻이다.

砲彈(포탄) 포로 내쏘는 탄알.　砲手(포수)　砲兵(포병)　砲門(포문)

砲砲砲砲砲砲砲砲砲

대포 포

砲 砲 砲 砲 砲

布

수건 건(巾)부 [3巾2 총5획]

베, 피륙의 총칭　　　　　　영 linen　중 布 bù　일 フ·ホ(ぬの)

형성 손[乂]에 걸고 있는 수건[巾]은 '베'로 만들었다.

布告(포고) 일반인에게 널리 알림.　布敎(포교)　布石(포석)　布施(보시)

布布布布布

베 포/베풀 보

布 布 布 布 布

暴

날 일(日)부 [4日11 총15획]

사나울 **폭/포**

사납다, 세차다   영 wild, expose   중 暴 bào   일 ボウ(あばれる)

회의·형성 火熱(화열)에 의해 속이 노출됨을 나타낸다.
暴虐(포학) 횡포하고 잔악함.   暴君(폭군)   暴動(폭동)   橫暴(횡포)

爆

불 화(火/灬)부 [4火15 총19획]

터질 **폭**

터지다, 불사르다   영 explode   중 爆 bào   일 バク(やく)

형성 불 화(火)+사나울 폭(暴)자로 사나운 불길에 물체가 '터지다'의 뜻이다.
爆發(폭발) 화력으로 인하여 갑자기 터짐.   爆笑(폭소)   爆破(폭파)   爆音(폭음)

票

표, 표하다   영 ticket   중 票 piào   일 ヒョウ

회의 요긴할 요(要)+보일 시(示)자로 물건의 중앙이나 가장 중요한 곳에 부치는 '표'를 뜻한다.
票決(표결) 투표로 결정함.   票金(표금)   改票(개표)   投票(투표)

보일 시(示)부 [5示6 총11획]

표 **표**

標

표, 우듬지   영 mark   중 标 biāo   일 ヒョウ(しるし)

형성 나무 목(木)+표 표(票)자로 다른 사람에게 잘 보이도록 나무 끝에 '표시하다'의 뜻이다.
標語(표어) 슬로건.   標注(표주)   標的(표적)   標榜(표방)

나무 목(木)부 [4木11 총15획]

표할 **표**

豊

콩 두(豆)부 [7豆6 총13획]

풍년 **풍**

풍성하다, 풍년   반 凶(흉할 흉)   영 abundant   중 丰 fēng   일 豊 ホウ(ゆたか)

상형 제사 그릇에 많은 음식이 담긴 모양을 본뜬 글자로 제사 음식이 '풍성하다'의 뜻이다.
豊年(풍년) 농사가 잘된 해.   豊滿(풍만)   豊美(풍미)   物豊(물풍)

疲

高 4급

피곤하다, 지치다

영 tired 중 疲 pí 일 ヒ(つからす)

형성 병 녁(疒)+가죽 피(皮)자로 가죽만 남을 정도로 병들어 매우 '피곤하다'의 뜻이다.

疲困(피곤) 몸과 정신이 지쳐서 고달픔. 疲勞(피로) 疲斃(피폐) 倦疲(권피)

병들 녁(疒)부 [5疒5 총10획]

피곤할 피

避

高 4급

피하다, 떠나다 ㊀ 逃(달아날 도)

영 avoid 중 避 bì 일 ヒ(さける)

형성 편벽될 벽(辟)+쉬엄쉬엄갈 착(辶)자로 법으로 금한 일을 '피하다'의 뜻이다.

避亂(피란) 난리를 피함. 避雷(피뢰) 避身(피신) 避妊(피임)

쉬엄쉬엄갈 착(책받침) 辵(辶)부 [4辶13 총17획]

피할 피

恨

中 4급

한하다, 원한을 품다 ㊀ 怨(원망할 원)

영 grudge 중 恨 hèn 일 コン(うらむ)

회의 마음 심(忄)+그칠 간(艮)자로 어떤 소원을 얻지 못해 마음이 그쳐 있으므로 '한하다'의 뜻이다.

恨死(한사) 한을 품고 죽음. 痛恨(통한) 恨歎(한탄) 餘恨(여한)

마음 심(심방변) 心(忄/㣺)부 [3忄6 총9획]

한할 한

限

中 4II급

한정, 한계

영 limit 중 限 xiàn 일 ゲン(きり·かぎる)

형성 언덕 부(阝)+그칠 간(艮)자로 언덕끝까지 갔으니 갈 곳이 없으므로 '한정되다'의 뜻이다.

限界(한계) 땅의 경계. 限度(한도) 限定(한정) 制限(제한)

언덕 부(좌부방) 阜(阝)부 [3阝6 총9획]

한정 한

閑

中 4급

한가하다, 등한하다

영 leisure, free 중 闲 xián 일 カン

회의 문 문(門)+나무 목(木)자로 문에 나무를 가로질러 출입을 막으니 '한가하다'의 뜻이다.

閑邪(한사) 나쁜 마음이 생기지 않도록 막음. 閑寂(한적) 閑暇(한가) 閑散(한산)

문 문(門)부 [8門4 총12획]

한가할 한

4-4II급 핵심한자 | 207

抗 막을 항

高 4급 | 손 수(재방변) 手(扌)부 [3扌4 총7획]

대항하다, 막다 — 영 block, resist | 중 抗 kàng | 일 コウ(てむかう)

형성 손 수(扌)+겨룰 항(亢)자로 손으로 적과 겨루어 '대항하다'의 뜻이다.
抗拒(항거) 대항하여 버팀. 抗力(항력) 抗體(항체) 抗議(항의)

航 건널 항

高 4Ⅱ급 | 배 주(舟)부 [6舟4 총10획]

건너다, 배로 물을 건넘 — 영 across | 중 航 háng | 일 コウ(わたる)

형성 배 주(舟)+높을 항(亢)자로 높은 돛대를 세운 배가 '운항하다'의 뜻이다.
航空(항공) 비행기나 비행선으로 공중을 비행함. 航海(항해) 航速(항속) 航路(항로)

港 항구 항

高 4Ⅱ급 | 물 수(삼수변) 水(氵)부 [3氵9 총12획]

항구, 배가 머무는 곳 — 영 port | 중 港 gǎng | 일 コウ(みなと)

형성 물 수(氵)+마을 항(巷)자로 물의 길, 즉 배가 다니는 '항구'의 뜻이다.
港口(항구) 배가 드나드는 곳. 港都(항도) 空港(공항) 出港(출항)

解 풀 해

中 4Ⅱ급 | 뿔 각(角)부 [7角6 총13획]

풀다, 풀어지다 — 영 explain, solve | 중 解 jiě | 일 解 カイ(とく)

회의 뿔 각(角)+칼 도(刀)+소 우(牛)자로 소를 칼로 뿔에 이르기까지 '풀다'의 뜻이다.
解毒(해독) 독기를 풀어 없앰. 解答(해답) 解明(해명) 解職(해직)

核 씨 핵

高 4급 | 나무 목(木)부 [4木6 총10획]

씨, 알맹이 — 영 kernel, core | 중 核 hé | 일 カク(さわ)

형성 나무 목(木)+돼지 해(亥)자로 사물의 중심 알맹이를 뜻하며 나아가 '씨'를 뜻한다.
核心的(핵심적) 사물의 중심이 되는 부분. 核武器(핵무기) 結核(결핵) 兎核(토핵)

鄕

中4Ⅱ급

시골, 마을 반 京(서울 경) 영 country 중 乡 xiāng 일 郷 キョウ(さと)

회의 음식을 가운데 놓고 여러 사람이 먹는 '마을'의 뜻이다.
鄕里(향리) 시골. 또는 고향. 他鄕(타향) 鄕歌(향가) 鄕愁(향수)

고을 읍(우부방) 邑(阝)부 [3阝10 총13획]

시골 향

香

中4Ⅱ급

향기, 향기롭다 영 perfume 중 香 xiāng 일 ユウ(か)

회의 벼 화(禾)+달 감(日:甘)자로 풍년을 빌기 위해 음식 냄새가 '향기롭다'의 뜻이다.
香氣(향기) 향기로운 냄새. 香水(향수) 香爐(향로) 香臭(향취)

향기 향(香)부 [9香0 총9획]

향기 향

虛

中4Ⅱ급

비다, 헛되다 유 空(빌 공) 영 empty 중 虚 xū 일 虚 キョ(むなしい)

형성 범 호(虍)+언덕 구(丘)자로 범을 잡으려고 놓은 함정에 걸려든 것이 '없다'는 뜻이다.
虛空(허공) 공중. 虛誕(허탄) 虛構(허구) 虛脫(허탈)

범호 엄(虍)부 [6虍6 총12획]

빌 허

憲

高 4급

법, 법규 유 法(법 법) 영 law 중 宪 xiàn 일 ケン(のり)

회의 해로울 해(害)+눈 목(目)+마음 심(心)자로 해침당하지 않도록 눈과 마음을 밝히는 '법'을 뜻한다.
憲法(헌법) 나라의 법률. 憲度(헌도) 憲兵(헌병) 改憲(개헌)

마음 심(심방변) 心(忄/㣺)부 [4心12 총16획]

법 헌

險

高 4급

험하다, 위태롭다 영 rough 중 险 xiǎn 일 険 ケン(けわしい)

형성 언덕 부(阝)+다 첨(僉)자로 높은 곳에 많은 사람과 물건이 있는 것이 '험하다'를 뜻한다.
險難(험난) 험하고 어려움. 險路(험로) 險談(험담) 險峻(험준)

언덕 부(좌부방) 阜(阝)부 [3阝13 총16획]

험할 험

4-4Ⅱ급 핵심한자 | 209

高4Ⅱ급	驗	증험하다, 시험 ㉦ 試(시험 시) ㉢ test ㉠ 验 yàn ㉣ 験 ケン(しるし)
		형성 말 마(馬)+다 첨(僉)자로 여러 사람이 모여서 말의 좋고 나쁨을 '시험하다'를 뜻한다. 驗決(험결) 조사하여 결정함. 驗力(험력) 經驗(경험) 試驗(시험)
말 마(馬)부 [10馬13 총23획]		驗驗驗驗驗驗驗驗驗驗驗驗
시험 **험**		驗 驗 驗 驗 驗

高4급	革	가죽, 피부 ㉢ leather ㉠ 革 gé ㉣ カク(かえる)
		상형 짐승의 머리에서 꼬리까지 벗긴 '가죽'의 모양을 본뜬 글자이다. 革帶(혁대) 가죽으로 만든 대. 革命(혁명) 革罷(혁파) 革去(혁거)
가죽 혁(革)부 [9革0 총9획]		革革革革革革革革革
가죽 **혁**		革 革 革 革 革

中4Ⅱ급	賢	어질다, 어진 사람 ㉢ wise ㉠ 贤 xián ㉣ ケン(かしこい)
		형성 굳을 견(臤)+조개 패(貝)자로 원래 재화가 많음을 가리켜 '어질다'는 뜻이다. 賢良(현량) 어질고 착함. 賢明(현명) 賢人(현인) 賢淑(현숙)
조개 패(貝)부 [7貝8 총15획]		賢賢賢賢賢賢賢賢賢賢賢賢賢賢賢
어질 **현**		賢 賢 賢 賢 賢

高4급	顯	나타나다, 드러나다 ㉦ 現(나타날 현) ㉢ appear ㉠ 显 xiǎn ㉣ 顕 ケン(あきらか)
		형성 머리에 감은 아리따운 장식품이 눈에 '나타나다'의 뜻이다. 顯考(현고) 망부의 경칭. 顯貴(현귀) 顯著(현저) 發顯(발현)
머리 혈(頁)부 [9頁14 총23획]		顯顯顯顯顯顯顯顯顯顯顯顯
나타날 **현**		顯 顯 顯 顯 顯

中4Ⅱ급	血	피, 골육 ㉢ blood ㉠ 血 xuè ㉣ ケツ(ち)
		회의·형성 삐침 별(丿)+그릇 명(皿)자로 칼질을 하여 흘러나온 '피'를 그릇에 담다. 血管(혈관) 핏줄. 血氣(혈기) 血淚(혈루) 血鬪(혈투)
피 혈(血)부 [6血0 총6획]		血血血血血血
피 **혈**		血 血 血 血 血

協 (합할 협)

- 中4Ⅱ급
- 화합하다, 일치하다 (유) 和(화할 화)
- (영) harmony (중) 协 xié (일) キョウ(かなう)
- 형성: 열 십(十)+화할 협(劦)자로 많은 사람이 힘을 '화합하다'의 뜻이다.
- 協同(협동) 여럿이 마음과 힘을 합하여 어떤 일을 함.
- 協力(협력) 協助(협조) 協商(협상)
- 열 십(十)부 [2十6 총8획]

刑 (형벌 형)

- 中 4급
- 형벌, 형벌을 주다
- (영) punishment (중) 刑 xíng (일) ケイ(のり)
- 형성: 우물 정(井)+칼 도(刂)자로 죄인을 형틀에 매달고 칼로 위엄을 보이므로 '형벌'의 뜻이다.
- 刑期(형기) 형에 처하는 시기. 刑典(형전) 刑罰(형벌) 刑事(형사)
- 칼 도(刀/刂)부 [2刀4 총6획]

惠 (은혜 혜)

- 高4Ⅱ급
- 은혜, 혜택 (유) 恩(은혜 은)
- (영) favor (중) 惠 huì (일) 惠 エ(めぐむ)
- 회의: 삼갈 전(叀)+마음 심(心)자로 말과 행동을 삼가고 어진 마음으로 베푸는 '은혜'를 뜻한다.
- 惠聲(혜성) 인자하다는 소문. 惠示(혜시) 惠澤(혜택) 惠存(혜존)
- 마음 심(심방변) 心(忄/㣺)부 [4心8 총12획]

呼 (부를 호)

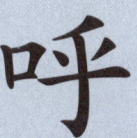

- 中4Ⅱ급
- 부르다, 외치다
- (영) call (중) 呼 hū (일) コ(よぶ)
- 형성: 입 구(口)+어조사 호(乎)자로 소리를 길게 내어 '부르다'의 뜻이다.
- 呼戚(호척) 인척간의 항렬을 찾아 부름. 呼應(호응) 呼價(호가) 呼客(호객)
- 입 구(口)부 [3口5 총8획]

好 (좋을 호)

- 中4Ⅱ급
- 좋다, 좋아하다 (반) 惡(미워할 오)
- (영) good (중) 好 hǎo (일) コウ(よい)
- 회의: 계집 녀(女)+아들 자(子)자로 여자가 아이를 안고 좋아하므로 '좋다'를 뜻한다.
- 好感(호감) 좋은 느낌. 好機(호기) 好轉(호전) 好況(호황)
- 계집 녀(女)부 [3女3 총6획]

中4Ⅱ급	戶	집, 지게	영 house 중 户 hù 일 コ(と)
		상형 두 짝으로 된 문의 한 짝인 '지게문'을 본뜬 글자이다.	
		戶口(호구) 호수와 인구. 戶別(호별) 戶當(호당) 戶主(호주)	
집 호(戶)부 [4戶0 총4획]		戶 戶 戶 戶	
	집 호	戶 戶 戶 戶 戶	

高4Ⅱ급	護	보호하다, 지키다	영 protect 중 护 hù 일 ゴ(まもる)
		형성 타이르고 또 정상을 '보호하다'의 뜻이다.	
		護國(호국) 나라를 다른 나라의 침략으로부터 지킴.	
		護身術(호신술) 護送(호송) 護衛(호위)	
말씀 언(言)부 [7言14 총21획]		護護護護護護護護護護	
	보호할 호	護 護 護 護 護	

中4급	或	혹, 혹은	영 perhaps 중 或 huò 일 ワク(あるいは)
		회의 적군이 영토 안에 쳐들어올지도 모른다 하여 '혹시'를 뜻한다.	
		或問(혹문) 어떤 이가 묻는다는 식으로 설명하는 일.	
		或說(혹설) 或是(혹시) 或者(혹자)	
창 과(戈)부 [4戈4 총8획]		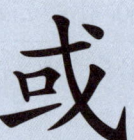	
	혹시 역	或 或 或 或 或	

中4급	婚	혼인하다, 혼인	영 marry 중 婚 hūn 일 コン
		회의 계집 녀(女)+저물 혼(昏)자로 옛날 신부를 어두울 때 결혼하므로 '혼인'의 뜻이다.	
		婚期(혼기) 혼인하기에 적당한 나이. 婚配(혼배) 婚禮(혼례) 婚需(혼수)	
계집 녀(女)부 [3女8 총11획]		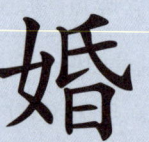	
	혼인할 혼	婚 婚 婚 婚 婚	

中4급	混	섞다, 섞임 유 雜(섞일 잡)	영 mix 중 混 hùn 일 コン(まぜる)
		형성 물 수(氵)+같을 곤(昆)자로 탁하고 맑은 물이 모두 같은 '섞인다'는 뜻이다.	
		混用(혼용) 섞여서 씀. 混合(혼합) 混沌(혼돈) 混亂(혼란)	
물 수(삼수변) 水(氵)부 [3氵8 총11획]		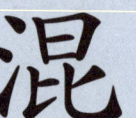	
	섞을 혼	混 混 混 混 混	

紅

中 4급	붉다, 붉은 빛 ㉬ 朱(붉을 주) 영 red 중 红 hóng 일 コウ(べに)
	형성 실 사(糸)+장인 공(工)자로 실에 붉은 물감을 들여서 붉게 만드므로 '붉다'의 뜻이다.
	紅寶石(홍보석) 홍옥. 루비를 말함. 紅顔(홍안) 紅蓮(홍련) 紅柿(홍시)
실 사(糸)부 [6糸3 총9획]	紅紅紅紅紅紅紅紅紅
붉을 **홍**	紅 紅 紅 紅 紅

貨

中 4Ⅱ급	재화, 말하다 ㉬ 財(재물 재) 영 goods 중 货 huò 일 カ(かね)
	회의·형성 될 화(化)+조개 패(貝)자로 돈이 되는 물건이므로 '재화'를 뜻한다.
	貨幣(화폐) 지불 수단으로 사용되는 매개체. 貨物(화물) 貨主(화주) 貨車(화차)
조개 패(貝)부 [7貝4 총11획]	貨貨貨貨貨貨貨貨貨貨貨
재화 **화**	貨 貨 貨 貨 貨

華

中 4급	빛날, 꽃피다 ㉬ 榮(영화 영) 영 brilliant 중 华 huá 일 カ(はな)
	회의 풀 초(艹)+드리울 수(垂)자로 초목의 꽃이 무성하여 '화려하다'의 뜻이다.
	華甲(화갑) 61세. 華僑(화교) 華麗(화려) 華奢(화사)
풀초(초두) 艸(艹)부 [4艹8 총12획]	華華華華華華華華華華
빛날 **화**	華 華 華 華 華

確

高 4Ⅱ급	확실하다, 굳다 ㉬ 固(굳을 고) 영 firm 중 确 què 일 カク(たしか)
	형성 돌 석(石)+새높이날 확(寉)자로 지조가 높고 의지가 돌처럼 '굳다'의 뜻이다.
	確答(확답) 확실한 대답. 確實(확실) 確保(확보) 確定(확정)
돌 석(石)부 [5石10 총15획]	確確確確確確確確確確
굳을 **확**	確 確 確 確 確

歡

中 4급	기뻐하다, 기쁘게 하다 ㉬ 喜(기쁠 희) 영 delight 중 欢 huān 일 歓 カン(よろこぶ)
	형성 황새 관(雚)+하품 흠(欠)자로 어미 황새가 먹이를 물어오면 새끼들이 '기뻐한다'의 뜻이다.
	歡談(환담) 정겹게 말을 주고받음. 歡迎(환영) 歡聲(환성) 歡待(환대)
하품 흠(欠)부 [4欠18 총22획]	歡歡歡歡歡歡歡歡歡歡
기뻐할 **환**	歡 歡 歡 歡 歡

高 4급	고리, 두르다	영 ring, link 중 环 huán 일 カン(たまき)
 구슬 옥(玉/王)부 [4玉13 총17획]	형성 속이 빈 둥근 옥이므로 '고리'의 뜻이다. 環境部(환경부) 행정 각부의 하나. 環刀(환도) 花環(화환) 玉環(옥환) 環環環環環環環環環環環環	
고리 **환**	環 環 環 環 環	

高 4급	하물며, 더구나	영 moreover 중 况 kuàng 일 キョウ(いわんや)
 물 수(삼수변) 水(氵)부 [3氵5 총8획]	형성 물 수(氵)+맏 형(兄)자로 물이 이전보다 더 불어나서 많아지므로 '하물며'의 뜻이다. 現況(현황) 현재의 상황. 況且(황차) 景況(경황) 實況(실황) 況況況況況況況況	
하물며 **황**	況 況 況 況 況	

中 4Ⅱ급	돌다, 돌아오다	영 return 중 廻 huí 일 カイ·エ(めぐる)
 큰입 구(口)부 [3口3 총6획]	지사 물건이 회전하는 모양으로 빙빙 '돎'을 본뜬 글자이다. 回甲(회갑) 나이 61세. 回顧錄(회고록) 回軍(회군) 回答(회답) 回回回回回回	
돌 **회**	回 回 回 回 回	

中 4급	재, 재가 되다	영 ashes 중 灰 huī 일 カイ(はい)
 불 화(火/灬)부 [4火2 총6획]	회의 바위[厂] 밑에서 불[火]을 때니 '재'가 남는다. 灰壁(회벽) 석회를 바른 벽. 灰色(회색) 灰燼(회신) 石灰(석회) 灰灰灰灰灰灰	
재 **회**	灰 灰 灰 灰 灰	

中 4급	철, 계절	영 season 중 候 hòu 일 コウ(うかがう)
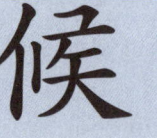 사람 인(人)부 [2人8 총10획]	형성 활을 쏠 때 과녁을 잘 살펴야 하는 것처럼 날씨를 살피는 '기후'의 뜻이다. 候補(후보) 어떤 지위나 신분에 오르기를 바람. 候鳥(후조) 氣候(기후) 問候(문후) 候候候候候候候候候候	
철 **후**	候 候 候 候 候	

厚

中4급

두텁다, 도탑다 영thick 중厚 hòu 일コウ(あつい)

형성 집 엄(厂)+클 후(旱)자로 높고 두터운 벼랑의 뜻으로 '두텁다'를 뜻한다.

厚待(후대) 두터운 대우. 厚德(후덕) 厚意(후의) 厚生(후생)

민엄 호(厂)부 [2厂7 총9획]

두터울 **후**

揮

高4급

휘두르다, 지시하다 영brandish 중挥 huī 일キ(ふるう)

회의 손 수(扌)+군사 군(軍)자로 손을 휘두르며 군사들을 통솔하므로 '휘두르다'를 뜻한다.

揮毫(휘호) 글씨를 쓰거나 그림을 그림. 揮場(휘장) 揮發(휘발) 指揮(지휘)

손 수(재방변) 手(扌)부 [3扌9 총12획]

휘두를 **휘**

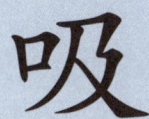

吸

高4Ⅱ급

숨 들이쉬다, 마시다 영breath 중吸 xī 일キュウ(すう)

회의 입 구(口)+미칠 급(及)자로 입으로 들이쉬는 숨이 폐에까지 미치므로 '들이쉬다'를 뜻한다.

吸着(흡착) 달라붙음. 吸血鬼(흡혈귀) 吸煙(흡연) 吸入(흡입)

입 구(口)부 [3口4 총7획]

숨을 **흡**

興

中4Ⅱ급

일어나다, 번성하다 반 亡(망할 망) 영rise 중兴 xīng 일コウ(おこる)

지사 마주들 여(舁)+한가지 동(同)자로 힘을 합해 함께 들어올리면 일이 '흥한다'는 뜻이다.

興國(흥국) 나라를 흥하게 함. 興起(흥기) 興亡(흥망) 興味(흥미)

절구 구(臼)부 [6臼10 총16획]

흥할 **흥**

喜

中4급

기쁘다, 즐겁다 유 歡(기쁠 환) 영glad 중喜 xǐ 일キ(よろこぶ)

회의 북 고(鼓)+입 구(口)자로 북을 치며 입으로 노래를 부르므로 '기쁘다'는 뜻이다.

喜劇(희극) 익살과 풍자가 섞인 연극. 喜報(희보) 喜捨(희사) 喜悅(희열)

입 구(口)부 [3口9 총12획]

기쁠 **희**

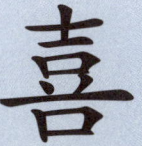

| 中4II급 希 수건 건(巾)부 [3巾4 총7획] 바랄 희 | 바라다, 드물다　㊀ 望(바랄 망)　㊇ expect　㊂ 希 xī　㊐ キ(ねがう)
㊗ 폴벨 예[乂]+ 수건 건(巾)자로 찢어진 수건을 새것으로 교체하기를 '희망'하다.
希求(희구) 원하고 바람.　希望(희망)　希願(희원)　希冀(희기) |

Part III

3단계 왕초보
1800 한자 쓰기 교본

3단계
● 핵심한자(고급단계 : 3~3Ⅱ급) ●

3단계 왕초보 — 3단계

高 3급	시렁, 횃대	영 shelf 중 架 jià 일 カ(かかる)
架 나무 목(木)부 [4木5 총9획]	형성 나무 목(木)+더할 가(加)자로 물건을 더 많이 얹기 위하여 나무로 만든 '시렁'을 뜻한다. 架空(가공) 근거가 없음. 架槽(가조) 架橋(가교) 架臺(가대) 架架架架架架架架架	
시렁 가	架 架 架 架 架	

中3II급	아름답다, 좋다	영 beautiful 중 佳 jiā 일 カ
佳 사람 인(人)부 [2人6 총8획]	형성 사람 인(亻)+서옥 규(圭)자로 균형이 잡혀 아름다운 '사람'을 뜻한다. 佳境(가경) 흥미로운 고비. 재미있는 판 佳人(가인) 佳景(가경) 佳約(가약) 佳佳佳佳佳佳佳佳	
아름다울 가	佳 佳 佳 佳 佳	

高 3급	물리치다	영 beat 중 却 què 일 キャク(しりぞける)
却 병부 절(卩/㔾)부 [2卩5 총7획]	형성 갈 거(去)+몸기 절(卩)자로 무릎걸음으로 뒤로 '물러나다'를 뜻한다. 却望(각망) 뒤를 돌아다 봄. 却說(각설) 却走(각주) 却下(각하) 却却却却却却却	
물리칠 각	却 却 却 却 却	

中3II급	다리, 물건 떠받치는 것	영 leg 중 脚 jiǎo 일 キャク(あし)
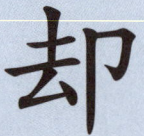 고기 육(육달월) 肉(月)부 [4月7 총11획]	형성 고기 육(月)+뒤로 물러날 각(却)자로 뒷걸음질칠 때 움직이는 몸, 즉 '정강이'를 뜻한다. 脚光(각광) 조명 장치의 하나. 脚色(각색) 脚本(각본) 脚注(각주) 脚脚脚脚脚脚脚脚脚脚脚	
다리 각	脚 脚 脚 脚 脚	

閣

高3Ⅱ급

누각, 다락집 영gate post 중阁 gé 일カク(たかどの)

형성 문 문(門)+ 각각 각(各)자로 문을 열었을 때나 닫았을 때 문짝이 움직이지 않게 거는 '도구(道具)'를 뜻한다.
閣道(각도) 다락집의 복도. 閣議(각의) 閣令(각령) 閣僚(각료)

문 문(門)부 [8門6 총14획]

閣閣閣閣閣閣閣閣閣閣閣閣閣閣

문설주 **각**

肝

高3Ⅱ급

간, 간장 영liver 중肝 gān 일カン(きも)

형성 고기 육(月)+방패 간(干:줄기(幹)를 가리킴)자로 몸속의 중요한 부분, 즉 '간'을 뜻한다.
肝膈(간격) 몸 속 깊이 있는 간장과 가로막. 肝要(간요) 肝膽(간담) 肝癌(간암)

고기 육(육달월) 肉(月)부 [4月3 총7획]

肝肝肝肝肝肝肝

간 **간**

懇

高3Ⅱ급

간절하다, 노력하다 영sincerity 중恳 kěn 일コン(ねんごろ)

형성 정성스러울 간(豤)+마음 심(心)자로 정성스러운 마음과 간절한 것을 뜻한다.
懇切(간절) 절실함. 懇求(간구) 懇談(간담) 懇切(간절)

마음 심(심방변) 心(忄/㣺)부 [4心13 총17획]

정성 **간**

幹

高3Ⅱ급

줄기, 기둥 영trunk 중干 gàn 일カン(みき)

형성 해돋을 간(倝 : 깃대 모양) +방패 간(干)자로 '줄기'를 뜻한다.
幹部(간부) 조직에서 중심을 이루는 사람. 幹枝(간지) 幹能(간릉) 幹部(간부)

방패 간(干)부 [3干10 총13획]

幹幹幹幹幹幹幹幹幹幹幹幹幹

줄기 **간**

姦

高3급

간사하다, 속임 영adultery 중奸 jiān 일カン(よこしま)

회의 여자(女) 세 명을 합하여 '불의, 간사함'을 뜻한다.
姦夫(간부) 간통한 사내. 姦通(간통) 姦婦(간부) 姦淫(간음)

계집 녀(女)부 [3女6 총9획]

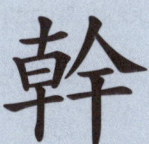

간사할 **간**

刊

高3Ⅱ급

칼 도(刀/刂)부 [2刀3 총5획]

책 간

책 펴내다 영 carve·publish 중 刊 kān 일 カン(きざむ)

형성 방패 간(干)+칼 도(刂)자로 옛날에는 나무판자나 대나무 쪽에 글자를 새겨 책을 만들었다.
刊本(간본) 인쇄된 서책. 刊印(간인) 刊刻(간각) 刊印(간인)

刊刊刊刊刊
刊 刊 刊 刊 刊

渴

中 3급

물 수(삼수변) 水(氵)부 [3氵9 총12획]

목마를 갈

목마르다, 갈증 영 thirsty 중 渴 kě 일 カツ(かわく)

형성 물 수(氵)+그칠 갈(曷)자로 물이 말라버려 '목마른 것'을 뜻한다.
渴求(갈구) 애써 구함. 渴症(갈증) 渴急(갈급) 渴望(갈망)

渴渴渴渴渴渴渴渴渴渴渴
渴 渴 渴 渴 渴

鑑

高3Ⅱ급

쇠 금(金)부 [8金14 총22획]

거울 감

거울, 본보기 영 mirror 중 鑑 jiàn 일 カン(かがみ)

형성 쇠 금(金)+살필 감(監)자로 비추어 보는 쇠, 즉 '거울'을 뜻한다.
鑑別(감별) 감정하여 좋고 나쁨을 가림. 鑑賞(감상) 鑑識(감식) 鑑定(감정)

鑑鑑鑑鑑鑑鑑鑑鑑鑑鑑
鑑 鑑 鑑 鑑 鑑

綱

高3Ⅱ급

실 사(糸)부 [6糸8 총14획]

벼리 강

벼리, 사물의 근본 영 outline 중 纲 gāng 일 コウ(つな)

형성 실 사(糸)+산등성이 강(岡)자로, 매우 튼튼한 새끼줄이나 밧줄, 즉 '벼리'를 뜻한다.
綱領(강령) 일의 큰 줄거리. 綱目(강목) 綱常(강상) 綱要(강요)

綱綱綱綱綱綱綱綱綱綱
綱 綱 綱 綱 綱

剛

高3Ⅱ급

칼 도(刀/刂)부 [2刀8 총10획]

굳셀 강

굳세다, 굳다 영 firm 중 刚 gāng 일 ゴウ(つよい)

형성 산등성이 강(岡:강하다)+칼 도(刂)자로 칼로 위협해도 산처럼 버티고 서서 굴하지 않음을 뜻한다.
剛性(강성) 굳센 성질. 剛直(강직) 剛健(강건) 剛斷(강단)

剛剛剛剛剛剛剛剛
剛 剛 剛 剛 剛

鋼

高3급	강철, 강하다	영 steel 중 钢 gāng 일 コウ(はがね)

형성 쇠 금(金)+굳셀 강(剛)자로 강한 금속, 즉 '강철'을 뜻한다.
鋼板(강판) 강철판. 鋼鐵(강철) 鋼管(강관) 鋼線(강선)

쇠 금(金)부 [8金8 총16획]

강철 강

皆

中3급	다, 모두	영 all 중 皆 jiē 일 カイ(みな)

회의 견줄 비(比)+흰 백(白:말하다)자로 사람이 목소리를 맞추어 말하다의 뜻에서 '모두, 함께'를 뜻한다.
皆無(개무) 전혀 없음. 皆兵(개병) 皆納(개납) 皆勤(개근)

흰 백(白)부 [5白4 총9획]

다 개

蓋

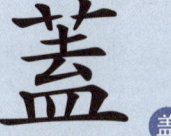

高3급	덮다, 덮어놓다	영 cover 중 盖 gài 일 ガイ(おおう)

형성 풀 초(艹)+덮을 합(盍)자로 풀을 엮어서 만든 '덮개'를 뜻한다.
蓋世(개세) 떨치는 힘이 세상(世上)을 뒤엎음. 蓋瓦(개와) 蓋棺(개관) 蓋覆(개복)

풀초(초두) 艹(艹)부 [4艸10 총14획]

덮을 개

慨

高3급	분개하다, 슬퍼하다	영 lament 중 慨 kǎi 일 ガイ(なげく)

회의 마음 심(忄)+이미 기(旣:목이 메다)자로, 마음이 막히어 슬퍼하고 분개하는 것을 뜻한다.
慨嘆(개탄) 의분이 복받쳐 오름. 慨然(개연) 慨世(개세) 慷慨(강개)

마음 심(심방변) 心(忄/㣺)부 [3忄11 총14획]

분개할 개

概

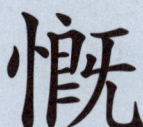

高3Ⅱ급	대개, 대강	영 generally 중 概 gài 일 ガイ(おおむね)

형성 나무 목(木)+이미 기(旣)자로 곡식이 넘쳐흐르는 평미레를 뜻하였으나 파생하여 '대개'를 뜻한다.
概要(개요) 대충 살펴 봄. 概括(개괄) 概念(개념) 概況(개황)

나무 목(木)부 [4木11 총15획]

대개 개

高3ⅡⅠ급		끼이다, 굳다	영 between 중 介 jiè 일 カイ(はさまる)
		회의 사람 인(亻)+나누다(八)자로 갑옷 속에 들어 있는 사람을 본뜬 글자이다. 介殼(개각) 조가비. 介甲(개갑) 介馬(개마) 介意(개의)	
사람 인(人)부 [2人2 총4획]		介介介介	
	끼일 개	介 介 介 介 介	

高3ⅡⅠ급	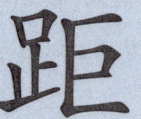	떨어지다, 며느리발톱	영 distant 중 距 jù 일 キョ(へだたる)
		형성 발 족(足)+클 거(巨:물리치다)자로 닭의 며느리 발톱이나 떨어지는 것을 뜻한다. 距骨(거골) 복사뼈. 距今(거금) 距離(거리) 距躍(거약)	
발 족(足)부 [7足5 총12획]		距距距距距距距距距距距	
	떨어질 거	距 距 距 距 距	

中3ⅡⅠ급		마르다, 하늘	영 dry, heaven 중 乾 qián 일 ケソ(てん)
		형성 해돋을 간(軋)+새 을(乙:초목의 새싹)자로 아침 해가 뜨고 새싹이 향하는 곳, 즉 '하늘'을 뜻한다. 乾固(건고) 말라서 굳어짐. 乾畓(건답) 乾坤(건곤) 乾期(건기)	
새 을(乙)부 [1乙10 총11획]		乾乾乾乾乾乾乾乾乾乾	
	마를 건	乾 乾 乾 乾 乾	

高3급		빌다, 청하다	영 beg 중 乞 qǐ 일 コツ(こう)
		가차 본디 운기(雲氣)의 모양을 본떠 기체의 뜻을 나타냈으나 가차하여 '빌다'를 뜻한다. 乞士(걸사) 승려를 가리키는 말. 乞食(걸식) 乞神(걸신) 乞人(걸인)	
새 을(乙)부 [1乙2 총3획]		乞乞乞	
	빌 걸	乞 乞 乞 乞 乞	

高3ⅡⅠ급	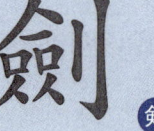	칼, 검	영 sword 중 剑 jiàn 일 ケン(つるぎ)
		형성 여러 첨(僉)+칼 도(刂)자로 고르게 단련된 '양날의 칼'을 뜻한다. 劍客(검객) 칼을 쓰는 사람. 劍舞(경비) 劍道(검도) 劍舞(검무)	
칼 도(刀/刂)부 [2刀13 총15획]		劍劍劍劍劍劍劍劍劍	
	칼 검	劍 劍 劍 劍 劍	

3급 憩

쉬다, 숨을 돌림

- 영 rest 중 息 xī 일 ケイ(いこい)

회의 혀 설(舌)+쉴 식(息)자로 활력을 회복하기 위해 '쉬는 것'을 뜻한다.

休憩室(휴게실) 잠깐 들러 쉬게 베풀어 놓은 방(房).
憩潮(게조) 休憩(휴게) 流憩(유게)

마음 심(심방변) 心(忄/㣺)부 [4心12 총16획]

쉴 게

高 3급 隔

막히다, 사이 뜨다

- 영 separate 중 隔 gé 일 カク(へだたる)

형성 언덕 부(阝)+막을 격(鬲)자로 언덕으로 '가로막힘'을 뜻한다.

隔年(격년) 해를 거름. 隔世(격세) 隔離(격리) 隔意(격의)

언덕 부부(좌부방) 阜(阝)부 [3阝10 총13획]

사이뜰 격

高 3급 絹

비단, 명주

- 영 silk 중 绢 juàn 일 ケン(きぬ)

형성 실 사(糸)+장구벌레 연(肙)자로 실줄기처럼 조금의 물이 흐르는 것 같은 실, 즉 '비단, 명주'를 뜻한다.

絹本(견본) 서화를 그리는 데 쓰는 비단 천. 絹絲(견사) 絹毛(견모) 絹紡(견방)

실 사(糸)부 [6糸7 총13획]

명주 견

高 3급 牽

끌다, 끌어당기다

- 영 draw 중 牵 qiān 일 ケン

형성 소 우(牛)+덮을 멱(冖)+검을 현(玄)자로 쇠코뚜레를 끌어 앞으로 '나아가게 함'을 뜻한다.

牽引(견인) 끌어당김. 牽制(견제) 牽曳(견예) 自牽(자견)

소 우(牛)부 [4牛7 총11획]

끌 견

高 3급 遣

보내다, 파견하다

- 영 send 중 遣 qiǎn 일 ケン(つかわす)

형성 물건을 보내어 삼가 바치게 하다, 즉 전(轉)하여 보낸다는 데서 '파견하다'를 뜻한다.

牽引(견인) 끌어당김. 牽制(견제) 牽曳(견예) 自牽(자견)

쉬엄쉬엄갈 착(책받침) 辵(辶)부 [4辶10 총14획]

보낼 견

肩

高3급

고기 육(육달월) 肉(月)부 [4月4 총8획]

어깨 견

어깨, 견디다 　　　　　　　　　　　영 shoulder　중 肩 jiān　일 ケン(かた)

회의 머무를 호(戶:어깨)+ 고기 육(月)자로 '어깨'를 뜻한다.

肩胛(견갑) 어깨뼈가 있는 자리. 肩骨(견골) 肩頭(견두) 肩章(견장)

肩肩肩肩肩肩肩肩

肩 肩 肩 肩 肩

訣

高3급

말씀 언(言)부 [7言4 총11획]

이별할 결

이별하다, 결정 　　　　　　　　　　영 parting　중 诀 jue　일 ケツ(わかれる)

형성 말씀 언(言)+갈라질 결(決)자로 '이별, 헤어지다'를 뜻한다.

秘訣(비결) 남이 모르는, 자기만의 독특하고 효과적인 방법.
訣別(결별) 訣宴(결연) 訣要(결요)

訣訣訣訣訣訣訣訣訣訣訣

訣 訣 訣 訣 訣

謙

高3Ⅱ급

말씀 언(言)부 [7言10 총17획]

겸손할 겸

겸손하다 　　　　　　　　　　　　영 humble　중 谦 qiān　일 ケン(へりくだる)

형성 말씀 언(言)+단정할 겸(兼)자로 단정한 언동으로 '겸손함'을 뜻한다.

謙遜(겸손) 남 앞에서 자신을 낮춤. 謙讓(겸양) 謙稱(겸칭) 過謙(과겸)

謙謙謙謙謙謙謙謙謙謙謙謙

謙 謙 謙 謙 謙

兼

高3Ⅱ급

여덟 팔(八)부 [2八8 총10획]

겸할 겸

겸하다, 다하다 　　　　　　　　　　영 combine　중 兼 jiān　일 ケン(かねる)

회의 벼 화(禾) 두 자와 또 우(又)자로 손으로 두 포기의 벼를 잡고 있는 모양에서, '겸하다'를 뜻한다.

兼業(겸업) 본업 이외에 하는 사업이나 일. 兼床(겸상) 兼務(겸무) 兼備(겸비)

兼兼兼兼兼兼兼兼兼兼

兼 兼 兼 兼 兼

卿

高3급

병부 절(卩/㔾)부 [2卩10 총12획]

벼슬 경

벼슬, 경 　　　　　　　　　　　　영 government job　중 卿 qīng　일 ケイ(くげ)

회의 두 사람이(卯) 음식(皀)을 사이에 두고 마주 보고 있는 모양, 즉 풍족한 녹봉을 받는 '벼슬아치'를 뜻한다.

樞機卿(추기경) 로마 교황(教皇)의 (最高)고문(顧問). 上卿(상경) 卿相(경상) 公卿(공경)

卿卿卿卿卿卿卿卿卿卿

卿 卿 卿 卿 卿

庚

中3급

엄 호(广)부 [3广5 총8획]

일곱째 천간, 별 — the 7th of the celestial stems / 庚 gēng / コウ(かのえ)

상형 절굿공이를 들어 올려 곡식을 찧는 것, 즉 가차하여 '천간'의 뜻으로 쓰인다.
庚方(경방) 24방위의 하나. 庚帖(경첩) 庚伏(경복) 庚時(경시)

일곱째천간 **경**

頃

高3Ⅱ급

머리혈(頁)부 [9頁2 총11획]

밭 넓이, 기울다 — for a while / 顷 qǐng / ケイ(ころ)

회의 비수 비(匕:몸을 기울임)+ 머리 혈(頁), 즉 가차하여 '기울다'의 뜻으로 쓰인다.
頃日(경일) 지나간 날이나 때. 頃刻(경각) 頃步(경보) 月頃(월경)

잠깐 **경**

耕

中3Ⅱ급

쟁기 뢰(耒)부 [6耒4 총10획]

갈다, 논밭을 갊 — plough / 耕 gēng / コウ(たがやす)

회의 쟁기 뢰(耒)+ 우물 정(井:농토)자로 쟁기로 논밭을 가지런히 가는 것을 뜻한다.
耕耘(경운) 농사짓는 일. 耕者(경자) 耕作(경작) 耕田(경전)

갈 **경**

徑

高3급

두인 변(彳)부 [3彳7 총10획]

지름길 — short cut / 径 jìng / 径 ケイ(てみち)

형성 자축거릴 척(彳)+물줄기 경(巠:똑바르다)자로 곧고 가까운 '지름길'을 뜻한다.
捷徑(첩경) 지름길. 徑情直行(경정직행) 徑行(경행)

지름길 **경**

硬

高3급

돌 석(石)부 [5石7 총12획]

굳다, 단단하다 — hard / 硬 yìng / コウ(かたい)

형성 돌 석(石)+지날 경(更)자로 돌은 세월이 지나도 굳고 단단하다는 것을 뜻한다.
硬度(경도) 물체의 단단함 정도. 硬性(경성) 硬直(경직) 硬質(경질)

굳을 **경**

竟 마침내 경

[高 3급] 설 립(立)부 [5立6 총11획]

마치다, 끝남

- 영 finish 중 竟 jìng 일 キョウ(ついに)
- 회의 소리 음(音)+사람 인(儿)자로 사람이 음악 연주를 끝내는 것으로, 즉 '마치다'를 뜻한다.
- 畢竟(필경) 마침내. 竟夕(경석) 竟夜(경야) 究竟(구경)

啓 열 계

[高 3Ⅱ급] 입 구(口)부 [3口8 총11획]

열다, 인도하다

- 영 open 중 启 qǐ 일 ケイ(ひらく)
- 형성 집대문 호(戶)+칠 복(攵:손)+입 구(口)자로 손으로 문을 '연다'를 뜻한다.
- 啓告(계고) 상부에 일에 대한 의견을 아룀. 啓奏(계주) 啓導(계도) 啓蒙(계몽)

械 형틀 계

[高 3Ⅱ급] 나무 목(木)부 [4木7 총11획]

기계, 기구

- 영 the rack 중 械 xiè 일 カイ
- 형성 나무 목(木)+징계할 계(戒)자로 징계하기 위해 만들어진 목재의 '형틀'을 뜻한다.
- 械繫(계계) 죄인에게 형구를 채워 감옥에 집어넣음.
- 器械(기계) 器械體操(기계체조) 兵械(병계)

桂 계수나무 계

[高 3급] 나무 목(木)부 [4木6 총10획]

계수나무, 월계수

- 영 cassia 중 桂 guì 일 ケイ(かつら)
- 형성 나무 목(木)+서옥 규(圭)자로 달 속에 있다고 상상하는 '계수나무'를 뜻한다.
- 桂樹(계수) 계수나무. 桂皮(계피) 桂林(계림) 官桂(관계)

繫 맬 계

[高 3급] 실 사(糸)부 [6糸13 총19획]

매다, 동여매다

- 영 tie 중 系 xì 일 ケイ(つなぐ)
- 형성 실 사(糸)+부딪칠 격(毄)자로 실로 붙들어 매는 것을 뜻한다.
- 繫累(계루) 이어 묶음. 繫留(계류) 繫船(계선) 連繫(연계)

溪

中3II급 · 물 수(삼수변) 水(氵)부 [3氵10 총13획] · 시내 **계**

시내, 산골짜기 영stream 중溪 xī 일ケイ(たに)

형성 물 수(氵)+어찌 해(奚:가는 끈)자로 실이 이어지듯 물이 계속 흐르는 '시냇물'을 뜻한다.

溪谷(계곡) 물이 흐르는 골짜기. 深溪(심계) 溪流(계류)) 溪友(계우)

溪溪溪溪溪溪溪溪溪溪溪溪

溪溪溪溪溪

契

高3II급 · 큰 대(大)부 [3大6 총9획] · 맺을 **계**

맺다, 계약서 영sign 중契 qì 일ケイ(ちぎる)

형성 새길 갈(㓞)+클 대(大)자로 사람에게 새겨 넣는 모양에서 '맺다'의 뜻이다.

契機(계기) 어떤 일이 되는 동기. 契約(계약) 契員(계원) 契約金(계약금)

契契契契契契契契契

契契契契契

癸

中3급 · 걸을 발(癶)부 [5癶4 총9획] · 북방 **계**

열째 천간(天干), 월경 영north 중癸 guǐ 일キ(みづのと)

상형 두 개의 나무를 열십자로 맞추어 방위를 아는 기구의 형상이었으나 가차하여 쓰인다.

癸方(계방) 24 방위의 하나. 癸酉(계유) 癸未字(계미자) 癸方(계방)

癸癸癸癸癸癸癸癸癸

癸癸癸癸癸

姑

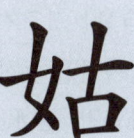

高3II급 · 계집 녀(女)부 [3女5 총8획] · 시어미 **고**

시어미, 고모 영mother in law 중姑 gū 일コ(しゆうとめ)

회의·형성 계집 녀(女)+옛 고(古)자로 남편의 '어머니, 시어머니, 장모'의 뜻이다.

姑母(고모) 아버지의 누이. 姑息(고식) 姑母(고모) 姑從(고종)

姑姑姑姑姑姑姑姑

姑姑姑姑姑

鼓

高3II급 · 북 고(鼓)부 [13鼓0 총13획] · 북 **고**

북, 북을 치다 영drum 중鼓 gǔ 일コ(つづみ)

회의 악기이름 주(壴)+가지 지(支)자로 손에 채를 잡고 북을 치는 것으로, 즉 '북'을 뜻한다.

鼓角(고각) 북을 치고 호각을 붐. 鼓舞(고무) 鼓手(고수) 鼓吹(고취)

鼓鼓鼓鼓鼓鼓鼓鼓鼓鼓鼓鼓鼓

鼓鼓鼓鼓鼓

3-3II급 핵심한자 | **227**

高 3급		마르다, 야위다	영 wither 중 枯 kū 일 コ(からす)
		형성 나무 목(木)+옛 고(古)자로 오래된 나무, 즉 말라서 굳어진 것을 뜻한다. 枯葉(고엽) 시든 잎, 마른 잎. 枯骨(고골) 枯渴(고갈) 枯木(고목)	
	나무 목(木)부 [4木5 총9획]	枯枯枯枯枯枯枯枯枯	
	마를 고	枯 枯 枯 枯 枯	

高 3급	顧	돌아보다, 도리어	영 look after 중 顾 gù 일 コ(かえりみる)
		형성 품팔이 고(雇)+머리 혈(頁)자로 머리를 뒤쪽으로 돌려서 보는 것을 뜻한다. 顧忌(고기) 뒷일을 염려하고 꺼림. 顧慮(고려) 顧客(고객) 顧見(고견)	
	머리 혈(頁)부 [9頁12 총21획]	顧顧顧顧顧顧顧顧顧顧顧	
	돌아볼 고	顧 顧 顧 顧 顧	

高3Ⅱ급	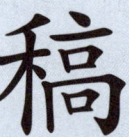	볏짚, 초고	영 straw 중 稿 gǎo 일 コウ(わら·したがき)
		형성 벼 화(禾)+높을 고(高)자로 볏단을 높이 쌓아올린 볏짚, 초벌 원고를 뜻한다. 稿案(고안) 문서의 초안. 稿草(고초) 稿料(고료) 稿本(고본)	
	벼 화(禾)부 [5禾10 총15획]	稿稿稿稿稿稿稿稿稿稿稿稿	
	볏집 고	稿 稿 稿 稿 稿	

中3Ⅱ급	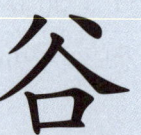	골, 골짜기	영 valley 중 谷 gǔ 일 コク(たに)
		회의 물줄기가 계곡의 입구(口)에서 흘러나오는 모습으로, 즉 '골짜기'를 뜻한다. 深山幽谷(심산유곡) 깊은 산과 그윽한 골짜기. 谷泉(곡천) 谷澗(곡간) 谷水(곡수)	
	골 곡(谷)부 [7谷0 총7획]	谷谷谷谷谷谷谷	
	골 곡	谷 谷 谷 谷 谷	

高3Ⅱ급		소리 내어 울다, 곡하다	영 weep 중 哭 kū 일 コク(なく)
		회의 부르짖을 현(吅)+개 견(犬)자로 개가 울부짖음, 즉 '울다'의 뜻이다. 哭聲(곡성) 크게 우는소리. 哭班(곡반) 哭婢(곡비) 哭泣(곡읍)	
	입 구(口)부 [3口7 총10획]	哭哭哭哭哭哭哭哭哭哭	
	울 곡	哭 哭 哭 哭 哭	

坤

中3급

흙 토(土)부 [3土5 총8획]

땅 곤

땅, 괘(卦) 이름 영 divination sign 중 坤 kūn 일 コン(つち)

형성 흙 토(土)+펼 신(申)자로 끝없이 넓게 펼쳐진 '땅'을 뜻한다.
坤位(곤위) 왕후의 지위. 坤育(곤육) 坤卦(곤괘) 坤宮(곤궁)

恐

高3Ⅱ급

마음 심(심방변) 心(忄/㣺)부 [4心6 총10획]

두려울 공

두렵다 영 afraid 중 恐 kǒng 일 キョウ(おそろしい)

형성 마음 심(心)+두려워할 공(巩: 두 손을 가슴에 댄 모양)자로 조심스러운 마음, 즉 '두려운 것'을 뜻한다.
恐怖(공포) 두렵고 무서워함. 恐喝(공갈) 恐龍(공룡) 恐慌(공황)

貢

高3Ⅱ급

조개 패(貝)부 [7貝3 총10획]

바칠 공

바치다, 천거하다 영 tribute 중 贡 gòng 일 コウ·ク(みつぐ)

형성 바칠 공(工)+조개 패(貝)자로 재물을 바치는 것으로, 즉 '공물'을 뜻한다.
貢物(공물) 백성이 궁에 바치는 토산물. 貢納(공납) 貢緞(공단) 貢獻(공헌)

恭

高3Ⅱ급

마음 심(심방변) 心(忄/㣺)부 [4心6 총10획]

공손할 공

공손하다 영 respectful 중 恭 gōng 일 キョウ(うやうやしい)

형성 마음 심(忄)+한가지 공(共)자로 신에게 바치는 마음, 즉 '공손하다'를 뜻한다.
恭儉(공검) 공손하고 검소함. 恭敬(공경) 恭待(공대) 恭遜(공손)

供

高3Ⅱ급

사람 인(人)부 [2人6 총8획]

이바지할 공

이바지하다 영 offer 중 供 gōng 일 キョウ·ク(そなえる)

형성 사람 인(亻)+한 가지 공(共)자로 두 손으로 물건을 받들어 올린다는 뜻이다.
供給(공급) 수요에 따라 물건을 대어줌. 提供(제공) 供與(공여) 供招(공초)

3급	오이, 참외	영 cucumber 중 瓜 guā 일 カ(り)

오이 과(瓜)부 [5瓜0 총5획]

상형 오이가 덩굴에 달려 있는 모양을 본뜬 글자이다.

瓜時(과시) 관직을 바꾸거나 임기가 끝나는 시기. 瓜年(과년) 瓜葛(과갈) 木瓜(모과)

오이 **과**

高3II급	적다, 약하다	영 few 중 寡 guǎ 일 カ(すない)

갓머리(宀)부 [3宀11 총14획]

회의 움집 면(宀)+머리 혈(頁)+나눌 분(分)자로 집안에 의지할 사람이 없는 외로운 처지에서 '적다, 과부'의 뜻이다.

寡宅(과택) 과부댁. 寡少(과소) 寡黙(과묵) 寡婦(과부)

적을 **과**

高3II급	자랑하다, 자만함	영 pride 중 夸 kuā 일 コ(はこる)

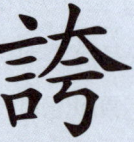

말씀 언(言)부 [7言6 총13획]

형성 말씀 언(言)+자랑할 과(夸)자로 큰 체하여 화려하게 말하는 것으로, 즉 '자랑하다'를 뜻한다.

誇矜(과긍) 자랑함. 誇示(과시) 誇大(과대) 誇張(과장)

자랑할 **과**

高 3급	둘레, 외성(外城)	영 outer wall 중 郭 guō 일 カク(くるみ)

고을 읍(우부방) 邑(阝)부 [3阝8 총11획]

형성 마을 읍(阝)+소리 음(音)자로 주민을 지키는 '바깥 울타리'를 뜻한다.

外廓(외곽) 내성(內城)과 외성(外城)을 일컫는 말. 郭公(곽공) 輪郭(윤곽) 城郭(성곽)

성곽 **곽**

高3II급	버릇	영 accustomed 중 惯 guàn 일 カン(なれる)

형성 마음 심(忄)+꿸 관(貫)자로 마음을 꿰뚫어 일관되거나 익숙해지는 것을 뜻한다.

慣用(관용) 관습적으로 익음. 慣行(관행) 慣例(관례) 慣性(관성)

마음 심(심방변) 心(忄/㣺)부 [3忄11 총14획]

버릇 **관**

館

高3Ⅱ급

집 영 lodge 중 馆 guǎn 일 舘 カン(たち·たて)

형성 밥 식(食)+벼슬 관(官)자로 식사를 제공하는 장소, 즉 '숙박소'를 뜻한다.
館長(관장) 학관(學館) 또는 도서관의 우두머리. 館舍(관사) 館員(관원) 館田(관전)

밥 식(食)부 [9食8 총17획]

객사 관

冠

高3Ⅱ급

갓, 관 영 crown 중 官 guān 일 カン (かんむり)

형성 덮을 멱(冖)+으뜸 원(元)+마디 촌(寸)자로 '관을 쓰다'를 뜻한다.
冠網(관망) 갓과 망건. 冠絕(관절) 冠禮(관례) 冠詞(관사)

덮을 멱(민갓머리)(冖)부 [2冖7 총9획]

갓 관

貫

高3Ⅱ급

꿰다, 꿰뚫다 영 pierce 중 贯 guàn 일 カン(つらぬく)

형성 조개 패(貝)+꿸 관(毌)자로 꿰미에 꿴 돈으로, 즉 '꿰다'를 뜻한다.
貫祿(관록) 인격에 따른 위엄. 貫流(관류) 貫穿(관천) 貫徹(관철)

조개 패(貝)부 [7貝4 총11획]

꿸 관

寬

高3Ⅱ급

너그럽다, 넓다 영 generous 중 宽 kuān 일 カン

형성 집 면(宀)+패모 한(莧)자로 집안에 약초를 심을 수 있을 만큼 '넓은 것'을 뜻한다.
寬大(관대) 너그럽고 도량이 큼. 寬容(관용) 寬政(관정) 寬厚(관후)

갓머리(宀)부 [3宀12 총15획]

너그러울 관

狂

高3급

미치다, 경솔하다 영 mad 중 狂 kuáng 일 キョウ(くるう)

형성 개 견(犭)과 임금 왕(王)자로 짐승처럼 정신이 굽은 것으로 '미치다'를 뜻한다.
狂氣(광기) 미친 증세. 狂信(광신) 狂犬(광견) 狂亂(광란)

개 견(犬/犭)부 [3犭4 총7획]

미칠 광

3-3Ⅱ급 핵심한자

掛

高3급

걸다, 걸쳐놓다　영 hang　중 挂 guà　일 ケ·カイ(かける)

형성 손 수(扌)+점 괘(卜)자로 손으로 점친 결과를 벽에 '걸어놓는다'를 뜻한다.
掛念(괘념) 마음에 두고 잊지를 아니함. 掛燈(괘등) 掛冠(괘관) 掛圖(괘도)

손 수(재방변) 手(扌)부 [3扌8 총11획]

걸, 말 **괘**

愧

高3급

부끄러워하다　영 bashful　중 愧 kuì　일 ゲ(はじる)

회의·형성 마음 심(忄)+귀신 귀(鬼)자로 마음이 예사롭지 않은 것으로, 즉 '부끄러운 것'을 뜻한다.
自愧(자괴) 스스로 부끄러워 함. 愧色(괴색) 愧赧(괴란) 愧死(괴사)

마음 심(심방변) 心(忄/㣺)부 [3忄10 총13획]

부끄러워할 **괴**

塊

高3급

흙덩이, 덩어리　영 lump of earth　중 块 kuài　일 カイ(つちくれ)

형성 흙 토(土)+귀신 귀(鬼), 즉 '흙덩어리'의 뜻이다.
塊狀(괴상) 덩이 모양. 塊莖(괴경) 塊根(괴근) 塊金(괴금)

흙 토(土)부 [3土10 총13획]

흙덩이 **괴**

怪

高3Ⅱ급

괴이하다　영 strange　중 怪 guài　일 カイ(あやしい)

형성 마음 심(忄)+오른손 우(又)+흙 토(土)자로 땅의 신을 건드린 마음으로, 즉 '괴이한 것'을 뜻한다.
怪奇(괴기) 괴상하고 기이함. 怪談(괴담) 怪物(괴물) 怪疾(괴질)

마음 심(심방변) 心(忄/㣺)부 [3忄5 총8획]

기이할 **괴**

壞

高3급

무너지다　영 collapse　중 坏 huài　일 カイ(やぶれる)

형성 흙 토(土)+품을 회(褱)자로 흙을 '무너뜨리다, 즉 헐다'의 뜻이다.
壞滅(괴멸) 파괴되어 멸망함. 壞死(괴사) 壞落(괴락) 崩壞(붕괴)

흙 토(土)부 [3土16 총19획]

무너질 **괴**

郊

高3급

고을 읍(우부방) 邑(阝)부 [3阝6 총9획]

성밖 교

들, 전야(田野)　　　영 suburb　중 郊 jiāo　일 コウ(はずれ)

형성 마을 읍(阝)+사귈 교(交)자로 두리의 '넓고 넓은 곳'을 뜻한다.
近郊(근교) 도시에 가까운 주변.　郊祀(교사)　郊迎(교영)　遠郊(원교)

矯

高3급

화살 시(矢)부 [5矢12 총17획]

바로잡을 교

바로잡다　　　영 reform　중 矫 jiǎo　일 キョウ(ためる·なおす)

형성 화살 시(矢)+높을 교(喬)자로 굽은 화살을 곧게 펴서, 즉 그 길이를 바로잡는 것을 뜻한다.
矯正(교정) 바로잡음.　矯導(교도)　矯角(교각)　奇矯(기교)

巧

高3급

장인 공(工)부 [3工2 총5획]

공교할 교

공교하다, 교묘하다　　　영 skilful　중 巧 qiǎo　일 コウ(たくみ)

형성 장인 공(工)+공교할 교(丂)자로 '기교, 공교하다'의 뜻이다.
巧妙(교묘) 썩 잘 되고 묘함.　巧言(교언)　巧技(교기)　巧妙(교묘)

較

高3Ⅱ급

수레 거(車)부 [7車6 총13획]

견줄 교

비교하다, 견주다　　　영 compare　중 较 jiào　일 コウ(くらべる)

형성 수레 거(車)+사귈 교(交)자로 수레의 가로대가 양쪽에 맞닿아 있다는 데서 '견주다'를 뜻한다.
較略(교략) 대략, 줄거리.　較量(교량)　較差(교차)　較然(교연)

久

中3Ⅱ급

삐침(丿)부 [1丿2 총3획]

오랠 구

오래다　　　영 long time　중 久 jiǔ　일 キユウ(ひさしい)

지사 노인을 뒤에서 붙잡고 있는 것으로 '오래다'를 뜻한다.
久遠(구원) 아득하고 오램.　持久力(지구력)　久年(구년)　久痢(구리)

高3Ⅱ급 拘 손 수(재방변) 手(扌)부 [3扌5 총8획]	잡다, 한정하다　　　　　　　영 catch　중 拘 jū　일 コウ(かかわる)
	형성 손 수(扌)+굽을 구(句)자로 갈고리를 걸어서 '잡다'를 뜻한다. 拘禁(구금) 교도소 등에 잡아 가둠.　拘留(구류)　拘束(구속)　拘礙(구애) 拘拘拘拘拘拘拘拘
잡을 구	拘 拘 拘 拘 拘

3급 鷗 새 조(鳥)부 [11鳥11 총22획]	갈매기　　　　　　　　　　영 sea gull　중 鸥 ōu
	형성 새 조(鳥)+지경 구(區)자로 푸른 바다에서 두드러지게 눈에 잘 띄는 새, 즉 '갈매기'를 뜻한다. 鷗鷺(구로) 갈매기와 해오라기.　鷗汀(구정)　江鷗(강구)　色鷗(색구) 鷗鷗鷗鷗鷗鷗鷗鷗鷗鷗鷗鷗鷗鷗
갈매기 구	鷗 鷗 鷗 鷗 鷗

高3급 丘 한 일(一)부 [1—4 총5획]	언덕, 동산　　　　　　　　영 hill　중 丘 qiū　일 キュウ(おか)
	회의 땅 위에 쌓인 흙더미를 본뜬 글자로 '언덕'을 뜻한다. 丘陵(구릉) 언덕, 나직한 산(山).　丘木(구목)　丘壟(구롱)　三丘(삼구) 丘丘丘丘丘
언덕 구	丘 丘 丘 丘 丘

高3급 驅 (駆) 말 마(馬)부 [10馬11 총21획]	몰다, 빨리 달리다　　　　　영 drive　중 驱 qū　일 駆 ク(かける)
	형성 말 마(馬)+지경 구(區)자로 말을 구분하기 위하여 채찍으로 때려서 모는 것을 뜻한다. 驅迫(구박) 못 견디게 학대함.　驅步(구보)　苟免(구면)　苟生(구생) 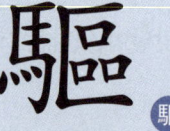
몰 구	驅 驅 驅 驅 驅

高3급 懼 마음 심(심방변) 心(忄/㣺)부 [3忄18 총21획]	두려워하다, 겁이 나다　　　영 fear　중 惧 jù　일 ク·グ(おそれる)
	회의 마음 심(忄)+놀라울 구(瞿)자로 '두려움'을 뜻한다. 疑懼心(의구심) 의심하고 두려워하는 마음.　懼然(구연)　兢懼(긍구)　恐懼(공구) 懼懼懼懼懼懼懼懼懼懼
두려워할 구	懼 懼 懼 懼 懼

苟

高 3급

구차하다, 진실로 영lame 중苟 gǒu 일コウ(いやしくも)

회의·형성 풀 초(艹)+굽을 구(句)자로 원래는 풀이름을 나타냈다.

苟且(구차) 일시적으로 미봉하는 것. 苟免(구면) 苟生(구생) 苟安(구안)

苟苟苟苟苟苟苟苟

풀초(초두) 艹(艸)부 [4++5 총9획]

구차할 구

苟 苟 苟 苟 苟

狗

高 3급

개, 작은 개 영dog 중狗 gǒu 일ク(いぬ)

회의·형성 개 견(犭)+굽을 구(句)자로 마구 뛰어다니는 '강아지'를 뜻한다.

狗盜(구도) 작은 도둑(좀도둑). 狗肉(구육) 狗寶(구보) 狗蒸(구증)

狗狗狗狗狗狗狗狗

개 견(犬/犭)부 [3犭5 총8획]

개 구

狗 狗 狗 狗 狗

俱

高 3급

함께, 다 영together 중俱 jù 일グ(ともに)

회의 사람 인(亻)+갖출 구(具)자로 여러 사람이 모여 같은 행동을 하는 것을 뜻한다.

俱歿(구몰) 부모가 모두 죽음. 俱發(구발) 俱存(구존) 俱現(구현)

俱俱俱俱俱俱俱俱俱

사람 인(人)부 [2亻8 총10획]

함께 구

俱 俱 俱 俱 俱

龜

高 3급

거북, 거북점 영tortoise 중龟 guī 일龜 キ(かめ)

상형 거북이의 형상을 나타낸다.

龜鑑(귀감) 사물의 본보기. 龜玆(구자) 龜頭(귀두) 龜裂(균열)

龜龜龜龜龜龜龜龜龜龜龜龜

거북귀(龜)부 [16龜0 총16획]

이름 구/귀/균

龜 龜 龜 龜 龜

菊

高 3Ⅱ급

국화 영chrysanthemum 중菊 jú 일キク(きく)

형성 풀 초(艹)와 움킬 국(匊)자로 꽃잎이 한 점으로 모여 피는 '국화'를 뜻한다.

菊月(국월) 음력 9월의 다른 칭호. 菊花(국화) 菊水(국수) 白菊(백국)

菊菊菊菊菊菊菊菊菊菊菊

풀초(초두) 艹(艸)부 [4++8 총12획]

국화 국

菊 菊 菊 菊 菊

中3Ⅱ급 弓 활 궁(弓)부 [3弓0 총3획]	활, 활꼴　　　　　　　　　영 bow　중 弓 gōng　일 キュウ(ゆみ)
	상형 활의 모양을 본뜬 글자로 '활'을 뜻한다. 弓弩(궁노) 활과 쇠뇌.　弓師(궁사)　弓道(궁도)　弓矢(궁시) 弓 弓 弓
활 궁	弓 弓 弓 弓 弓

高3Ⅱ급 拳 손 수(재방변) 手(扌)부 [4手6 총10획]	주먹, 주먹을 쥐다　　　　영 fist　중 拳 quán　일 ケン·ゲン(こぶし)
	회의·형성 손 수(手)+구부릴 권(𢍏)자로 손을 구부려 주먹을 쥐는 것을 뜻한다. 拳法(권법) 주먹으로 서로 치는 기술.　拳術(권술)　拳銃(권총)　拳鬪(권투) 拳 拳 拳 拳 拳 拳 拳 拳 拳 拳
주먹 권	拳 拳 拳 拳 拳

高3급 厥 민엄호(厂)부 [2厂10 총12획]	그, 그 사람　　　　　　　영 this　중 厥 jué　일 ケツ(それ)
	회의·형성 집 엄(厂)+상기 궐(欮)자로 '그, 그것'을 뜻한다. 厥角(궐각) 이마를 땅에 대고 절을 함.　厥女(궐녀)　厥冷(궐랭)　厥者(궐자) 厥 厥 厥 厥 厥 厥 厥 厥 厥 厥 厥 厥
그 궐	厥 厥 厥 厥 厥

高3급 軌 수레 거(車)부 [7車2 총9획]	궤도, 바퀴 굴대　　　　　영 track　중 軌 guǐ　일 キ(わだち)
	형성 수레 거(車)+아홉 구(九)자로 바퀴자국, 즉 '궤도'를 뜻한다. 軌道(궤도) 기차나 전동차의 길.　軌範(궤범)　軌跡(궤적)　常軌(상궤) 軌 軌 軌 軌 軌 軌 軌 軌 軌
길 궤	軌 軌 軌 軌 軌

高3Ⅱ급 鬼 귀신 귀(鬼)부 [10鬼0 총10획]	귀신, 도깨비　　　　　　영 ghost　중 鬼 guǐ　일 キ(おに)
	회의 무시무시한 머리를 한 사람으로, 즉 '귀신'을 뜻한다. 鬼面(귀면) 귀신의 얼굴을 상상하여 만든 탈.　鬼門(귀문)　鬼才(귀재)　鬼神(귀신) 鬼 鬼 鬼 鬼 鬼 鬼 鬼 鬼 鬼 鬼
귀신 귀	鬼 鬼 鬼 鬼 鬼

高3급	叫 입 구(口)부 [3口2 총5획]	부르짖다, 부르다 영 cry 중 叫 jiào 일 キュウ(さけぶ)
		형성 입 구(口)+얽힐 구(丩)자로 말이 복잡해져서 큰 소리로 부르짖는 것을 뜻한다.
		絶叫(절규) 힘을 다하여 부르짖음. 叫呼(규호) 叫喚(규환) 叫聲(규성)
		叫 叫 叫 叫 叫
부르짖을 규		叫 叫 叫 叫 叫

高3급	糾 실 사(糸)부 [6糸2 총8획]	살피다, 얽히다 영 gather 중 纠 jiū 일 キュウ(ただす)
		형성 실 사(糸)+얽힐 구(丩)자로 실을 꼬아 합치는 것으로, 즉 '얽히다, 꼬다'를 뜻한다.
		糾明(규명) 사리를 따져 밝힘. 糾率(규솔) 糾彈(규탄) 糾合(규합)
		糾 糾 糾 糾 糾 糾 糾 糾
모을 규		糾 糾 糾 糾 糾

3급	閨 문 문(門)부 [8門6 총14획]	안방, 규방(閨房) 영 boudoir 중 闺 guī 일 ケイ(ねや)
		회의 문 문(門)+서옥 규(圭)자로 '안방'을 뜻한다.
		閨房(규방) 침실, 또는 안방. 閨裏(규리) 閨秀(규수) 寒閨(한규)
		閨 閨 閨 閨 閨 閨 閨 閨 閨 閨 閨 閨
도장방 규		閨 閨 閨 閨 閨

高3급	菌 풀초(초두) 艸(艹)부 [4艹8 총12획]	버섯, 곰팡이 영 mushroom 중 菌 jūn 일 キン(きのこ)
		형성 풀 초(艹)+곳간 균(囷)자로 곳간 같은 갓이 있는 '버섯'을 뜻한다.
		病菌(병균) 병의 원인이 되는 균. 菌絲(균사) 菌毒(균독) 菌傘(균산)
		菌 菌 菌 菌 菌 菌 菌 菌 菌 菌 菌 菌
버섯 균		菌 菌 菌 菌 菌

高3Ⅱ급	克 어진사람 인(儿)부 [2儿5 총7획]	이기다, 능히 영 overcome 중 克 kè 일 コク(かつ)
		회의 무거운 물건을 쓴 사람의 모양을 그린 글자로 무게에 '견디다, 이기다'의 뜻을 나타낸다.
		克明(극명) 속속들이 밝힘. 克服(극복) 克己(극기) 克家(극가)
		克 克 克 克 克 克 克
이길 극		克 克 克 克 克

謹

高3급 · 말씀 언(言)부 [7言11 총18획] · 삼갈 **근**

삼가다, 조심하다 영 refain, respectful 중 谨 jǐn 일 キン(つつしむ)

형성 말씀 언(言)+진흙 근(堇)자로 말을 바르게 하는 것으로, 즉 '삼가다'를 뜻한다.
謹嚴(근엄) 삼가고 엄숙함. 謹愼(근신) 謹弔(근조) 謹呈(근정)

斤

3급 · 도끼 근(斤)부 [4斤0 총4획] · 도끼 **근**

도끼, 밝게 살피다 영 axe, pound 중 斤 jīn 일 キン(おの)

상형 날이 선 도끼로 물건을 자르려는 형상을 본떠, 즉 '도끼, 베다'의 뜻이다.
斤兩(근량) 무게의 단위인 근과 냥을 아울러 이르는 말.
斤量(근량) 斤數(근수) 斤重(근중)

僅

3급 · 사람인 변(亻)부 [2亻11 총13획] · 겨우 **근**

겨우, 조금 영 recently 중 仅 jǐn 일 ケイ(ころ)

형성 사람 인(亻)+적을 근(堇)자로 재주가 남만 못한 사람으로 '겨우, 적다'의 뜻을 나타낸다.
僅僅(근근) 매우 힘들고 어렵사리. 僅少(근소) 僅僅扶持(근근부지)

錦

高3Ⅱ급 · 쇠 금(金)부 [8金8 총16획] · 비단 **금**

비단, 아름다운 것의 비유 영 silk 중 锦 jǐn 일 キン(にしき)

형성 쇠 금(金)+비단 백(帛)자로 오색이 빛나는 '비단'을 뜻한다.
錦繡江山(금수강산) 아름다운 우리나라의 산하.
錦上添花(금상첨화) 錦衣(금의) 反錦(반금)

禽

高3Ⅱ급 · 짐승발자국 유(内)부 [5内8 총13획] · 날짐승 **금**

날짐승, 짐승 영 birds 중 禽 qín 일 キン(とり)

회의·형성 발자국 유(内)+이제 금(今)자로 '날짐승'을 뜻한다.
禽獸(금수) 날짐승과 길짐승의 총칭. 禽獲(금획) 禽鳥(금조) 寒禽(한금)

琴

[高3Ⅱ급]

거문고 (한국의 현악기)   영harp 중琴 qín 일キン(こと)

상형 기러기발이 있는 거문고의 단면을 본떠, 즉 '거문고'를 뜻한다.
心琴(심금) 자극에 따라 미묘하게 움직이는 마음을 거문고.
琴線(금선) 琴高(금고) 徽琴(휘금)

구슬 옥(玉/王)부 [4王8 총12획]

거문고 금

及

[中3Ⅱ급]

미치다 [반]落(떨어질 락(낙))   영reach 중及 jí 일キユウ(およぶ)

회의 사람 인(人)+또 우(又)자로 사람의 손이 닿을 듯이 따라붙어, 즉 '미치다'를 뜻한다.
及其也(급기야) 마침내, 마지막에는. 及落(급락) 及第(급제) 言及(언급)

또 우(又)부 [2又2 총4획]

미칠 급

肯

[高3급]

즐기다, 기꺼이   영enjoy 중肯 kěn 일コウ(うなずく)

회의 멈출 지(止)+고기 육(月)자로 뼈에 붙은 살을 뜻하였으나 가차하여 쓰인다.
肯諾(긍낙) 기꺼이 승낙함. 肯定(긍정) 肯志(긍지) 首肯(수긍)

고기 육(육달월) 肉(月)부 [4月4 총8획]

즐길 긍

畿

[高3Ⅱ급]

경기, 도성   영suburbs 중畿 jī 일キ

회의·형성 밭 전(田)+기계 기(幾)자로 천자와 가까운 곳, 즉 '도성'을 뜻한다.
畿檢(기백) 경기도 관찰사의 다른 이름. 畿內(기내) 畿甸(기전) 畿湖(기호)

밭 전(田)부 [5田10 총15획]

경기 기

企

[高3Ⅱ급]

도모하다, 꾀함   영scheme 중企 qǐ 일キ(くわだて)

회의 사람 인(人)+그칠 지(止)자로 사람이 발돋움하여 멀리 바라보는 뜻, 즉 '꾀하다'를 뜻한다.
企待(기대) 발돋움하여 기다림. 企望(기망) 企圖(기도) 企劃(기획)

사람 인(人)부 [2人4 총6획]

도모할 기

高3급 棄 (弃) 나무 목(木)부 [4木8 총12획] **버릴 기**	버리다, 내버림 　　　　　영 abandon 중 弃 qì 일 キ(すてる) 형성 여덟 팔(八)+버릴 거(去)자로 양손에 쓰레받이를 들고 쓰레기를 내버린다는 데서 '버리다'를 뜻한다. 棄權(기권) 권리를 포기함. 棄世(기세) 棄却(기각) 遺棄(유기) 棄棄棄棄棄棄棄棄棄棄棄棄 棄 棄 棄 棄 棄	
中3급 幾 작을 료(幺)부 [3幺9 총12획] **기미 기**	몇, 자주 　　　　　영 disposition, some 중 几 jǐ 일 キ(いくばく) 회의 작을 요(幺)두 개+지킬 수(戍)자로 작은 수의 군대가 지키는 것으로, 즉 '몇, 어찌'를 뜻한다. 幾回(기회) 몇 번. 幾微(기미) 幾何(기하) 萬幾(만기) 幾幾幾幾幾幾幾幾幾幾幾幾 幾 幾 幾 幾 幾	
高3급 欺 하품 흠(欠)부 [4欠8 총12획] **속일 기**	속이다, 거짓 　　　　　영 cheat 중 欺 qī 일 ギ(あざむく) 형성 그 기(其)+하품 흠(欠)자로 큰 기대를 갖게 하면서 '배반하는 것'을 뜻한다. 欺弄(기롱) 상대를 속이고 놀리는 것. 欺瞞(기만) 欺罔(기망) 欺心(기심) 欺欺欺欺欺欺欺欺欺欺欺欺 欺 欺 欺 欺 欺	
高3급 忌 마음 심(심방변) 心(忄/㣺)부 [4心3 총7획] **꺼릴 기**	꺼리다, 미워하다 　　　　　영 avoid 중 忌 jì 일 キ(いむ) 형성 몸 기(己)+마음 심(心)자로 자기의 몸을 염려하여 '마음이 꺼려지는 것'을 뜻한다. 忌日(기일) 어버이가 죽은 날. 忌故(기고) 忌中(기중) 忌避(기피) 忌忌忌忌忌忌忌 忌 忌 忌 忌 忌	
中3Ⅱ급 其 여덟 팔(八)부 [2八6 총8획] **그 기**	그, 그것 　　　　　영 it 중 其 qí 일 キ(その) 상형 곡식을 까부는 키(甘)와 그 키를 얹는 대(臺)를 그린 것이다. 뒤에 '그'의 뜻으로 가차되었다. 其實(기실) 사실은. 其間(기간) 其他(기타) 其人(기인) 其其其其其其其其 其 其 其 其 其	

祈

보일 시(示)부 [5示4 총9획]

빌다, 기도함

영 pray 중 祈 qí 일 キ(いのる)

형성 보일 시(示)+살필 근(斤)자로 제상을 차려 신께서 살펴주시길 '비는 것'을 뜻한다.

祈願(기원) 바라는 일이 이루어지기를 빎. 祈願(기원) 祈禱(기도) 祈求(기구)

빌 기

飢

밥 식(食)부 [9食2 총11획]

주리다, 굶주림

영 hunger 중 饥 jī 일 キ(うえる)

형성 밥 식(食)+상 궤(几)자로 음식물이 바닥난 것으로, 즉 '주리다'를 뜻한다.

虛飢(허기) 몹시 배고픈 느낌. 飢餓(기아) 飢饉(기근) 飢渴(기갈)

주릴 기

騎

말 마(馬)부 [10馬8 총18획]

말 타다, 걸터앉다

영 ride a horse 중 骑 qí 일 キ

형성 말 마(馬)+이상할 기(奇)자로 양다리를 구부려 말에 '올라타다'를 뜻한다.

騎馬(기마) 말을 탐. 騎兵(기병) 騎士(기사) 騎手(기수)

말탈 기

豈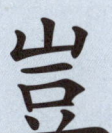

콩 두(豆)부 [7豆3 총10획]

어찌, 결코

영 how 중 岂 qǐ 일 キ(あに)

형성 위에 장식이 달린 북 모양을 본뜬 글자로, '어찌'를 뜻한다.

豈不(기불) 어찌 ~않으랴. 豈敢(기감) 豈豫(기불) 豈弟(개제)

어찌 기/개

緊

실 사(糸)부 [6糸8 총14획]

긴요하다, 급하다

영 urgent 중 紧 jǐn 일 キン(ひきしめる)

회의 실 사(糸)+단단할 견(臤)자로 실로 단단히 죄는 것으로, 즉 '긴요하다'를 뜻한다.

緊急(긴급) 일이 긴하고 급함. 緊迫(긴박) 緊密(긴밀) 緊張(긴장)

급할 긴

那

高3급

고을 읍(우부방) 邑(阝)부 [3阝4 총7획]

어찌, 어느 — 영 how 중 那 nà 일 ナ

형성 마을 읍(阝)+冄(염→나)로 이루어진 글자다.
那何(나하) 어찌. 那邊(나변) 那間(나간) 那落(나락)

那那那那那那那

어찌 나

那那那那那

奈

高3급

큰 대(大)부 [3大5 총8획]

어찌, 왜 — 영 how 중 奈 nài 일 ナ(いかん)

형성 큰 대(大)+보일 시(示)자로 사과나무의 일종을 나타내는 글자로 '어찌'를 뜻한다.
奈何(내하) 어찌함, 어떻게. 奈落(나락) 奈翁(나옹) 奈率(내솔)

奈奈奈奈奈奈奈奈

어찌 나/내

奈奈奈奈奈

納

高3Ⅱ급

실 사(糸)부 [6糸4 총10획]

들이다 반 出(날 출) — 영 receive 중 納 nà 일 ノウ(おさめる)

형성 실 사(糸)+안 내(内)자로 물에 넣은 실을 나타내어, 즉 '거두어들이다'를 뜻한다.
納吉(납길) 신랑집에서 신부집에 혼인날을 받아 보냄.
納得(납득) 納付(납부) 納入(납입)

納納納納納納納納納納

들일 납

納納納納納

娘

高3급

계집 녀(女)부 [3女7 총10획]

각시, 아가씨 — 영 girl 중 娘 niáng 일 ロウ(むすめ)

형성 계집 녀(女)+어질 량(良)으로 나긋나긋한 젊은 '여인'을 뜻한다.
娘子(낭자) 처녀, 궁녀, 처녀, 어머니. 娘子(낭자) 娘娘(낭낭) 令娘(영랑)

娘娘娘娘娘娘娘娘娘娘

아가씨 낭

娘娘娘娘娘

耐

高3Ⅱ급

말이을이(而)부 [6而3 총9획]

견디다, 참음 — 영 endure 중 耐 nà 일 タイ (たえる)

형성 말이을 이(而)+마디 촌(寸)자로 일을 대할 때 턱수염처럼 부드럽고 팔꿈치처럼 능히 '견딤'을 뜻한다.
耐久性(내구성) 오랫동안 지속하거나 견디어 낼 수 있는 성질. 耐熱(내열) 耐震(내진)

耐耐耐耐耐耐耐耐耐

견딜 내

耐耐耐耐耐

中3Ⅱ급 **乃** 삐칠 별(삐침)(丿)부 [1丿1 총2획] 이에 **내**	이에, 너　　　　　　　　영 namely　중 乃 nǎi　일 ナイ(すなはち) 지사 몸을 구부린 태아를 본뜬 모양, 즉 '너, 이에'를 뜻한다. 乃父(내부) 너의 아비.　乃者(내자)　乃祖(내조)　乃至(내지)	
高3Ⅱ급 **寧** (寜) 갓머리(宀)부 [3宀11 총14획] 편안할 **녕(영)**	편안하다　　　　　　　　영 peaceful　중 宁 nìng　일 ネイ(むしろ) 형성 움집 면(宀)+마음 심(心)+그릇 명(皿)+못 정(丁)자로, 집안에 먹을 것이 많아 '편안함'을 뜻한다. 寧日(영일) 나날이 편안함.　寧察(영찰)　晏寧(안녕)　丁寧(정녕)	
高3Ⅱ급 **奴** 계집 녀(女)부 [3女2 총5획] 종 **노**	종, 사내종　　　　　　　영 servant　중 奴 nú　일 ド(やつこ) 회의 계집 녀(女)+손 수(又:手의 변형)자로 잡힌 계집종을 뜻하였으나 남자에게 쓰인다. 奴婢(노비) 사내종과 계집 종.　奴僕(노복)　奴役(노역)　奴隸(노예)	
3급 **濃** 물 수(삼수변)(氵)부 [3氵13 총16획] 짙을 **농**	짙다, 진하다　　　　　　영 deep　중 浓 nóng　일 ノウ(こい) 형성 물 수(氵)+농사 농(農)자로 물기가 묻어 끈적거리는 모양으로 '짙음'을 뜻한다. 濃霧(농무) 짙은 안개.　濃湯(농탕)　濃度(농도)　濃密(농밀)	
高3Ⅱ급 **腦** (脳) 고기 육(육달월) 肉(月)부 [4月9 총13획] 뇌 **뇌**	뇌, 머릿골　　　　　　　영 brain　중 脑 nǎo　일 ノウ(のう) 형성 고기 육(月)+내 천(巛)+정수리 신(囟)자로 머리털과 두개골에 딸려 있는 '뇌'를 뜻한다. 腦裏(뇌리) 머릿속.　腦力(뇌력)　腦膜(뇌막)　腦死(뇌사)	

惱

高3급

마음 심(忄)+한해 입은 밭 치(甾)부 [3忄9 총12획]

괴로워하다, 고민함　　　영 vexed　중 惱 nǎo　일 ノウ(なやむ)

형성 마음 심(忄)+한해 입은 밭 치(甾)자로 마음의 '걱정, 즉 괴로움'을 뜻한다.
惱心(뇌심) 마음으로 괴로워함.　惱殺(뇌쇄)　惱亂(뇌란)　惱神(뇌신)

惱惱惱惱惱惱惱惱惱惱惱惱

괴로워할 뇌

惱 惱 惱 惱 惱

泥

高3급

물 수(氵)부 [3氵5 총8획]

진흙, 진창　　　영 mud　중 泥 ní　일 デイ(どろ)

형성 물 수(氵)+화할 니(尼)자로 물과 흙이 섞여서 된 '진흙'을 뜻한다.
泥工(이공) 흙을 바르는 사람.　泥金(이금)　泥丘(이구)　泥水(이수)

泥泥泥泥泥泥泥

진흙 니

泥 泥 泥 泥 泥

茶

高3Ⅱ급

풀초(초두) 艸(⺾)부 [4⺾6 총10획]

차, 차나무　　　영 tea　중 茶 chá　일 チヤ(ちやのき)

형성 풀 초(⺾)+나머지 여(余)자로 자란 새싹을 따서 음료로 삼는 '차'를 뜻한다.
茶道(다도) 차를 마시는 예법.　茶果(다과)　茶食(다식)　綠茶(녹차)

茶茶茶茶茶茶茶茶

차 다/차

茶 茶 茶 茶 茶

丹

中3Ⅱ급

점 주(丶)부 [1丶3 총4획]

붉다, 정성스럽다　　　영 red　중 丹 dān　일 タン(あか)

지사 단사(丹砂)를 채굴하는 우물(井)을 가리켜 갱도 밑바닥에 나타나는 붉은 빛깔의 '광석'을 뜻한다.
丹粧(단장) 화장. 얼굴을 곱게 꾸밈.　丹田(단전)　丹書(단서)　丹心(단심)

丹丹丹丹

붉을 단

丹 丹 丹 丹 丹

但

中3Ⅱ급

사람 인(人)부 [2亻5 총7획]

다만, 오직　　　영 only　중 但 dàn　일 タン・ダン(ただし)

형성 사람 인(亻)+아침 단(旦)자로 '다만, 단지'라는 뜻이다.
但書(단서) 사건의 실마리.　但只(단지)　非但(비단)　但中星(단중성)

但但但但但但但

다만 단

但 但 但 但 但

高3II급 **旦** 날 일(日)부 [4日1 총5획] 아침 **단**	아침, 일찍　　　　　　　　　　영 morning 중 旦 dàn 일 タン 지사 날 일(日)과 한 일(一) 자로 해가 지평선 위로 떠오르는 '아침'을 뜻한다. 旦旦(단단) 공손하고 성실한 모양.　旦望(단망)　旦暮(단모)　旦夕(단석) 旦旦旦旦旦 旦 旦 旦 旦 旦	
高3II급 **淡** 물 수(삼수변) 水(氵)부 [3氵8 총11획] 맑을 **담**	맑다, 연하다　　　　　　　　　영 light 중 淡 dàn 일 タン(あわい) 형성 물 수(氵)+불꽃 염(炎)자로 세차게 타오르는 아지랑이를 뜻하였으나 '맑다, 맑다'를 뜻한다. 淡淡(담담) 욕심이 없고 깨끗함.　淡白(담백)　淡水(담수)　淡紅(담홍) 淡淡淡淡淡淡淡淡淡淡淡 淡 淡 淡 淡 淡	
3급 **潭** 물 수(삼수변) 水(氵)부 [3氵12 총15획] 깊을 **담**	못, 소(沼)　　　　　　　　　　영 pool 중 潭 tán 일 タン(ふち) 회의·형성 물 수(氵)+깊을 담(覃)자로 물이 깊은 못, 즉 '소'를 뜻한다. 潭府(담부) 깊은 못.　潭水(담수)　潭潭(담담)　潭思(담사) 潭潭潭潭潭潭潭潭潭潭潭潭 潭 潭 潭 潭 潭	
高3급 **畓** 밭 전(田)부 [5田4 총9획] 논 **답**	논　　　　　　　　　　　　　　영 rice field 중 畓 duō 일 デン 회의 물이 담겨져 있는 '밭'을 뜻한다. 畓穀(답곡) 밭에서 나는 곡식.　畓農(답농)　畓穀(답곡)　畓土(답토) 畓畓畓畓畓畓畓畓畓 畓 畓 畓 畓 畓	
高3II급 **踏** 발 족(足)부 [7足8 총15획] 밟을 **답**	밟다, 발판　　　　　　　　　　영 tread 중 踏 tà 일 トウ(ふむ) 형성 발 족(足)+거듭 답(沓)자로 발을 구르며 '밟는 것'을 뜻한다. 踏橋(답교) 다리 밟기.　踏步(답보)　踏査(답사)　踏襲(답습) 踏踏踏踏踏踏踏踏踏踏踏 踏 踏 踏 踏 踏	

高3Ⅱ급 唐

당나라, 황당하다 | 영 Tang(state) 중 唐 táng 일 トウ(にわか)

형성 굳셀 경(庚)+입 구(口)자로 큰 소리, 즉 '황당하게 크다'의 뜻이다.
唐麪(당면) 감자 가루로 만든 국수. 唐材(당재) 唐手(당수) 唐惶(당황)

입 구(口)부 [3口7 총10획]

당나라 당

高3급 糖

엿, 사탕 | 영 sugar 중 糖 táng 일 トウ

형성 쌀 미(米)+당나라 당(唐)자로 쌀로 쑨 죽에 엿기름을 넣어 단맛을 내는 '엿'을 뜻한다.
糖尿病(당뇨병) 당뇨가 오래 계속되는 병. 糖分(당분) 糖蜜(당밀) 果糖(과당)

쌀 미(米)부 [6米10 총16획]

사탕 당

高3급 貸

빌리다, 차용하다 | 영 lend 중 貸 dài 일 タイ(かす)

형성 조개 패(貝)+대신할 대(代). 재화를 대신하는 것으로, 즉 '빌리다'를 뜻한다.
貸家(대가) 셋집. 貸付(대부) 貸與(대여) 貸出(대출)

조개 패(貝)부 [7貝5 총12획]

빌릴 대

高3Ⅱ급 臺

돈대, 누각 | 영 height 중 臺 tái 일 ダイ(だいうてな)

형성 높을 고(高:망대)+이를 지(至)+토대 지(出)자로 토대가 튼튼한 '망대'를 뜻한다.
臺本(대본) 영화나 연극의 각본. 臺帳(대장) 臺詞(대사) 臺地(대지)

이를 지(至)부 [6至8 총14획]

대 대

高3Ⅱ급 陶

질그릇 | 영 earthenware 중 陶 táo 일 トウ(すえやの)

형성 언덕 부(阝)+가마 요(匋)자로 언덕에 가마굴을 차려 구운 '질그릇'을 뜻한다.
陶器(도기) 질그릇. 陶然(도연) 陶藝(도예) 陶醉(도취)

좌부변(阝)부 [3阝8 총11획]

질그릇 도

倒

사람 인(人)부 [2人8 총10획]

넘어질 도

넘어지다, 넘어뜨리다 — 영 fall 중 倒 dǎo 일 トウ(たおれる)

형성 사람 인(亻)+이를 도(到)자로 사람이 땅에 '넘어진 것'을 뜻한다.

倒閣(도각) 내각을 거꾸러뜨림. 倒立(도립) 倒産(도산) 倒錯(도착)

跳

발 족(足)부 [7足6 총13획]

뛸 도

뛰다, 뛰어오르다 — 영 jump 중 跳 tiào 일 チョウ(はねる)

형성 발 족(足)+조짐 조(兆)자로 발로 땅을 박차며 '뛰어오르다'를 뜻한다.

跳躍(도약) 몸을 위로 솟구쳐 뛰는 것. 跳梁(도량) 跳開橋(도개교) 高跳(고도)

途

쉬엄쉬엄갈 착(辶)부 [4辶7 총11획]

길 도

길, 도로 — 영 road 중 途 tú 일 ト·ズ(みち)

형성 쉬엄쉬엄갈 착(辶)+조짐 조(兆)자로 슬금슬금 갈라져 달아나는 것을 뜻한다.

途上(도상) 길을 가고 있는 동안. 途中(도중) 途上(도상) 前途(전도)

塗

흙 토(土)부 [3土10 총13획]

바르다 도

진흙, 진창 — 영 paint 중 涂 tú 일 ト(ぬる)

형성 흙 토(土)+칠할 도(涂)자로 진흙을 흙손으로 '바르다'의 뜻을 나타낸다.

塗料(도료) 물감. 塗褙(도배) 塗裝(도장) 塗飾(도식)

挑

손 수(재방변) 手(扌)부 [3扌6 총9획]

돋을 도

돋우다, 끌어내다 — 영 incite 중 挑 tiāo 일 チョウ(いどむ)

형성 손 수(扌)+조짐 조(兆)자로 싸움을 건다는 뜻이다.

挑發(도발) 싸움을 걺. 挑戰(도전) 挑燈(도등) 挑出(도출)

渡

高3급

건너다, 지나가다
영 cross over 중 渡 dù 일 ト(わたる)

형성 물 수(氵)+건널 도(度)자로 물을 건너는 것을 뜻한다.
渡日(도일) 일본으로 감. 渡船(도선) 渡江(도강) 渡來(도래)

물 수(삼수변) 水(氵)부 [3氵9 총12획]

건널 **도**

桃

高3급

복숭아, 복숭아나무
영 peach 중 桃 táo 일 トウ(もも)

형성 나무 목(木)+조짐 조(兆)자로, 둘로 쪼갤 수 있는 나무 열매, 즉 '복숭아'를 뜻한다.
桃仁(도인) 복숭아씨. 桃花粉(도화분) 桃園(도원) 桃花(도화)

나무 목(木)부 [4木6 총10획]

복숭아나무 **도**

稻

高3급

벼
영 rice plant 중 稻 dào 일 トウ(いね)

형성 벼 화(禾)+절구 요(舀)자로 절구에서 꺼내는 곡물, 즉 '벼'를 뜻한다.
稻植(도식) 볏모를 심음. 稻作(도작) 稻稷(도직) 水稻(수도)

벼 화(禾)부 [5禾10 총15획]

벼 **도**

刀

中3Ⅱ급

칼, 거룻배
영 knife 중 刀 dāo 일 トウ(かたな)

회의 날이 구부정하게 굽은 칼의 모양을 본뜬 글자이다.
刀劍(도검). 刀工(도공) 刀圭(도규) 刀銘(도명)

칼 도(刀/刂)부 [2刀0 총2획]

칼 **도**

篤

高3급

도탑다, 미쁘다
영 generous, cordial 중 笃 dǔ 일 トク(あつい)

형성 대나무 죽(竹)+말 마(馬)자로 죽마(竹馬)를 타던 벗과의 정, 즉 '도탑다'를 뜻한다.
篤老(독로) 매우 늙음. 篤信(독신) 篤實(독실) 篤志(독지)

대 죽(竹)부 [6竹10 총16획]

도타울 **독**

獨

| 中3급 | 홀로, 혼자 | 유 孤(외로울 고) | 영 alone 중 独 dú 일 独 ドク |

형성 개 견(犭)+나라이름 촉(蜀)자로 개는 모이면 싸우므로 한 마리씩 떼어놓는 데서 '홀로'를 뜻한다.
獨立(독립) 혼자 섬. 獨房(독방) 獨斷(독단) 獨島(독도)

개 견(犬/犭)부 [3犭13 총16획]

홀로 독

敦

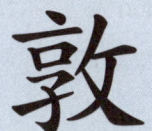

| 高3급 | 도탑다, 정성 | | 영 cordial 중 敦 dūn 일 トン(あつい) |

형성 누릴 향(享)+칠 복(攵)자로 두툼한 질그릇의 모양에서 '인정이 깊고 많은 것'을 뜻한다.
敦篤(돈독) 인정이 두터움. 敦諭(돈유) 敦厚(돈후) 重厚(중후)

칠 복(등글월문)攴(攵)부 [4攵8 총12획]

도타울 돈

豚

| 高3급 | 돼지, 새끼돼지 | | 영 pig 중 豚 tún 일 トン(ぶた) |

회의 고기 육(月)+돼지 시(豕)자로 '살찐 돼지'를 뜻한다.
豚肉(돈육) 돼지고기. 豚犬(돈견) 豚舍(돈사) 迷豚(미돈)

돼지시(豕)부 [7豕4 총11획]

돼지 돈

突

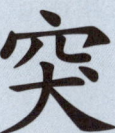

| 高3Ⅱ급 | 부딪치다, 우뚝하다 | | 영 collide 중 突 tū 일 トツ(つく) |

회의 구멍 혈(穴)+개 견(犬)자로 구멍에서 개가 갑자기 뛰쳐나오는 것으로, 즉 '돌출'을 뜻한다.
突擊(돌격) 돌진하여 공격함. 突發(돌발) 突出(돌출) 突風(돌풍)

구멍 혈(穴)부 [5穴4 총9획]

갑자기 돌

桐

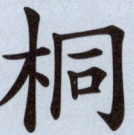

| 3급 | 오동나무 | | 영 paulownia 중 桐 tóng 일 トウ(きり) |

형성 나무 목(木)+한가지 동(同)자로 나뭇결이 곧고 똑바른 '오동나무'를 뜻한다.
桐梓(동재) 오동나무와 가래나무. 桐油(동유) 絲桐(사동) 油桐(유동)

나무 목(木)부 [4木6 총10획]

오동나무 동

高3급 **凍** 이 수(冫)부 [2冫8 총10획] 얼 **동**	얼다, 춥다　　　　　　　　　영 freeze　중 冻 dòng　일 トウ(こおる)
	형성 얼음 빙(冫)+동녘 동(東)자로 봄이 오기 전에는 추워서 '얼음이 언다'는 뜻이다.
	凍結(동결) 얼어붙음.　凍死(동사)　凍傷(동상)　凍太(동태)
	凍凍凍凍凍凍凍凍凍凍
	凍 凍 凍 凍 凍

高3급 **鈍** 쇠 금(金)부 [8金4 총12획] 무딜 **둔**	둔하다, 무디다　　　　　　　영 dull　중 钝 dùn　일 ドン(にぶい)
	형성 쇠 금(金)+모일 둔(屯)자로 무디어서 잘 들지 않는 쇠, 즉 '둔하다'를 뜻한다.
	鈍感(둔감) 감각이 무딤.　鈍器(둔기)　鈍才(둔재)　鈍濁(둔탁)
	鈍鈍鈍鈍鈍鈍鈍鈍鈍鈍鈍鈍
	鈍 鈍 鈍 鈍 鈍

高3급  싹날 철(屮)부 [3屮1 총4획] 진칠 **둔**	모이다, 진치다　　　　　　　영 assemble　중 屯 tún　일 トン
	회의 어린이의 머리를 묶어 꾸민 모양으로, 많은 것을 묶어 '모이다'의 뜻이다.
	屯兵(둔병) 주둔한 군대.　屯田(둔전)　屯聚(둔취)　屯監(둔감)
	屯屯屯屯
	屯 屯 屯 屯 屯

高3급 **騰** 말 마(馬)부 [10馬10 총20획] 오를 **등**	오르다, 뛰어오르다　　　　　영 ascend　중 腾 téng　일 トウ
	형성 말 마(馬)+나 짐(朕)자로 말이 뛰어오르는 것으로, 즉 '오르다'를 뜻한다.
	騰貴(등귀) 물건값이 오름.　昂騰(앙등)　騰落(등락)　騰空(등공)
	騰騰騰騰騰騰騰騰騰騰
	騰 騰 騰 騰 騰

高3Ⅱ급  말씀 언(言)부 [7言9 총16획] 허락할 **락(낙)**	허락하다　　　　　　　　　　영 respond　중 诺 nuò　일 ダク(うべなう)
	형성 말씀 언(言)+같을 약(若)자로 말로 '승낙하는 것'을 뜻한다.
	諾從(낙종) 응낙(應諾)하여 좇음.　諾意(낙의)　諾否(낙부)　承諾(승낙)
	諾諾諾諾諾諾諾諾
	諾 諾 諾 諾 諾

絡

[高3Ⅱ급] 실 사(糸)부 [6糸6 총12획]

맥락 락(낙)

잇다 ㉤ 連(잇닿을 련(연)) 영connect 중络 luò 일ラク(からまる)

형성 실 사(糸)+각 각(各)자로 실이 휘감겨 양끝을 잇는 모습으로, 즉 '맥락'을 뜻한다.
絡車(낙거) 실을 감는 물레. 絡絡(낙락) 絡蹄(낙제) 經絡(경락)

爛

[3급] 불 화(火/灬)부 [4火17 총21획]

문드러질 란(난)

빛나다, 문드러지다 영rot 중烂 làn 일ラン(ただれる)

회의·형성 불 화(火)+다할 란(闌)자로 불길이 꺼지기 직전에 반짝 빛나는 것을 뜻한다.
能爛(능란) 익숙하고 솜씨 있음. 爛漫(난만) 爛發(난발) 粲爛(찬란)

欄

[高3Ⅱ급] 나무 목(木)부 [4木17 총21획]

난간 란(난)

난간, 우리 영rail 중栏 lán 일ラン(てすり)

형성 나무 목(木)+난간 란(闌)자로 문에 건너질러 출입을 막는 '나무'를 뜻한다.
欄干(난간) 층계 등의 가장 자리를 일정한 높이로 막은 물건.
欄外(난외) 交欄(교란) 本欄(본란)

蘭

[高3Ⅱ급] 풀초(초두) 艸(艹)부 [4艹17 총21획]

난초 란(난)

난초, 얼룩 영orchid 중兰 lán 일ラン(あららぎ)

형성 풀 초(艹)+드물 란(闌)자로 향기가 높고 흔치 않은 화초, 즉 '난초, 목란'을 뜻한다.
蘭草(난초) 난초과의 여러해살이 풀. 蘭秋(난추) 蘭交(난교) 波蘭(파란)

藍

[3급] 풀초(초두) 艸(艹)부 [4艹14 총18획]

쪽 람

쪽(물감의 원료), 남빛 영indigo 중蓝 lán 일ラン(あい)

형성 풀 초(艹)+볼 감(監)자로 푸른색의 염료를 만드는 '쪽, 쪽빛'을 뜻한다.
藍本(남본) 원본. 藍靑(남청) 藍碧(남벽) 藍色(남색)

高3급	濫	넘치다, 지나치다 / 영 over flow 중 滥 làn 일 ラン(あふれ)
	물 수(삼수변) 水(氵)부 [3氵14 총17획]	형성 물 수(氵)+볼 감(監)자로 뿜어져 나오는 샘물, 즉 '넘치다'를 뜻한다. 濫用(남용) 함부로 마구 씀. 濫作(남작) 濫發(남발) 濫觴(남상)
	퍼질 람	
中3II급	浪	물결, 파도 / 영 wave 중 浪 làng 일 ロウ(なみ)
	물 수(삼수변) 水(氵)부 [3氵7 총10획]	형성 물 수(氵)+어질 량(良)으로 '물결, 파도'를 뜻한다. 浪子(낭자) 도락에 빠지거나 방탕한 자. 浪人(낭인) 浪漫(낭만) 浪費(낭비)
	물결 랑(낭)	
中3II급	郞	사내, 낭군 / 영 man 중 郎 láng 일 ロウ(おとこ)
	고을 읍(우부방) 邑(阝)부 [3阝7 총10획]	형성 마을 읍(阝)+어질 량(良)자로 '사내'를 뜻한다. 新郞(신랑) 갓 결혼한 남자. 郞君(낭군) 郞官(낭관) 兄郞(형랑)
	사내 랑(낭)	
高3II급	廊	행랑, 복도 / 영 corridor 중 廊 láng 일 ロウ(ひさし)
	엄 호(广)부 [3广10 총13획]	형성 집 엄(广)+사내 랑(郞)자로 사내들이 기거하는 집, 즉 '행랑'의 뜻이다. 廻廊(회랑) 정당(正堂)의 양 옆으로 있는 기다란 집채. 廊屬(낭속) 廊下(낭하) 舍廊(사랑)
	복도 랑(낭)	
高3급	掠	노략질하다 / 영 plunder 중 掠 lüè 일 リャク(かすめる)
	손 수(재방변) 手(扌)부 [3扌8 총11획]	형성 손 수(扌)+서울 경(京)자로 손을 뻗어 남의 것을 함부로 '빼앗는 것'을 뜻한다. 掠取(약취) 노략질하여 가짐. 掠奪(약탈) 侵掠(침략) 擄掠(노략)
	노략질할 략(약)	

凉

[中3II급]

이수변(冫)부 [2冫8 총10획]

서늘할 **량(양)**

서늘하다   영 cool   중 凉 liáng   일 凉 リョウ(すずしい)

형성 얼음 빙(冫)+서울 경(京)자로 찬물을 나타내며 '서늘함'을 뜻한다.

凉德(양덕) 엷은 인덕.   凉秋(양추)   凉天(양천)   凉風(양풍)

凉凉凉凉凉凉凉凉凉凉

諒

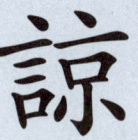

[高3급]

말씀 언(言)부 [7言8 총15획]

믿을 **량(양)**

살피다   영 credible   중 谅 liàng   일 リョウ(あきらか)

형성 말씀 언(言)+헤아릴 경(京·量)자로 상대의 마음을 헤아리는 것으로, '살피다'를 뜻한다.

諒知(양지) 살펴 앎.   諒察(양찰)   體諒(체량)   深諒(심량)

諒諒諒諒諒諒諒諒諒諒諒諒諒諒諒

梁

[高3급]

나무 목(木)부 [4木7 총11획]

들보 **량(양)**

들보, 대들보   영 beam   중 梁 liáng   일 リョウ(はり)

회의 물 수(氵)+벨 창(刅)+나무 목(木)자로 나무를 물 위에 걸쳐 놓는 다리, 나아가 들보를 뜻한다.

跳梁(도량) 함부로 날뜀.   橋梁(교량)   木梁(목량)   退梁(퇴량)

梁梁梁梁梁梁梁梁梁梁梁

勵

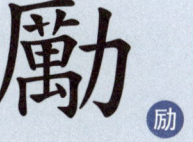

[高3II급]

힘 력(力)부 [2力15 총17획]

힘쓸 **려(여)**

힘쓰다, 권장하다   영 encourage   중 励 lì   일 励 レイ(はげむ)

형성 타이를 려(厲)+힘 력(力)자로 애써 갈다의 뜻으로, 즉 '힘쓰다'를 뜻한다.

激勵(격려) 말로써 상대를 응원함.   勵節(여절)   刻苦勉勵(각고면려)   策勵(책려)

勵勵勵勵勵勵勵勵勵勵

曆

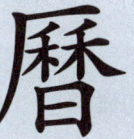

[高3II급]

날 일(日)부 [4日12 총16획]

책력 **력(역)**

책력, 운수   영 calender   중 曆 lì   일 レキ(こよみ)

형성 날 일(日)+셀 력(厤)자로 날을 순서 있게 배열해 놓은 '책력'을 뜻한다.

曆數(역수) 책력을 만드는 법.   曆年(역년)   曆法(역법)   曆學(역학)

曆曆曆曆曆曆曆曆曆曆

中3II급 力 힘 력(力)부 [2力0 총2획]	힘, 힘쓰다　　　　　　　　　영 strength　중 力 lì　일 リョク·リキ(ちから)
	상형 물건을 들어 올릴 때 팔에 생기는 근육의 모양을 본뜬 글자다. 力說(역설) 힘써 말함.　力點(역점)　力道(역도)　力士(역사) 力 力
힘 력(역)	力 力 力 力 力

高3II급 聯 联 귀 이(耳)부 [6耳11 총17획]	잇닿다, 연잇다　　　　　　　영 adjoin　중 联 lián　일 レン (つらなる)
	회의 귀 이(耳)+실 사(絲)자로 적의 귀를 베어 끈으로 연결한 것으로 '잇닿음'을 뜻한다. 聯句(연구) 한시에서 짝을 이룬 구.　聯立(연립)　頸聯(경련)　關聯(관련) 聯 聯 聯 聯 聯 聯 聯 聯 聯 聯 聯 聯
잇닿을 련(연)	聯 聯 聯 聯 聯

高3II급 戀 恋 마음 심(심방변) 心(忄/㣺)부 [4心19 총23획]	사모하다, 그리워하다　　　　영 love　중 戀 liàn　일 恋 レン(こい)
	형성 어지러울 련(䜌)+마음 심(心)으로 마음이 끌리어 '사모하다'를 뜻한다. 戀慕(연모) 사랑하고 그리워함.　戀情(연정)　戀人(연인)　戀歌(연가) 
생각할 련(연)	戀 戀 戀 戀 戀

高3II급 鍊 쇠 금(金)부 [8金9 총17획]	단련하다, 쇠 불리다　　　　영 temper　중 鍊 liàn　일 レン(ねる)
	형성 쇠 금(金)+가릴 간(柬)자로 금속을 녹여 불리는 것으로, 즉 '단련하다'를 뜻한다. 修鍊(수련) 갈고 닦음.　鍊金(연금)　鍊磨(연마)　鍊武(연무) 鍊 鍊 鍊 鍊 鍊 鍊 鍊 鍊 鍊 鍊 鍊 鍊
불릴 련(연)	鍊 鍊 鍊 鍊 鍊

高3급 憐 마음 심(심방변) 心(忄/㣺)부 [3忄12 총15획]	불쌍히(어여삐) 여기다　　　영 pity　중 怜 lián　일 レン(あわれむ)
	회의·형성 마음 심(忄)+도깨비불 린(㷠)자로 동정심, 즉 불쌍히 여기는 '마음'을 뜻한다. 相憐(상련) 서로 가엾게 여겨 동정함.　憐憫(연민)　哀憐(애련)　可憐(가련) 
불쌍히 련(연)	憐 憐 憐 憐 憐

劣

高3급

힘 력(力)부 [2力4 총6획]

못날 렬(열)

용렬하다, 못나다 　　　　　　영 inferior　중 劣 liè　일 レツ (おとる)

회의 적을 소(少)+힘 력(力)자로 힘이 적다는 뜻에서 남보다 못한 것을 뜻한다.

劣等(열등) 낮은 등급.　劣性(열성)　劣勢(열세)　劣惡(열악)

裂

高3급

옷 의(衤/衣)부 [6衣6 총12획]

찢을 렬(열)

찢다, 찢어지다 　　　　　　영 split　중 裂 liè　일 レツ (さく)

형성 벌릴 열(列)+옷 의(衣)자로 천을 벌려 찢는 것을 뜻한다.

決裂(결렬) 여러 갈래로 찢어짐.　分裂(분열)　裂傷(열상)　滅裂(멸렬)

廉

高3급

엄 호(广)부 [3广10 총13획]

검소할 렴(염)

청렴하다, 맑다 　　　　　　영 upright　중 廉 lián　일 レン (かど)

형성 집 엄(广)+겸할 겸(兼)자로 단정한 방 모서리를 겸하고 있는 모퉁이에서, 즉 '청렴, 검소'를 뜻한다.

廉價(염가) 싼값.　廉夫(염부)　廉恥(염치)　廉探(염탐)

獵

高3급

개 견(犬/犭)부 [3犭15 총18획]

사냥 렵(엽)

사냥하다, 사냥 　　　　　　영 hunting　중 猎 liè　일 リョウ (かり)

형성 개 견(犭)+巤(목갈기 렵)자로 개를 풀어서 사냥하는 것을 뜻한다.

獵犬(엽견) 사냥개.　獵奇(엽기)　獵銃(엽총)　狩獵(수렵)

靈

高3II급

비 우(雨)부 [8雨16 총24획]

신령 령(영)

신령, 영혼 　　　　　　영 spirit　중 灵 líng　일 レイ (たま)

형성 비올 령(霝)+무당 무(巫)자로 비오기를 비는 무당에서 신의 '계시'를 뜻한다.

靈界(영계) 정신 세계.　靈柩(영구)　亡靈(망령)　精靈(정령)

零

高3급

떨어지다, 시들다
영 drizzle 중 零 líng 일 レイ(こぼれる)

형성 비 우(雨)+하여금 령(令) 신의 뜻으로 비가 떨어지는 것을 뜻한다.
零細(영세) 몹시 가난함. 零細民(영세민) 丁零(정령) 凋零(조령)

비 우(雨)부 [8雨5 총13획]

떨어질 령(영)

隸

高3급

종, 노복
영 slave 중 隶 lì 일 レイ

형성 미칠 이(隶)+어찌 내(奈)자로 죄인이나 이민족을 붙잡아 종으로 삼는 것을 뜻한다.
隸書(예서) 글씨 서체의 하나. 宮隸(궁례) 篆隸(전례) 臣隸(신례)

미칠 이(隶)부 [8隶8 총16획]

종 례(예)

路

中3Ⅱ급

길, 연줄 유 道(길 도)
영 road 중 路 lù 일 ロ(じ)

형성 발 족(足)+각각 각(各)자로 사람이 걸어서 다다르는 것, 즉 '길'을 뜻한다.
路面(노면) 길바닥. 路邊(노변) 路幅(노폭) 路線(노선)

발 족(足)부 [7足6 총13획]

길 로(노)

露

中3Ⅱ급

이슬, 은혜
영 dew 중 露 lù 일 ロ(つゆ)

형성 비 우(雨)+길 로(路)자로 길가의 풀잎에 맺혀 있는 물방울, 즉 '이슬'을 뜻한다.
露骨(노골) 속마음을 드러냄. 露積(노적) 露宿(노숙) 寒露(한로)

비 우(雨)부 [8雨13 총21획]

이슬 로(노)

爐

高3Ⅱ급

화로, 난로
영 fireplace 중 炉 lú 일 炉 ロ(いろり)

형성 불 화(火)+큰그릇 로(盧)자로 큰그릇에 불을 담은 것으로, 즉 '화로'를 뜻한다.
茶爐(다로) 차를 달이는 데에 쓰는 화로(火爐). 火爐(화로) 爐邊(노변) 脚爐(각로)

불 화(火/灬)부 [4火16 총20획]

화로 로(노)

祿

보일 시(示)부 [5示8 총13획]

공물 **록(녹)**

녹(급료), 복(행복) 영 fortune 중 禄 lù 일 ロク(さいわい)

형성 보일 시(示)+근본 록(彔)자로 신의 선물, 왕에게서 받은 '공물'을 뜻한다.

國祿(국록) 나라에서 주는 급료. 祿俸(녹봉) 俸祿(봉록) 祿米(녹미)

祿祿祿祿祿祿祿祿祿祿祿祿祿

祿 祿 祿 祿 祿

鹿

사슴 록(鹿)부 [11鹿0 총11획]

사슴 **록(녹)**

사슴, 곳집 영 deer 중 鹿 lù 일 ロク(しか)

상형 수사슴의 뿔·머리·네 발의 모양을 본떠, 즉 '사슴'을 뜻한다.

鹿角(녹각) 수사슴 뿔. 鹿皮(녹비) 鹿茸(녹용) 鹿苑(녹원)

鹿鹿鹿鹿鹿鹿鹿鹿鹿鹿鹿

鹿 鹿 鹿 鹿 鹿

弄

손맞잡을 공(밑스물입)(廾)부 [3廾4 총7획]

희롱할 **롱(농)**

희롱하다, 놀다 영 mock 중 弄 nòng 일 ロウ(もてあそぶ)

회의 받들 공(廾)+왕 왕(王)자로 양 손으로 구슬을 가지고 노는 것에서 '희롱'을 뜻한다.

弄假成眞(농가성진) 장난 삼아 한 일이 진짜처럼 됨. 弄奸(농간) 弄談(농담) 弄調(농조)

弄弄弄弄弄弄弄

弄 弄 弄 弄 弄

賴

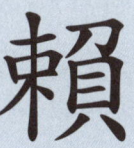

조개 패(貝)부 [7貝9 총16획]

힘입을 **뢰**

의지하다, 의뢰 영 trust to 중 赖 lài 일 頼 ライ(たのむ)

형성 어그러질 라(剌)+조개 패(貝)자로 재화를 자루에 담아 넣는 모양으로, 즉 '의지하다'를 뜻한다.

依賴(의뢰) 의지하고 힘입음. 信賴(신뢰) 趣附依賴(추부의뢰) 所賴(소뢰)

賴賴賴賴賴賴賴賴賴賴賴賴

賴 賴 賴 賴 賴

雷

비 우(雨)부 [8雨5 총13획]

우레 **뢰(뇌)**

천둥, 우레 영 thunder 중 雷 léi 일 ライ(かみなり)

형성 비 우(雨)+밭 전(田)자로 비가 올 때 '천둥'을 뜻한다.

雷名(뇌명) 남의 이름을 높여 하는 말. 雷神(뇌신) 雷聲(뇌성) 地雷(지뢰)

雷雷雷雷雷雷雷雷雷雷雷

雷 雷 雷 雷 雷

高3급	 僚 사람 인(人)부 [2人12 총14획]	동료, 벼슬아치　　　　　　　　영 comrade　중 僚 liáo　일 リョウ
		형성 사람 인(亻)+불놓을 료(尞)자로 관청의 '동료'를 뜻한다.
		僚官(요관) 속관, 또는 동료. 僚船(요선) 閣僚(각료) 職僚(직료)
		僚 仁 仁 仁 仁 仁 仁 僚 僚 僚
	동료 료(요)	僚 僚 僚 僚 僚

高3급	了 갈고리궐(亅)부 [1亅1 총2획]	마치다, 깨닫다　　　　　　　　영 finish　중 了 le　일 リョウ(おわる)
		상형 늘어진 것을 들어 올려서 짧게 만드는 것을 나타낸다.
		修了(수료) 학업을 마침. 終了(종료) 了結(요결) 滿了(만료)
		了 了
	마칠 료(요)	了 了 了 了 了

高3급	 屢 주검 시(尸)부 [3尸11 총14획]	자주, 여러　　　　　　　　영 frequently　중 屡 lǚ　일 ル(しばしば)
		회의·형성 주검 시(尸)+자주 루(婁)자로 잇달아 '계속함'의 뜻이다.
		屢空(누공) 언제나 가난함. 屢年(누년) 屢世(누세) 屢次(누차)
		屢 屢 屢 屢 屢 屢 屢 屢 屢 屢
	여러 루(누)	屢 屢 屢 屢 屢

高3급	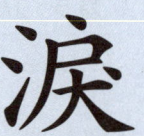 淚 물 수(삼수변) 水(氵)부 [3氵8 총11획]	눈물, 눈물짓다　　　　　　　　영 tears　중 泪 lèi　일 ルイ(なみだ)
		형성 물 수(氵)+어그러질 려(戾). 자로 눈에서 쥐어짜듯이 흐르는 '눈물'을 뜻한다.
		落淚(낙루) 눈물이 방울방울 떨어짐. 淚痕(누흔) 垂淚(수루) 鬼淚(귀루)
		淚 淚 淚 淚 淚 淚 淚 淚 淚 淚
	눈물 루(누)	淚 淚 淚 淚 淚

高3급	 漏 물 수(삼수변) 水(氵)부 [3氵11 총14획]	새다, 빠뜨리다　　　　　　　　영 leak　중 漏 lòu　일 ロ(もらす)
		형성 물 수(氵)+샐 루(屚)자로 지붕에 구멍이 나서 빗물이 '새는 것'을 뜻한다.
		漏刻(누각) 물시계. 漏電(누전) 脫漏(탈루) 刻漏(각루)
		漏 漏 漏 漏 漏 漏 漏 漏 漏 漏
	샐 루(누)	漏 漏 漏 漏 漏

累

高3급

실 사(糸)부 [6糸5 총11획]

묶을 루(누)

여러, 자주, 묶다

영 tie 중 累 lèi 일 ルイ(かさなる)

형성 실 사(糸)+밭갈피 뢰(畾)자로 실을 차례로 겹쳐 포개는 것으로, 즉 '묶다'를 뜻한다.

連累(연루) 남이 저지른 죄(罪)에 관련(關聯)되는 것. 累卵(누란) 累代(누대) 緣累(연루)

樓 (楼)

高3Ⅱ급

나무 목(木)부 [4木11 총15획]

다락 루(누)

다락, 다락집

영 loft 중 楼 lóu 일 楼 ロウ(たかどの)

형성 나무 목(木)+끌 루(婁)자로 나무를 짜서 높이 세운 '망루'의 뜻이다.

樓臺(누대) 높은 건물. 樓上(누상) 樓閣(누각) 望樓(망루)

倫

高3Ⅱ급

사람 인(人)부 [2人8 총10획]

인륜 륜(윤)

인륜, 윤리

영 morals 중 伦 lùn 일 リン(みち·たぐい)

형성 사람 인(亻)+생각할 륜(侖)자로 질서가 잡힌 '인간관계'를 뜻한다.

倫理(윤리) 인륜 도덕의 원리. 倫次(윤차) 不倫(불륜) 背倫(배륜)

栗

高3Ⅱ급

나무 목(木)부 [4木6 총10획]

밤나무 률(율)

밤, 밤나무

영 chestnut tree 중 栗 lì 일 リツ(くり)

회의 덮을 아(襾)+나무 목(木)자로 가시 돋친 열매가 달린 나무, 즉 '밤'을 뜻한다.

栗然(율연) 몹시 두려워하는 모양. 栗殼(율각) 栗園(율원) 栗谷(율곡)

隆

高3Ⅱ급

언덕 부부(좌부방) 부(阝)부 [3阝9 총12획]

클 륭(융)

높다, 성하다

영 eminent 중 隆 lóng 일 リュウ

형성 언덕 부(阝)+날 생(生)+내릴 강(降)자로 융성하게 커진 모양으로 '높다, 성하다'를 뜻한다.

隆盛(융성) 번영하고 성함. 隆崇(융숭) 隆起(융기) 窿隆(와륭)

高3ⅡP		언덕, 무덤	영 hill 중 凌 líng 일 リョウ(みささぎ)
		형성 언덕 부(阝)+언덕 릉(夌)으로 산줄기가 불거져 나온 것, 즉 '언덕'을 뜻한다.	
		陵蔑(능멸) 깔봄. 陵碑(능비) 陵谷(능곡) 陵園(능원)	
	언덕 阜부(좌부방) 阜(阝)부 [3阝8 총11획]	陵陵陵陵陵陵陵陵陵陵陵	
	큰 릉(능)	陵 陵 陵 陵 陵	

高3급		배, 배나무	영 pear 중 梨 lí 일 リ(なし)
		회의 이로울 리(利)+나무 목(木)자로 약재에도 쓰이는 이로운 '배'를 뜻한다.	
		梨園(이원) 배나무 밭. 梨花(이화) 棠梨(당리) 靑梨(청리)	
	나무 木부 [4木7 총11획]	梨梨梨梨梨梨梨梨梨梨梨	
	배나무 리(이)	梨 梨 梨 梨 梨	

高3ⅡP		신발, 신다, 밟다	영 step on 중 履 lǚ 일 リ(くつ·ふむ)
		회의 주검 시(尸)+조금 걸을 척(彳)+칠 복(攵)+배 주(舟)자로 사람이 배를 타고 발로 밟으며 걷는 모습에서 '밟다'를 뜻한다.	
		履歷(이력) 지금까지의 학업이나 경력. 履修(이수) 履行(이행) 麻履(마리)	
	주검 尸부 [3尸12 총15획]	履履履履履履履履履履履	
	밟을 리(이)	履 履 履 履 履	

高3ⅡP		관리, 관원	영 official 중 吏 lì 일 リ(つかさ)
		회의 관리의 상징인 깃대를 손에 든 모양을 본뜬 글자로 '관리'를 뜻한다.	
		吏道(이도) 관리로서 지켜야할 도리. 吏房(이방) 貪官汚吏(탐관오리) 官吏(관리)	
	입 口부 [3口3 총6획]	吏吏吏吏吏吏	
	벼슬아치 리(이)	吏 吏 吏 吏 吏	

高3ⅡP		속, 내부	영 inside 중 裏 lǐ 일 リ(うら·うち)
		형성 옷 의(衣)+마을 리(里)자로 솔기의 줄이 보이는 옷의 뒷면인 '속, 안'을 뜻한다.	
		裏面(이면) 속이나 안. 裏書(이서) 腦裏(뇌리) 禁裏(금리)	
	옷 衣(衤/衣)부 [6衣7 총13획]	裏裏裏裏裏裏裏裏裏裏裏	
	속, 안 리(이)	裏 裏 裏 裏 裏	

隣

이웃, 이웃하다 — 영 neighbor 중 隣 lín 일 リン(となる)

형성 언덕 부(阝)+도깨비불 린(粦)자로 집들이 나란히 불을 밝히는 것으로 '이웃'을 뜻한다.
隣家(인가) 이웃집. 隣近(인근) 隣接(인접) 隣徵(인징)

언덕 阜부(좌부방) 阜(阝)부 [3阝12 총15획]

이웃 린(인)

臨

임하다, 미치다 — 영 confront 중 临 lín 일 リン(のぞむ)

형성 신하 신(臣)+물건 품(品)자로 여러 물건을 들여다보는 것으로 '임하다'를 뜻한다.
臨檢(임검) 현장에 나가 조사함. 臨迫(임박) 臨時(임시) 臨終(임종)

신하 臣부 [6臣11 총17획]

임할 림(임)

磨

갈다, 숫돌에 갈다 — 영 whet 중 磨 mó 일 マ(みがく)

형성 삼 마(麻)+돌 석(石)자로 삼을 돌에 찧어 다듬는 것으로 '갈다'를 뜻한다.
磨滅(마멸) 갈리어서 닳아 없어짐. 磨石(마석) 磨耗(마모) 硏磨(연마)

돌 石부 [5石11 총16획]

갈 마

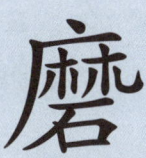

麻

삼, 조칙 — 영 hemp 중 麻 má 일 マ(あさ)

회의 돌집 엄(广)+줄기가 긴 풀 림(林)자로 삼의 껍질을 벗긴 모양으로 '삼'을 뜻한다.
麻藥(마약) 마취약. 麻絲(마사) 麻雀(마작) 麻布(마포)

삼 麻부 [11麻0 총11획]

삼 마

幕

장막, 막 — 영 curtain 중 幕 mù 일 マク

형성 없을 막(莫)+수건 건(巾)자로 싸서 감추기 위한 천, 즉 '막'을 뜻한다.
幕間(막간) 연극에서 한 막이 끝나고 잠시 쉬는 사이.
幕僚(막료) 幕舍(막사) 幕後(막후)

수건 巾부 [3巾11 총14획]

막 막

高3II급	 물 수(삼수변) 水(氵)부 [3氵11 총14획]	사막, 아득하다　　　　　　　　　영 desert　중 漠 mò　일 バク(ひろい)
		형성 물 수(氵)+없을 막(莫)자로 물이 없는 벌판, '사막'을 뜻한다. 漠漠(막막) 소리가 들릴 듯 말 듯 멂.　沙漠(사막)　漠然(막연)　索漠(삭막)
		漠漠漠漠漠漠漠漠漠漠漠
	사막 **막**	漠　漠　漠　漠　漠

高3급	 물 수(삼수변) 水(氵)부 [3氵11 총14획]	질펀하다, 넘쳐흐르다　　　　　　영 flood　중 漫 màn　일 マン(そぞろ)
		형성 물 수(氵)+퍼질 만(曼)자로 물이 널리 퍼져 '질펀한 것'을 뜻한다. 漫漫(만만) 물이 넓고 끝없이 흐르는 모양.　漫筆(만필)　漫談(만담)　漫畵(만화)
		漫漫漫漫漫漫漫漫漫漫漫
	질펀할 **만**	漫　漫　漫　漫　漫

3급	 벌레 충(虫)부 [6虫19 총25획]	오랑캐, 이민족　　　　　　　　영 barbarous tribe　중 蛮 mán　일 蛮 バン
		형성 벌레 충(虫)+어지러울 련(䜌)자로 한민족과 다른 습속을 가진 '오랑캐'를 뜻한다. 蠻勇(만용) 야만적인 용사.　蠻行(만행)　蠻族(만족)　野蠻(야만)
		蠻蠻蠻蠻蠻蠻蠻蠻蠻蠻蠻
	오랑캐 **만**	蠻　蠻　蠻　蠻　蠻

中3급	 날 일(日)부 [4日7 총11획]	저물다, 저녁　　　　　　　　　영 late　중 晚 wǎn　일 バン(おくれる)
		형성 날 일(日)+면할 면(免)자로 해가 지상에서 빠져나가 저문 것을 뜻한다. 晩年(만년) 노후.　晩學(만학)　晩秋(만추)　晩霜(만상)
		晩晩晩晩晩晩晩晩晩晩
	저물 **만**	晩　晩　晩　晩　晩

高3급	 마음 심(심방변) 心(忄/㣺)부 [3忄11 총14획]	게으르다, 느슨하다　　　　　　영 idlle　중 慢 màn　일 マン(あなどる)
		형성 마음 심(忄)+길게끌 만(曼)자로 무슨 일이든 행동이 굼뜨고 오만한 것을 뜻한다. 驕慢(교만) 잘난 체하고 뽐냄.　慢遊(만유)　慢葉(만엽)　傲慢(오만)
		慢慢慢慢慢慢慢慢慢慢慢慢
	게으를 **만**	慢　慢　慢　慢　慢

忘 (잊을 망)

잊다, 버리다 | 영 forget | 중 忘 wàng | 일 ボウ(わすれる)

형성 잃을 망(亡)+마음 심(心)자로 마음속으로부터 기억이 없어지는 것을 뜻한다.
忘却(망각) 잊음. 健忘症(건망증) 忘恩(망은) 忘德(망덕)

마음 심(심방변) 心(忄/㣺)부 [4心3 총7획]

忙 (바쁠 망)

바쁘다, 조급하다 | 영 busy | 중 忙 máng | 일 ボウ(いそがしい)

형성 마음 심(忄)+잃을 망(亡)자로 차분한 마음을 잃어 바쁘고 조급한 것을 뜻한다.
忙殺(망쇄) 아주 바쁨. 忙月(망월) 多忙(다망) 奔忙(분망)

마음 심(심방변) 心(忄/㣺)부 [3忄3 총6획]

罔 (그물 망)

없다, 그물 | 영 net | 중 罔 wǎng | 일 ホウ·モウ(なし)

형성 그물 망(罒)+잃을 망(亡)자로 덮어 씌워 새나 짐승을 잡는 '그물'의 뜻한다.
罔罟(망고) 새와 짐승을 잡는 망과 그물. 罔極(망극) 罔測(망측) 誣罔(무망)

그물 망网(罒/罓/㓁)부 [5罒3 총8획]

妄 (망령될 망)

망령되다 | 영 stupid | 중 忘 wàng | 일 ボウ(わすれる)

회의 계집 녀(女)+잃을 망(亡)자로 道理(도리)나 예법에 어둡고 이치에 거슬림을 뜻한다.
妄動(망동) 함부로 행동함. 妄發(망발) 妄信(망신) 妄言(망언)

계집 녀(女)부 [3女3 총6획]

茫 (아득할 망)

아득하다 | 영 remote | 중 茫 máng | 일 ボウ(とおい)

회의·형성 풀 초(艹)+멍할 망(汒)자로 초목이 아득하게 넓게 퍼진 것을 뜻한다.
茫茫大海(망망대해) 끝없이 펼쳐진 바다. 茫漠(망막) 茫然(망연) 滄茫(창망)

풀초(초두) 艸(艹)부 [4艹6 총10획]

埋

高3급

흙 토(土)부 [3土7 총10획]

묻다, 묻히다 | 영 bury | 중 埋 mái | 일 マイ(うずめる)

회의 흙 토(土)+속 리(里)자로 땅 속에 '묻다'의 뜻을 나타낸다.
埋沒(매몰) 파묻음. 埋立(매립) 埋伏(매복) 生埋(생매)

묻을 매

梅

高3Ⅱ급

나무 목(木)부 [4木7 총11획]

매화, 매화나무 | 영 plum | 중 梅 méi | 일 バイ(うめ)

형성 나무 목(木)+매양 매(每)자로 연달아 탐스런 열매를 맺는 '매화'를 뜻한다.
梅雨(매우) 매실이 익을 무렵에 내리는 비. 梅漿(매장) 梅實(매실) 梅花(매화)

매화나무 매

媒

高3급

계집 녀(女)부 [3女9 총12획]

중매, 매개 | 영 match-making | 중 媒 méi | 일 バイ(なかだち)

형성 계집 녀(女)+아무 모(某)자로 남녀의 혼인을 도모하는 것으로 '중매'를 뜻한다.
媒子(매자) 중매인. 媒婆(매파) 媒體(매체) 仲媒(중매)

중매 매

麥

보리 맥(麥)부 [11麥0 총11획]

보리, 메밀 | 영 barley | 중 麦 mài | 일 麦 バク(むぎ)

회의 올 래(來)+뿌리내릴 치(夊)자로 땅 속 깊이 뿌리내린 '보리'를 뜻한다.
麥麴(맥국) 보리 기름. 麥農(맥농) 麥芽(맥아) 麥酒(맥주)

보리 맥

盲

高3Ⅱ급

눈 목(目)부 [5目3 총8획]

소경, 장님 | 영 blind | 중 盲 máng | 일 モウ(めくら)

형성 잃을 망(亡)+눈 목(目)자로 눈동자를 잃어버린 것으로 '소경'을 뜻한다.
盲目的(맹목적) 옳고 그름을 분별하지 못하고 행동하는 것.
盲信(맹신) 盲兒(맹아) 盲腸(맹장)

소경 맹

盟

- 高3II급
- 그릇 명(皿)부 [5皿8 총13획]
- 맹세, 약속
- 영 oath　중 盟 méng　일 メイ(ちかう)
- 형성 밝을 명(明)+그릇 명(皿)자로 제후들이 희생의 피를 담아 마시며 결의하던 것으로 '맹세'를 뜻한다.
- 盟契(맹계) 굳은 언약.　盟邦(맹방)　盟約(맹약)　盟兄(맹형)

맹세 **맹**

孟

- 高3II급
- 아들 자(子)부 [3子5 총8획]
- 맏, 처음
- 영 first　중 孟 mèng　일 モウ(はじめ)
- 형성 아들 자(子)+그릇 명(皿)자로 처음의 아들 '맏자식'을 뜻한다.
- 孟冬(맹동) 음력 10월의 별칭.　孟夏(맹하)　孔孟(공맹)　孟母(맹모)

맏 **맹**

猛

- 高3II급
- 개 견(犬/犭)부 [3犭8 총11획]
- 사납다, 용감함
- 영 fierce　중 孟 měng　일 モウ(たけし)
- 형성 개 견(犭)+힘쓸 맹(孟)자로 힘세고 사나운 '개'를 뜻한다.
- 猛犬(맹견) 사나운 개.　猛虎(맹호)　猛烈(맹렬)　猛獸(맹수)

사나울 **맹**

眠

- 中3II급
- 눈 목(目)부 [5目5 총10획]
- 잠자다, 졸다
- 영 sleep　중 眠 mián　일 ミン(ねむる)
- 형성 눈 목(目)+백성 민(民)자로 모든 사람이 눈을 감고 '잠자는 것'을 뜻한다.
- 眠睡(면수) 잠을 잠.　冬眠(동면)　冬眠(동면)　睡眠(수면)

잘, 쉴 **면**

綿

- 高3II급
- 실 사(糸)부 [6糸8 총14획]
- 솜, 풀솜
- 영 cotton　중 绵 mián　일 メン(わた)
- 회의 비단 백(帛)+이을 계(系)자로 끊임없이 하얗게 이어진 '솜'을 뜻한다.
- 綿綿(면면) 길이 이어진 모양.　綿密(면밀)　綿絲(면사)　綿球(면구)

솜 **면**

中3급  어진사람 인(儿)부 [2儿6 총8획] **벗어날 면**	면하다, 벗어나다　　　　영 avoid　중 免 miǎn　일 メン(まぬかれる) 회의 태아가 어미의 자궁에서 힘들게 나오는 모습에서 '벗어나다'를 뜻한다. 免喪(면상) 부모의 3년 상을 벗음. 免除(면제) 免稅(면세) 免役(면역)	
高3Ⅱ급  물 수(삼수변) 水(氵)부 [3氵10 총13획] **멸망할 멸**	멸하다, 멸망하다　유 亡(셀 계)　영 ruin　중 灭 miè　일 メツ(ほろびる) 형성 물 수(氵)+꺼질 멸(戚)자로 물이 다하여 없어지므로 '멸망하다'의 뜻이다. 滅種(멸종) 종자가 모두 없어짐. 滅菌(멸균) 滅亡(멸망) 滅族(멸족)	
高3Ⅱ급 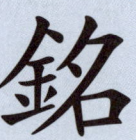 쇠 금(金)부 [8金6 총14획] **새길 명**	새기다, 기록하다　　　　영 engrave　중 铭 míng　일 メイ 형성 쇠 금(金)+이름 명(名)자로 금속에 이름을 새기는 것을 뜻한다. 銘心(명심) 마음에 새김. 銘旌(명정) 銘記(명기) 感銘(감명)	
高3급  덮을 멱(민갓머리)(冖)부 [2冖8 총10획] **어두울 명**	어둡다, 깊숙하다　　　　영 dark　중 冥 míng　일 メイ(くらい) 회의 덮을 멱(冖)+해 일(日)+들 입(入)자로 덮어서 빛이 없는 상태의 뜻이다. 冥冥(명명) 어두운 모양. 冥途(명도) 冥福(명복) 冥想(명상)	
高3Ⅱ급  발없는벌레 치(갖은돼지시변)(豸)부 [7豸7 총14획] **얼굴 모**	모양, 얼굴　　　　영 appearance　중 貌 mào　일 ボウ(かたち) 회의·형성 벌레 치(豸)+모양 모(皃)자로 사람이나 동물의 대략적인 '모양'을 뜻한다. 美貌(미모) 아름다운 얼굴. 外貌(외모) 貌樣(모양) 容貌(용모)	

高3Ⅱ급	사모하다, 그리워하다	영longing 중慕mù 일ボ(したう)
	형성 마음 심(忄)+저물 모(莫)자로 해질 무렵에는 정든 사람이 그리워지는 것을 뜻한다. 慕化(모화) 덕을 그리워함. 慕愛(모애) 慕華(모화) 追慕(추모)	
마음 심(心)부 [4忄11 총15획]	慕慕慕慕慕慕慕莫莫慕慕	
그리워할 모	慕 慕 慕 慕 慕	

中3급	저물다, 해지다	영evening 중暮mù 일ボ(くれる)
	회의 날 일(日)+없을 막(莫)자로 해가 없어져 '저물다'를 뜻한다. 暮景(모경) 저녁 무렵의 경치. 暮年(모년) 暮色(모색) 旦暮(단모)	
날 일(日)부 [4日11 총15획]	暮暮暮暮暮暮暮暮暮莫暮暮暮	
저물 모	暮 暮 暮 暮 暮	

高3급	모으다, 모집	영collect 중募mù 일ボ(つのる)
	형성 힘 력(力)+구할 모(莫)자로 애써 널리 구하는 것으로 '모으다'의 뜻을 나타낸다. 募集(모집) 사람을 모음. 募金(모금) 募兵(모병) 募集(모집)	
힘 력(力)부 [2力11 총13획]	募募募募募募募莫募募	
모을 모	募 募 募 募 募	

高3급	가리다, 무릅쓰다	영risk 중冒mào 일ボウ(おかす)
冒	회의 눈 목(目)+쓸 모(冃)자로 눈을 '가리다'를 뜻한다. 冒瀆(모독) 더럽혀 욕되게 함. 冒頭(모두) 冒險(모험) 侵冒(침모)	
멀 경(冂)부 [2冂7 총9획]	冒冒冒冒冒冒冒冒冒	
무릅쓸 모	冒 冒 冒 冒 冒	

高3급	아무, 아무개	영someone 중某mǒu 일ボウ(それがし)
	회의 달 감(甘)+나무 목(木)자로 매화나무가 본디 뜻이나 가차하여 '아무'를 뜻한다. 某年(모년) 어느 해. 某某(모모) 某處(모처) 某側(모측)	
나무 목(木)부 [4木5 총9획]	某某某某某某某某某	
아무 모	某 某 某 某 某	

3급 **矛** 창 모(矛)부 [5矛0 총5획]	창, 자루가 긴 창　　　영 spear　중 矛 máo　일 ム(ほこ) 상형 자루가 긴 장식이 달린 '창' 모양을 본떠, 즉 '창'을 뜻한다. 矛盾(모순) 창과 방패. 矛戟(모극) 戈矛(과모) 霜矛(상모) 矛矛矛矛矛	
창 **모**	矛 矛 矛 矛 矛	

中3Ⅱ급 **莫** 풀초(초두) 艸(艹)부 [4艸7 총11획]	없다, 멀다　　　영 not　중 莫 mò　일 バク(ない) 회의 풀 초(艹)+햇빛 대(吳)자로 태양이 초원에 지는 것을 뜻하였으나 가차하여 '없다'를 뜻한다. 莫强(막강) 아주 강함. 莫莫(막막) 莫大(막대) 莫論(막론) 莫莫莫莫莫莫莫莫莫莫莫	
없을 **모**	莫 莫 莫 莫 莫	

高3Ⅱ급 **謀** 말씀 언(言)부 [7言9 총16획]	꾀하다, 의논하다　　　영 plot　중 谋 móu　일 ボウ(はかる) 형성 말씀 언(言)+아무 모(某)자로 어려운 것을 생각하는 것으로, 즉 '꾀하다'를 뜻한다. 謀免(모면) 꾀를 써서 면함. 謀事(모사) 謀議(모의) 謀陷(모함) 謀謀謀謀謀謀謀謀謀謀謀謀	
꾀할 **모**	謀 謀 謀 謀 謀	

高3급 **侮** 사람인(亻)부 [2亻7 총9획]	업신여기다, 앓다　　　영 despice　중 侮 wǔ　일 ブ(あなどる) 형성 사람 인(亻)+매양 매(每)자로 어두워서 보이지 않으므로 '업신여기다'를 뜻한다. 侮視(모시) 남을 업신여기거나 하찮게 여겨 무시함. 侮蔑(모멸) 侮辱(모욕) 受侮(수모) 侮侮侮侮侮侮侮侮侮	
업신여길 **모**	侮 侮 侮 侮 侮	

高3Ⅱ급 **睦** 눈 목(目)부 [5目8 총13획]	화목하다　　　영 frieddly　중 睦 mù　일 ボク(むつましい) 형성 눈 목(目)+흙덩이 육(坴)자로 눈이 온화한 것으로 파생하여, 즉 '화목하다'를 뜻한다. 和睦(화목) 화기애애하여 분위기가 좋음. 親睦(친목) 睦族(목족) 敦睦(돈목) 睦睦睦睦睦睦睦睦睦睦睦睦睦	
화목할 **목**	睦 睦 睦 睦 睦	

3급

머리 감다, 씻다   영 wash   중 沐 mù   일 モク

회의·형성 물 수(氵)+나무 목(木)자로 물로 '머리 감다'를 뜻한다.

沐浴(목욕) 머리를 감고 몸을 씻음. 沐澡(목조) 沐間(목간) 冥沐(명목)

물 수(삼수변) 水(氵)부 [3氵4 총7획]

머리감을 목

高3Ⅱ급

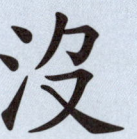

빠지다   영 sink   중 没 mò   일 ボツ(しずむ·かくれる)

형성 물의 소용돌이 속으로 빠지는 것을 뜻한다.

沒却(몰각) 무시해 버림. 沒年(몰년) 沒頭(몰두) 沒入(몰입)

물 수(삼수변) 水(氵)부 [3氵4 총7획]

빠질 몰

高3Ⅱ급

어리다, 어리석다   영 foolish   중 蒙 méng   일 モウ(こうむる)

회의·형성 풀 초(艹)+덮을 몽(冡)자로 '어리석은 것'을 뜻한다.

蒙古(몽고) 중국의 북쪽과 시베리아 사이에 있는 국가.
蒙死(몽사) 蒙利(몽리) 啓蒙(계몽)

풀초(초두) 艹(艹)부 [4艹10 총14획]

입을 몽

高3Ⅱ급

꿈, 꿈꾸다   영 dream   중 梦 mèng   일 ム(ゆめ)

형성 저녁 석(夕)+어두울 몽(瞢)자로 사람이 자면서 어두운 가운데 보는 것, 즉 '꿈'을 뜻한다.

夢寐(몽매) 꿈을 꾸는 동안. 夢想(몽상) 蒙利(몽리) 蒙塵(몽진)

저녁 석(夕)부 [3夕11 총14획]

꿈 몽

高 3급

모, 곡식   영 sprout   중 苗 miáo   일 ビョウ(なえ)

회의 풀 초(艹)+밭 전(田)자로 논밭에 심은 가느다란 풀, '모'를 뜻한다.

苗木(묘목) 나무 모종. 苗裔(묘예) 苗床(묘상) 苗板(묘판)

풀초(초두) 艹(艹)부 [4艹5 총9획]

모, 싹 묘

高3급 廟 庿 엄 호(广)부 [3广12 총15획]	사당, 위패 　　　　　　　　　영 shrine　중 庙 miào　일 ビョウ(たまや)
	회의 집 엄(广)+아침 조(朝)자로 조상을 제사지내는 '사당'을 뜻한다. 廟堂(묘당) 종묘.　廟室(묘실)　太廟(태묘)　廟廷(묘정) 廟廟廟廟廟廟廟廟廟廟廟
사당 묘	廟 廟 廟 廟 廟

中3급 卯 병부 절(卩/㔾)부 [2卩3 총5획]	토끼, 넷째 지지 　　　　　　　영 rabbit　중 卯 mǎo　일 ボウ(う)
	상형 양쪽 문짝을 열어젖뜨린 모양을 본뜬 글자로 십이지의 넷째로 쓰인다. 卯生(묘생) 묘년(妙年)에 태어난 사람.　卯日(묘일)　卯時(묘시)　卯酒(묘주) 卯卯卯卯卯
넷째지지 묘	卯 卯 卯 卯 卯

高3Ⅱ급 貿 조개패(貝)부 [7貝5 총12획]	바꾸다, 무역하다 　　　　　영 trade　중 贸 mào　일 ボウ(あきなう)
	형성 조개 패(貝)+토끼 묘(卯)자로 활발하게 재화를 서로 바꾸는 것을 뜻한다. 貿穀(무곡) 값이 오를 것으로 보고 곡식을 잔뜩 사들임. 貿易(무역)　加貿(가무)　加工(가공) 貿貿貿貿貿貿貿貿貿貿貿貿
바꿀 무	貿 貿 貿 貿 貿

中3급 戊 창 과(戈)부 [4戈1 총5획]	다섯째 천간 　　　　　　　　　　중 戊 wù　일 ボ(つちのえ)
	상형 도끼와 같은 날이 달린 '창'의 모양을 본뜬 글자이다. 戊夜(무야) 새벽 3시부터 5시 사이.　戊戌酒(무술주)　戊辰(무진)　戊戌 (무술) 戊戊戊戊戊
다섯째천간 	戊 戊 戊 戊 戊

高3급 霧 비 우(雨)부 [8雨11 총19획]	안개, 흐리다 　　　　　　　　영 fog　중 雾 wù　일 ム·ブ(きり)
	형성 비 우(雨)+힘쓸 무(務)자로 천지간에 낀 '안개' 를 뜻한다. 濃霧(농무) 짙은 안개.　霧散(무산)　霧帶(무대)　雲霧(운무) 霧霧霧霧霧霧霧霧霧霧霧霧
안개 무	霧 霧 霧 霧 霧

茂

中3Ⅱ급

풀초(초두) 艹(++)부 [4++5 총9획]

우거질 무

무성하다　　　　　　　　　　　　　영 flourishing　중 茂 máo　일 モ(しげる)

형성 풀 초(艹)+무성할 무(戊)자로 풀이 뒤덮고 우거져 '무성한 것'을 뜻한다.
茂盛(무성) 초목이 아주 잘 자라나 잎이 무성한 것을 나타냄.
茂勳(무훈)　茂林(무림)　茂盛(무성)

墨

中3급

흙 토(土)부 [3土12 총15획]

먹 묵

먹, 형벌 이름　　　　　　　　　　　영 ink　중 墨 mò　일 ボク(すみ)

형성 검을 흑(黑)+흙 토(土)자로 검댕과 흙으로 만든 '먹'을 뜻한다.
墨家(묵가) 묵적의 학파.　墨池(묵지)　墨客(묵객)　墨香(묵향)

默

中3Ⅱ급

검을 흑(黑)부 [12黑4 총16획]

말없을 묵

잠잠하다, 어둡다　　　　　　　　　영 quiet, still　중 默 mò　일 モク(しずか)

형성 검을 흑(黑)+개 견(犬)자로 개가 묵묵히 사람을 따라 가는 것으로, 말이 없음을 뜻한다.
啞默(아묵) 입을 다물고 조용히 있음.　默契(묵계)　默念(묵념)　默殺(묵살)

紋

中3Ⅱ급

실 사(糸)부 [6糸4 총10획]

무늬 문

무늬, 주름　　　　　　　　　　　　영 pattern　중 纹 wén　일 モン(しわ)

형성 실 사(糸)+무늬 문(文)자로 실로 짜서 나타낸 '무늬'를 뜻한다.
波紋(파문) 어떠한 일이 다른 데에 미치는 영향을 비유함.
紋樣(문양)　紋章(문장)　龍紋(용문)

勿

中3Ⅱ급

쌀 포(勹)부 [2勹2 총4획]

말다 물

말다, 기(旗)　　　　　　　　　　　영 stop　중 勿 wù　일 モツ·モチ(なかれ)

상형 활시위를 퉁겨서 불길한 것을 떨쳐 버리는 모양으로 가차되어 '~하지 말라'를 뜻한다.
勿忘草(물망초) 지칫과에 딸린 여러해살이풀.
勿失好機(물실호기)　勿論(물론)　勿驚(물경)

迷

高3급

쉬엄쉬엄갈 착(辶)부 [4辶_6 총10획]

미혹할 **미**

미혹하다, 헷갈리다 　　영 confused 　중 迷 mí 　일 メイ(まよう)

형성 쉬엄쉬엄갈 착(辶)+쌀 미(米)자로 길이 너무 많아 '헤매는 것'을 뜻한다.
迷宮(미궁) 쉽게 출구를 찾을 수 없음. 迷路(미로) 迷兒(미아) 迷惑(미혹)

尾

中3급

주검 시(尸)부 [3尸4 총7획]

꼬리 **미**

꼬리, 교미하다 　　유 末(끝 말) 　　　　영 tail 　중 尾 wěi 　일 ビ(お)

회의 주검 시(尸)+털 모(毛)자로 엉덩이 끝의 털로 이루어진 '꼬리'를 뜻한다.
尾骨(미골) 꽁지 뼈. 尾行(미행) 後尾(후미) 尾宿(미수)

眉

高3급

눈 목(目)부 [5目4 총9획]

눈썹 **미**

눈썹, 가 　　　　　　　　　　영 eyebrow 　중 眉 méi 　일 ビ·ミ(まゆ)

상형 눈 목(目) 위에 있는 털로 '눈썹'를 뜻한다.
眉間(미간) 두 눈썹 사이. 眉目秀麗(미목수려) 眉目(미목)

微

高3Ⅱ급

두인 변(彳)부 [3彳10 총13획]

작을 **미**

작다, 적다 　　　　　　　　　영 tiny 　중 微 wēi 　일 ビ(かすか)

형성 움직이는 모양이 희미하여 '적다, 작다'를 뜻한다.
微功(미공) 작은 공로. 微官(미관) 微動(미동) 微妙(미묘)

敏

高3급

칠 복(등글월문)攴(攵)부 [4攵7 총11획]

재빠를 **민**

민첩하다, 재빠르다 　　　　　영 quick 　중 敏 mǐn 　일 ビン(さとい)

형성 칠 복(攵)+매양 매(每)자로 나태해지지 않고 척척 일하는 것으로 '민첩함'을 뜻한다.
敏活(민활) 재능이 날카롭고 매우 잘 돌아감. 敏感(민감) 敏捷(민첩) 英敏(영민)

憫

근심하다 | 영 pity 중 悯 mǐn 일 ビン(あわれむ)

회의·형성 마음 심(忄)+걱정할 민(閔)자로 애처로운 마음, 근심하는 것을 뜻한다.
憫忙(민망) 답답하고 딱하게 여김. 憐憫(연민) 憫情(민정) 不憫(불민)

憫憫憫憫憫憫憫憫憫憫憫憫

마음 심(심방변) 心(忄/㣺)부 [3忄12 총15획]

근심할 민

憫 憫 憫 憫 憫

蜜

꿀, 벌꿀 | 영 honey 중 蜜 mì 일 ミツ(みつ)

회의·형성 벌레 충(虫)+잠잠할 밀(宓)로 벌이 집 속에 꽉 채워 넣은 '꿀'을 뜻한다.
蜜柑(밀감) 귤나무. 蜜蠟(밀랍) 蜜語(밀어) 蜜丸(밀환)

蜜蜜蜜蜜蜜蜜蜜蜜蜜蜜蜜蜜

벌레 충(虫)부 [6虫8 총14획]

꿀 밀

蜜 蜜 蜜 蜜 蜜

薄

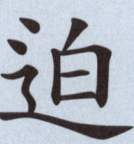

얇다, 엷다 | 영 thin 중 薄 báo 일 ハク(うすい)

형성 풀 초(艹)+펼 부(溥)자로 풀이 골고루 널리 퍼진 초원의 모양, 즉 '얇다'를 뜻한다.
薄俸(박봉) 적은 봉급. 薄酒(박주) 薄待(박대) 薄福(박복)

薄薄薄薄薄薄薄薄薄薄薄

풀초(초두) 艸(艹)부 [4艹13 총17획]

엷을 박

薄 薄 薄 薄 薄

迫

핍박하다, 닥치다 | 영 urgent 중 迫 pò 일 ハク(せまる)

형성 쉬엄쉬엄갈 착(辶)+흰 백(白)자로 가까이 다다라 닥치는 것으로 '다그침'을 뜻한다.
迫頭(박두) 가까워짐. 迫頭(박두) 迫力(박력) 迫害(박해)

迫迫迫迫迫迫迫迫迫

쉬엄쉬엄갈 착(책받침) 辵(辶)부 [4辶5 총9획]

다그칠 박

迫 迫 迫 迫 迫

泊

배 대다, 묵다 | 영 anchor 중 泊 bó 일 ハク(とまる)

형성 물 수(氵)+흰 백(白)자로 배가 다가가 머무는 물가로 '묵다'를 뜻한다.
宿泊(숙박) 머물러 쉼. 碇泊(정박) 民泊(민박) 落泊(낙박)

泊泊泊泊泊泊泊泊

물 수(삼수변) 水(氵)부 [3氵5 총8획]

배댈 박

泊 泊 泊 泊 泊

한자	뜻/음	설명
般	돌다, 옮기다	영 turn 중 般 bān 일 ジョ(ついで)

상형·형성 배 주(舟)+칠 복(殳)자로 큰 배를 움직이는 모양에서 '돌다, 옮기다'를 뜻한다.
舟橋(주교) 배다리. 舟師(주사) 彼此一般(피차일반)

배 주(舟)부 [6舟4 총10획] — 돌 반

| 盤 | 소반, 쟁반 | 영 tray 중 盘 pán 일 バン(さら) |

형성 그릇 명(皿)+큰배 반(般)자로 큰 배 모양의 대야, 즉 '소반'을 뜻한다.
盤據(반거) 근거로 하여 지킴. 盤溪曲徑(반계곡경) 盤石(반석)

그릇 명(皿)부 [5皿10 총15획] — 소반 반

| 返 | 돌아오다 | 영 return 중 返 fǎn 일 ヘン·ハン(かえす) |

형성 쉬엄쉬엄갈 착(辶)+돌이킬 반(反)자로 갔던 길을 다시 돌아오는 것을 뜻한다.
返還(반환) 되돌려 보냄. 返納(반납) 返送(반송) 返品(반품)

쉬엄쉬엄갈 착(책받침) 辵(辶)부 [4辶4 총8획] — 돌아올 반

| 伴 | 짝, 동반자 | 영 companion 중 伴 bàn 일 ハン(ともなう) |

형성 사람 인(亻)+절반 반(半)자로 좋은 반쪽, '짝'을 뜻한다.
伴侶(반려) 짝이 되는 친구. 伴奏(반주) 伴行(반행) 伴寢(반침)

사람 인(人)부 [2人5 총7획] — 짝 반

| 飯 | 밥, 먹다 | 영 boiled rice 중 饭 fàn 일 ハン(めし) |

형성 밥 식(食)+돌이킬 반(反)자로 곡식을 끓여서 만든 '밥'을 뜻한다.
飯床器(반상기) 밥상 하나를 차리는 데 필요한 한 벌의 그릇.
飯顆(반과) 飯床(반상) 飯酒(반주)

밥 식(食)부 [9食4 총13획] — 밥 반

高 3급	叛	배반하다, 모반하다　　　　영 rebel　중 叛 pàn　일 ハン(そむく)
		회의·형성 절반 반(半)+돌이킬 반(反)자로 절반씩 갈라져 '반항하고, 배반하다'를 뜻한다. 叛軍(반군) 반란군.　叛旗(반기)　叛徒(반도)　叛亂(반란)
또 우(又)부 [2又7 총9획]		叛叛叛叛叛叛叛叛叛
배반할 **반**		叛 叛 叛 叛 叛

高 3급	拔	빼다, 뽑다　　　　　　　영 pull out　중 拔 bá　일 バシ(ぬく)
		형성 손 수(扌)+달릴 발(犮)자로 손으로 '빼다, 뽑아버리는 것'을 뜻한다. 拔群(발군) 여럿 가운데서 뛰어남.　拔本(발본)　拔萃(발췌)　拔擢(발탁)
손 수(재방변) 手(扌)부 [3扌5 총8획]		拔拔拔拔拔拔拔拔
뺄 **발**		拔 拔 拔 拔 拔

高 3급	芳	꽃답다, 향기롭다　　　　영 flowery　중 芳 fāng　일 ホウ(かんばしい)
		형성 풀 초(艹)+네모 방(方)자로 풀꽃의 향기가 퍼지는 것을 뜻한다. 芳年(방년) 여자(女子)의 20세 전후의 꽃다운 나이. 芳樹(방수)　芳名錄(방명록)　芳香(방향)
풀초(초두) 艸(艹)부 [4艹4 총8획]		芳芳芳芳芳芳芳
꽃다울 **방**		芳 芳 芳 芳 芳

高 3급	邦	나라, 봉(封)하다　　　　영 nation　중 邦 bāng　일 ホウ(くに)
		형성 마을 읍(阝)+풀무성한 봉(丰)자로 경계가 정해진 '국토, 나라'를 뜻한다. 異邦(이방) 다른 지방.　邦畵(방화)　邦交(방교)　盟邦(맹방)
고을 읍(우부방) 邑(阝)부 [3阝4 총7획]		邦邦邦邦邦邦邦
나라 **방**		邦 邦 邦 邦 邦

高 3급	倣	본받다, 본뜨다　　　　　영 imitate　중 仿 fǎng　일 ホウ(ならう)
		형성 사람 인(亻)+모방할 방(放)자로 사람이 남의 행동을 본받는 것을 뜻한다. 模倣(모방) 흉내를 냄.　倣似(방사)　倣刻(방각)　倣效(방효)
사람 인(人)부 [2人8 총10획]		倣倣倣倣倣倣倣倣倣
본받을 **방**		倣 倣 倣 倣 倣

高3급 傍 사람 인(人)부 [2人10 총12획]	곁, 옆 　　　　　　　　　영 beside　중 傍 páng　일 ボウ(かたわら)
	형성 사람 인(亻)+곁 방(旁)자로 사람의 양쪽 또는 '곁'을 뜻한다. 傍系(방계) 직계에서 갈라진 친척 부치. 傍若無人(방약무인) 傍觀(방관) 傍證(방증)
	傍 傍 傍 傍 傍 傍 傍 傍 傍 傍
곁, 방 **방**	傍 傍 傍 傍 傍

中3급 杯 나무 목(木)부 [4木4 총8획]	잔, 대접 　　　　　　　　　영 cup　중 杯 bēi　일 ハイ(さかずき)
	형성 나무 목(木)+아니 불(不)자로 나무로 만든 '잔, 대접'을 뜻한다. 杯觴(배상) 나무 술잔. 乾杯(건배) 苦杯(고배) 杯狀(배상)
	杯 杯 杯 杯 杯 杯 杯 杯
잔 **배**	杯 杯 杯 杯 杯

高3Ⅱ급 培 흙 토(土)부 [3土8 총11획]	북돋우다, 가꾸다 　　　　　영 nourish　중 培 péi　일 バイ(つちかう)
	형성 흙 토(土)+나눌 부(咅)자로 흙을 파서 갈라 곡식을 심고 가꾸는 데서 '북돋음'을 뜻한다. 培養(배양) 생물의 발육을 위해 북돋아 줌. 培養土(배양토) 培植(배식) 栽培(재배)
	培 培 培 培 培 培 培 培 培
북돋을 **배**	培 培 培 培 培

高3Ⅱ급 排 손 수(재방변) 手(扌)부 [3扌8 총11획]	물리치다, 늘어서다 　　　영 beat　중 排 pái　일 ハイ(おす)
	형성 손 수(扌)+아닐 비(非)자로 손으로 좌우를 '물리치는 것'을 뜻한다. 排尿(배뇨) 오줌을 눔. 排擊(배격) 排球(배구) 排泄(배설)
	排 排 排 排 排 排 排 排 排 排
밀칠 **배**	排 排 排 排 排

高3Ⅱ급 伯 사람 인(人)부 [2人5 총7획]	맏이(첫째), 큰아버지 　　　영 eldest　중 伯 bó　일 ハク
	형성 사람 인(亻)+흰 백(白)자로 '맏이, 첫째'를 뜻한다. 伯父(백부) 큰아버지. 伯仲之間(백중지간) 伯母(백모) 伯仲(백중)
	伯 伯 伯 伯 伯 伯 伯
맏 **백**	伯 伯 伯 伯 伯

3급	柏	측백나무, 잣나무	영 thuja 중 柏 bǎi
		회의·형성 나무 목(木)+흰 백(白)자로 '측백나무'를 뜻한다.	
		柏子(백자) 잣. 冬柏(동백) 柏木(백목) 柏子木(백자목)	
나무 목(木)부 [4木5 총9획]		柏柏柏柏柏柏柏柏柏	
측백나무 **백**		柏 柏 柏 柏 柏	

高3Ⅱ급	繁	번성하다, 많다	영 prosper 중 繁 fán 일 ハン(しげる)
		형성 이을 계(系)+민첩할 민(敏)자로 풀이 자꾸 자라나서 무성해짐으로 '많음'을 뜻한다.	
		繁多(번다) 번거롭게 많음. 繁榮(번영) 繁盛(번성) 頻繁(빈번)	
실 사(糸)부 [6糸11 총17획]		繁繁繁繁繁繁繁繁繁繁繁	
많을 **번**		繁 繁 繁 繁 繁	

中3Ⅱ급	凡	무릇	영 common 중 凡 fán 일 ボン·ハン(およそ)
		상형 땅에서 하늘에까지 미침으로 '모두'를 뜻한다.	
		凡例(범례) 책 머리의 설명글. 凡常(범상) 凡失(범실) 凡人(범인)	
안석 궤(책상궤)(几)부 [2几1 총3획]		凡凡凡	
무릇 **범**		凡 凡 凡 凡 凡	

3급	汎	뜨다, 띄우다	영 float 중 汎 fàn 일 ハン(ひろい)
		형성 물 수(氵)+무릇 범(凡)자로 바람처럼 가볍게 물 위에 뜨는 것을 뜻한다.	
		汎愛(범애) 널리 사랑함. 泛濫(범람) 汎論(범론) 汎汎(범범)	
물 수(삼수변) 水(氵)부 [3氵3 총6획]		汎汎汎汎汎汎	
뜰 **범**		汎 汎 汎 汎 汎	

高3Ⅱ급	碧	푸르다, 푸른 옥돌	영 blue 중 碧 bì 일 ヘキ(あおい)
		회의·형성 구슬 옥(玉)+흰 백(白)자로 옥돌의 맑은 푸른빛을 뜻한다.	
		碧空(벽공) 푸른 하늘. 碧溪(벽계) 碧眼(벽안) 碧海(벽해)	
돌 석(石)부 [5石9 총14획]		碧碧碧碧碧碧碧碧碧碧碧碧	
푸를 **벽**		碧 碧 碧 碧	

卞

高 3급 | 조급하다, 법칙 | 영 hasty 중 卞 biān 일 ベン

형성 양손으로 고깔을 쓰는 모양으로 '조급하다'를 뜻한다.

卞急(변급) 참을성이 없고 급함. 抗卞(항변) 卞和(변화) 抗卞調(항변조)

점 복(卜)부 [2卜2 총4획]

조급할 변

辨

高 3급 | 분별하다 | 영 distinguish 중 辨 biàn 일 ベン(わきまえる)

형성 둘의 언쟁을 잘라 중지시키는 모습으로 '분별'을 뜻한다.

辨理(변리) 판별하여 변리함. 辨濟(변제) 辨明(변명) 辨償(변상)

매울 신(辛)부 [7辛9 총16획]

분별할 변

竝

高 3급 | 아우르다 | 영 encompass 중 竝 bìng 일 並 ヘイ(ならべる)

회의 설 립(立) 두 자를 짝지어 나란히 늘어서 있는 것으로 '아우르다'를 뜻한다.

竝立(병립) 나란히 섬. 竝發(병발) 竝列(병렬) 竝設(병설)

설 립(立)부 [5立5 총10획]

아우를 병

丙

中 3Ⅱ급 | 셋째 천간, 남녘 | 영 south 중 丙 bǐng 일 ヘイ(ひのえ)

회의 다리가 내뻗친 상의 모양으로 가차하여 십간(十干)의 '셋째'를 뜻한다.

丙寅(병인) 60갑자의 셋째. 丙座(병좌) 丙子胡亂(병자호란) 丙科(병과)

한 일(一)부 [1―4 총5획]

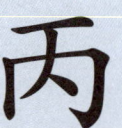

남녘 병

屛

高 3급 | 병풍, 울(담) | 영 screen 중 屛 píng 일 ヘイ(へい)

회의·형성 주검 시(尸)+아우를 병(幷)자로 엎드려 있는 사람 옆의 '가리개'를 뜻한다.

屛去(병거) 물러남. 屛居(병거) 屛風(병풍) 屛氣(병기)

주검 시(尸)부 [3尸8 총11획]

병풍 병

補

高3II급

옷을 깁다, 고치다 영 repair 중 补 pǔ 일 ホ(おぎなう)

형성 옷 의(衤)+클 보(甫)자로 옷의 터진 곳에 헝겊 조각을 덧대어 '깁다'를 뜻한다.
補强(보강) 보충하여 더 강하게 함. 補缺(보결) 補藥(보약) 補助(보조)

옷 의(衤/衣)부 [5衤7 총12획]

기울 보

譜

高3급

계보(족보), 적다 영 genealogy 중 谱 pǔ 일 フ(しるす)

형성 말씀 언(言)+넓을 보(普)자로 평편한 곳에 글을 일정하게 적은 것으로 '족보'를 뜻한다.
年譜(연보) 해마다 일어난 일들을 적어놓은 책. 系譜(계보) 譜錄(보록) 譜牒(보첩)

말씀 언(言)부 [7言12 총19획]

족보 보

卜

高3급

점, 점치다 영 divination 중 卜 bǔ 일 ボ(うらなう)

상형 거북의 등에 나타난 금을 본뜬 글자로 은(殷)나라 때 이를 보고 길흉(吉凶)을 점쳤다고 한다.
卜居(복거) 살 곳을 정함. 卜居(복거) 卜馬(복마) 卜債(복채)

점 복(卜)부 [2卜0 총2획]

점 복

腹

高3II급

배, 두텁다 영 belly 중 腹 fù 일 フク(はら)

형성 고기 육(月)+회복할 복(复)자로 부풀어 오른 '배'를 뜻한다.
腹稿(복고) 시문의 초고를 마음속으로 짜는 일. 腹部(복부) 腹案(복안) 腹中(복중)

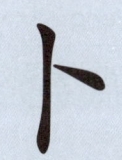

고기 육(육달월) 肉(月)부 [4月9 총13획]

배 복

覆

高3급

엎다, 덮다 영 overturn 중 覆 fù 일 フク(おおう)

형성 덮을 아(襾)+회복할 복(復)자로 또다시 하거나 뒤집는 것을 뜻한다.
覆啓(복계) 임금에게 회답을 올림. 覆面(복면) 覆蓋(복개) 顚覆(전복)

덮을 아(襾)부 [6襾12 총18획]

뒤집을 복

3-3II급 핵심한자

蜂

高3급

벌, 거스르다 영bee 중蜂 fēng 일ホウ(はち)

회의·형성 벌레 충(虫)+끌 봉(夆)자로 꼬리 끝에 뾰족한 침이 있는 '벌'을 뜻한다.

蜂起(봉기) 벌떼처럼 일어남. 蜂針(봉침) 蜂蝶(봉접) 養蜂(양봉)

벌레 충(虫)부 [6虫7 총13획]

벌 **봉**

鳳

高3급

봉새(봉황의 수컷) 영phoenix 중凤 fèng 일ホウ

회의·형성 무릇 범(凡)+새 조(鳥)자로 바람에 날개를 펄럭이는 '봉새'를 뜻한다.

鳳凰(봉황) 예로부터 중국(中國)의 전설에 나오는 상상(想像)의 새.
鳳輦(봉련) 鳳車(봉차) 丹鳳(단봉)

새 조(鳥)부 [11鳥3 총14획]

봉새 **봉**

逢

中3II급

만나다, 상봉하다 영meet 중逢 féng 일ホウ(あう)

회의·형성 쉬엄쉬엄갈 착(辶)+끌 봉(夆)자로 길에서 마주 걸어와 '만남'을 뜻한다.

逢着(봉착) 만남. 逢變(봉변) 逢迎(봉영) 相逢(상봉)

쉬엄쉬엄갈 착(책받침) 辵(辶) [4辶7 총11획]

만날 **봉**

峯

高3II급

산봉우리, 뫼(산) 영peak 중峰 fēng 일ホウ(はち)

형성 뫼 산(山)+끌 봉(夆)자로 산의 솟아오른 '봉우리'를 뜻한다.

高峯(고봉) 높은 봉우리. 峯巒(봉만) 峯嶂(봉장) 峯崖(봉애)

뫼 산(山)부 [3山7 총10획]

봉우리 **봉**

封

高3II급

봉하다 영seal up 중封 fēng 일ホウ·フウ(ほおずる)

회의 흙 토(土)+마디 촌(寸)자로 영토를 주어 제후를 삼은 데서 '봉하다'를 뜻한다.

封事(봉사) 임금에게 올리는 글. 封土(봉토) 封蠟(봉랍) 封墳(봉분)

마디 촌(寸)부 [3寸6 총9획]

봉할 **봉**

扶

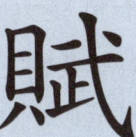

中3Ⅱ급

손 수(재방변) 手(扌)부 [3扌4 총7획]

도울 **부**

돕다, 부축하다

영 assist 중 扶 fú 일 フ(たすける)

형성 손 수(扌)+지아비 부(夫)자로 사나이가 손을 뻗어 '돕는 것'을 뜻한다.
扶養(부양) 혼자 살아갈 능력이 없는 사람의 생활을 돌봄.
扶助(부조) 扶支(부지) 挾扶(협부)

賦

高3급

조개 패(貝)부 [7貝8 총15획]

구실 **부**

구실, 세금 거두다

영 taxes 중 赋 fù 일 フ(みつぎ)

형성 조개 패(貝)+호반 무(武)자로 모으는 '재물(財物)'을 뜻한다.
賦課(부과) 세금 등을 매김. 賦金(부금) 賦與(부여) 賦役(부역)

赴

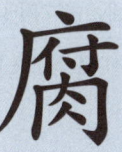

高3급

달아날 주(走)부 [7走2 총9획]

나아갈 **부**

다다르다, 나아가다

영 get to 중 赴 fù 일 フ(おもむく)

형성 달릴 주(走)+점 복(卜)자로 부딪치며 달려오는 것을 뜻한다.
赴告(부고) 달려가 알림. 赴役(부역) 赴任(부임) 赴援(부원)

腐

高3급

고기 육(육달월) 肉(月)부 [6肉8 총14획]

썩을 **부**

썩다, 썩히다

영 rotten 중 腐 fǔ 일 フ(くさる)

형성 고기 육(肉)+곳간 부(府)자로 곳간에 저장해 둔 고기가 '썩다'를 뜻한다.
腐爛(부란) 썩어 문드러짐. 腐心(부심) 腐植(부식) 腐蝕(부식)

膚

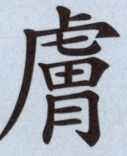

3급

고기 육(육달월) 肉(月)부 [4月11 총15획]

살갗 **부**

살갗, 겉껍질

영 skin 중 肤 fū 일 フ

형성 고기 육(月)+성씨 로(盧)자로 몸을 온전히 싸고 있는 표피, '살갗'을 뜻한다.
氷膚(빙부) 얼음 같이 맑고 깨끗한 살결. 膚淺(부천) 膚受(부수) 皮膚(피부)

3-3Ⅱ급 핵심한자 | 281

附

붙다, 더하다

영 attach 중 附 fù 일 フ(つく)

형성 언덕 부(阝)+줄 부(付)자로 큰 산 옆에 나지막한 언덕이 '붙어 있는 것'을 뜻한다.
附加(부가) 덧붙임. 附錄(부록) 赴役(부역) 赴任(부임)

언덕 후부(좌부방) 阜(阝)부 [3阝5 총8획]

附附附附附附附附

붙을 부

附 附 附 附 附

付

주다, 청하다

영 give 중 付 fù 일 フ(つける)

회의 사람 인(亻)+마디 촌(寸)자로 손으로 무엇을 '주다, 부탁하다'를 뜻한다.
付壁(부벽) 벽에 붙이는 글씨나 그림. 付與(부여) 付託(부탁) 納付(납부)

사람 인(人)부 [2人3 총5획]

付付付付付

줄 부

付 付 付 付 付

簿

장부, 문서

영 book-keeping 중 簿 bù 일 ボ(ちょうめん)

형성 대 죽(竹)+넓을 보(溥)자로 대를 얇고 넓게 깎아 글을 새기는 '장부'를 뜻한다.
簿記(부기) 장부에 적음. 名簿(명부) 簿錄(부록) 帳簿(장부)

대 죽(竹)부 [6竹13 총19획]

簿簿簿簿簿簿簿簿簿簿簿簿

장부 부

簿 簿 簿 簿 簿

符

부신(부절), 증거

영 tally 중 符 fú 일 フ

형성 대 죽(竹)+줄 부(付)자로 양쪽 조각을 맞춰 증거로 삼는 '부절'을 뜻한다.
符書(부서) 뒷세상에 나타날 일을 미리 적어놓은 글.
符合(부합) 符籍(부적) 符合(부합)

대 죽(竹)부 [6竹5 총11획]

符符符符符符符符符符符

부신 부

符 符 符 符 符

浮

건너다, 걸어서 돌아다니다, 뜨다

영 float 중 浮 fú 일 フ(うかぶ)

형성 물 수(氵)+종자씨 부(孚)자로 물 위로 부풀어 뜨는 것을 뜻한다.
浮袋(부대) 물고기의 장 부근에 있는 공기 주머니. 浮說(부설) 浮橋(부교) 浮動(부동)

물 수(삼수변) 水(氵)부 [3氵7 총10획]

浮浮浮浮浮浮浮浮浮浮

뜰 부

浮 浮 浮 浮 浮

高3Ⅱ급	 큰 대(大)부 [3大13 총16획] 떨칠 **분**	떨치다, 힘쓰다 영rouse 중奮fèn 일フン(ふるう)

회의 옷 의(衣)+새 추(隹)+밭 전(田)자로 바구니나 옷 속의 새가 퍼덕이는 모양에서 '떨치다'를 뜻한다.
奮激(분격) 세차게 발분함. 奮起(분기) 奮發(분발) 奮然(분연)

高3Ⅱ급	 큰 대(大)부 [3大5 총8획] 달릴 **분**	달아나다, 달리다 영run away 중奔fēn 일ホン(はしる)

형성 큰 대(大)+다리 지(止)자로 사람이 달리는 모양에서 '달아나다'를 뜻한다.
奔忙(분망) 매우 부산하게 바쁨. 奔走(분주) 奔散(분산) 狂奔(광분)

高3Ⅱ급	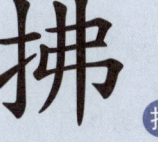 실 사(糸)부 [6糸4 총10획] 어지러울 **분**	어지럽다, 소란하다 영dizzy 중纷pēn 일フン(まぎれる)

형성 실 사(糸)+나눌 분(分)자로 실이 흩어져 엉클어지는 모습에서 '어지럽다'를 뜻한다.
紛糾(분규) 문란하여 뒤엉킴. 紛亂(분란) 紛失(분실) 紛爭(분쟁)

高3급	 払 손 수(재방변) 手(扌)부 [3扌5 총8획] 떨 **불**	떨치다, 떨어뜨리다 영be wielded 중拂fú 일払 フツ(はらう)

형성 손 수(扌)+아닐 불(弗)자로 손을 흔들어 떨치는 것을 뜻한다.
拂拭(불식) 떨고 훔침. 拂逆(불역) 拂下(불하) 拂去(불거)

3급	弗 활 궁(弓)부 [3弓2 총5획] 아닐 **불**	아니다, 말다 영not 중弗fú 일フツ(あらず)

지사 서로 반대 방향으로 굽은 두 개의 선을 실로 묶은 모양으로 '부정(否定)'의 뜻으로 쓰인다.
弗素(불소) 할로겐 원소의 하나. 弗豫(불예) 弗貨(불화) 政府弗(정부불)

中3급 朋 달 월(月)부 [4월4 총8획]	벗, 친구	영 friend 중 朋 péng 일 ホウ(とも)
	형성 달 월(月)+달 월(月)자로 같은 무리가 나란히 있는 것으로 '벗'을 뜻한다. 朋友(붕우) 친구. 朋執(붕집) 朋黨(붕당) 面朋(면붕)	
벗 붕	朋朋朋朋朋朋朋朋	

高3급 崩 메 산(山)부 [3山8 총11획]	산무너지다	영 collapse 중 崩 bēng 일 ホウ(くずれる)
	형성 뫼 산(山)+벗 붕(朋)자로 '산이 무너지다'를 뜻한다. 崩御(붕어) 임금이 세상(世上)을 떠나는 것. 崩頹(붕퇴) 崩落(붕락) 天崩(천붕)	
무너질 붕	崩崩崩崩崩崩崩崩崩崩崩	

高3II급 妃 계집 녀(女)부 [3女3 총6획]	왕비, 짝(배필)	영 queen 중 妃 fēi 일 キ(きさき)
	형성 계집 녀(女)+몸 기(己)자로 배우(配偶)의 여성, '왕비'를 뜻한다. 王妃(왕비) 왕의 부인. 妃嬪(비빈) 妃殿下(비전하) 后妃(후비)	
왕비 비	妃妃妃妃妃妃	

高3II급 卑 열 십(十)부 [2+6 총8획]	낮다, 천하다	영 mean 중 卑 bēi 일 ヒ(いやしい)
	회의 손잡이가 있는 술통에 왼손을 댄 모양, 즉 제기용의 그릇에 비하여 '천하다'의 뜻을 나타낸다. 卑怯(비겁) 용기가 없음. 겁이 많음. 卑近(비근) 卑屈(비굴) 卑劣(비열)	
천할 비	卑卑卑卑卑卑卑卑	

高3II급 婢 계집 녀(女)부 [3女8 총11획]	계집종, 하녀	영 maid 중 婢 bì 일 ヒ(はしため)
	회의·형성 계집 녀(女)+천할 비(卑)자로 신분이 천한 '계집종'을 뜻한다. 婢僕(비복) 여자와 남종. 婢夫(비부) 婢女(비녀) 從婢(종비)	
여종 비	婢婢婢婢婢婢婢婢	

肥

고기 육(육달월) 肉(月)부 [4月4 총8획]

살찌다, 기름지다 영 fat 중 肥 féi 일 ヒ(こえる)

회의 고기 육(月)+꼬리 파(巴)자로 육체가 살찐 것을 뜻한다.
肥鈍(비둔) 너무 살이 쪄 행동이 굼뜸. 肥大(비대) 肥滿(비만) 肥沃(비옥)

肥肥肥肥肥肥肥肥

살찔 비

肥 肥 肥 肥 肥

賓

조개 패(貝)부 [7貝7 총14획]

손, 손님 영 guest 중 宾 bīn 일 ヒン(まろうど)

형성 집 면(宀)+가릴 면(丏)+조개 패(貝)자로 재화를 써서 손님을 맞이하는 것을 뜻한다.
賓客(빈객) 신분이 높은 지체 있는 손님. 賓廳(빈청) 國賓(국빈) 貴賓(귀빈)

賓賓賓賓賓賓賓賓賓賓賓賓賓賓

손님, 맞이할 빈

賓 賓 賓 賓 賓

頻

머리 혈(頁)부 [9頁7 총16획]

자주, 여러 번 영 frequently 중 频 pín 일 ヒン(しきりに)

회의 머리 혈(頁)자+물건널 섭(步)자로 물을 건널 때의 얼굴 모양을 뜻했으나 파생하여 쓰인다.
頻度(빈도) 여러 번. 잦은 도수. 頻蓄(빈축) 頻發(빈발) 頻繁(빈번)

자주 빈

頻 頻 頻 頻 頻

聘

귀 이(耳)부 [6耳7 총13획]

부르다, 초빙하다 영 invite 중 聘 pìn 일 ヘイ(めす)

회의·형성 귀 이(耳)+아우를 병(甹)자로 예의를 갖춰 상대방을 정중히 부르는 것을 뜻한다.
聘母(빙모) 장모. 聘丈(빙장) 聘家(빙가) 招聘(초빙)

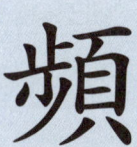

부를 빙

聘 聘 聘 聘 聘

斯

도끼 근(斤)부 [4斤8 총12획]

이(이것), 어조사 영 this 중 斯 sī 일 シ(この)

회의 그 기(其)+도끼 근(斤)자로 조각조각 잘라버리는 의미에서 지시대명사를 뜻하게 되었다.
斯界(사계) 이 방면. 斯文(사문) 斯民(사민) 如斯(여사)

斯斯斯斯斯斯斯斯斯斯斯斯

이 사

斯 斯 斯 斯 斯

高3ⅡⅠ급 沙 물 수(삼수변) 水(氵)부 [3氵4 총7획]	모래, 모래벌판　　　　　　　　　영 sand　중 沙 shà　일 サ(すな)
	형성 물 수(氵)+적을 소(少)자로 물 속의 작은 돌인 '모래'를 뜻한다. 沙器(사기) 사기 그릇. 沙鉢(사발) 沙工(사공) 沙果(사과) 沙沙沙沙沙沙沙
모래 **사**	沙 沙 沙 沙 沙

高3ⅡⅠ급 邪 고을 읍(우부방) 邑(阝)부 [3阝4 총7획]	간사하다　　　　　　　　　　　영 malicious　중 邪 xié　일 ジャ(よこしま)
	형성 어금니 아(牙)+마을 읍(阝)자로 본래는 땅이름이었으나 바르지 않은 것을 뜻하고 의문조사로도 쓰인다. 破邪(파사) 사를 무찌름. 邪敎(사교) 邪念(사념) 邪心(사심) 邪邪邪邪邪邪邪
간사할 **사**	邪 邪 邪 邪 邪

中3ⅡⅠ급 巳 몸 기(己)부 [3己0 총3획]	뱀, 여섯째 지지(地支)　　　　　　영 snake　중 巳 sì　일 シ(み)
	상형 뱀이 몸을 서리고 꼬리를 드리운 모양을 본뜬 글자다. 巳年(사년) 태세(太歲)의 지지가 사(巳)인 해. 巳座(사좌)　巳時佛供(사시불공)　巳正(사정) 巳巳巳
뱀 **사**	巳 巳 巳 巳 巳

高3ⅡⅠ급 詞 말씀 언(言)부 [7言5 총12획]	말, 언어　　　　　　　　　　　영 word　중 词 cí　일 シ(ことば)
	형성 말씀 언(言)+맡을 사(司)자로 신의 뜻을 물어 알아내기 위한 '말'을 뜻한다. 詞章(사장) 시가와 문장. 詞伯(사백) 詞兄(사형) 詞緣(사연) 詞詞詞詞詞詞詞詞詞詞詞詞
말, 글 **사**	詞 詞 詞 詞 詞

高3급 似 사람 인(人)부 [2人5 총7획]	같다, 유사하다　　　　　　　　영 same　중 似 sì　일 シ・ジ(にる)
	형성 사람 인(亻)+써 이(以)자로 쟁기를 잡은 농부의 모습에서 '같다'를 뜻한다. 近似(근사) 가까움. 類似(유사) 似而非(사이비) 近似値 (근사치) 似似似似似似
같을 **사**	似 似 似 似 似

司

高3Ⅱ급 | 맡다, 벼슬 | 영manage 중司sì 일シ

형성 임금 후(后)를 뒤집은 글자로 임금과 달리 밖에서 일을 맡아보는 '신하'를 뜻한다.
司徒(사도) 주(周)나라 때에 6경의 하나로 교육을 맡음.
司直(사직) 司牧(사목) 司書(사서)

입 구(口)부 [3口2 총5획]

맡을 **사**

司 司 司 司 司

詐

高3급 | 속이다, 거짓말하다 | 영deceive 중诈zhà 일サ(いつわる)

형성 말씀 언(言)+잠깐 사(乍)자로 일부러 꾸미는 말, 즉 '속이다'를 뜻한다.
詐計(사계) 남을 속이려는 간사(奸邪)한 꾀. 詐術(사술) 詐僞(사위) 巧詐(교사)

말씀 언(言)부 [7言5 총12획]

속일 **사**

祀

高3Ⅱ급 | 제사, 제사지내다 | 영sacrifice 중祀sì 일シ(まつる)

회의·형성 보일 시(示)+뱀 사(巳)자로 제상을 차려 동남쪽을 향해 제사지내는 것을 뜻한다.
祀孫(사손) 조상의 제사를 받드는 자손. 祀天(사천) 祀中(사중) 告祀(고사)

보일 시(示)부 [5示3 총8획]

제사 **사**

蛇

高3급 | 뱀, 자벌레 | 영snake 중蛇shé 일ジャ(へび)

형성 벌레 충(虫)+뱀 사(它)자로 벌레와는 다른 '뱀'을 뜻한다.
蛇蠍(사갈) 뱀과 전갈. 毒蛇(독사) 蛇足(사족) 蛇尾(사미)

벌레 충(虫)부 [6虫5 총11획]

뱀 **사**

斜

高3급 | 비끼다, 기울다 | 영inclined 중斜xié 일シャ(ななめ)

형성 남을 여(余)+말 두(斗)자로 말 속에 남은 곡식을 쏟기 위해 말을 기울이는 것을 뜻한다.
斜徑(사경) 비탈길. 斜面(사면) 斜線(사선) 斜陽(사양)

말 두(斗)부 [4斗7 총11획]

비낄 **사**

捨

高3급

버리다, 베풀다 영 throw 중 舍 shě 일 シャ(すてる)

형성 손 수(扌)+버릴 사(舍)자로 손에서 놓아버리는 것을 뜻한다.

用捨(용사) 취하여 씀과 내어버림. 捨身(사신) 取捨(취사) 捨象(사상)

손 수(재방변) 手(扌)부 [3扌8 총11획]

버릴 **사**

賜

高3급

주다, 하사하다 영 bestow 중 赐 cì 일 シ(たまわる)

형성 조개 패(貝)+바꿀 역(易)자로 윗사람이 재물을 내려주는 것을 뜻한다.

賜藥(사약) 죄인에게 독약을 내려 죽게 함. 賜姓(사성) 賜給(사급) 膳賜(선사)

조개 패(貝)부 [7貝8 총15획]

줄 **사**

削

高3급

깎다, 범하다 영 cut 중 削 xiāo 일 サク(けずる)

형성 칼 도(刂)+작을 소(肖)자로 물건을 칼로 작게 깎는 것을 뜻한다.

削減(삭감) 깎아서 줄임. 削減(삭감) 削髮(삭발) 削除(삭제)

칼 도(刀/刂)부 [2刀7 총9획]

깎을 **삭**

朔

高3급

초하루, 정삭(正朔) 영 north 중 朔 shuò 일 サク(ついたち)

회의 달 월(月)+거스를 역(逆)자로 이지러진 달이 다시 돌아가는 '초하루'를 뜻한다.

朔望(삭망) 초하루와 보름. 朔方(삭방) 朔祭(삭제) 朔風(삭풍)

달 월(月)부 [4月6 총10획]

초하루 **삭**

索

高3급

동아줄, 꼬다 영 large rope 중 索 suǒ 일 サク(なわ)

회의 잘 우거진 초목(草木)의 잎이나 줄기로 꼰 '새끼'를 뜻한다.

索居(삭거) 무리와 떨어져 쓸쓸히 있음. 索道(삭도) 索引(색인) 索出(색출)

실 사(糸)부 [6糸4 총10획]

동아줄 **삭/색**

酸

3급

초, 식초 영 acid 중 酸 suān 일 サン(す)

형성 닭 유(酉)+갈 준(夋:험하다)자로 술이 험하여 '시다'를 뜻한다.

酸性(산성) 산이 가지는 성질. 酸度(산도) 酸素(산소) 酸化(산화)

닭 유(酉)부 [7酉7 총14획]

초 **산**

森

3Ⅱ급

수풀, 나무가 빽빽하다 영 forest 중 森 sēn 일 シン(もり)

회의 나무 목(木) 세 개를 포개 놓아 나무가 '많고 성함'을 뜻한다.

森嚴(삼엄) 조용하고 엄숙한 모양. 森列(삼렬) 森林(삼림) 陰森(음삼)

나무 목(木)부 [4木8 총12획]

수풀 **삼**

像

高3Ⅱ급

형상, 모습 영 figure 중 像 xiàng 일 ゾウ(かたち)

형성 사람 인(亻)+코끼리 상(象)자로 물건의 모양, 사람의 모습, 모양의 뜻이다.

像形(상형) 어떤 물건의 모양을 본뜸. 臥像(와상) 像膜(상막) 畫像(화상)

사람 인(人)부 [2亻12 총14획]

형상 **상**

尚

中3Ⅱ급

오히려, 바라다 영 rather 중 尚 shuàng 일 ショウ(なお)

회의 향할 향(向)+나눌 팔(八)자로 위로 향하여 비는 모양으로, 즉 '오히려, 바라다'를 뜻한다.

尚今(상금) 이제까지. 尚武(상무) 嘉尚(가상) 尚存(상존)

작을 소(小)부 [3小5 총8획]

오히려 **상**

喪

中3Ⅱ급

복(服)입다, 죽다 영 mourning 중 喪 sǎng 일 ソウ(うしなう)

형성 울 곡(哭)+잃을 망(亡)자로 사람이 죽어 슬프게 울거나 물건을 잃는 것을 뜻한다.

喪家(상가) 초상집. 喪失(상실) 喪輿(상여) 喪主(상주)

입 구(口)부 [3口9 총12획]

복 **상**

3-3Ⅱ급 핵심한자

高3급  사람 인(人)부 [2亻15 총17획]	갚다, 보상함　　　　　　　　영repay　중偿 cháng　일ショウ(つぐなう)
	형성 사람 인(亻)+상줄 상(賞)자로 공적에 대해 주어지는 재물 또는 빚을 갚는 것을 뜻한다. 償復(상복) 물어서 갚아 줌.　償債(상채)　償還(상환)　補償(보상)
	償償償償償償償償償償償償償償
갚을 **상**	償 償 償 償 償

高3급 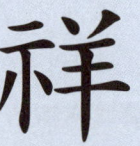 나무 목(木)부 [4木6 총10획]	뽕나무, 뽕잎 따다　　　　　　영mulberry　중桑 sāng　일ソウ(くわ)
	회의 땅이름 약(叒)+나무 목(木)자로 누에를 기르는 데 쓰는 '뽕나무'를 뜻한다. 桑葉(상엽) 뽕나무 잎.　桑梓(상재)　桑碧(상벽)　扶桑(부상)
	桑桑桑桑桑桑桑桑桑桑
뽕나무 **상**	桑 桑 桑 桑 桑

高3급  보일 시(示)부 [5示6 총11획]	상서롭다, 복　　　　　　　　영lucky　중祥 xiáng　일ショウ(めでたい)
	형성 보일 시(示)+양 양(羊:크다)자로 신에 관한 큰 일, '행복, 상사롭다'를 뜻한다. 祥草(상초) 상서로운 풀.　祥兆(상조)　尙存(상존)　祥瑞(상서)
	祥祥祥祥祥祥祥祥祥祥祥
상서로울 **상**	祥 祥 祥 祥 祥

高3급 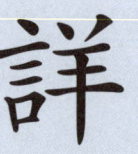 입 구(口)부 [3口11 총14획]	맛보다, 먹다　　　　　　　　영taste　중尝 cháng　일ショウ(なめる·かつて)
	회의·형성 입 구(口)+손가락 지(旨)+오히려 상(尙)자로 '맛본다'는 뜻이다. 嘗味(상미) 맛을 봄.　嘗試(상시)　嘗藥(상약)　奉嘗(봉상)
	嘗嘗嘗嘗嘗嘗嘗嘗嘗嘗嘗嘗嘗
맛볼 **상**	嘗 嘗 嘗 嘗 嘗

高3Ⅱ급 詳 말씀 언(言)부 [7言6 총13획]	자세하다　　　　　　　　　　영detail　중详 xiáng　일ショウ(くわしい)
	형성 말씀 언(言)+양 양(羊)자로 물체의 자태를 말로 하여 '자세히 하다'를 뜻한다. 詳報(상보) 상세하게 알림.　詳述(상술)　詳細(상세)　未詳(미상)
	詳詳詳詳詳詳詳詳詳詳詳
자세할 **상**	詳 詳 詳 詳 詳

中3ll급 霜
비 우(雨)부 [8雨9 총17획]
서리 상

서리, 해 | 영 frost 중 偿 shuáng 일 ソウ(しも)

형성 비 우(雨)+서로 상(相)자로 만물을 시들게 하는 비, 즉 '서리'를 뜻한다.
霜菊(상국) 서리가 내릴 때 피는 국화. 霜降(상강) 霜雪(상설) 秋霜(추상)

高3ll급 裳
옷 의(衣)부 [6衣8 총14획]
치마 상

치마, 낮에 입는 옷 | 영 skirt 중 裳 cháng 일 ショウ(も)

형성 옷 의(衣)+꾸밀 상(尙)자로 옷의 단이 긴 '치마'를 뜻한다.
衣裳(의상) 옷, 모든 옷. 紅裳(홍상) 衣裳(의상) 黃裳(황상)

高3급 塞
흙 토(土)부 [3土10 총13획]
변방 새/색

변방, 변경 | 영 block 중 塞 sài 일 サイ(とりで)

회의·형성 흙으로 막다, 또는 외적의 침입을 막는 '요새'를 뜻한다.
塞外(새외) 성채의 바깥. 邊塞(변새) 要塞(요새) 壅塞(옹색)

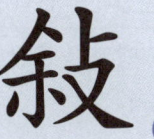

中3급 暑
날 일(日)부 [4日9 총13획]
더울 서

덥다, 무더움 | 영 hot 중 暑 shǔ 일 ショ(あつい)

형성 날 일(日)+놈 자(者)자로 햇볕이 타오르는 불처럼 내리쬐어 '더운 것'을 뜻한다.
暑氣(서기) 더운 기운. 暑月(서월) 暴暑(폭서) 避暑地(피서지)

高3급 敍(叙)
칠 복(등글월문)支(攵)부 [4支7 총11획]
차례 서

차례, 펴다 | 영 order 중 叙 xù 일 叙 ジュツ(のべる)

형성 남을 여(余)+칠 복(攴)자로 자유로이 뻗는 것을 쳐서 차례를 세우는 것을 뜻한다.
敍論(서론) 순서를 따라 논함. 敍任(서임) 敍述(서술) 敍勳(서훈)

高3급	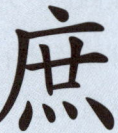 엄 호(广)부 [3广8 총11획] 뭇 서	여러, 뭇 영 multitude 중 庶 shù 일 ショ(もろもろ)
		회의 집 엄(广)+스물 입(廿)+불 화(灬)자로 불이 있는 곳에 사람이 많다는 데서 '여러'의 뜻으로 쓰인다. 庶幾(서기) 희망함. 庶母(서모) 庶民(서민) 庶子(서자)

高3Ⅱ급	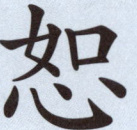 마음 심(심방변) 心(忄/⺗)부 [4心6 총10획] 용서할 서	용서하다, 어질다 영 pardon 중 恕 shù 일 ジョ(ゆるす)
		회의·형성 같을 여(如)+마음 심(心)자로 부드러운 어진 마음, 즉 '용서하다'를 뜻한다. 容恕(용서) 허물을 이해하고 헤아려 줌. 恕宥(서유) 恕容(서용) 憐恕(연서)

高3Ⅱ급	 그물 망网(罒/网)부 [5罒9 총14획] 나눌 서	관청, 부서 영 office 중 署 shǔ 일 ショ
		형성 그물 망(罒)+놈 자(者)로 서로 연관성 있게 인원을 배치하는 것으로 '관청'을 뜻한다. 署押(서압) 서명 날인. 署員(서원) 署名(서명) 署長(서장)

高3Ⅱ급	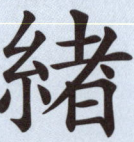 실 사(糸)부 [6糸9 총15획] 실마리 서	실마리, 시작 영 clue 중 绪 xù 일 ショ(お)
		형성 실 사(糸)+놈 자(者)자로 고치를 삶아 실을 뽑아내는 것으로 '실마리'를 뜻한다. 緒論(서론) 본론에 들어가기 전의 서두에 펴는 논설. 緒言(서언) 緒戰(서전) 緒風(서풍)

高3급	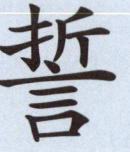 말씀 언(言)부 [7言7 총14획] 맹세할 서	맹세하다, 약속 영 oath 중 誓 shì 일 セイ(ちかう)
		형성 말씀 언(言)+꺾을 절(折)자로 말로 약속을 정하다는 데서 '맹세'를 뜻한다. 誓約(서약) 맹세하여 약속함. 誓言(서언) 誓願(서원) 誓文(서문)

高3Ⅱ급 **徐** 두인 변(彳)부 [3彳7 총10획] **천천할 서**	천천히, 느릿하게 　　　　　영 slow　중 徐 xú　일 ジョ(おもむろ) 형성 조금 걸을 척(彳)+남을 여(余)자로 천천히 가는 것을 뜻한다. 徐來(서래) 천천히 옴.　徐徐(서서)　徐行(서행)　安徐(안서) 徐徐徐徐徐徐徐徐徐徐 徐 徐 徐 徐 徐	
高3급 **逝** 쉬엄쉬엄갈 착(책받침) 辶(辶)부 [4辶7 총11획] **갈 서**	가다, 시간이 가다　　　　　영 pass away　중 逝 shì　일 セイ(ゆく) 형성 쉬엄쉬엄갈 착(辶)+꺾일 절(折)자로 눈앞에서 떠나가는 것을 뜻한다. 逝去(서거) 세상을 떠남.　急逝(급서)　連繫(연계)　逝去(서거) 逝逝逝逝逝逝逝逝逝逝逝 逝 逝 逝 逝 逝	
中3급 **昔** 날 일(日)부 [4日4 총8획] **예 석**	예, 옛날　　　　　영 past·ancient　중 昔 xī　일 セキ(むかし) 회의 날 일(日)+(포개어 쌓은 고깃점)자로 햇빛에 쌓아 말린 고기처럼 날이 거듭된다는 데서 '옛날'을 뜻한다. 昔人(석인) 옛 사람.　昔日(석일)　昔年(석년)　今昔(금석) 昔昔昔昔昔昔昔昔 昔 昔 昔 昔 昔	
高3급 **析** 나무 목(木)부 [4木4 총8획] **가를 석**	가리다, 쪼개다　　　　　영 divide　중 析 xī　일 セキ(わける) 회의 나무 목(木)+도끼 근(斤)자로 나무를 도끼로 '쪼개다'를 뜻한다. 析出(석출) 분석(分析)하여 냄.　析別(석별)　解析(해석)　蕩析(탕석) 析析析析析析析析 析 析 析 析 析	
高3Ⅱ급 **釋** 釈 분별할 변(釆)부 [7釆13 총20획] **풀 석**	풀다, 풀어내다　　　　　영 release　중 释 shì　일 釈 シャク 형성 분별할 변(釆)+엿볼 역(睪)자로 사물을 분별하여 설명하는 것으로 '풀다'를 뜻한다. 釋門(석문) 불문.　釋放(석방)　釋迦(석가)　解釋(해석) 釋釋釋釋釋釋釋釋釋釋釋釋 釋 釋 釋 釋 釋	

惜

中3Ⅱ급

마음 심(심방변) 心(忄/㣺)부 [3忄8 총11획]

아낄 석

아끼다
영 prize 중 惜 xī 일 セキ(おしむ)

형성 마음 심(忄)+옛 석(昔)자로 마음에 오래남아 아낌을 뜻한다.
惜命(석명) 목숨을 아낌. 惜別(석별) 惜敗(석패) 哀惜(애석)

旋

高3Ⅱ급

모 방(方)부 [4方7 총11획]

돌 선

돌다, 돌리다
영 round 중 旋 xuán 일 セン(めぐる)

회의 깃발 언(㫃)+발 소(疋)자로 깃발을 따라 군사들이 빙글빙글 '도는 것'을 뜻한다.
旋流(선류) 빙 돌아서 흐름. 旋毛(선모) 旋律(선율) 旋風(선풍)

禪

高3급

보일 시(示)부 [5示12 총17획]

봉선 선

고요하다
영 sacrifice 중 禅 chán 일 ゼン(ゆずる)

형성 보일 시(示)+홀로 단(單)자로 단을 설치하여 하늘을 제사하는 것으로 '고요하다, 참선'을 뜻한다.
禪家(선가) 참선하는 사람. 禪僧(선승) 禪房(선방) 禪師(선사)

攝

高3급

손 수(재방변) 手(扌)부 [3扌18 총21획]

당길 섭

당기다, 쥐다
영 pull 중 摄 shè 일 セツ(とる)

형성 손 수(扌)+다스릴 섭(聶)자로 손으로 옷자락을 걷어 올려 잡는데서 '당기다'를 뜻한다.
攝生(섭생) 음식과 운동을 조절하여 건강관리를 잘함. 攝政(섭정) 攝理(섭리) 攝氏(섭씨)

涉

3급

물 수(삼수변) 水(氵)부 [3氵7 총10획]

건널 섭

떠들다, 시끄럽다
영 cross 중 涉 shè 일 ショウ(わたる)

회의 물 수(氵)+걸음 보(步)자로 물속을 '걷다, 건너다'를 뜻한다.
渡涉(도섭) 물을 건넘. 涉獵(섭렵) 涉外(섭외) 干涉(간섭)

訴

[高3Ⅱ급]

하소연하다, 송사   영 appeal   중 诉 sù   일 ソ(うったえる)

형성 말씀 언(言)+물리칠 척(斥)자로 부당함을 물리치기 위한 '말'을 뜻한다.

訴訟(소송) 송사.   訴冤(소원)   訴狀(소장)   訴追(소추)

말씀 언(言)부 [7言5 총12획]

하소연할 **소**

疏

[高3급]

트이다, 트다   영 go through   중 疏 shū   일 コツ(たちまち)

회의·형성 짝 필(疋)+흐를 류(㐬)자로 물이 잘 흐르게 한다는 데서 '통하다'를 뜻한다.

疏食(소사) 채식과 곡식.   疏惡(소악)   疏開(소개)   疏遠(소원)

짝 필(疋)부 [5疋7 총12획]

트일 **소**

蘇

[高3Ⅱ급]

깨어나다, 회생하다   영 revive   중 苏 sū   일 ソ·ス(よみがえる)

회의·형성 풀 초(艹)+소생할 소(穌)자로 풀이 소생하는 것으로 죽음에서 '깨어나는 것'을 뜻한다.

蘇復(소복) 오랜 병상에서 일어나 예전처럼 원기가 회복됨.   蘇子(소자)   蘇生(소생)

풀초(초두) 艸(艹)부 [4艹16 총20획]

차조기 **소**

召

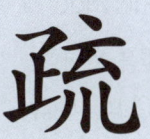

[高3급]

부르다, 부름   영 call   중 召 zhào   일 ショウ(めす)

형성 칼 도(刀)+입 구(口)자로 칼을 들고 신을 부르는 의식에서 '부르다'를 뜻한다.

召命(소명) 어떤 일을 처리하도록 특별한 부름을 받음.

召命(소명)   召集(소집)   召喚(소환)

입 구(口)부 [3口2 총5획]

부를 **소**

蔬

[高3급]

나물(푸성귀), 채소   영 vegetable   중 蔬 shū   일 ソ(あおもの)

회의·형성 풀 초(艹)+소통할 소(疏)자로 모든 '채소류'를 뜻한다.

蔬飯(소반) 변변치 못한 음식.   蔬食(소식)   菜蔬(채소)   香蔬(향소)

풀초(초두) 艸(艹)부 [4艹12 총16획]

나물 **소**

燒

高3급 | 불 화(火/灬)부 [4火12 총16획] | 사를 **소**

불사르다, 불태움 — 영 burn · 중 烧 shāo · 일 ショウ(やく)

형성 불 화(火)+높을 요(堯)자로 불을 높이 올리는 것으로 '불사르다'를 뜻한다.
燒却(소각) 태워버림. 燒殺(소살) 燒失(소실) 燒酒(소주)

燒燒燒燒燒燒燒燒燒燒燒
燒 燒 燒 燒 燒

昭

高3급 | 날 일(日)부 [4日5 총9획] | 밝을 **소**

밝다, 밝히다 — 영 bright · 중 昭 zhāo · 일 ショウ

형성 날 일(日)+부를 소(召)자로 해가 나타나는 것으로 '밝은 것'을 뜻한다.
昭昭(소소) 사리(事理)가 환하고 뚜렷함. 昭格署(소격서) 昭明(소명) 昭詳(소상)

昭昭昭昭昭昭昭昭昭
昭 昭 昭 昭 昭

騷

高3급 | 말 마(馬)부 [10馬10 총20획] | 떠들 **소**

떠들다, 소란 — 영 noisy · 중 骚 sāo · 일 ソウ(さわぐ)

형성 말 마(馬)+벼룩 조(蚤)자로 튀어 오르는 말의 뜻에서 '떠들다'를 뜻한다.
騷客(소객) 시인, 또는 글을 쓰는 사람. 騷動(소동) 騷亂(소란) 騷擾(소요)

騷騷騷騷騷騷騷騷騷騷騷
騷 騷 騷 騷 騷

粟

高3급 | 쌀 미(米)부 [6米6 총12획] | 조 **속**

조, 벼 — 영 millet · 중 粟 sù · 일 ゾク(あわ)

회의 쌀 미(米)+덮을 아(襾)에서 늘어져 있는 곡식의 '낟알, 조, 벼'를 뜻한다.
粟米(속미) 조와 쌀. 粟膚(속부) 粟殼(속각) 粟粒(속립)

粟粟粟粟粟粟粟粟粟粟粟
粟 粟 粟 粟 粟

率

高3급 | 검을 현(玄)부 [5玄6 총11획] | 거느릴 **솔**

비율, 거느리다 — 영 command · 중 率 shuài · 일 リツ(ひきいる)

상형 검을 현(玄)+열 십(十)자로 실을 한데 묶은 모습으로 '거느리다'를 뜻한다.
率先(솔선) 남보다 앞장을 섬. 率家(솔가) 率丁(솔정) 統率(통솔)

率率率率率率率率率率率
率 率 率 率 率

高3급 訟

송사하다, 시비하다 　　　영 sue 　중 讼 sòng 　일 ショウ

형성 말씀 언(言)+공형할 공(公)자로 공공의 장소에서 말하는 것으로 '송사하다'를 뜻한다.

訟辭(송사) 소송하는 것.　獄訟(옥송)　訴訟(소송)　訟庭(송정)

말씀 언(言)부 [7言4 총11획]

송사할 **송**

高3급 誦

외다, 암송하다 　　　영 recite 　중 诵 sòng 　일 ショウ(そらんずる)

회의·형성 말씀 언(言)+뛰어오를 용(甬)자로 말이 뛰어(튀어)오르는 것으로 '외다'를 뜻한다.

誦經(송경) 불교의 경전을 욈.　誦讀(송독)　誦呪(송주)　誦唱(송창)

말씀 언(言)부 [7言7 총14획]

욀 **송**

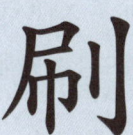

高3Ⅱ급 刷

인쇄하다, 쓸다 　　　영 print 　중 刷 shuā 　일 サツ(する)

형성 주검 시(尸)+수건 건(巾)+칼 도(刂)자로 몸을 수건으로 닦듯이 칼로 글자를 새겨 인쇄하는 것을 뜻한다.

印刷所(인쇄소) 인쇄 설비를 갖추고 인쇄를 하는 곳.　刷新(쇄신)　刷子(쇄자)

선칼도방(刂)부 [2刂6 총8획]

인쇄할 **쇄**

高3급 鎖

쇠사슬, 자물쇠 　　　영 chain 　중 锁 suǒ 　일 サ(くさり)

형성 쇠 금(金)+꺼질 소(肖)자로 쇠를 이어 만든 '자물쇠, 쇠사슬'을 뜻한다.

連鎖(연쇄) 두 쪽을 맞걸어서 매는 사슬.　鎖國(쇄국)　鎖陽(쇄양)　封鎖(봉쇄)

쇠 금(金)부 [8金10 총18획]

쇠사슬 **쇄**

高3Ⅱ급 衰

쇠하다 　　　영 decline 　중 衰 shuāi 　일 スイ(おとろえる)

상형 비 올 때 걸치는 '도롱이'를 뜻하였으나 가차하여 '쇠하다'를 뜻한다.

衰亡(쇠망) 쇠하여 망함.　衰落(쇠락)　衰弱(쇠약)　衰殘(쇠잔)

옷 의(衤/衣)부 [6衣4 총10획]

쇠할 **쇠**

隨

高3II급 | 언덕 阜부(좌부방) 阜(阝)부 [3阝13 총16획] | 따를 수

따르다, 거느리다 | 영 follow 중 随 suí 일 ズイ(したがう)

형성 언덕 부(阝)+수나라 수(隋)자로 뒤에서 '따라간다'는 뜻이다.
隨伴(수반) 따름. 隨時(수시) 隨筆(수필) 隨行(수행)

睡

高3급 | 눈 목(目)부 [5目8 총13획] | 졸, 잠 수

졸음, 자다 | 영 sleep 중 睡 shuì 일 スイ(ねむる)

형성 눈 목(目)+드리울 수(垂)자로 눈꺼풀이 내려와서 '자는 것'을 뜻한다.
寢睡(침수) 수면(睡眠)을 높이어 이르는 말. 睡眠(수면) 睡寢(수침) 睡魔(수마)

雖

中3급 | 새 추(隹)부 [8隹9 총17획] | 비록 수

비록, 만일 | 영 even if 중 虽 suī 일 スイ(いえども)

형성 벌레 충(虫)+오직 유(唯)자로 등이 솟은 큰 도마뱀을 뜻하였으나 가차하여 '비록'을 뜻한다.
雖然(수연) 그렇지만, 비록 ~라 하더라도. 雖設(수설) 雖曰不可(수왈불가)

誰

中3급 | 말씀 언(言)부 [7言8 총15획] | 누구 수

누구, 묻다 | 영 who 중 谁 shéi 일 スイ(だれ)

형성 말씀 언(言)+새 추(隹)자로 누구냐고 묻는 것을 뜻한다.
誰昔(수석) 옛날. 誰某(수모) 誰何(수하) 誰怨誰咎(수원수구)

輸

高3II급 | 수레 거(車)부 [7車9 총16획] | 나를 수

보내다, 알리다 | 영 transport 중 输 shū 일 輸 ユ(いたす)

형성 수레 거(車)+대답할 유(兪)자로 뽑아내어 다른 수레로 보내는 것을 뜻한다.
輸送(수송) 사람이나 물건을 실어보냄. 輸出(수출) 輸入(수입) 贏輸(영수)

中3II급 | 목숨, 나이 | 영longevity 중寿shòu 일ジュ(ことぶき)

형성 늙을 노(士·老의 변형)+목숨 수(壽)자로 늙을 때까지 목숨이 길게 이어지다를 뜻한다.

壽命(수명) 생물의 살아있는 연한. 壽筵(수연) 壽宴(수연) 壽石(수석)

선비 사(士)부 [3士11 총14획]

목숨 수

高3II급 | 구하다, 쓰다 | 영demand 중需xū 일ジュ

형성 비 우(雨)+말이을 이(而)자로 비오기를 비는 무당에서 기다려 구하는 것을 뜻한다.

需給(수급) 수요와 공급. 需要(수요) 需用(수용) 特需(특수)

비 우(雨)부 [8雨6 총14획]

구할 수

高3급 | 이루다, 드디어 | 영at last 중遂suì 일スイ(とげる)

형성 쉬엄쉬엄갈 착(辶)+드디어 수(㒸)자로 일이 진행되어 성취하는 것에서 '드디어'를 뜻한다.

未遂(미수) 아직 완성하지 못함. 完遂(완수) 遂成(수성) 遂行(수행)

쉬엄쉬엄갈 착(책받침) 辵(辶)부 [4辶9 총13획]

드디어 수

中3II급 | 근심하다, 시름 | 영worry 중愁chóu 일シュウ(うれえる)

형성 가을 추(秋)+마음 심(心)자로 마음이 슬퍼져 '근심하다'를 뜻한다.

愁心(수심) 근심스러운 마음. 愁色(수색) 哀愁(애수) 鄕愁(향수)

마음 심(심방변) 心(忄/㣺)부 [4心9 총13획]

시름 수

中3급 | 모름지기, 수염 | 영should 중须xū 일シュ(すべからく)

회의 머리 혈(頁)+터럭 삼(彡)자로 턱수염을 뜻하였으나 가차하여 '모름지기'를 뜻한다.

必須(필수) 꼭 필요로 함. 須髮(수발) 須髥(수발) 須菩提(수보리)

머리 혈(頁)부 [9頁3 총12획]

모름지기 수

3-3II급 핵심한자 | 299

高3Ⅱ급	짐승, 길짐승	영 beast 중 兽 shòu 일 ジユウ(けもの)
 獸 개 견(犬/犭)부 [4犬15 총19획]	형성 개 견(犬)+짐승 수(嘼)자로 사냥해서 잡은 '새나 짐승'을 뜻한다. 獸心(수심) 짐승의 마음. 獸醫(수의) 禽獸(금수) 猛獸(맹수) 獸獸獸獸獸獸獸獸獸獸獸獸	
짐승 수	獸 獸 獸 獸 獸	

高3급	찾다, 많다	영 search 중 搜 sōu 일 ソウ(さがす)
 搜 손 수(재방변) 手(扌)부 [3手10 총13획]	형성 손 수(扌)+늙은이 수(叟)자로 손으로 더듬어 찾는 것을 뜻한다. 搜査(수사) 찾아 조사함. 搜索(수색) 搜求(수구) 徧搜(변수) 搜搜搜搜搜搜搜搜搜搜搜	
찾을 수	搜 搜 搜 搜 搜	

高3급	드리우다	영 hang down 중 垂 chuí 일 スイ(たれる)
 垂 흙토(土)부 [3土5 총8획]	형성 초목의 꽃이나 잎이 늘어진 모양으로 '드리우다'를 뜻한다. 垂成(수성) 일이 거의 이루어짐. 垂簾(수렴) 垂楊(수양) 垂直(수직) 垂垂垂垂垂垂垂垂	
드리울 수	垂 垂 垂 垂 垂	

高3Ⅱ급	장수, 우두머리	영 general 중 帅 shuài 일 スイ(ひきいる)
 帥 수건건(巾)부 [3巾6 총9획]	형성 수건 건(巾)+쌓일 퇴(垍)자로 깃발을 들고 군중을 이끄는 '장수, 거느리다'의 뜻이다. 統帥權(통수권) 병력을 지휘 감독할 수 있는 권리. 帥旗(수기) 總帥(총수) 銳帥(예수) 帥帥帥帥帥帥帥帥	
장수 수	帥 帥 帥 帥 帥	

高3Ⅱ급	다르다, 죽이다	영 kill, different 중 殊 shū 일 シユ(ことに)
 殊 죽을 사(歹)부 [4歹6 총10획]	형성 살바른뼈 알(歹)+붉을 주(朱)자로 특이하게 '다른 것'을 뜻한다. 殊常(수상) 보통과 다름. 殊勝(수승) 殊勳(수훈) 殊鄕(수향) 殊殊殊殊殊殊殊殊殊殊	
죽일 수	殊 殊 殊 殊 殊	

囚

高3급

가두다, 갇히다 — 영 imprison 중 囚 qiú 일 シュウ(とらわれる)

[회의] 에워쌀 위(口)+사람 인(人)자로 사람이 담 안에 갇혀 있는 것으로 '가두다'를 뜻한다.

囚徒(수도) 징역에 처한 죄인. 囚役(수역) 囚衣(수의) 囚人(수인)

큰입 구(口)부 [3口2 총5획]

가둘 수

淑

中3Ⅱ급

맑다, 착하다 — 영 pure 중 淑 shū 일 シユク(よし·しとやか)

[형성] 물 수(氵)+콩 숙(叔)자로 맑은 '물, 착하다'를 뜻한다.

淑女(숙녀) 선량하고 부덕 있는 여인. 淑淸(숙청) 貞淑(정숙) 淑明(숙명)

물 수(삼수변) 水(氵)부 [3氵8 총11획]

착할 숙

熟

高3Ⅱ급

익다, 익숙하다 — 영 ripe 중 熟 shú 일 ジユク(みのる)

[형성] 불 화(灬)+누구 숙(孰)자로 어떤 음식이든 불로 '익히는 것'을 뜻한다.

熟客(숙객) 단골 손님. 熟卵(숙란) 熟達(숙달) 熟眠(숙면)

불 화(火/灬)부 [4灬11 총15획]

익을 숙

孰

高3급

누구, 어느 — 영 who 중 孰 shú 일 ジユク(いずれ)

[회의] 누릴 향(享)+둥글 환(丸)자로 잘 익힘의 뜻을 가차하여 의문의 조사로 쓰인다.

孰哉(숙재) 누구이겠느냐? 孰若(숙약) 孰能禦之(숙능어지) 孰知(숙지)

아들 자(子)부 [3子8 총11획]

누구 숙

旬

高3Ⅱ급

열흘, 열 번 — 영 decade 중 旬 xún 일 ジュン

[회의] 쌀 포(勹)+날 일(日)자로 日을 한바퀴 싸고 돈 '열흘'을 뜻한다.

旬刊(순간) 열흘에 한 번 간행함. 旬年(순년) 旬葬(순장) 旬間(순간)

날 일(日)부 [4日2 총6획]

열흘 순

高3Ⅱ급	巡	돌다, 순행하다	영 round 중 巡 xún 일 ジュン(めぐる)
		형성 내 천(巛)+쉬엄쉬엄갈 착(辶)자로 강처럼 일정한 길을 '가다, 돌다'를 뜻한다.	
개미허리(내천) 巛(川)부 [3巛4 총7획]		巡檢(순검) 순회하여 점검함. 巡警(순경) 巡訪(순방) 巡査(순사)	
돌 순		巡 巡 巡 巡 巡 巡 巡	

高3급	脣	입술, 가	영 lips 중 唇 chún 일 シュン
		형성 별 진(辰)+고기 육(月)자로 '입술'을 뜻한다.	
고기 육(육달월) 肉(月)부 [4月7 총11획]		口脣(구순) 입과 입술. 脣音(순음) 丹脣(단순) 脣亡齒寒(순망치한)	
입술 순		脣 脣 脣 脣 脣 脣 脣 脣 脣 脣 脣	

高3급	循	돌다, 좇다	영 round 중 循 xún 일 シュン(めぐる)
		형성 조금걸을 척(彳)+방패 순(盾)자로 따라가는 것을 뜻한다.	
두인 변(彳)부 [3彳9 총12획]		循俗(순속) 풍속을 좇음. 循行(순행) 循吏(순리) 循次(순차)	
좇을 순		循 循 循 循 循 循 循 循 循 循 循	

高3급	殉	따라죽다	영 self immolation 중 殉 xùn 일 ジュン(したがう)
		형성 죽을 사(歹)변+고를 순(旬)자로 사자(死者)의 뒤를 따라 죽는 것을 뜻한다.	
죽을 사(歹)부 [4歹6 총10획]		殉敎(순교) 자신이 믿는 종교를 위하여 목숨을 바침. 殉死(순사) 殉節(순절) 殉職(순직)	
따라 순		殉 殉 殉 殉 殉 殉 殉 殉 殉	

3급	盾	방패, 피하다	영 shield 중 盾 dùn 일 ジュン(たて)
		상형 방패 뒤에서 자신을 보호하는 모양을 본뜬 글자로 '방패'를 뜻한다.	
눈 목(目)부 [5目4 총9획]		矛盾(모순) 창과 방패. 盾戈(순과) 戟盾(극순) 戈盾(과순)	
방패 순		盾 盾 盾 盾 盾 盾 盾 盾 盾	

瞬

눈 깜짝하다 　　　　　　　　　　　　영 blink　중 瞬 shùn　일 シユン(またたく)

형성 눈 목(目)+나팔꽃 순(舜)자로 불꽃처럼 눈을 깜짝거리는 것을 뜻한다.
瞬間(순간) 눈 깜짝할 사이.　瞬息間(순식간)　一瞬(일순)　轉瞬(전순)

눈 목(目)부 [5目12 총17획]

눈깜박일 순

戌

개(犬), 열한째 지지 　　　　　　　　영 dog　중 戌 xū　일 ジユツ(いぬ)

회의 천간 무(戊)+한 일(一)자로 창으로 찌르는 것을 가차하여 십이지 '개'를 뜻한다.
戌年(술년) 태세의 지지가 술(戌)이 되는 해.　戌時(술시)　戌正(술정)　庚戌(경술)

창 과(戈)부 [4戈2 총6획]

개 술

述

짓다, 따르다 　　　　　　　　　　영 write　중 述 shù　일 ジョ(のべる)

형성 쉬엄쉬엄갈 착(辶)+차조 출(朮)자로 선인의 언행을 이어받아 가는 것을 뜻한다.
著述(저술) 글을 지음.　述懷(술회)　述部(술부)　陳述(진술)

쉬엄쉬엄갈 착(책받침) 辵(辶)부 [4辶5 총9획]

지을 술

濕

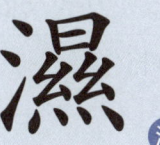

젖다, 축축하다 　　　　　　　　　영 wet　중 湿 shī　일 湿 シツ(しめる)

형성 물 수(氵)+드러날 현(㬎)자로 실을 물에 담근 모양에서 '젖다'를 뜻한다.
濕氣(습기) 축축한 기운.　濕疹(습진)　濕度(습도)　濕性(습성)

물 수(삼수변) 水(氵)부 [3氵14 총17획]

축축할 습

拾

줍다, 습득하다 　　　　　　　　　영 pick up　중 拾 shí　일 シコウ(ひろう)

형성 손 수(扌)+합할 합(合)자로 물건을 모아서 손으로 잡는 일, 즉 '줍다'를 뜻한다.
拾得(습득) 주움.　拾遺(습유)　收拾(수습)　拾萬(십만)

손 수(재방변) 手(扌)부 [3扌6 총9획]

주울 습/십

升

中3급

되(홉의 열 배) 영 unit of measure 중 升 shēng 일 ショウ(ます)

지시 곡식을 일정한 분량으로 되는 그릇을 본뜬 글자로 '되, 용량의 단위'를 뜻한다.
升鑑(승감) 편지에 받는 사람 이름 아래에 쓰는 존칭어.
升斗(승두)　升堂入室(승당입실)

열 십(十)부 [2+2 총4획]

되 **승**

乘

中3II급

타다, 오르다 영 ride 중 乘 chéng 일 乗 ジョウ(のる)

회의 사람 인(人)+어그러질 천(舛)+나무 목(木)자로 사람이 나무에 묶인 모양에서 '타다'를 뜻한다.
乘機(승기) 기회를 탐.　乘馬(승마)　乘客(승객)　乘車券(승차권)

삐침(丿)부 [1丿9 총10획]

탈, 대 **승**

昇

高3II급

오르다, 해돋다 영 rise 중 昇 shēng 일 ショウ(のぼる)

형성 날 일(日)+오를 승(升)자로 해가 뜨는 것을 나타내어 '오르다'를 뜻한다.
昇天(승천) 하늘에 오름.　昇格(승격)　昇段(승단)　昇進(승진)

날 일(日)부 [4日4 총8획]

오를 **승**

僧

高3II급

중, 승려 영 monk 중 僧 sēng 일 ソウ・ゾウ(ぼうず)

형성 사람 인(亻)+일찍이 증(曾)자로 불문에 든 '사람'을 뜻한다.
僧伽(승가) 많은 중.　僧軍(승군)　僧侶(승려)　僧舞(승무)

사람 인(人)부 [2人12 총14획]

중 **승**

侍

高3II급

모시다, 받들다 영 serve 중 侍 shì 일 シ・ジ(はべる)

형성 사람 인(亻)+절 사(寺)자로 윗사람 가까이에 머물러 '봉사하는 것'을 뜻한다.
侍醫(시의) 궁 안에 있으면서 임금의 시중을 드는 의원.
侍童(시동)　侍女(시녀)　侍郞(시랑)

사람 인(人)부 [2人6 총8획]

모실 **시**

尸

高3급 | 주검, 시체 | 영 corpse 중 尸 shī 일 シ

상형 사람이 반듯이 누워 있는 모양을 본뜬 글자이다.
三尸(삼시) 사람의 몸 안에 있다는 게 세 마리의 벌레.
尸毘王(시비왕) 傳尸(전시) 尸子(시자)

주검 시(尸)부 [3尸0 총3획]

주검 **시**

矢

高3급 | 화살, 벌여 놓다 | 영 arrow 중 矢 shǐ 일 シ(や)

형성 화살촉과 깃의 모양을 본뜬 글자로 '화살'을 뜻한다.
矢言(시언) 맹세하는 말. 矢心(시심) 矢石(시석) 嚆矢(효시)

화살 시(矢)부 [5矢0 총5획]

화살 **시**

飾

高3Ⅱ급 | 꾸미다, 덮다 | 영 decorate 중 饰 shì 일 ソウ(よそおう)

형성 밥 식(食)+수건 건(巾)+사람 인(人)자로 사람이 헝겊으로 닦아서 깨끗이 하여 '꾸미다'를 뜻한다.
修飾語(수식어) 꾸미는 말. 粧飾(장식) 室內裝飾(실내장식) 飾言(식언)

밥 식(食)부 [9食5 총14획]

꾸밀 **식**

辛

中3급 | 맵다, 괴롭다 | 영 hot 중 辛 xīn 일 シン(かのと·からい)

회의 문신을 하기 위한 바늘을 본뜬 글자로 '맵다, 괴롭다'를 뜻한다.
辛苦(신고) 맵고 씀. 辛味(신미) 辛勝(신승) 辛辣(신랄)

매울 신(辛)부 [7辛0 총7획]

매울 **신**

晨

高3급 | 새벽, 이른 아침 | 영 daybreak 중 晨 chén 일 シン(あした)

회의·형성 날 일(日)+별 진(辰)자로 해가 아침노을 속에 붉게 물든 무렵인 '새벽'을 뜻한다.
晨起(신기) 아침에 일어남. 晨省(신성) 晨風(신풍) 淸晨(청신)

날 일(日)부 [4日7 총11획]

새벽 **신**

愼

高3II급

마음 심(忄)부 心(忄/㣺)부 [3忄10 총13획]

삼갈 **신**

삼가다, 조심하다 영 careful 중 慎 shèn 일 シン(つつしむ)

형성 마음 심(忄)+참 진(眞)자로 마음을 신중히 하여 '삼가다'를 뜻한다.
愼重(신중) 경솔하지 않음. 愼攝(신섭) 愼重(신중) 愼人(신인)

伸

高3급

사람 인(人)부 [2亻5 총7획]

펼 **신**

펴다, 늘이다 영 extend 중 伸 shēn 일 シン(のびる)

형성 사람 인(亻)과 펼 신(申)자로 '펴지다'를 뜻한다.
追伸(추신) 편지의 말미에 덧붙여 쓰는 말. 伸縮(신축) 伸長(신장) 伸冤(신원)

甚

中3II급

달 감(甘)부 [5甘4 총9획]

심할 **심**

심하다, 더욱 영 severe 중 甚 shén 일 ジン(はなはだ)

형성 달 감(甘)+짝 필(匹)자로 '더욱, 심하다'를 뜻한다.
甚難(심난) 매우 어려움. 甚深(심심) 激甚(격심) 極甚(극심)

審

高3II급

갓머리(宀)부 [3宀12 총15획]

살필 **심**

살피다 영 look, deliberate 중 审 shěn 일 シン(つまびらか)

회의 집 면(宀)+차례 번(番)자로 덮개로 가려져 분명하지 않은 것을 '살피다'를 뜻한다.
審美(심미) 미와 추를 살펴 미의 본질을 규명함. 審問(심문) 審査(심사) 審判(심판)

尋

高3급

마디 촌(寸)부 [3寸9 총12획]

찾을 **심**

찾다, 찾아보다 영 search 중 寻 xún 일 ジン(ひろ)

형성 마디 촌(寸)+또 우(又)+좌, 우(工, 口)자로 두 손을 번갈아 움직여 '찾다'의 뜻.
尋訪(심방) 찾아봄. 尋常(심상) 尋問(심문) 推尋(추심)

雙

[高3Ⅱ급]

쌍, 한 쌍

영 pair 중 双 shuāng 일 双(ふた)

회의 새 한 쌍 수(隹)+또 우(又 : 손)자로 두 마리 새를 손에 쥔 모양에서 '쌍'을 뜻한다.
雙肩(쌍견) 좌우 어깨. 雙方(쌍방) 雙劍(쌍검) 雙龍(쌍룡)

새 추(隹)부 [8隹10 총18획]

쌍 **쌍**

我

[中3Ⅱ급]

나, 나의

영 I, we 중 我 wǒ 일 ガ(わ・われ)

상형 손 수(扌)+창 과(戈)자로 톱니날인 창의 모양을 가리켰으나 가차하여 '나'를 뜻한다.
我國(아국) 우리 나라. 我輩(아배) 我軍(아군) 我執(아집)

창 과(戈)부 [4戈3 총7획]

나 **아**

芽

[高3급]

싹, 싹이 트다

영 sprout 중 芽 yá 일 ガ(め)

형성 풀 초(艹)+어금니 아(牙)자로 어금니처럼 내민 새순의 싹을 뜻한다.
發芽(발아) 싹이 남. 萌芽(맹아) 芽椄(아접) 胚芽(배아)

풀초(초두) 艹(艹)부 [4艹4 총8획]

싹 **아**

雅

[高3Ⅱ급]

우아하다, 고상함

영 gorgeous 중 雅 yǎ 일 ガ(みやびやか)

형성 어금니 아(牙)+새 추(隹)자로 까마귀의 울음소리를 내는 의성어였으나 '우아하다'를 뜻한다.
雅淡(아담) 우아하고 산뜻함. 雅量(아량) 雅語(아어) 雅趣(아취)

새 추(隹)부 [8隹4 총12획]

바를 **아**

牙

[高3급]

어금니, 송곳니

영 molar 중 牙 yá 일 ガ(きば)

상형 아래니의 '어금니'가 맞닿은 모양을 본뜬 글자다.
牙器(아기) 상아로 만든 그릇. 牙彫(아조) 牙城(아성) 牙箏(아쟁)

어금니 아(牙)부 [4牙0 총4획]

어금니 **아**

급수	한자	뜻/설명	영/중/일
3Ⅱ급	阿 언덕 후부(좌부방) 阜(阝)부 [3阝5 총8획]	언덕, 구릉 형성 언덕 부(阝)+옳을 가(可)자로 산의 굽은 곳과 '언덕'을 뜻한다. 阿膠(아교) 갖풀. 阿丘(아구) 阿附(아부) 阿諂(아첨)	영 hill 중 阿 ē 일 ア(おか)
	언덕 **아**		
高3Ⅱ급	亞 (亜) 두 이(二)부 [2二6 총8획]	버금, 아시아의 약칭 상형 고대의 묘실(墓室)을 위에서 본 모양을 본뜬 글자로 선조의 다음 세대, 즉 '버금가는 것'을 뜻한다. 亞聖(아성) 성인의 다음 가는 대현. 人亞流(아류) 亞鉛(아연) 東南亞(동남아)	영 next 중 亚 yù 일 亜 ア
	버금 **아**		
高3급	餓 밥 식(食)부 [9食7 총16획]	주리다, 굶기다 형성 밥 식(食)+나 아(我)자로 앙상하여 '주리다'를 뜻한다. 餓倒(아도) 배고파 쓰러짐. 餓死(아사) 餓鬼(아귀) 飢餓(기아)	영 hungry 중 饿 è 일 ガ(うえる)
	주릴 **아**		
高3급	岳 뫼 산(山)부 [3山5 총8획]	큰 산, 장인 지시 뫼 산(山)+언덕 구(丘)자로 험하고 '큰 산'을 뜻한다. 岳母(악모) 장모. 岳父(악부) 岳公(악공) 山岳(산악)	영 great mountain 중 岳 yuè 일 ガク(おか)
	큰산 **악**		
高3급	雁 새 추(隹)부 [8隹4 총12획]	기러기 형성 기슭 엄(厂)+사람 인(亻)+새 추(隹)자로 '기러기'를 뜻한다. 雁書(안서) 편지. 雁行(안행) 家雁(가안) 雁門紫塞(안문자색)	영 wild goose 중 雁 yàn 일 ガン(かり)
	기러기 **안**		

	顏	얼굴, 낯빛	영 face 중 颜 yán 일 ガン(かお)
中3Ⅱ급		형성 선비 언(彦)+머리 혈(頁)자로 화장하는 머리 부위 '얼굴'을 뜻한다.	
		顏面(안면) 얼굴. 顏色(안색) 强顏(강안) 顏色(안색)	
머리 혈(頁)부 [9頁9 총18획]		顏顏顏顏顏顏顏顏顏顏顏	
얼굴 안		顏 顏 顏 顏 顏	

	岸	언덕, 물가의 낭떠러지	영 cliff 중 岸 àn 일 アン(つくえ)
高3Ⅱ급		형성 뫼 산(山)+언덕 엄(厂)+막을 간(干)자로 물로 깎인 높은 벼랑, 즉 '낭떠러지'를 뜻한다.	
		海岸(해안) 바닷가. 沿岸(연안) 岸畔(안반) 岸壁(안벽)	
뫼 산(山)부 [3山5 총8획]		岸岸岸岸岸岸岸岸	
언덕 안		岸 岸 岸 岸 岸	

	謁	뵈다, 아뢰다	영 visit 중 谒 yè 일 エツ(まみえる)
高3급		형성 말씀 언(言)+어찌 갈(曷)자로 말로 청하여 '뵙다, 아뢰다'를 뜻한다.	
		謁見(알현) 귀인이나 군왕을 찾아 뵙는 일. 謁廟(알묘) 謁告(알고) 拜謁(배알)	
말씀 언(言)부 [7言9 총16획]		謁謁謁謁謁謁謁謁謁謁謁	
뵐 알		謁 謁 謁 謁 謁	

	巖^岩	바위, 가파르다	영 rock 중 岩 yán 일 岩 ガン(いわ)
中3Ⅱ급		회의·형성 뫼 산(山)+굳셀 엄(嚴)자로 산에 높이 솟은 험준한 '바위'를 뜻한다.	
		巖穴(암혈) 바위굴. 巖盤(암반) 巖壁(암벽) 巖山(암산)	
메 산(山)부 [3山20 총23획]		巖巖巖巖巖巖巖巖巖巖巖	
바위 암		巖 巖 巖 巖 巖	

	押	누르다, 수결	영 press 중 押 yā 일 オウ(おす)
高3급		형성 손 수(扌)+갑옷 갑(甲)자로 손으로 덮어 '누르는 것'을 뜻한다.	
		押捺(압날) 도장을 찍음. 押釘(압정) 押留(압류) 押送(압송)	
손 수(재방변) 手(扌)부 [3扌5 총8획]		押押押押押押押押	
누를 압		押 押 押 押 押	

3-3Ⅱ급 핵심한자 | **309**

高3Ⅱ급		가운데, 중앙	영 center 중 央 yāng 일 オウ(なかば)
		회 목에 칼을 씌운 사람의 형상에서 '한가운데'를 뜻한다. 中央(중앙) 한가운데. 未央宮(미앙궁) 震央(진앙) 中央部(중앙부)	
큰 대(大)부 [3大2 총5획]		央央央央央	
가운데 **앙**		央 央 央 央 央	

中3Ⅱ급		우러르다	영 respect 중 仰 yāng 일 ギョウ(あおぐ)
		형성 사람 인(亻)+높을 앙(卬)자로 '우러러보다'를 뜻한다. 仰望(앙망) 우러러 바란다는 의미. 仰慕(앙모) 仰祝(앙축) 崇仰(숭앙)	
사람 인(人)부 [2人4 총6획]		仰仰仰仰仰	
우러를 **앙**		仰 仰 仰 仰 仰	

中3Ⅱ급		슬프다, 슬픔	영 sad 중 哀 āi 일 アイ(あわれ)
		형성 입 구(口)+옷 의(衣)자로 동정의 목소리를 한데 모으는 것으로 '슬퍼하다'를 뜻한다. 哀憐(애련) 가엾고 애처롭게 여김. 哀惜(애석) 哀悼(애도) 哀痛(애통)	
입 구(口)부 [3口6 총9획]		哀哀哀哀哀哀哀哀哀	
슬플 **애**		哀 哀 哀 哀 哀	

高3급	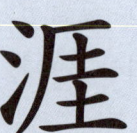	물가, 끝	영 shore 중 涯 yá 일 ガイ(はて)
		형성 물 수(氵)+언덕 애(厓)자로 벼랑과 물의 접점, 즉 '물가'를 뜻한다. 生涯(생애) 일평생. 際涯(제애) 涯角(애각) 境涯(경애)	
삼수변(氵)부 [3氵8 총11획]		涯涯涯涯涯涯涯涯涯涯涯	
물가 **애**		涯 涯 涯 涯 涯	

高3급	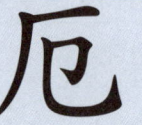	재앙, 불행한 일	영 calamity 중 厄 è 일 ユウ(うれえる)
		회 기슭 엄(厂)+몸기 절(㔾)자로 비좁은 벼랑가 '재앙'을 나타낸다. 厄年(액년) 운수가 사나운 해. 厄運(액운) 厄難(액난) 災厄(재액)	
민엄호(厂)부 [2厂2 총4획]		厄厄厄厄	
재앙 **액**		厄 厄 厄 厄 厄	

也

| 中3급 | 잇기, 어조사 | 영 also 중 也 yě 일 ヤ(なり) |

상형 뱀이 땅을 뚫고 나오려는 모양으로 '어조사'로 쓰인다.
焉哉乎也(언제호야) 천자문의 맨 끝 귀. 及其也(급기야) 言則是也(언즉시야)

새 을(乙)부 [1乙2 총3획]

잇기 **야**

若

| 中3Ⅱ급 | 같다, 이와 같은 | 영 like 중 若 ruò 일 ジャク(なんじ) |

회의 풀 초(艹)+오른 우(右)자로 신을 따르는 무녀의 형상이었으나 가차하여 같음을 뜻한다.
若干(약간) 얼마 되지 아니함. 般若(반야) 萬若(만약) 若何(약하)

풀초(초두) 艸(艹)부 [4艹5 총9획]

같을 **야**

耶

| 高 3급 | 어조사, 그런가 | 영 particle 중 耶 yē 일 ヤ |

형성 귀 이(耳)+마을 읍(阝)자로 의문, 반어(反語)의 조사로 쓰인다.
間或(간혹) 어쩌다가, 가끔. 耶孃(야양) 耶蘇(야소) 或也(혹야)

귀 이(耳)부 [6耳3 총9획]

어조사 **야**

躍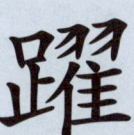

| 高 3급 | 뛰다, 뛰어오르다 | 영 run, dash 중 跃 yuè 일 ヤク(おどる) |

형성 발 족(足)+꿩 적(翟)자로 꿩처럼 높이 뛰어오르는 것을 뜻한다.
跳躍(도약) 뛰어오름. 躍進(약진) 躍動(약동) 活躍(활약)

발 족(足)부 [7足14 총21획]

뛸 **약**

壤

| 高3Ⅱ급 | 흙, 땅 | 영 soil 중 壤 rǎng 일 ジョウ(つち) |

형성 흙 토(土)+도울 양(襄)자로 부드럽고 기름 진 '흙'의 뜻을 나타낸다.
土壤(토양) 땅. 壤土(양토) 平壤(평양) 擊壤(격양)

흙 토(土)부 [3土17 총20획]

흙, 땅 **양**

楊

高3급 나무 목(木)부 [4木9 총13획]

버들, 버드나무 — 영 willow / 중 杨 yáng / 일 ヨウ(やなぎ)

회의·형성 나무 목(木)+뻗어오를 양(昜)자로 위로 길게 뻗은 '버드나무'를 뜻한다.
楊枝(양지) 버들가지, 또는 이쑤시개. 楊梅瘡(양매창) 楊柳(양류) 楊州(양주)

버드나무 양

讓

中3Ⅱ급 말씀 언(言)부 [7言17 총24획]

사양하다 — 영 refuse / 중 让 ràng / 일 譲 ジョウ(ゆずる)

형성 말씀 언(言)+도울 양(襄)으로 겸손하게 말로 '사양하는 것'을 뜻한다.
讓渡(양도) 권리 등을 다른 사람에게 넘겨 줌. 讓與(양여) 讓步(양보) 謙讓(겸양)

사양할 양

揚

中3Ⅱ급 손 수(재방변) 手(扌)부 [3扌9 총12획]

오르다, 날다 — 영 raise / 중 扬 yáng / 일 ヨウ(あがる)

형성 손 수(扌)+오를 양(昜)자로 손으로 위로 올린다는 것에서 '오름'을 뜻한다.
揚名(양명) 이름을 드날림. 揚揚(양양) 浮揚(부양) 抑揚(억양)

오를 양

於

中3급 모 방(方)부 [4方4 총8획]

어조사 어 — 영 in·particle / 중 於 yú / 일 オ(おいて)

회의 까마귀 모양을 본뜬 글자로, 가차하여 어조사로 쓰인다.
於焉間(어언간) 어느덧. 於中間(어중간) 於焉間(어언간) 於焉(어언)

어조사 어

御

高3Ⅱ급 두인 변(彳)부 [3彳8 총11획]

어거하다, 모시다 — 영 drive / 중 御 yù / 일 ゴ(お)

회의 조금걸을 척(彳)+짐부릴 사(卸)자로 말을 모는이의 직책을 가리켜 '어거하다'를 뜻한다.
御駕(어가) 임금이 타는 수레. 御命(어명) 御殿(어전) 御宮(어궁)

어거할 어

憶

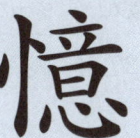

中3II급

마음 심(심방변) 心(忄/㣺)부 [3忄13 총16획]

생각할 억

생각하다, 추억하다 영recall 중忆 yì 일オク(おもう)

형성 마음 심(忄)+뜻 의(意)자로 마음속에 생각하고 있으며 '잊지 않음'을 뜻한다.
追憶(추억) 지난 일을 생각함. 憶昔(억석) 記憶(기억) 憶測(억측)

抑

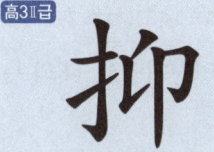

高3II급

손 수(재방변) 手(扌)부 [3扌4 총7획]

누를 억

누르다 영restrain 중抑 yì 일ヨク(おさえる)

형성 손 수(扌)+나 앙(卬)자로 卬은 인(印: 도장 인)을 뒤집은 모양에서 '손으로 누르다'를 뜻한다.
抑留(억류) 억지로 머무르게 함. 抑壓(억압) 抑揚(억양) 抑止(억지)

焉

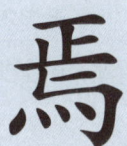

高3급

불 화(火/灬)부 [4灬7 총11획]

어찌 언

어찌, 이에 영why 중焉 yān 일エン(いずくんぞ)

상형 새의 형상을 본떠 만든 글자로, 가차하여 어조사로 쓰인다.
焉敢(언감) 어찌 감히 하지 못함을 뜻함. 於焉(어언) 於赤(어적) 於半(어반)

輿 与

高3급

수레 거(車)부 [7車10 총17획]

수레 여

수레, 가마 영palankeen 중与 yú 일コ(こし)

회의·형성 수레 거(車)+마주들 여(舁)자로 사람이나 물건을 싣는 '수레, 가마'를 뜻한다.
輿論(여론) 여러 사람의 공통된 의견. 輿馬(여마) 輿駕(여가) 輿望(여망)

予

高3급

갈고리궐(亅)부 [1亅3 총4획]

나, 줄 여

나(1인칭), 주다 영give 중予 yǔ 일ヨ(われ)

상형 베틀의 씨실을 오가는 북의 모양을 본뜬 글자로 '나'를 뜻한다.
予奪(여탈) 주는 것과 빼앗는 것. 予曰(여왈) 欲取先予(욕취선여) 分予(분여)

中3급 汝 물 수(삼수변) 水(氵)부 [3氵3 총6획] 너 여	너(2인칭 대명사), 강 이름　　　영 you　중 汝 rǔ　일 ジョ(なんじ)
	형성 물 수(氵)+계집 녀(女)자로 본래는 '강이름'을 뜻하였으나 2인칭 대명사로 쓰인다. 汝等(여등) 너희.　汝曹(여조)　汝輩(여배)　爾汝(이여) 汝汝汝汝汝汝 汝汝汝汝汝

中3급 余 사람 인(人)부 [2人5 총7획] 나 여	나, 여분　　　영 more　중 余 yú　일 ヨ(われ·あまり)
	형성 지붕을 기둥으로 받치고 있는 건물의 모양자로 가차하여 인칭대명사 '나'의 뜻으로 쓰인다. 余等(여등) 우리들.　余輩(여배)　余月(여월)　宜寧余(의령여) 余余余余余余余 余余余余余

中3Ⅱ급 亦 돼지해머리(亠)부 [2亠4 총6획] 또 역	또, 또한　　　영 also　중 亦 yì　일 エキ·ヤク(また)
	회의 큰 대(大)+여덟 팔(八)자로, 똑같은 사물이 양쪽에 있는 것으로 '또'를 뜻한다. 亦是(역시) 마찬가지로.　此亦(차역)　亦然(역연)　亦可(역가) 亦亦亦亦亦亦 亦亦亦亦亦

高3급 疫 병들 녁(疒)부 [5疒4 총9획] 염병 역	전염병, 돌림병　　　영 pestilence　중 疫 yì　일 エキ(はやりやみ)
	형성 병들 녁(疒)+칠 수(殳)자로 사람을 괴롭히는 '유행병, 전염병'을 뜻한다. 疫鬼(역귀) 전염병을 퍼뜨리는 귀신.　疫病(역병)　疫疾(역질)　免疫(면역) 疫疫疫疫疫疫疫疫疫 疫疫疫疫疫

高3Ⅱ급 譯 (訳) 말씀 언(言)부 [7言13 총20획] 통변할 역	변역하다, 통역하다　　　영 interpret　중 译 yì　일 訳 ヤク(わけ)
	형성 말씀 언(言)+엿볼 역(睪)자로 차례차례 옮겨 전하는 것으로 '번역하다'를 뜻한다. 譯者(역자) 필자.　譯註(역주)　譯官(역관)　飜譯(번역) 譯譯譯譯譯譯譯譯譯譯譯 譯譯譯譯譯

驛

高3Ⅱ급

역참, 역말

영 station 중 驿 yì 일 駅 エキ(うまや)

형성 말 마(馬)+엿볼 역(睪)자로 말을 갈아타기 위하여 마련된 곳, 즉 '역참'을 뜻한다.

驛馬(역마) 역참에서 쓰는 말. 驛館(역관) 驛舍(역사) 驛前(역전)

말마(馬)부 [10馬13 총23획]

역참 **역**

役

高3Ⅱ급

부리다, 부역

영 work 중 役 yì 일 エキ・ヤク(つかう)

회의 조금걸을 척(彳)+팔모창 수(殳)자로 변경을 지키러가는 뜻을 지녔으나 '부리다'의 뜻을 나타낸다.

役夫夢(역부몽) 낮에는 인부가 밤에는 왕후가 된다는 뜻. 役軍(역군) 役割(역할)

두인변(彳)부 [3彳4 총7획]

부릴 **역**

蓮

高3급

연꽃, 연밥

영 lotus 중 莲 lián 일 しン(はす)

회의·형성 풀 초(艹)+이어질 련(連)자로 나란히 열매가 달리는 '연'을 뜻한다.

蓮實(연실) 연밥. 蓮座(연좌) 蓮根(연근) 蓮塘(연당)

풀초(초두) 艸(艹)부 [4艹11 총15획]

연밥 **연**

沿

高3Ⅱ급

따르다

영 fellow 중 沿 yán 일 エン(そう)

형성 물 수(氵)+산속늪 연(㕣)자로 강물을 따라 내려가는 것을 뜻한다.

沿線(연선) 철도 선로에 준한 곳. 沿海(연해) 沿道(연도) 沿邊(연변)

물 수(삼수변) 水(氵)부 [3氵5 총8획]

따를 **연**

燕

高3급

제비, 잔치

영 swallow 중 燕 yàn 일 エン(つばめ)

상형 부리를 벌리고 긴 날개를 펴고 꼬리가 갈라진 제비의 모양을 본뜬 글자다.

燕息(연식) 하는 일없이 집에 한가히 있음. 燕尾服(연미복) 燕賀(연하) 毛燕(모연)

불 화(火/灬)부 [4灬12 총16획]

제비 **연**

高3II급	 갓머리(宀)부 [3宀7 총10획]	잔치, 즐기다　　　　　　　　　영 banquet 중 宴 yàn 일 エン(うたげ)
		형성 움집 면(宀)+늦을 안(妟)자로 집에서 편히 쉬는 뜻이었으나 '잔치'를 뜻한다. 宴席(연석) 연회를 베푼 자리.　宴息(연식)　宴會(연회)　宴享(연향)
		宴宴宴宴宴宴宴宴宴宴
	잔치 **연**	宴　宴　宴　宴　宴

3급	 돌 석(石)부 [5石7 총12획]	벼루, 돌　　　　　　　　　　　영 ink slab 중 砚 yàn 일 ケン(すずり)
		형성 돌 석(石)+볼 견(見)자로 먹을 가는 도구(돌), '벼루'를 뜻한다. 硯滴(연적) 벼룻물을 담는 조그만 용기.　筆硯(필연)　紙筆硯墨(지필연묵)　同硯(동연)
		硯硯硯硯硯硯硯硯硯硯
	벼루 **연**	硯　硯　硯　硯　硯

高3II급	 수레 거(車)부 [7車4 총11획]	연하다, 부드럽다　　　　　　　영 soft 중 软 ruǎn 일 ナン(やわらかい)
		형성 수레 거(車)+부드러울 연(耎·欠)자로 부드럽게 움직이는 수레에서 '연하다'를 뜻한다. 軟骨(연골) 물렁뼈.　軟性(연성)　軟柿(연시)　軟弱(연약)
		軟軟軟軟軟軟軟軟軟軟
	연할 **연**	軟　軟　軟　軟　軟

高 3급	 문 문(門)부 [8門7 총15획]	살펴보다, 검열하다　　　　　　영 inspect 중 阅 yuè 일 エツ
		형성 문 문(門)+바꿀 태(兌)자로 문 안에서 일일이 헤아리는 것으로 '살펴보다'를 뜻한다. 閱覽(열람) 살펴서 봄.　檢閱(검열)　閱兵(열병)　教閱(교열)
		閱閱閱閱閱閱閱閱閱閱閱閱
	검열할 **열**	閱　閱　閱　閱　閱

中3II급	 마음 심(심방변) 心(忄/㣺)부 [3忄7 총10획]	기쁘다　　　　　　　　영 joyful·pleased 중 悦 yuè 일 エツ(よろこぶ)
		형성 마음 심(心)+기쁠 열(兌)자로 맺힌 마음이 풀린 것으로 '기쁘다'를 뜻한다. 喜悅(희열) 기쁨.　悅樂(열락)　悅樂(열락)　法悅(법열)
		悅悅悅悅悅悅悅悅悅悅
	기쁠 **열**	悅　悅　悅　悅　悅

高 3급

소금밭 로(鹵)부 [11鹵13 총24획]

소금, 절이다

영 salt 중 盐 yán 일 塩 エン(しお)

형성 소금밭 로(鹵)+볼 감(監)자로 혀에 심한 자극을 주는 '소금'을 뜻한다.

鹽分(염분) 소금기. 鹽水(염수) 鹽拂(염불) 鹽藏(염장)

鹽鹽鹽鹽鹽鹽鹽鹽鹽鹽鹽

소금 염

鹽 鹽 鹽 鹽 鹽

中 3급

불 화(火/灬)부 [4火4 총8획]

불꽃, 불타다

영 flame 중 炎 yán 일 エン(やむ·もえる)

회의 불 화(火)가 겹쳐서 불타오르는 '불꽃'을 뜻한다.

炎上(염상) 불꽃이 타오름. 炎暑(염서) 肝炎(간염) 庚炎(경염)

炎炎炎炎炎炎炎炎

불꽃 염

炎 炎 炎 炎 炎

高 3Ⅱ급

나무 목(木)부 [4木5 총9획]

물들이다, 물들다

영 dye 중 染 rǎn 일 セン(そめる)

회의 물 수(氵)+나무 목(木)+아홉 구(九)자로 나무에서 뽑아 낸 진에 여러 번 천을 적시는 모양으로 '물들이다'를 뜻한다.

染色(염색) 천 등에 물을 들임. 染料(염료) 汚染(오염) 傳染(전염)

染染染染染染染染染

물들일 염

染 染 染 染 染

高 3Ⅱ급

터럭 삼(彡)부 [3彡12 총15획]

그림자, 모양

영 shadow 중 影 yǐng 일 エイ(かげ)

형성 터럭 삼(彡)+볕 경(景)자로 물체가 빛을 받을 때 생기는 그림자를 뜻한다.

影國(영국) 그림자처럼 붙어 있는 나라. 속국. 影像(영상) 影幀(영정) 影響(영향)

影影影影影影影影影影影影影影影

그림자 영

影 影 影 影 影

高 3급

말씀 언(言)부 [7言5 총12획]

읊다, 노래하다

영 recite 중 咏 yǒng 일 エイ(よむ)

형성 말씀 언(言)+길 영(永)자로 소리를 길게 빼어 '읊다'를 뜻한다.

詠嘆(영탄) 소리를 길게 끌며 탄식함. 詠詩(영시) 詠唱(영창) 吟詠(음영)

詠詠詠詠詠詠詠詠詠詠詠詠

읊을 영

詠 詠 詠 詠 詠

泳

高3급

헤엄치다, 헤엄 　　　영 swim　중 泳 yǒng　일 エイ(およぐ)

형성 물 수(氵)+길 영(永)자로 물 위에 오래 떠서 '헤엄치는 것'을 뜻한다.
遊泳(유영) 헤엄치고 돌아다님.　水泳(수영)　泳法(영법)　泳脚(영각)

물 수(삼수변) 水(氵)부 [3氵5 총8획]

헤엄칠 영

銳

高3급

날카롭다, 창 끝 　　　영 sharp　중 锐 ruì　일 エイ(するどい)

형성 쇠 금(金)+날카로울 태(兌)자로 물건을 분리하는 금속, 즉 '날카롭다'를 뜻한다.
銳利(예리) 날카로움.　銳角(예각)　銳敏(예민)　銳鋒(예봉)

쇠 금(金)부 [8金7 총15획]

날카로울 예

譽

高3Ⅱ급

명예, 영예 　　　영 fame　중 誉 yù　일 ヨ(ほまれ)

형성 말씀 언(言)+줄 여(與)자로 말로써 사람을 칭찬하는 것으로 '명예'를 뜻한다.
榮譽(영예) 자랑스러움.　譽聞(예문)　榮譽(영예)　出藍之譽(출람지예)

말씀언(言)부 [7言14 총21획]

명예 예

傲

高3급

거만하다, 깔보다 　　　영 haughty　중 傲 ào　일 ゴウ(おごる)

회의·형성 사람 인(亻)+거만할 오(敖)자로 사람이 마음 내키는 대로 즐기는 '거만하다'를 뜻한다.
傲氣(오기) 오만스러운 분기.　傲慢(오만)　傲然(오연)　簡傲(간오)

사람 인(人)부 [2亻11 총13획]

거만할 오

悟

中3Ⅱ급

깨닫다, 슬기롭다 　　　영 awake　중 悟 wù　일 ゴ(さとる)

형성 마음 심(忄)+나 오(吾:밝아지다)자로 마음이 밝아지는 것으로 '깨닫다'를 뜻한다.
大悟(대오) 크게 깨달음.　悟道(오도)　悟入(오입)　覺悟(각오)

마음 심(심방변) 心(忄/㣺)부 [3忄7 총10획]

깨달을 오

汚

高3급	더럽다, 더럽히다	영 dirty 중 污 wū 일 オ(けがす·よごす)

형성 물 수(氵)+있을 우(亏)자로 우묵한 웅덩이에 괸 물로 '더럽다'를 뜻한다.

汚物(오물) 더럽고 지저분한 물건. 汚染(오염) 汚辱(오욕) 汚點(오점)

물 수(삼수변) 水(氵)부 [3氵3 총6획]

汚汚汚汚汚汚

더러울 **오**

烏

中3Ⅱ급	까마귀, 검다	영 crow 중 乌 wū 일 ウ(からす)

상형 까마귀 모양을 본뜬 글자이다.

烏骨鷄(오골계) 살, 가죽, 뼈가 모두 암자색의 닭.
烏飛梨落(오비이락) 烏梅(오매) 織烏(직오)

불 화(火/灬)부 [4灬6 총10획]

烏烏烏烏烏烏烏烏烏烏

까마귀 **오**

梧

3급	벽오동나무	영 paulownia 중 梧 wú 일 ゴ(あおぎり)

회의·형성 나무 목(木)+우리 오(吾)자로 우리가 여러 재목으로 사용하는 '벽오동나무'를 뜻한다.

梧桐(오동) 벽오동나무. 梧月(오월) 梧下(오하) 支梧(지오)

나무 목(木)부 [4木7 총11획]

梧梧梧梧梧梧梧梧梧梧

벽오동나무 **오**

娛

高3급	즐거워하다, 즐겁다	영 amuse 중 娱 yú 일 ゴ(たのしむ)

형성 계집 녀(女)+큰소리칠 오(吳)자로 여자와 함께 떠들면서 노니 즐거워하다를 뜻한다.

娛樂(오락) 놀이를 즐김. 娛遊(오유) 戲娛(희오) 歡娛(환오)

계집 녀(女)부 [3女7 총10획]

娛娛娛娛娛娛娛娛

즐길 **오**

嗚

高3급	탄식하다, 노랫소리	영 alas 중 呜 wū 일 オウ(ああ)

형성 입 구(口)+까마귀 오(烏)자로 까마귀가 우는 모습에서 '탄식하다'를 뜻한다.

嗚咽(오열) 목이 메어 욺. 嗚呼(오호) 嗚泣(오읍) 噫嗚(희오)

입 구(口)부 [3口10 총13획]

嗚嗚嗚嗚嗚嗚嗚嗚嗚嗚嗚嗚

탄식소리 **오**

吾

中3급 | 나, 우리 | 영 I　중 吾 wú　일 ゴ(われ)

형성 다섯 오(五)+입 구(口)에서 신의 계시를 지키는 뜻이었으나 가차하여 '나'를 뜻한다.
吾等(오등) 우리들.　吾家(오가)　吾人(오인)　枝吾 (지오)

입 구(口)부 [3口4 총7획]

나 오

獄

高3Ⅱ급 | 감옥, 판결 | 영 prison　중 獄 yù　일 ゴク(ひとや)

회의 개 견(犭)+말씀 언(言)+개 견(犬)자로 두 마리의 개가 다투는 것에서 벌주는 집, 즉 '감옥'을 뜻한다.
獄中書信(옥중서신) 감옥에서 쓴 편지.　獄苦(옥고)　獄舍(옥사)　獄死(옥사)

개 견(犬/犭)부 [3犭11 총14획]

옥 옥

翁

高3급 | 늙은이 | 영 old man　중 翁 wēng　일 オウ(おきな)

형성 깃 우(羽)+아비 공(公)자로 나이 많은 사람의 턱 아래 깃털처럼 수염이 난 모양에서 '늙은이'를 뜻한다.
翁嫗(옹구) 늙은 남녀.　翁主(옹주)　翁壻(옹서)　家翁(가옹)

깃우(羽)부 [6羽4 총10획]

늙은이 옹

擁

高3급 | 안다, 품다 | 영 embrace　중 拥 yōng　일 ヨウ

형성 손 수(扌)+모을 옹(雍)자로 손으로 에워싸서 '안다'를 뜻한다.
擁立(옹립) 받들어 임금으로 모심.　擁壁(옹벽)　擁衛(옹위)　擁護(옹호)

손 수(재방변) 手(扌)부 [3扌13 총16획]

안을 옹

瓦

中3급 | 기와, 질그릇 | 영 tile　중 瓦 wǎ　일 ガ(かわら)

상형 진흙을 구부려서 구운 질그릇의 모양으로 '기와, 질그릇'을 뜻한다.
瓦家(와가) 기와집.　瓦片(와편)　瓦當(와당)　瓦解(와해)

기와 와(瓦)부 [5瓦0 총5획]

기와 와

中3급

신하 신(臣)부 [6臣2 총8획]

누울 와

눕다, 누워 자다

영 down 중 卧 wò 일 ガ(ふす)

회의 신하 신(臣)+사람 인(人)자로 사람이 눈을 감고 쉬는 것으로 '눕다'를 뜻한다.

臥龍(와룡) 엎드려 있는 용. 臥病(와병) 臥床(와상) 臥瓜(와과)

高3급

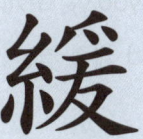

실 사(糸)부 [6糸9 총15획]

느릴 완

느리다, 느슨하다

영 slow 중 缓 huǎn 일 カン(ゆるい)

형성 실 사(糸)+당길 원(爰)자로 실을 당기니 느슨하게 처지는 것으로 '느리다'를 뜻한다.

緩急(완급) 느려짐과 바쁨. 緩慢(완만) 緩衝(완충) 緩和(완화)

中3급

가로 왈(曰)부 [4曰0 총4획]

말할 왈

가로되, 이르다

영 speak 중 曰 yuē 일 エツ(いわく)

상형 입을 열어 말하는 모양을 본떠, 목소리를 내어 '말하다'를 뜻한다.

曰可曰否(왈가왈부) 어떤 일에 대하여 옳으니 그르니 함.
曰若(왈약) 曰牌(왈패) 或曰(혹왈)

高3급

밭 전(田)부 [5田4 총9획]

두려워할 외

두려워하다, 꺼리다

영 fear 중 畏 wèi 일 イ(おそれる)

회의 밭 전(田)+삐침 별(丿)+될 화(化)자로 무서워하며 '조심하다, 황공스럽게 여기다'를 뜻한다.

畏敬(외경) 어려워하고 공경함. 畏懼(외구) 畏友(외우) 畏兄(외형)

高3급

腰

고기 육(육달월) 肉(月)부 [4月9 총13획]

허리 요

허리, 밑둥치

영 waist 중 腰 yāo 일 ヨウ(こし)

형성 고기 육(月)+요긴할 요(要)자로 몸에서 가장 요긴한 부분, 즉 '허리'를 뜻한다.

腰劍(요검) 검을 허리에 참. 腰刀(요도) 腰帶(요대) 腰折(요절)

高3급  손 수(재방변) 手(扌)부 [3扌10 총13획]	흔들다, 흔들리다　　　　　　　　　　영 shake　중 摇 yáo　일 ヨウ(ゆる)
	형성 손 수(扌)+질그릇 요(䍃)자로 손을 상하 좌우로 움직여 '흔드는 것'을 뜻한다. 搖動(요동) 흔들림.　搖鈴(요령)　搖亂(요란)　搖籃(요람)
	搖搖搖搖搖搖搖搖搖搖搖搖搖
흔들릴 요	搖搖搖搖搖

高3급  쉬엄쉬엄갈 착(책받침) 辵(辶)부 [4辶10 총14획]	멀다, 아득하다　　　　　　　　　　영 distant　중 遥 yáo　일 ヨウ(はるか)
	형성 쉬엄쉬엄갈 착(辶)+질그릇 요(䍃)자로 흔들흔들 목적 없이 계속 걷는 모양에서 '아득함'을 뜻한다. 遙遠(요원) 아득히 멂.　遙望(요망)　遙昔(요석)　逍遙(소요)
	遙遙遙遙遙遙遙遙遙遙遙遙遙
멀 요	遙遙遙遙遙

中3II급  물 수(삼수변) 水(氵)부 [3氵7 총10획]	목욕하다, 목욕　　　　　　　　　　영 bathe　중 浴 yù　일 ヨク(あびる)
	형성 물 수(氵)+골 곡(谷)자로 대야에 더운물을 부어 '목욕하는 것'을 뜻한다. 浴室(욕실) 목욕을 하는 시설이 되어 있는 방.　浴湯(욕탕)　浴槽(욕조)　沐浴(목욕)
	浴浴浴浴浴浴浴浴浴浴
목욕할 욕	浴浴浴浴浴

高3II급 慾 마음 심(心)부 [4心11 총15획]	욕심, 욕심내다　　　　　　　　　　영 greed　중 欲 yù　일 ヨク(むさほる)
	회의·형성 하고자할 욕(欲)+마음 심(心)자로 하고자하는 마음, 즉 '욕심'을 뜻한다. 慾念(욕념) 욕심이 가득한 생각.　慾望(욕망)　慾心(욕심)　貪慾(탐욕)
	慾慾慾慾慾慾慾慾慾慾慾
욕심 욕	慾慾慾慾慾

高3II급 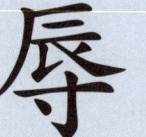 별 진(辰)부 [7辰3 총10획]	욕되다　　　　　　　　　　　　　영 disgrace　중 辱 rǔ　일 ジョク(はずかしめる)
	회의 별 진(辰)+마디 촌(寸)으로 옛날 농사의 때를 어긴 자를 죽이고 욕보인 일로부터 '욕됨'을 뜻한다. 辱說(욕설) 상스러운 말.　侮辱(모욕)　汚辱(오욕)　意欲(의욕)
	辱辱辱辱辱辱辱辱辱辱
욕될 욕	辱辱辱辱辱

欲

하고자 하다, 바라다
영 desire 중 欲 yù 일 ヨク(ほっする)

형성 골 곡(谷)+하품 흠(欠)자로 무엇을 입에 넣으려 하는 것에서, 하고자 하는 일을 뜻한다.
欲界(욕계) 욕심이 많은 세계. 欲求(욕구) 欲情(욕정) 欲巧反拙(욕교반졸)

하품 흠(欠)부 [4欠7 총11획]

하고자할 **욕**

容

얼굴, 모양
영 face 중 容 róng 일 ヨウ(いれる)

회의 움집 면(宀)+골 곡(谷)에서 많은 것을 담아 넣을 수 있는 '얼굴, 모양'을 뜻한다.
容共(용공) 공산주의. 공산세력의 정책을 받아들이는 일.
容量(용량) 容恕(용서) 寬容(관용)

갓머리(宀)부 [3宀7 총10획]

얼굴 **용**

庸

쓰다
영 common 중 庸 yōng 일 ヨウ(つね·もちいる)

회의·형성 고칠 경(庚)+쓸 용(用)자로 절굿공이 등 무거운 것을 들거나 사용하는 것을 뜻한다.
庸劣(용렬) 어리석고 둔함. 庸人(용인) 庸言(용언) 中庸(중용)

엄 호(广)부 [3广8 총11획]

쓸 **용**

偶

짝, 배필
영 couple 중 偶 ǒu 일 グウ(たまたま)

형성 사람 인(亻)+원숭이 우(禺)자로 '짝'을 뜻한다.
偶發的(우발적) 우연히. 偶發(우발) 偶像(우상) 偶然(우연)

사람 인(人)부 [2亻9 총11획]

짝 **우**

又

또, 거듭
영 and·again 중 又 yòu 일 ユウ(また)

상형 오른손을 본뜬 글자로 어떤 사물을 중복해서 가지는 '또'를 뜻한다.
又重之(우중지) 더욱이. 又況(우황) 又賴(우뢰) 一又(일우)

또 우(又)부 [2又0 총2획]

거듭 **우**

尤

中3급 | 더욱, 특히 | 영 more over 중 尤 yóu 일 ユウ(もっとも)

회의 절름발이 왕(尢)+점 주(丶)자로 절름발이가 짐을 진 것으로 '더욱'을 뜻한다.
尤妙(우묘) 아주 이상함. 尤甚(우심) 尤物(우물) 尤妙(우묘)

尤尤尤尤

절름발이왕(尢)부 [3尢1 총4획]

더욱 우 | 尤 尤 尤 尤 尤

愚

高3Ⅱ급 | 어리석다, 우직하다 | 영 foolish 중 愚 yú 일 グ(おろか)

형성 마음 심(心)+원숭이 우(禺)자로 마음의 기능이 둔한 '어리석은 것'을 뜻한다.
愚見(우견) 자신의 생각을 겸손하게 나타내는 말. 愚鈍(우둔) 暗愚(암우) 凡愚(범우)

愚愚愚愚愚愚愚愚愚愚愚愚愚

마음 심(心)부 [4心9 총13획]

어리석을 우 | 愚 愚 愚 愚 愚

憂

中3Ⅱ급 | 근심, 근심하다 | 영 anxiety 중 忧 yōu 일 ユウ(うい)

형성 머리 혈(頁)+마음 심(心)+천천히 걸을 쇠(夂)자로 걱정하는 마음, 즉 '근심'을 뜻한다.
憂國(우국) 나라를 걱정함. 憂慮(우려) 憂鬱(우울) 憂患(우환)

마음 심(심방변) 心(忄/㣺)부 [4心11 총15획]

근심 우 | 憂 憂 憂 憂 憂

宇

中3Ⅱ급 | 집, 지붕 | 영 house 중 宇 yǔ 일 ウ(いえ)

형성 움집 면(宀)+넓은 모양 우(亐)자로 가옥의 덮인 부분, 즉 '지붕'을 뜻한다.
宇宙(우주) 온 세계를 둘러싸고 있는 공간.
宇宙論(우주론) 宇宙船(우주선) 器宇(기우)

宇宇宇宇宇宇

갓머리(宀)부 [3宀3 총6획]

집 우 | 宇 宇 宇 宇 宇

羽

高3급 | 깃, 날개 | 영 wing 중 羽 yǔ 일 ウ(はね・は)

상형 새의 깃, 또는 양쪽 날개를 본뜬 글자다.
雨士(우사) 도사. 羽毛(우모) 羽扇(우선) 羽翼(우익)

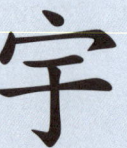

깃우(羽)부 [6羽0 총6획]

깃, 새 우 | 羽 羽 羽 羽 羽

于

中3급

어조사, 가다

영 particle 중 干 yú 일 ウ

지사 숨이 막히어 소리가 새어 나오는 모양으로 '~까지, 가다, 탄식'의 뜻과 어조사로 쓰인다.

于今(우금) 지금까지. 于歸(우귀) 于先(우선) 單于(선우)

두 이(二)부 [2二1 총3획]

어조사 **우**

于 于 于

于 于 于 于 于

韻

高3Ⅱ급

운, 운치

영 rhyme 중 韵 yùn 일 イン(ひびき)

형성 소리 음(音)+둥글 원(員)자로 둥글둥글한 음, 즉 '운, 울림'을 뜻한다.

韻律(운률) 시문의 음성적 형식. 韻致(운치) 韻文(운문) 韻律(운율)

소리 음(音)부 [9音10 총19획]

운 **운**

韻 韻 韻 韻 韻 韻 韻 韻 韻 韻 韻 韻

韻 韻 韻 韻 韻

云

中3급

이르다, 말하다

영 say 중 云 yún 일 ウン(いう)

상형 구름이 피어오르는 모양으로 가차하여 '말하다, 이어'를 뜻한다.

或云(혹운) 어떠한 사람이 말하는 바. 云爲(운위) 云云(운운) 紛云(분운)

두 이(二)부 [2二2 총4획]

이를 **운**

云 云 云 云

云 云 云 云 云

越

高3Ⅱ급

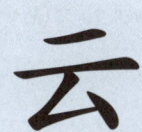

넘다, 넘기다

영 overpass 중 越 yuè 일 エツ(こす)

형성 달아날 주(走)+멀 월(戉)자로 멀리 달아나 넘어가는 것을 뜻한다.

越權(월권) 자기 직권의 범위를 넘는 것. 越等(월등) 越南(월남) 越冬(월동)

달아날 주(走)부 [7走5 총12획]

넘을 **월**

越 越 越 越 越 越 越 越 越 越

越 越 越 越 越

緯

高3급

씨(씨실), 씨줄

영 woof 중 纬 wěi 일 イ(よこいと)

형성 실 사(糸)+가죽 위(韋)자로 날실의 주위를 둘러싸는 실, 즉 '씨실'을 뜻한다.

緯度(위도) 남북으로 재는 좌표. 緯線(위선) 緯兵(위병) 經緯(경위)

실 사(糸)부 [6糸9 총15획]

씨 **위**

緯 緯 緯 緯 緯 緯 緯 緯 緯 緯

緯 緯 緯 緯 緯

胃

밥통, 위 | stomach | 胃 wèi | イ(いぶくろ)

회의 고기 육(月)+밭 전(田)자로 음식물이 들어 있는 몸 속, 즉 '밥통'을 뜻한다.
胃液(위액) 위에서 분비되는 소화액. 胃腸(위장) 胃壁(위벽) 胃炎(위염)

고기 육(육달월) 肉(月)부 [4月5 총9획]

밥통 위

偽

거짓, 허위 | false | 伪 wěi | ギ(いつわる)

형성 사람 인(亻)+할 위(爲)자로 인위(人爲)의 뜻에서 파생하여 '거짓'을 뜻한다.
偽善(위선) 본심이 아닌 거짓으로 하는 선행. 偽作(위작) 偽裝(위장) 偽造(위조)

사람 인(人)부 [2亻12 총14획]

거짓 위

謂

이르다, 고하다 | speak of | 谓 wèi | ゴ(あやまる)

회의·형성 말씀 언(言)+밥통 위(胃)자로 어떤 개념을 확실히 말하는 것으로 '이르다'를 뜻한다.
所謂(소위) 그래서, 그런 까닭으로. 可謂(가위) 或謂(혹위) 云謂(운위)

말씀 언(言)부 [7言9 총16획]

이를 위

違

어기다, 잘못 | violate | 违 wéi | イ(ちがえる)

형성 쉬엄쉬엄갈 착(辶)+어길 위(韋)자로 군사들이 서로 길을 어긋나게 걸어간 것을 뜻한다.
違法(위법) 법을 어김. 違約(위약) 違憲(위헌) 違和(위화)

쉬엄쉬엄갈 착(책받침) 辵(辶)부 [4辶9 총13획]

어길

愈

낫다, 더욱 | better | 愈 yù | ユ(いよいよ)

회의 마음 심(心)+나을 유(兪)자로 즐거운 마음으로 병세가 점점 나아지는 것을 뜻한다.
愈愈(유유) 자꾸 더해 가는 모습. 韓愈(한유) 愈出愈怪(유출유괴) 痊愈(전유)

마음 심(심방변) 心(忄/㣺)부 [4心9 총13획]

나을

高3Ⅱ급	維	매다, 묶다 영 tie 중 維 wéi 일 イ(つなぐ)
		형성 실 사(糸)+새 추(隹)자로 새의 발을 실로 매어두는 것으로 '매다'를 뜻한다.
		維新(유신) 세상일이 바뀌어 새로워짐. 維舟(유주) 維持(유지) 纖維(섬유)
실 사(糸)부 [6糸8 총14획]		維維維維維維維維維維維
밧줄 유		維 維 維 維 維

中3Ⅱ급	幼	어리다 영 young 중 幼 yòu 일 ヨウ(おさない)
		형성 작을 요(幺)+힘 력(力)자로 힘이 '적다, 어리다'를 뜻한다.
		幼年(유년) 나이가 어림. 幼主(유주) 幼兒(유아) 幼蟲(유충)
작을요(幺)부 [3幺2 총5획]		幼幼幼幼幼
어릴 유		幼 幼 幼 幼 幼

中3Ⅱ급	猶	오히려, 원숭이 영 yet·rather 중 犹 yóu 일 ユウ(なお)
		형성 개 견(犭)+묵은술 추(酋)자로 제물을 뜻하였으나 가차하여 '오히려'를 뜻한다.
		猶與(유여) 의심하고 망설임. 猶爲(유위) 猶豫(유예) 猶鬪(유투)
개 견(犬/犭)부 [3犭9 총12획]		
오히려 유		猶 猶 猶 猶

中3급	酉	닭, 열째 지지 영 cock 중 酉 yǒu 일 ユウ(とり)
		상형 술을 빚는 술 단지의 모양이었으나 '닭'을 뜻하게 되었다.
		酉時(유시) 하오 5시부터 7시까지의 시각. 酉方(유방) 酉年(유년) 乙酉(을유)
닭 유(酉)부 [7酉0 총7획]		
닭 유		酉 酉 酉 酉 酉

中3Ⅱ급	柔	부드럽다, 순하다 영 soft 중 柔 róu 일 ジュウ(やわらか)
		형성 창 모(矛)+나무 목(木)자로 창자루로 쓰는 부드럽고 탄력 있는 나무를 뜻한다.
		柔順(유순) 성질이 부드럽고 온순함. 柔軟(유연) 柔道(유도) 柔順(유순)
나무 목(木)부 [4木5 총9획]		
부드러울 유		柔 柔 柔 柔 柔

惟

高3급 | 생각하다, 오직 | 영 consider· think 중 惟 wéi 일 イ·ユイ

형성 마음 심(忄)+높을 추(隹:잇다)자로 한 가지 일을 계속 생각하는 것을 뜻한다.
思惟(사유) 마음으로 생각함. 惟獨(유독) 惟靜(유정) 恭惟(공유)

마음 심(심방변) 心(忄/㣺)부 [3忄8 총11획]

생각할 **유**

誘

高3Ⅱ급 | 꾀다, 꾐 | 영 tempt 중 诱 yòu 일 ユウ(さそう)

형성 말씀 언(言)+아름다울 수(秀)자로 말을 빼어나게 하여 '꾀다'를 뜻한다.
誘拐(유괴) 꾀어냄. 誘導(유도) 誘引(유인) 誘惑(유혹)

말씀 언(言)부 [7言7 총14획]

꾈 **유**

唯

中3급 | 오직, 이 | 영 only 중 唯 wéi 일 イ·ユイ(ただ)

형성 입 구(口)+새 추(隹)자로 '오직'을 뜻한다.
唯物(유물) 물질만이 존재한다고 보는 일. 唯唯(유유) 唯一(유일) 諾唯(낙유)

입 구(口)부 [3口8 총11획]

오직 **유**

悠

高3Ⅱ급 | 멀다, 아득하다 | 영 distant 중 悠 yōu 일 ユウ(とおい)

형성 마음 심(心)+아득할 유(攸)자로 마음이 오래 '느껴지다, 멀다'를 뜻한다.
悠久(유구) 아득하고 오램. 悠長(유장) 悠然(유연) 悠忽(유홀)

마음 심(심방변) 心(忄/㣺)부 [4心7 총11획]

멀 **유**

幽

高3Ⅱ급 | 그윽하다, 깊다 | 영 mellow 중 幽 yōu 일 ユウ

형성 뫼 산(山)+작을 요(幺)자로 산이 깊숙한 것으로 '그윽하다'를 뜻한다.
幽界(유계) 저승. 幽昧(유매) 幽谷(유곡) 幽靈(유령)

작을 료(幺)부 [3幺6 총9획]

그윽할 **유**

高3Ⅱ급	裕	넉넉하다, 너그럽다	영enough 중裕 yú 일ユウ
		형성 옷 의(衣)+골 곡(谷)자로 옷이 골짜기처럼 많은 것으로 '넉넉하다'를 뜻한다.	
		裕寬(유관) 너그러움. 裕福(유복) 富裕(부유) 豊裕(풍유)	
옷 의(衤/衣)부 [5衤7 총12획]		裕裕裕裕裕裕裕裕裕裕裕裕	
넉넉할 유		裕 裕 裕 裕 裕	

高3급	閏	윤달, 윤년	영leap month 중闰 rùn 일ジュン(うるう)
		회의 문 문(門)+임금 왕(王)자로 왕이 문 밖 출입을 하지 않은 '윤달'을 뜻한다.	
		閏年(윤년) 윤달이 드는 해. 閏位(윤위) 閏月(윤월) 閏朔(윤삭)	
문 문(門)부 [8門4 총12획]		閏閏閏閏閏閏閏閏閏閏閏閏	
윤달 윤		閏 閏 閏 閏 閏	

高3Ⅱ급	潤	윤택하다, 젖다	영wet, enrich 중润 rùn 일ジュン(うるおう)
		형성 물 수(氵)+윤달 윤(閏)자로 물기를 머금어 '젖다, 윤택하다'를 뜻한다.	
		潤色(윤색) 이미 다된 물건에 광택을 냄. 潤氣(윤기) 潤文(윤문) 潤澤(윤택)	
물 수(삼수변) 水(氵)부 [3氵12 총15획]		潤潤潤潤潤潤潤潤潤潤潤潤	
젖을 윤		潤 潤 潤 潤 潤	

中3Ⅱ급	乙 (隱)	새, 제비	영bird 중乙 yǐ 일オツ(きのと)
		상형 새의 모양을 본뜬 글자.	
		乙科(을과) 성적에 따라 나눈 둘째. 乙種(을종) 甲男乙女(갑남을녀)	
새 을(乙)부 [1乙0 총1획]		乙	
새을 을		乙 乙 乙 乙 乙	

高3급	淫	음란하다, 음탕하다	영obscene 중淫 yín 일イン(みだる)
		회의·형성 물 수(氵)+가까이할 음(罕)자로 지나치게 가까이하여 물에 빠지는 것으로, '음란, 방탕'을 뜻한다.	
		淫樂(음락) 음란한 쾌락. 淫慾(음욕) 淫貪(음탐) 淫蕩(음탕)	
물 수(삼수변) 水(氵)부 [3氵8 총11획]		淫淫淫淫淫淫淫淫淫淫淫	
음란할 음		淫 淫 淫 淫 淫	

吟

입 구(口)부 [3口4 총7획]

읊을 **음**

읊다, 읊조림 | 영 recite 중 吟 yín 일 ギン(くちずさむ)

형성 입 구(口)+이제 금(今)자로 목소리를 입 속에 머금고 낮은 소리로 읊음을 뜻한다.
吟味(음미) 시나 노래를 읊어 그 맛을 봄. 吟諷(음풍) 吟唱(음창) 呻吟(신음)

泣

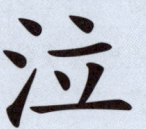

물 수(삼수변) 水(氵)부 [3氵5 총8획]

울 **읍**

울다, 울음 | 영 weep 중 泣 qì 일 リユウ(なく)

형성 물 수(氵)+알갱이 립(立)자로 숨을 들이켜 흐느껴 우는 것을 뜻한다.
泣諫(읍간) 울면서 간함. 泣訴(읍소) 感泣(감읍) 哭泣(곡읍)

凝

이 수(冫)부 [2冫14 총16획]

엉길 **응**

엉기다, 모으다 | 영 congeal 중 凝 níng 일 エツ(けみする)

형성 얼음 빙(冫)자로 의심할 의(疑)자로 물이 얼어붙어 엉긴다는 뜻이다.
凝結(응결) 엉기어 뭉침. 凝固(응고) 凝視(응시) 凝縮(응축)

宜

갓머리(宀)부 [3宀5 총8획]

마땅할 **의**

마땅하다, 옳다 | 영 suitable 중 宜 yí 일 ギ

회의 움집 면(宀)+도마 조(俎)자로 제사그릇 위에 고기가 올려져 있는 모양을 뜻했으나 '마땅하다'로 쓰인다.
宜當(의당) 마땅히. 宜當事(의당사) 宜合(의합) 便宜(편의)

矣

화살 시(矢)부 [5矢2 총7획]

어조사 **의**

어조사 | 영 particle 중 矣 yǐ 일 イ(じとじ)

상형 화살 시(矢)+마늘 모(厶)자로 날아가서 일정한 곳에 멈춘다는 뜻이었으나 어조사로 쓰인다.
萬事休矣(만사휴의) 모든 것이 끝이 남. 六矣廛(육의전) 矣乎(의호) 矣夫(의부)

中3급	已 몸 기(己)부 [3己0 총3획] 그칠 **이**	이미, 벌써 영 already 중 已 yǐ 일 已 yǐ 상형 농기구인 구부러진 가래의 형상을 나타내며 '이미'를 뜻한다. 已甚(이심) 아주 심함. 已往(이왕) 已發之矢(이발지시) 已 已 已 已 已 已 已 已
3급	貳 弍 조개 패(貝)부 [7貝5 총12획] 두 **이**	두, 둘 영 two 중 貳 èr 일 弐 ニ(ふたつ) 형성 창 과(戈)+두 이(二)+조개 패(貝)자로 창으로 조개를 둘로 가르는 것으로, '둘'을 뜻한다. 貳車(이거) 여벌로 따르는 수레. 貳心(이심) 貳師(이사) 携貳(휴이) 貳貳貳貳貳貳貳貳貳貳貳貳 貳 貳 貳 貳 貳
高3급	夷 큰 대(大)부 [3大3 총6획] 오랑캐 **이**	오랑캐, 동방종족 영 barbarian 중 夷 yí 일 イ(えびす) 회의 줄이 휘감긴 화살을 본뜬 모양으로 '오랑캐'를 뜻한다. 夷滅(이멸) 멸망시킴. 夷狄(이적) 夷則(이칙) 東夷(동이) 夷 夷 夷 夷 夷 夷 夷 夷 夷 夷 夷
中3급	而 말이을 이(而) [6而0 총6획] 말 이을, 너 **이**	말 잇다(~와 같다) 영 and 중 而 ér 일 ジ(しかして) 상형 코 밑 또는 턱수염의 모양을 본뜬 글자로 가차하여 말 '이음'을 뜻한다. 而今以後(이금이후) 앞으로 이후. 而立(이립) 似而非(사이비) 博而不精(박이부정) 而 而 而 而 而 而 而 而 而 而 而
高3Ⅱ급	翼 깃우(羽)부 [6羽11 총17획] 날개 **익**	날개, 깃 영 wing 중 翼 yì 일 ヨク(つばさ) 형성 깃 우(羽)+다를 이(異)자로 '양 날개'를 뜻한다. 翼戴(익대) 곁에서 도와줌. 翼室(익실) 翼果(익과) 比翼(비익) 翼翼翼翼翼翼翼翼翼翼翼翼 翼 翼 翼 翼 翼

刃

3급

칼 도(刀/刂)부 [2刀1 총3획]

칼날 인

칼날, 칼에 베다 　　영 blade　중 刃 rèn　일 ジン(は)

지사 칼 도(刀)+점 주(丶)자로 찍어 날카롭게 날을 세운 '칼날'을 뜻한다.

霜刃(상인) 서릿발 같은 칼날.　兵刃(병인)　刃創(인창)　凶刃(흉인)

忍

中3Ⅱ급

마음 심(심방변) 心(忄/㣺)부 [4心3 총7획]

참을 인

참다, 견디다 　　영 bear　중 忍 rěn　일 ニン(しのぶ)

형성 칼 도(刃)+마음 심(心)자로 부드럽고도 굳센 마음으로 '참다'를 뜻한다.

忍苦(인고) 고통을 참음.　不忍(불인)　忍耐(인내)　忍受(인수)

姻

高3급

계집 녀(女)부 [3女6 총9획]

혼인 인

혼인, 결혼하다 　　영 marriage　중 姻 yīn　일 イン(よめいり)

형성 계집 녀(女)+의지할 인(因)자로 여자가 의지해 가는 것으로 '혼인'의 뜻이다.

姻婭(인아) 일가.　姻戚(인척)　姻叔(인숙)　婚姻(혼인)

寅

中3급

갓머리(宀)부 [3宀8 총11획]

범 인

, 셋째 지지 　　영 tiger　중 寅 yín　일 イン(とら)

회의 화살을 두 손으로 당기는 모양이나 가차하여 십이지 '범'을 뜻한다.

寅時(인시) 새벽 3시부터 5시 사이.　寅念(인념)　寅年(인년)　寅生(인생)

逸

高3Ⅱ급

쉬엄쉬엄갈 착(책받침)辶(辶)부 [4辶8 총12획]

숨을 일

, 숨다 　　영 lose　중 逸 yì　일 イツ(はやる)

회의 쉬엄쉬엄갈 착(辶)+토끼 토(兔)자로 토끼가 달아나는 것에서 '숨다'를 뜻한다.

逸脫(일탈) 벗어남.　逸話(일화)　逸走(일주)　逸品(일품)

3단계

3급

선비 사(士)부 [3士9 총12획]
한 일

한, 하나
영 one 중 壹 yī 일 壱 イチ(ひとつ)

형성 병 호(壺)+길할 길(吉)자로 오로지 길한 마음, 즉 '하나'를 뜻한다.
壹是(일시) 모두. 均壹(균일) 壹用之(일용지) 壹意(일의)

中3Ⅱ급

선비 사(士)부 [3士1 총4획]
북방 임

아홉째 천간
영 north 중 壬 rén 일 ジン・ニン(みずのえ)

상형 베 짜는 실을 감은 모양을 본뜬 글자로 가차하여 '아홉째 천간'을 뜻한다.
壬方(임방) 서쪽에서 약간 북쪽에 가까운 방위.
壬申(임신) 壬辰倭亂(임진왜란) 壬年(임년)

高3급

조개 패(貝)부 [7貝6 총13획]
품팔이 임

품팔다, 품삯
영 work for wages 중 赁 lìn 일 チン(やとう)

형성 조개 패(貝)+맡길 임(任)자로 재화를 주고 일을 맡기는 것으로 '품팔이'를 뜻한다.
賃貸(임대) 삯을 받고 빌려줌. 賃借(임차) 賃金(임금) 勞賃(노임)

高3급

실 사(糸)부 [6糸5 총11획]
자주빛 자

자줏빛(보랏빛), 색깔
영 purple 중 紫 zǐ 일 シ(むらさき)

형성 실 사(糸)+이 차(此)자로 자줏빛으로 물들인 '실'을 뜻한다.
紫色(자색) 보라색. 紫水晶(자수정) 紫桃(자도) 紫朱(자주)

中3Ⅱ급

마음 심(심방변) 心(忄/㣺)부 [4心9 총13획]
사랑 자

사랑하다, 어머니
영 love 중 慈 cí 일 ジ(いつくしむ)

회의 마음 심(心)+무성할 (兹)자로 자애를 베푼다는 뜻이다.
慈堂(자당) 남의 어머니에 대한 높임말. 慈悲(자비) 慈善(자선) 慈愛(자애)

茲

[高3급] 검을 현(玄)부 [5玄5 총10획]

이, 여기 — 영 this 중 兹 zī 일 シ・ジ (ここ)

회의 검을 현(玄)을 둘을 써서 검다는 모양, '이, 여기'를 뜻한다.

來茲(내자) 올해의 바로 다음 해. 今茲(금자) 龜茲(구자) 茲宮(자궁)

이 자

雌

[3급] 새 추(隹)부 [8隹6 총14획]

암컷, 여성 — 영 female 중 雌 cí 일 シ (めす)

형성 이 차(此)+새 추(隹)자로 날개로 꽁지를 감추는 '암컷'을 뜻한다.

雌伏(자복) 복종하고 따름. 雌雄(자웅) 雌性(자성) 雄雌(웅자)

암컷 자

恣

[高3급] 마음 심(심방변) 心(忄/㣺)부 [4心6 총10획]

방자하다, 방종하다 — 영 arrogant 중 恣 zì 일 シ (ほしいまま)

회의・형성 버금 차(次)+마음 심(心)자로 마음을 이완시켜 제멋대로 하는 것을 뜻한다.

恣意(자의) 멋대로 함. 恣行(자행) 恣女(자녀) 忌恣(기자)

방자할 자

刺

[高3급] 칼 도(刀/刂)부 [2刀6 총8획]

찌르다, 가시 — 영 pierce 중 刺 cì 일 シ・セキ (さす)

형성 가시나무 자(朿)+칼 도(刂)자로 가시나무와 칼은 찌르는 것으로 '찌르다'를 뜻한다.

刺戟(자극) 정신을 흥분시키는 일. 刺殺(자살) 刺繡(자수) 刺殺(척살)

찌를 자/척/라

酌

닭 유(酉)부 [7酉3 총10획]

따르다, 술 — 영 pour out 중 酌 zhuó 일 シャク (くむ)

형성 닭 유(酉)+구기 작(勺)자로 국자로 술을 따르다, 뜨다를 뜻한다.

酌婦(작부) 술집에서 술을 따르며 생활하는 여인. 獨酌(독작) 酌處(작처) 酌定(작정)

술따를 작

高 3급	 손톱 조爪(爫)부 [4爪14 총18획]	잔, 작위　　　영 wine cup　중 爵 jué　일 シャク
		상형 새의 형상을 한 의식용 '술잔'을 본뜬 글자, 천자가 잔을 내린 데서 '벼슬'을 뜻한다.
		爵祿(작록) 작위와 봉록.　爵帖(작첩)　爵位(작위)　爵名(작명)
	잔 **작**	爵爵爵爵爵爵爵爵爵爵爵爵爵爵爵爵爵爵 爵 爵 爵 爵 爵

高 3Ⅱ급	 날 일(日)부 [4日11 총15획]	잠깐, 잠시　　　영 moment　중 暫 zàn　일 ザン(しばらく)
		형성 날 일(日)+벨 참(斬)자로 베어져 나간 '시간, 잠깐'을 뜻한다.
		暫時(잠시) 잠깐 동안.　暫定的(잠정적)　暫時(잠시)　暫許(잠허)
	잠깐 **잠**	暫暫暫暫暫暫暫暫暫暫暫暫 暫 暫 暫 暫 暫

高 3급	 벌레 충(虫)부 [6虫18 총24획]	누에, 누에치다　　　영 silkworm　중 蚕 cán　일 サン(かいこ)
		형성 벌레 충(虫)+일찍이 참(朁)자로 실을 토하여 자신을 감추고 고치를 만드는 '누에'를 뜻한다.
		蠶桑(잠상) 뽕나무를 재배하고 누에에 침.　蠶食(잠식)　蠶箔(잠박)　蠶絲(잠사)
	누에 **잠**	蠶蠶蠶蠶蠶蠶蠶蠶蠶蠶蠶蠶蠶 蠶 蠶 蠶 蠶 蠶

3Ⅱ급	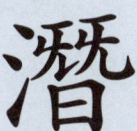 물 수(삼수변) 水(氵)부 [3氵12 총15획]	잠기다, 감추다　　　영 sink　중 潜 qián　일 潜 セン(ひそむ)
		형성 물 수(氵)+일찍이 참(朁)자로 물속에 '들어가다, 잠기다'의 뜻이다.
		潛伏(잠복) 드러나지 않게 숨어 있음.　潛水(잠수)　潛影(잠영)　潛入(잠입)
	잠길 **잠**	潛潛潛潛潛潛潛潛潛潛潛 潛 潛 潛 潛 潛

高 3급	牆 조각널 장(장수장변)(爿)부 [4爿13 총17획]	담, 토담　　　영 wall　중 墙 qiáng　일 ショウ
		회의·형성 조각 장(爿)+곳간 장(嗇)자로 나뭇조각을 세워서 막은 '담장'을 뜻한다.
		牆內(장내) 담 안.　外牆(장외한)　牆籬(장리)　肩牆(견장)
	담 **장**	牆牆牆牆牆牆牆牆牆牆牆 牆 牆 牆 牆 牆

3-3Ⅱ급 핵심한자

藏

高3II급 | 풀초(초두) 艹(艹)부 [4艹14 총18획] | 감출 **장**

감추다, 곳집 | 영 conceal | 중 藏 zàng | 일 ソウ(くら)

형성 풀 초(艹)+감출 장(臧)으로 감추어 저장하는 것으로 '감추다, 곳집'을 뜻한다.
藏書(장서) 책을 간직해 둠. 藏府(장부) 藏置(장치) 藏書(장서)

莊

高3II급 | 풀초(초두) 艹(艹)부 [4艹7 총11획] | 씩씩할 **장**

씩씩하다, 장중하다 | 영 solemn | 중 庄 zhuāng | 일 荘 ソウ(おごそか)

형성 풀 초(艹)+클 장(壯)으로 풀이 왕성하게 '성장한 것'을 뜻한다.
莊園(장원) 별장과 거기에 딸린 동산. 莊園(장원) 莊重(장중) 莊園(장원)

葬

高3II급 | 풀초(초두) 艹(艹)부 [4艹9 총13획] | 장사지낼 **장**

장사지내다 | 영 hold a funeral | 중 葬 zàng | 일 ウ(ほうむる)

회의 풀 초(艹)+죽을 사(死)+맞잡을 공(廾)자로 풀덤불 속에 '시체를 놓다, 장사지내다'를 뜻한다.
假埋葬(가매장) 시체를 임시로 묻음. 葬禮(장례) 葬事(장사) 葬地(장지)

粧

高3II급 | 쌀 미(米)부 [6米6 총12획] | 단장할 **장**

단장하다 | 영 adorn | 중 粧 zhuāng | 일 ショウ(よそおう)

형성 쌀 미(米)+꾸밀 장(庄)자로 분가루로 꾸미는 '단장하다'를 뜻한다.
粧鏡(장경) 화장용 거울. 粧刀(장도) 粧飾(장식) 粧曆(장력)

臟

高3II급 | 고기 육(육달월) 肉(月)부 [6肉16 총22획] | 오장 **장**

오장(五臟), 내장 | 영 viscera | 중 脏 zàng | 일 ゾウ

형성 고기 육(月)+감출 장(藏)으로 몸 내부에 숨겨져 있는 기관, 즉 '오장'을 뜻한다.
臟器(장기) 내장의 여러 기관. 臟腑(장부) 臟法(장법) 心臟(심장)

丈

어른, 남자
영 elder 중 丈 zhàng 일 ジョウ(たけ)

회의 열 십(十)+파임 불(乀)자로 손에 지팡이를 든 '어른'을 뜻한다.
丈夫(장부) 성인 남자. 丈人(장인) 丈母(장모) 丈夫(장부)

丈 丈 丈

한 일(一)부 [1一2 총3획]

어른 장

掌

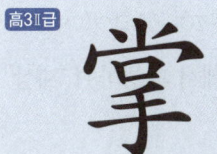

손바닥
영 palm 중 掌 zhǎng 일 ショウ(たなごころ)

형성 손 수(手)+높일 상(尙)자로 손이 물건과 맞부딪치는 '손바닥'을 뜻한다.
掌骨(장골) 손바닥을 형성하는 다섯 가지의 뼈. 掌上(장상) 掌匣(장갑) 掌握(장악)

掌掌掌掌掌掌掌掌掌掌掌掌

손 수(재방변) 手(扌)부 [4手8 총12획]

손바닥 장

裁

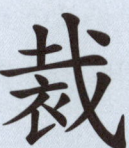

마름질하다, 헝겊
영 cut off 중 裁 cái 일 サイ(さばく)

형성 옷 의(衣)+해할 재(才+戈)자로 옷감을 잘라 '마름질하는 것'을 뜻한다.
裁可(재가) 안건을 재량하여 승인함. 裁斷(재단) 裁量(재량) 裁判(재판)

裁裁裁裁裁裁裁裁裁裁裁裁

옷 의(衤/衣)부 [6衣6 총12획]

마를 재

載

싣다, 타다
영 load 중 载 zài 일 サイ(のせる)

형성 수레 거(車)자로 해할 재(才+戈)와 덧방을 댄 수레에 짐을 싣는다는 뜻이다.
記載(기재) 기록함. 載(게재) 載貨(재화) 揭載(게재)

載載載載載載載載載載載載載

수레 거(車)부 [7車6 총13획]

실을 재

哉

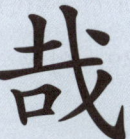

어조사, 재앙
영 particle 중 哉 zāi 일 サイ(かな)

형성 입 구(口)+상할 재(才+戈)자로 어조사로 쓰인다.
哉生明(재생명) 음력 초사흘. 善哉(선재) 快哉(쾌재) 嗚呼痛哉(오호통재)

哉哉哉哉哉哉哉哉哉

입 구(口)부 [3口6 총9획]

어조사 재

中3Ⅱ급  나무 목(木)부 [4木6 총10획] 심을 **재**	심다, 묘목　　　　　　　　　영 plant　중 栽 zāi　일 サイ 형성 흙 토(土)+창 과(戈)+나무 목(木)자로 창(연장)으로 흙을 파고 나무 심는 것을 뜻한다. 栽培(재배) 심어서 가꿈.　栽植(재식)　盆栽(분재)　植栽(식재) 栽栽栽栽栽栽栽栽栽栽 栽 栽 栽 栽 栽	
高3Ⅱ급  갓머리(宀)부 [3宀7 총10획] 재상 **재**	재상, 벼슬아치　　　　　　　영 prime minister　중 宰 zǎi　일 ヨウ(いだく) 형성 움집 면(宀)+매울 신(辛)자로 제사나 연회를 조리하는 것에서 파생하여 '재상'의 뜻을 나타낸다. 宰夫(재부) 재상.　宰殺(재살)　宰相(재상)　名宰(명재) 宰宰宰宰宰宰宰宰宰宰 宰 宰 宰 宰 宰	
高3Ⅱ급  손 수(재방변) 手(扌)부 [3扌5 총8획] 거스를 **저**	막다, 거스르다　　　　　　　영 resist　중 抵 dǐ　일 テイ 형성 손 수(扌)+낮을 저(氐)자로 덤벼오는 적을 낮은 곳으로 막아내는 것을 뜻한다. 抵當(저당) 채무의 담보물.　抵死(저사)　抵觸(저촉)　抵抗(저항) 抵抵抵抵抵抵抵抵 抵 抵 抵 抵 抵	
中3Ⅱ급 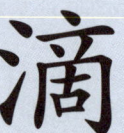 풀초(초두) 艸(艹)부 [4艹9 총13획] 지을 **저**	짓다, 드러나다　　　　　　　영 write　중 著 zhù　일 チョ(あらわす) 형성 풀 초(艹)+놈 자(者)자로 대나무(죽간)에 글을 적는 것을 뜻한다. 著名(저명) 이름이 남.　著書(저서)　著述(저술)　著者(저자) 著著著著著著著著著著著著著 著 著 著 著 著	
高3급 滴 물 수(삼수변) 水(氵)부 [3氵11 총14획] 물방울 **적**	물방울, 방울져 떨어짐　　　　영 drop　중 滴 dī　일 テキ(したたり) 형성 물 수(氵)+꼭지 적(啇 : 모여들다)자로 물이 한 중심으로 모여들어 맺히는 '물방울'을 뜻한다. 滴水(적수) 물방울.　滴瀝(적력)　硯滴(연적)　滴定(적정) 滴滴滴滴滴滴滴滴滴滴滴 滴 滴 滴 滴 滴	

寂

高3Ⅱ급 | 고요하다, 쓸쓸함 | 영 quiet 중 寂 jì 일 セキ(さびしい)

형성 움집 면(宀)+어릴 숙(叔)자로 집안이 '조용하다'를 뜻한다.
寂滅(적멸) 사라져 없어짐. 寂靜(적정) 寂寞(적막) 寂然(적연)

갓머리(宀)부 [3宀8 총11획]

고요할 적

蹟

3Ⅱ급 | 자취, 자국 | 영 trace 중 蹟 jì 일 セキ

형성 발 족(足)+맡을 책(責)자로 지나간 발자취를 잘 '보존하는 것'을 뜻한다.
筆蹟(필적) 필체의 자취. 奇蹟(기적) 史蹟(사적) 舊蹟(구적)

발 족(足)부 [7足11 총18획]

자취 적

摘

高3Ⅱ급 | 따다, 요점 따다 | 영 pick 중 摘 zhāi 일 テキ(つむ)

형성 손 수(扌)+꼭지 적(啇)자로 손으로 열매를 '따는 것'을 뜻한다.
摘要(적요) 요점을 뽑아 적음. 摘發(적발) 敵軍(적군) 敵意(적의)

손 수(재방변) 手(扌)부 [3扌11 총14획]

딸 적

笛

3Ⅱ급 | 피리, 취악기 | 영 flute 중 笛 dí 일 テキ(ふえ)

형성 대 죽(竹)+행할 유(由)자로 깊은 구멍에서 소리가 나는 대나무의 '피리'를 뜻한다.
玉笛(옥적) 옥으로 만든 피리. 鼓笛隊(고적대) 笛聲(적성) 胡笛(호적)

대 죽(竹)부 [6竹5 총11획]

피리 적

跡

高3Ⅱ급 | 자취, 발자취 | 영 traces 중 跡 jì 일 セキ(あと)

형성 발 족(足)+또 역(亦:쌓여 겹치다)자로 쌓여 포개진 발자국, 즉 '자취'를 뜻한다.
足跡(족적) 어떤 여정을 지나온 흔적. 史跡(사적) 潛跡(잠적) 足球(족구)

발 족(足)부 [7足6 총13획]

발자취 적

3-3Ⅱ급 핵심한자 | 339

殿

[高 3급]

칠 수(殳)부 [4殳9 총13획]

대궐 **전**

대궐, 전각 영 palace 중 殿 diàn 일 デン(との)

형성 주검 시(尸)+몽둥이 수(殳)+함께 공(共)자로 '대궐, 궁전'의 뜻이다.

殿閣(전각) 임금이 사는 집. 大雄殿(대웅전) 殿堂(전당) 殿下(전하)

竊

[高 3급]

구멍 혈(穴)부 [5穴17 총22획]

훔칠 **절**

훔치다, 도둑 영 steal 중 窃 qiè 일 セツ(ひそか)

회의 구멍 혈(穴)+쌀 미(米), 벌레(바구미)가 '곡식을 축내는 벌레, 몰래 훔치다'의 뜻을 나타낸다.

竊念(절념) 몰래 혼자 생각함. 竊盜(절도) 竊取(절취) 竊發(절발)

漸

[高 3Ⅱ급]

물 수(삼수변) 水(氵)부 [3氵11 총14획]

점점 **점**

점점, 차츰 영 gradually 중 渐 jiàn 일 ゼン

형성 물 수(氵)+벨 참(斬)자로 물의 흐름을 끊는 것으로 '점점'을 뜻한다.

漸移(점이) 서서히 옮아감. 漸次(점차) 漸滅(점멸) 漸漸(점점)

蝶

[高 3급]

벌레 충(虫)부 [6虫9 총15획]

나비 **접**

나비 영 butterfly 중 蝶 dié 일 チョウ

형성 벌레 충(虫)+엷을 엽(葉)자로 얇은 날개의 벌레, 즉 '나비'를 뜻한다.

胡蝶(호접) 나비. 蝶夢(접몽) 蝶泳(접영) 蝶兒(접아)

淨

[中 3Ⅱ급]

물 수(삼수변) 水(氵)부 [3氵8 총11획]

깨끗할 **정**

깨끗하다 영 clean 중 净 jìng 일 浄 セイ・ジョウ(きよい)

형성 물 수(氵)+다툴 쟁(爭)자로로 맑은 물속까지 들여다보여 깨끗한 것을 뜻한다.

淨潔(정결) 깨끗함. 淨財(정재) 淨化(정화) 不淨(부정)

征

中3II급

두인 변(彳)부 [3彳5 총8획]

갈, 칠 **정**

치다, 취하다 영 attack 중 征 zhēng 일 セイ(うつ・ゆく)

형성 조금걸을 척(彳)+바를 정(正)자로 앞으로 나아가 '바로잡다, 똑바로 진격하다'를 뜻한다.

征途(정도) 여행을 하는 길. 征服(정복) 征討(정토) 征夫(정부)

廷

高3II급

민책받침(廴)부 [3廴_4 총7획]

조정 **정**

조정, 뜰 영 court 중 廷 tíng 일 テイ(やくしょ)

형성 길게걸을 인(廴)+줄기 정(壬)자로 신하들이 줄지어 임금의 말을 듣는 뜰, 즉 '조정'을 뜻한다.

廷論(정론) 조정의 논의. 廷臣(정신) 開廷(개정) 廷爭(정쟁)

頂

中3II급

머리 혈(頁)부 [9頁2 총11획]

정수리 **정**

정수리, 머리 영 the top of the head 중 頂 dǐng 일 チョウ(いただき)

형성 고무래 정(丁)+머리 혈(頁)자로 안정되어 있는 머리, 즉 '정수리'를 뜻한다.

頂上(정상) 산꼭대기. 頂點(정점) 山頂(산정) 天頂(천정)

貞

中3II급

조개 패(貝)부 [7貝2 총9획]

곧을 **정**

곧다, 바르다 영 virtuous 중 贞 zhēng 일 テイ(ただしい)

형성 점 복(卜)+조개 패(貝)자로 점을 쳐서 알아내다를 뜻하였으나 '곧다'를 뜻한다.

貞淑(정숙) 여자로서 행실이 곧고 고움. 貞潔(정결) 貞節(정절) 貞操(정조)

井

中3II급

두 이(二)부 [2二2 총4획]

우물 **정**

우물, 정자 영 well 중 井 jǐng 일 セイ(いど)

상형 사각의 틀처럼 판 우물의 '모양'을 뜻한다.

井然(정연) 구획이 반듯하게 정돈된 모습. 井間(정간) 井華水(정화수) 井田(정전)

高3급 訂 말씀 언(言)부 [7言2 총9획] **바로잡을 정**	바로잡다, 고치다　　　　　　　　　영 correction　중 订 dìng　일 テイ 형성 말씀 언(言)+고무래 정(丁)자로 의견 차이나 잘못을 바로잡는 것을 뜻한다. 訂正(정정) 바로 잡음.　校訂(교정)　訂約(정약)　改訂(개정)	
高3Ⅱ급 亭 돼지해머리(亠)부 [2亠7 총9획] **정자 정**	정자, 역말　　　　　　　　　영 arbour　중 亭 tíng　일 テイ(あずまや) 형성 사람 인(亻)+정자 정(亭)자로 사람이 잠시 머무르는 '정자'를 뜻한다. 亭子(정자) 산수가 좋은 곳에 지은 아담한 건물.　江亭(강정)　亭子(정자)　亭育(정육)	
中3Ⅱ급 諸 말씀 언(言)부 [7言9 총16획] **모든 제**	모든, 여러　　　　　　　　　영 all　중 诸 zhū　일 ショ(もろもろ) 형성 말씀 언(言)+놈 자(者)자로 말이 모여서 많은 것으로 '모두'를 뜻한다. 諸具(제구) 여러 도구.　諸君(제군)　諸般(제반)　諸子(제자)	
高3급 堤 흙 토(土)부 [3土9 총12획] **방죽 제**	방죽, 둑　　　　　　　　　영 dike　중 堤 dī　일 テイ(つつみ) 형성 흙 토(土)+곧을 시(是)자로 길게 뻗은 '둑, 방죽'을 뜻한다. 堤防(제방) 수해 예방을 위해 토석으로 쌓은 둑.　堤塘(제당)　堤堰(제언)　堰堤(언제)	
高3Ⅱ급 齊  가지런할 제(齊)부 [14齊0 총14획] **가지런할 제**	가지런하다　　　　　　　　　영 arrange　중 齐 qí　일 斉 セイ(ひとしい) 상형 곡물의 이삭이 가지런히 돋은 모양을 본뜬 글자로 '가지런하다'를 뜻한다. 齊家(제가) 집안을 바로 다스리는 일.　齊唱(제창)　齊眉(제미)　齊刀(제도)	

高3급  불 화(火/灬)부 [4火13 총17획] **마를 조**	마르다, (물기가)없어지다 영 dry 중 燥 zào 일 ソウ(かわく) 형성 불 화(火)+울 소(喿)자로 불똥이 소란스럽게 튀면서 불타는 것으로 '불 쬐어 말리는 것'을 뜻한다. 燥急(조급) 초조(焦燥)하고 급함. 燥渴(조갈) 燥涸(조학) 乾燥(건조)	
高3급  활 궁(弓)부 [3弓1 총4획] **조상할 조**	조상하다 영 condole 중 吊 diào 일 カン 회의 활 궁(弓)+사람 인(人)자로 옛날 조상할 때에는 짐승을 막기 위하여 사람이 활을 가져 간 데서 '조상한다'를 뜻한다. 弔客(조객) 조상하는 사람. 弔意(조의) 弔旗(조기) 弔喪(조상)	
高3급  벼 화(禾)부 [5禾5 총10획] **구실 조**	구실, 조세 영 tax 중 租 zū 일 カン 형성 벼 화(禾)+적대 조(且)자로 농사지어 벼를 바치는 것으로 '구실'을 뜻한다. 租界(조계) 중국의 개항 도시에 있었던 외국인 지역. 租借(조차) 租稅(조세) 免租(면조)	
中3Ⅱ급  어진사람 인(儿)부 [2儿4 총6획] **조짐 조**	조짐, 점 영 omen 중 兆 zhào 일 チョウ(きざす) 상형 거북의 갈라진 등껍질을 본뜬 글자로 '조짐'을 뜻한다. 兆民(조민) 많은 백성. 兆域(조역) 吉兆(길조) 亡兆(망조)	
高3Ⅱ급  불 화(火/灬)부 [4火9 총13획] **비출 조**	비추다, 비치다 영 illumine 중 照 zhào 일 ショウ(てる) 형성 불 화(灬)+밝을 소(昭)자로 불빛이 밝게 비추는 것을 뜻한다. 照臨(조림) 해와 달이 위에서 사방을 비추는 것. 明(조명) 照準(조준) 照亮(조량)	

3-3Ⅱ급 핵심한자 | **343**

高3급	拙	졸하다(옹졸), 못나다	영stupid 중拙 zhuō 일ソツ(まずい)
손 수(재방변) 手(扌)부 [3扌5 총8획]		형성 손 수(扌)+나갈 출(出)자로 손재주가 멋대로 서투르게 나오는 데서 '못남'을 뜻한다. 拙稿(졸고) 졸렬하게 쓴 원고(겸손히 이르는 말). 拙工(졸공) 拙劣(졸렬) 拙速(졸속)	
못날 졸		拙拙拙拙拙拙拙拙	
		拙 拙 拙 拙 拙	

高3Ⅱ급	縱	세로, 남북	영vertical 중纵 zòng 일ジュウ(たて)
실 사(糸)부 [6糸11 총17획]		형성 실 사(糸)+마루 종(宗)자로 세로로 이어진 끝의 모양으로 '세로'를 뜻한다. 縱斷(종단) 세로로 자름. 縱隊(종대) 縱的(종적) 縱走(종주)	
세로 종		縱縱縱縱縱縱縱縱縱縱縱	
		縱 縱 縱 縱 縱	

中3급	左	왼쪽, 왼손	영left 중左 zuǒ 일サ(ひだり)
장인 공(工)부 [3工2 총5획]		형성 왼손 좌(𠂇)+장인 공(工)자로 공구를 쥔 '왼손, 왼쪽'을 뜻한다. 左記(좌기) 왼쪽에 적음. 左邊(좌변) 左傾(좌경) 左右(좌우)	
왼 좌		左左左左左	
		左 左 左 左 左	

高3급	佐	돕다, 도움	영assist 중佐 zuǒ 일サ(たすける)
사람 인(人)부 [2人5 총7획]		형성 사람 인(亻)+왼손 좌(左)자로 돕는 '사람, 또 돕다'를 뜻한다. 輔佐官(보좌관) 곁에서 돕는 관리. 佐平(좌평) 輔佐(보좌) 反佐(반좌)	
도울 좌		佐佐佐佐佐佐佐	
		佐 佐 佐 佐 佐	

中3Ⅱ급	坐	앉다, 무릎 꿇다	영sit 중坐 zuò 일ザ(すわる)
흙 토(土)부 [3土4 총7획]		회의 흙 토(土)+두 사람을 뜻하는(从)글자로 마주보는 두 사람이 땅에 무릎을 대고 앉아 있는 것을 뜻한다. 坐像(좌상) 앉아있는 형상. 坐禪(좌선) 坐視(좌시) 坐向(좌향)	
앉을 좌		坐坐坐坐坐坐坐	
		坐 坐 坐 坐 坐	

株

| 高3급 | 그루, 나무줄기의 밑동 | 영stump 중株zhū 일シュ(かぶ) |

형성 나무 목(木)+붉을 주(朱)자로 붉은 색이 나는 나무 벤 자리, 즉 '그루터기'를 뜻한다.

株金(주금) 주식에 대한 출자금. 株價(주가) 株券(주권) 株式(주식)

나무 목(木)부 [4木6 총10획]

그루 주

鑄

| 高3급 | 쇠를 부어 만들다 | 영cast 중铸zhù 일チュウ(いる) |

형성 쇠 금(金)+목숨 수(壽)자로 금속을 녹여서 뜻하는 모양으로 '부어 만들다'를 뜻한다.

鑄造(주조) 쇠를 녹여 기물을 만듦. 鑄貨(주화) 鑄物(주물) 鑄字(주자)

쇠 금(金)부 [8金14 총22획]

쇠 주

酒

| 中3급 | 술, 물 | 영wine 중酒jiǔ 일シュ(さけ) |

형성 물 수(氵)+술그릇 유(酉)자로 '술'을 뜻한다.

酒色(주색) 술과 여색. 얼굴에 나타난 술기운. 酒肴(주효) 酒幕(주막) 酒店(주점)

닭 유(酉)부 [7酉3 총10획]

술 주

柱

| 高3Ⅱ급 | 기둥, 한 집안 | 영pillar 중柱zhù 일チュウ(はしら) |

형성 나무 목(木)+주인 주(主)자로 집을 버티게 하는 주인이 되는 나무, 즉 '기둥'을 뜻한다.

柱石(주석) 기둥과 주춧돌. 柱礎(주초) 角柱(각주) 四柱(사주)

나무 목(木)부 [4木5 총9획]

기둥 주

洲

| 高3Ⅱ급 | 섬 | 영island 중洲zhōu 일ス(す) |

회의·형성 물 수(水)+고을·섬 주(州)자로 물에 둘러싸인 '섬'을 뜻한다.

亞洲(아주) 아시아 주. 三角洲(삼각주) 洲嶼(주서) 滿洲(만주)

물 수(삼수변) 水(氵)부 [3氵6 총9획]

섬 주

宙

中3II급

집, 주거

영 house 중 宙 zhòu 일 チュウ

형성 움집 면(宀)+말미암을 유(由)자로 건축물의 모양, 즉 '집, 주거'의 뜻이다.
宇宙食(우주식) 우주를 여행할 때 먹는 특별한 음식.
宇宙游泳(우주유영)   宇宙船(우주선)

갓머리(宀)부 [3宀5 총8획]

집 주

奏

高3급

아리다, 아뢰는 글

영 inform 중 奏 zòu 일 ソウ(かなでる)

회의 어떤 물건을 양 손으로 받쳐 권하는 모양을 나타내어 '아뢰다'를 뜻한다.
奏達(주달) 임금에게 아룀. 奏樂(주악) 奏請(주청) 獨奏(독주)

큰 대(大)부 [3大6 총9획]

아뢸 주

珠

高3급

구슬, 진주나 보석 따위

영 pearl 중 珠 zhū 일 シュ(たま)

형성 구슬 옥(王)+붉을 주(朱)자로 '구슬'을 뜻한다.
珠算(주산) 주판으로 하는 계산. 珠玉(주옥) 念珠(염주) 蚌珠(방주)

구슬 옥(玉/王)부 [4王6 총10획]

구슬 주

俊

高3급

준걸, 준수하다

영 superior 중 俊 jùn 일 シユン(さといも)

형성 사람 인(亻)+갈 준(夋)자로 재주가 '나다, 뛰어나다'의 뜻을 나타낸다.
俊德(준덕) 덕이 높은 선비. 俊傑(준걸) 俊秀(준수) 俊才(준재)

사람 인(人)부 [2人7 총9획]

준걸, 뛰어날 준

遵

高3급

좇다, 순종함

영 follow 중 遵 zūn 일 ジュン

형성 쉬엄쉬엄갈 착(辶)+어른 존(尊)자로 웃어른을 존경하고 따르는 것을 뜻한다.
遵守(준수) 좇아 지킴. 遵法(준법) 遵行(준행) 恪遵(각준)

쉬엄쉬엄갈 착(책받침)(辶)부 [4辶12 총16획]

좇을 준

仲

- 高3급
- 버금, 둘째
- 영 next 중 仲 zhòng 일 チュウ(なか)
- 형성 사람 인(亻)+가운데 중(中)자로 형과 아우의 사이인 가운데자리, 즉 '둘째'를 뜻한다.
- 仲介(중개) 두 사람 사이에서 일을 추진하는 것. 仲秋(중추) 仲裁(중재) 伯仲(백중)
- 사람 인(人)부 [2人4 총6획]
- 버금 **중**

卽

- 中3Ⅱ급
- 곧, 즉시
- 영 namely 중 即 jí 일 即 ソク
- 형성 병부 절(卩)+고소할 급(皀)자로 '곧, 즉시'를 뜻한다.
- 卽刻(즉각) 바로 그때. 卽決(즉결) 卽席(즉석) 卽位(즉위)
- 병부 절(卩/㔾)부 [2卩7 총9획]
- 곧 **즉**

症

- 高3Ⅱ급
- 증세, 병
- 영 symptom 중 症 zhèng 일 ショウ(しるし)
- 형성 병 녁(疒)+바를 정(正)자로 병의 표시, 즉 '증세'를 뜻한다.
- 症狀(증상) 병을 앓는 모양. 痛症(통증) 症勢(증세) 症情(증정)
- 병들 녁(疒)부 [5疒5 총10획]
- 증세 **증**

憎

- 高3Ⅱ급
- 미워하다, 증오함
- 영 hate 중 憎 zēng 일 ゾウ(にくむ)
- 형성 마음 심(忄)+거듭 증(曾)자로 거듭 쌓이는 마음으로 '미움'을 뜻한다.
- 憎惡(증오) 미워함. 愛憎(애증) 憎念(증념) 可憎(가증)
- 마음 심(심방변) 心(忄/㣺)부 [3忄12 총15획]
- 미워할 **증**

曾

- 中3Ⅱ급
- 일찍, 지난날
- 영 once 중 症 céng 일 ソウ(かつて)
- 상형 곡식을 쪄내는 시루의 모양으로 빌어 '겹치다, 일찍이'를 뜻한다.
- 曾經(증경) 이전에 겪음. 曾孫(증손) 曾祖(증조) 未曾有(미증유)
- 가로 왈(曰)부 [4曰8 총12획]
- 일찍 **증**

高3급	贈	보낼 증	보내다, 주다 / 영 send 중 赠 zèng 일 ゾウ(おくる) 형성 조개 패(貝)+거듭 증(曾)자로 상대에게 재물을 주어 보내는 것으로 '보내다'를 뜻한다. 贈與(증여) 거저 남에게 줌. 贈呈(증정) 寄贈(기증) 贈進(증진) 조개 패(貝)부 [7貝12 총19획]
高3Ⅱ급	蒸	찔 증	찌다, 일하다 / 유 烝(김 오를 증) 영 steam 중 蒸 zhēng 일 ジョウ(むす) 형성 풀 초(艹)+삶을 증(烝)자로 삼(麻)의 껍질을 벗기기 위해 '삶는다, 찌다'를 뜻한다. 蒸氣(증기) 수증기. 蒸發(증발) 蒸發(증발) 蒸溜(증류) 풀초(초두) 艸(艹)부 [4艹10 총14획]
中3급	枝	가지 지	가지, 팔다리 / 영 branch 중 枝 zhī 일 シ(えだ) 형성 나무 목(木)+갈라질 지(支)자로 나무의 줄기에서 갈라져 나간 '가지'를 뜻한다. 枝道(지도) 갈림길. 枝吾(지오) 枝葉(지엽) 枝指(지지) 나무 목(木)부 [4木4 총8획]
中3Ⅱ급	之	갈, 이 지	가다, 걸어가다 / 영 go 중 之 zhī 일 シ(ゆく·これ) 상형 출발선에서 막 한 발짝 내딛고자 함을 나타내어 '가다'를 뜻하다. 之東之西(지동지서) 동·서쪽으로 갈까를 망설이는 것. 江湖之樂(강호지락) 隔世之感(격세지감) 삐칠 별(삐침)(丿)부 [1丿3 총4획]
中3급	只	다만 지	다만, 단지 / 영 only 중 只 zhī 일 シ(ただ) 상형 입 구(口)+나눌 팔(八)자로 본래 말이 끝나는 어조사였는데 가차되어 '다만'을 뜻한다. 只今(지금) 이제, 시방. 但只(단지) 只管(지관) 唐只(당지) 입 구(口)부 [3口2 총5획]

池

[高3Ⅱ급]

못, 해자(垓字) 영 pond 중 池 zhí 일 チ(いけ)

형성 물 수(氵)+또 야(也)자로 꾸불꾸불한 모양의 물웅덩이, 즉 '못'을 뜻한다.
池魚(지어) 못에 사는 물고기. 池塘(지당) 池魚籠鳥(지어농조) 池上(지상)

池池池池池池

물 수(삼수변) 水(氵)부 [3氵3 총6획]

못 지

池 池 池 池 池

遲

[高3급]

늦다, 더딤 영 late 중 迟 chí 일 チ(おくれる)

형성 쉬엄쉬엄갈 착(辶)+코뿔소 서(犀)자로 코뿔소가 천천히 걸어 늦은 것을 뜻한다.
遲滯(지체) 꾸물거리고 늦음. 遲刻(지각) 遲延(지연) 遲鈍(지둔)

遲遲遲遲遲遲遲遲遲遲遲遲

쉬엄쉬엄갈 착(책받침) 辵(辶)부 [4辶12 총16획]

늦을 지

遲 遲 遲 遲 遲

陳

[高3Ⅱ급]

늘어놓다 영 arrange 중 陈 zhén 일 チン(つらねる)

형성 언덕 부(阝)+동녘 동(東)자로 땅이름이었으나 펴서 '넓히다, 늘어놓다'를 뜻한다.
陳腐(진부) 오래 되어 낡음. 陳述(진술) 陳言(진언) 陳列(진열)

언덕 부부(좌부방) 阜(阝)부 [3阝8 총11획]

늘어놓을 진

陳 陳 陳 陳 陳

震

[高3급]

진동하다, 울리다 영 shake 중 震 zhèn 일 シン(ふるう)

형성 비 우(雨)+별 진(辰)자로 뇌우가 사람을 놀라게 하는 모양에서 '진동하다'를 뜻한다.
震恐(진공) 무서워함. 震懼(진구) 震怒(진노) 震度(진도)

비우(雨)부 [8雨7 총15획]

벼락 진

震 震 震 震 震

振

[高3Ⅱ급]

떨치다 영 tremble 중 振 zhèn 일 シン(ふるう)

형성 손 수(扌)+별 진(辰)자로 용기를 북돋워 떨치게 하는 것을 뜻한다.
振動(진동) 흔들리어 움직임. 振貸法(진대법) 振男(진남) 堅振(견진)

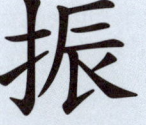

손 수(재방변) 手(扌)부 [3扌7 총10획]

떨칠 진

振 振 振 振 振

3-3Ⅱ급 핵심한자 | 349

高3Ⅱ급	鎭 쇠 금(金)부 [8金10 총18획] 진압할 진	진압하다 영 suppress 중 镇 zhèn 일 チン(しずまる) 형성 쇠 금(金)+참 진(眞:누름쇠). 가득 채워진 금속 누름쇠를 눌러넣은 것으로 '진압하다'를 뜻한다. 鎭山(진산) 도성이나 마을을 진호하는 산. 鎭痛(진통) 鎭壓(진압) 鎭定(진정)
中3Ⅱ급	辰 별 진(辰)부 [7辰0 총7획] 별, 때 진/신	별, 별 이름 영 star 중 辰 chén 일 シン(ほしのな) 상형 조개가 껍데기에서 발을 내밀고 있는 모양으로 가차하여 '십이지 용'을 뜻한다. 辰星(진성) 수성을 달리 부르는 말. 辰宿(진수) 日辰(일진) 壬辰倭亂(임진왜란)
高3Ⅱ급	秩 벼 화(禾)부 [5禾5 총10획] 차례 질	차례, 차례를 세우다 영 order 중 秩 zhì 일 チツ(ついで) 형성 벼 화(禾)+잃을 실(失)자로 벼를 창고에 차례대로 채워 넣는 것을 뜻한다. 秩祿(질록) 녹봉. 秩序(질서) 秩廳(질청) 品秩(품질)
高3Ⅱ급	疾 병들 녁(疒)부 [5疒5 총10획] 병 질	병, 질병 영 disease 중 疾 jí 일 シツ(やまい) 형성 병 녁(疒)+화살 시(矢)자로 사람이 화살을 맞아 다치는 것으로 '병'을 뜻한다. 疾苦(질고) 고통스러워함. 疾病(질병) 疾視(질시) 疾走(질주)
高3급	姪 계집 녀(女)부 [3女6 총9획] 조카 질	조카, 조카딸 영 niece 중 姪 zhí 일 テツ(めい·おい) 회의·형성 계집 녀(女)+이를 지(至)자로 '조카'를 뜻한다. 姪女(질녀) 조카딸. 姪婦(질부) 姪孫(질손) 妻姪(처질)

中3Ⅱ급	執	잡다, 지킴	영 catch 중 执 zhí 일 シュウ(とる)
		형성 다행 행(幸)+둥글 환(丸)자로 수갑 찬 사람이 꿇어앉고 있는 모양으로 죄인을 '잡다'를 뜻한다. 執政(집정) 국정을 집행함. 執拗(집요) 執權(집권) 執念(집념)	
흙토(土)부 [3土8 총11획]		執執執執執執執執執執執	
잡을 집		執 執 執 執 執	

高3Ⅱ급	徵	부르다	영 levy·call 중 徵 zhēng 일 チョウ(しるし)
		형성 작을 미(微)+북방 임(壬)자로 미천한 몸이 세상에 알려져 부름을 받는 것을 뜻한다. 徵納(징납) 세금을 거두어 나라에 바침. 徵發(징발) 徵兵(징병) 徵收(징수)	
두인 변(彳)부 [3彳12 총15획]		徵徵徵徵徵徵徵徵徵徵徵徵	
부를 징		徵 徵 徵 徵 徵	

高3급	懲	징계하다, 혼나다	영 punish 중 惩 chéng 일 チョウ(こらす)
		형성 부를 징(徵)+마음 심(心)자로 마음의 활동이 멎는 것으로 '징계하다'를 뜻한다. 懲罰(징벌) 징계하고 벌함. 懲惡(징악) 懲戒(징계) 懲役(징역)	
마음 심(심방변) 心(忄/㣺)부 [4心15 총19획]		懲懲懲懲懲懲懲懲懲懲	
혼날 징		懲 懲 懲 懲 懲	

中3급	且	또, 만일	영 also 중 且 qiě 일 シャ(かつ)
		상형 고기를 수북이 담아 신에게 바친 찬합 같은 그릇 모양을 본뜬 글자로 '또, 가령'의 뜻이다. 且問且答(차문차답) 한편 묻고 한편 대답함. 且說(차설) 重且大(중차대) 苟且(구차)	
한 일(一)부 [1一4 총5획]		且且且且且	
또 차		且 且 且 且 且	

中3Ⅱ급	此	이, 이와 같은	영 this 중 此 cǐ 일 シ(これ)
		회의 그칠 지(止)+나란히할 비(匕)자로 사람이 서로 나란히 멈춘다는 뜻으로 지시대명사로 쓰인다. 此際(차제) 이때에. 此期(차기) 此際(차제) 此後(차후)	
그칠지(止)부 [4止2 총6획]		此此此此此此	
곳 차/이 이		此 此 此 此 此	

借 빌 차

- **中3급**
- 사람 인(人)부 [2亻8 총10획]
- 빌리다, 빌려 옴
- 영 borrow 중 借 jiè 일 シャク(かりる)
- 형성 사람 인(亻)+예 석(昔)자로 타인으로부터 쌓아 포개다는 것으로 '빌리다'를 뜻한다.
- 借款(차관) 외국에서 돈을 빌림. 借問(차문) 借名(차명) 借入(차입)

捉 잡을 착

- **高3급**
- 손 수(재방변) 手(扌)부 [3扌7 총10획]
- 잡다, 쥐다
- 영 seize 중 捉 zhuō 일 ソク·サク(とらえる)
- 회의·형성 손 수(扌)+발 족(足)자로 손으로 '묶거나 잡는 것'을 뜻한다.
- 捕捉(포착) 잡아냄. 捉送(착송) 捉囚(착수) 活捉(활착)

錯 섞일 착

- **高3급**
- 쇠 금(金)부 [8金8 총16획]
- 섞이다, 어긋나다
- 영 mix 중 错 cuò 일 サク·ソ(まじる)
- 형성 쇠 금(金)+옛 석(昔)자로 여러 금속이 '섞이는 것'을 뜻한다.
- 錯誤(착오) 착각으로 인한 잘못. 錯雜(착잡) 錯覺(착각) 錯亂(착란)

贊 도울 찬

- **高3Ⅱ급**
- 조개패(貝)부 [7貝12 총19획]
- 찬성하다, 찬양하다
- 영 assist 중 赞 zàn 일 贊 サン(ほめる)
- 형성 조개 패(貝)+나아갈 신(兟)자로 신에게 재화를 바치는 것으로 '찬양하다'를 뜻한다.
- 贊同(찬동) 다른 사람의 의견에 동의함. 贊否(찬부) 贊反(찬반) 贊成(찬성)

慚 부끄러울 참

- **高3급**
- 마음 심(심방변) 心(忄/㣺)부 [3忄11 총14획]
- 부끄럽다, 부끄러움
- 영 shame 중 惭 cán 일 ザン(はじる)
- 회의·형성 마음 심(忄)+벨 참(斬)자로 마음이 상처가 나서 아픈 것처럼 '부끄러움'을 뜻한다.
- 無慚(무참) 말할 수 없이 부끄러움. 慚愧(참괴) 駭慚(해참)

慘

[高3급]

참혹하다, 무자비함 영 misery 중 惨 cǎn 일 サン(いたむ)

형성 마음 심(忄)+참여할 참(參)자로 마음의 평정을 침범하여 '참혹한 것'을 뜻한다.
慘劇(참극) 참혹하게 벌어진 일. 慘憺(참담) 慘變(참변) 慘事(참사)

마음 심(심방변) 心(忄/㣺)부 [3忄11 총14획]

참혹할 **창**

暢

[高3급]

화창하다, 펴다 영 bright 중 畅 chàng 일 チョウ(のびる)

형성 펼 신(申)+빛날 양(昜)자로 널리 공포하여 빛나게 하는 것으로 '화창한 것'을 뜻한다.
和暢(화창) 날씨가 바람이 온화하고 맑음. 暢達(창달) 暢懷(창회) 暢樂(창락)

날 일(日)부 [4日10 총14획]

펼 **창**

昌

[中3Ⅱ급]

창성하다 영 prosper 중 昌 chāng 일 ショウ(さかん)

회의 날 일(日)+가로 왈(曰)자로 빛을 내쏘는 해를 본뜬 것으로 '성한 것'을 뜻한다.
隆昌(융창) 융성하고 번창함. 昌盛(창성) 繁昌(번창) 昌王(창왕)

날 일(日)부 [4日4 총8획]

창성 **창**

倉

[高3Ⅱ급]

곳집, 창고 영 warehouse 중 仓 cāng 일 ソウ(くら)

회의 밥 식(食)+입 구(口)자로 곡식을 넣어 두는 '곳집'을 뜻한다.
倉庫(창고) 물건을 저장해 두는 곳. 倉卒(창졸) 倉廩(창름) 營倉(영창)

사람 인(人)부 [2人8 총10획]

곳집 **창**

蒼

[高3Ⅱ급]

푸르다, 푸른빛 영 blue 중 苍 cāng 일 ソウ(あお)

회의·형성 풀 초(艹)+곳집 창(倉)자로 풀을 베어 쌓은 더미가 '푸른 것'을 뜻한다.
蒼民(창민) 백성. 蒼空(창공) 蒼白(창백) 蒼顔(창안)

풀초(초두) 艸(艹)부 [4艹10 총14획]

푸를 **창**

滄

3급 | 푸르다, 차다 | 영 blue 중 沧 cāng 일 ソウ

형성 물 수(氵)+곳집 창(倉)자로 물빛이 '푸른 것'을 뜻한다.
滄海(창해) 넓고 큰 바다. 滄波(창파) 滄茫(창망) 滄浪(창랑)

물 수(삼수변) 水(氵)부 [3氵10 총13획]

찰 **창**

債

高 3급 | 빚, 청산되지 않는 대차 | 영 debt 중 债 zhài 일 サイ(かり)

형성 사람 인(亻)+꾸짖을 책(責)자로 빚을 져서 나무람을 받는 '사람'을 뜻한다.
負債(부채) 갚아야 할 빚. 債務(채무) 債務者(채무자) 債券(채권)

사람 인(人)부 [2亻11 총13획]

빚 **채**

彩

高3Ⅱ급 | 채색 | 영 color 중 彩 cǎi 일 サイ(つや・いろどり)

형성 터럭 삼(彡)+가릴 채(采)자로 색깔을 선택하여 '채색하다'를 뜻한다.
彩料(채료) 물감. 彩色(채색) 彩畵(채화) 多彩(다채)

터럭 삼(彡)부 [3彡8 총11획]

채색 **채**

菜

中3Ⅱ급 | 나물, 푸성귀 | 영 vegetables 중 菜 cài 일 サイ(な)

형성 풀 초(艹)+캘 채(采)자로 채취하여 먹는 풀, 즉 '나물'을 뜻한다.
菜根(채근) 채소의 뿌리. 菜單(채단) 菜蔬(채소) 菜食(채식)

풀초(초두) 艸(艹)부 [4艹8 총12획]

나물 **채**

策

高3Ⅱ급 | 꾀, 꾀함 | 영 plan 중 策 cè 일 サク(はかりごと)

형성 대 죽(竹)+가시 책(朿)자로 대나무 채찍, 또는 문자를 적는 대쪽의 뜻을 나타낸다.
策動(책동) 은밀히 꾀를 써서 행동함. 策命(책명) 策略(책략) 策定(책정)

대 죽(竹)부 [6竹6 총12획]

꾀 **책**

3급	슬퍼하다, 애처롭다	영 sad 중 悽 qī 일 セイ(いたむ)

마음 심(忄)+아내 처(妻)자로 마음이 흐려져 슬퍼하고 애처로운 것을 뜻한다.
悽然(처연) 슬퍼하는 모습. 悽慘(처참) 悽絕(처절) 悽悽(처처)

마음 심(심방변) 心(忄/㣺)부 [3忄8 총11획]

슬퍼할 처

中3Ⅱ급	아내, 시집보내다	영 wife 중 妻 qī 일 サイ(つま)

남편과 어깨를 나란히 하고 있는 모습으로 '아내'를 뜻한다.
妻男(처남) 아내의 남자 형제. 妻山(처산) 妻家(처가) 妻弟(처제)

계집 녀(女)부 [3女5 총8획]

아내 처

高3급	물리치다, 쫓다	영 refuse 중 斥 chì 일 セキ(しりぞける)

도끼 근(斤)+점 주(丶)자로 도끼로 찍어 적을 물리치는 것을 뜻한다.
斥候(척후) 몰래 적의 형편(形便)을 살핌. 斥邪(척사) 斥黜(척출) 斥和(척화)

도끼 근(斤)부 [4斤1 총5획]

물리칠 척

高3Ⅱ급	겨레, 친족	영 relative 중 戚 qī 일 セキ(みうち)

무성할 무(戊)+콩 숙(尗)자로 무성하게 콩이 열매 맺는 것으로 '겨레, 친족'을 뜻한다.
戚黨(척당) 외척과 척족. 戚分(척분) 親戚(친척) 戚臣(척신)

창 과(戈)부 [4戈7 총11획]

겨레 척

中3Ⅱ급	자, 길이의 단위	영 ruler 중 尺 chǐ 일 シャク(ものさし)

사람을 옆에서 본 모양을 본뜬 글자로 '두 발 사이의 길이, 보폭의 길이'를 뜻한다.
尺牘(척독) 서로 떨어져 있는 상대에게 소식을 전하는 글.
尺數(척수) 尺貫法(척관법) 尺度(척도)

주검 시(尸)부 [3尸1 총4획]

자 척

拓

高3Ⅱ급

손 수(재방변) 手(扌)부 [3扌5 총8획]

넓힐 **척/탁**

넓히다, 열다 영 widen 중 拓 tuò 일 タク·セキ(ひらく)

형성 손 수(扌)+돌 석(石)자로 토지를 고르게 '개척하는 것'을 뜻한다.

拓殖(척식) 땅을 개척하여 백성을 이주시킴. 拓地(척지) 開拓(개척) 拓本(탁본)

踐

高3Ⅱ급 践

발족(足)부 [7足8 총15획]

밟을 **천**

밟다, 발로 누름 영 tread 중 践 jiàn 일 セン(ふむ)

형성 발 족(足)+해칠 잔(戔)자로 발로 짓밟아 '해치다, 밟다'를 뜻한다.

實踐(실천) 실행에 옮김. 踐祚(천조) 踐履(천리) 句踐(구천)

遷

高3급 迁

쉬엄쉬엄갈 착(책받침) 辵(辶)부 [4辶11 총15획]

옮길 **천**

옮기다, 천도 영 move 중 迁 qiān 일 セン(うつる)

형성 쉬엄쉬엄갈 착(辶)+오를 선(䙴)자로 나은 곳으로 '옮겨 가는 것'을 뜻한다.

遷都(천도) 도읍을 옮김. 遷動(천동) 遷延(천연) 遷職(천직)

薦

高3급

풀초(초두) 艸(艹)부 [4艹13 총17획]

천거할 **천**

천거하다 영 recommend 중 荐 jiàn 일 セン(すすめる)

형성 풀 초(艹)+해태 치(廌)자로 해태가 먹는 깨끗한 풀, 즉 '나아가 추천하는 것'을 뜻한다.

薦擧(천거) 사람을 추천함. 薦望(천망) 自薦(자천) 公薦(공천)

淺

中3Ⅱ급 浅

물 수(삼수변) 水(氵)부 [3氵8 총11획]

얕을 **천**

얕다 영 shallow 중 浅 qiǎn 일 浅 セン(あさい)

형성 물 수(氵)+적을 전(戔:얇고 잘게 베다)자로 적은 물이나 얕은 것을 뜻한다.

淺紅(천홍) 엷은 분홍. 淺薄(천박) 寡聞淺識(과문천식)

高3Ⅱ급	賤	천하다, 값이 싸다　　영 humble　중 贱 jiàn　일 セン(いやしい)
		형성 조개 패(貝)+적을 전(戔)자로 재화가 적은 것으로 '천하다'를 뜻한다.
		賤待(천대) 업신여기어 푸대접을 함.　賤民(천민)　賤視(천시)　賤職(천직)
조개 패(貝)부 [7貝8 총15획]		賤賤賤賤賤賤賤賤賤賤賤賤賤賤賤
천할 **천**		賤 賤 賤 賤 賤

高3Ⅱ급	哲	밝다　　영 wisdom　중 哲 zhé　일 テツ
		형성 입 구(口)+꺾을 절(折)자로 복잡한 상태를 분리하여 '도리를 밝히다, 사리에 밝다'를 뜻이다.
		哲理(철리) 현묘한 이치.　哲人(철인)　哲學(철학)　先哲(선철)
손 수(재방변) 手(扌)부 [3扌7 총10획]		哲哲哲哲哲哲哲哲哲哲
밝을 **철**		哲 哲 哲 哲 哲

高3Ⅱ급	徹	통하다, 달하다　　영 penetrate　중 彻 chè　일 テツ(とおる)
		회의 조금 걸을 척(彳)+기를 육(育)+칠 복(攵)자로 일이 마지막에 이르러 '통하다, 달하다'를 뜻한다.
		徹頭徹尾(철두철미) 처음부터 끝까지.　徹夜(철야)　徹底(철저)　冷徹(냉철)
두인 변(彳)부 [3彳12 총15획]		徹徹徹徹徹徹徹徹徹徹徹
통할 **철**		徹 徹 徹 徹 徹

高3급	添	더하다, 보탬　　영 add　중 尖 tiān　일 テン(そえる)
		형성 물 수(氵)+욕될 첨(忝)자로 욕보이기 위해 물을 끼얹는 것으로 '더하다'를 뜻한다.
		添加(첨가) 덧붙임.　添附(첨부)　添削(첨삭)　添盞(첨잔)
물 수(삼수변) 水(氵)부 [3氵8 총11획]		添添添添添添添添添添添
더할 **첨**		添 添 添 添 添

高3급	尖	뾰족하다　　영 sharp　중 尖 jiān　일 セン(とがる)
		회의 작을 소(小)+큰 대(大)자로 밑이 크고 위로 갈수록 작아지는 것으로 '뾰족하다'를 뜻한다.
		尖端(첨단) 물건의 뾰족한 끝.　尖利(첨리)　尖兵(첨병)　尖銳(첨예)
작을 소(小)부 [3小3 총6획]		尖尖尖尖尖尖
뾰족할 **첨**		尖 尖 尖 尖 尖

妾

高 3급

계집 녀(女)부 [3女5 총8획]

첩, 측실(側室)

영 concubine 중 妾 qiè 일 ショウ(めかけ)

회의 계집 녀(女)+고생 신(辛·후)자로 문신을 넣은 여성으로 '시비, 첩'를 뜻한다.

妾子(첩자) 첩의 자식(子息). 妾室(첩실) 妾子(첩자) 愛妾(애첩)

첩 첩

晴

中 3급

날 일(日)부 [4日8 총12획]

개다

영 clear 중 晴 qíng 일 セイ(はれる)

형성 날 일(日)+맑을 청(靑)자로 하늘이 맑게 '개는 것'을 뜻한다.

晴明(청명) 하늘이 개어 맑음. 晴雨(청우) 晴曇(청담) 快晴(쾌청)

갤 청

逮

高 3급

쉬엄쉬엄갈 착(辶)부(책받침) 辵(辶)부 [4辶_8 총12획]

쫓다, 잡다

영 seize 중 逮 dǎi 일 タイ

형성 쉬엄쉬엄갈 착(辶)+미칠 이(隶)자로 뒤에서 길을 따라가 '쫓는 것'을 뜻한다.

逮捕(체포) 죄인을 뒤쫓아 가서 잡음. 逮夜(체야) 逮鞫(체국) 被逮(피체)

잡을 체

替

高 3급

가로 왈(日)부 [4日8 총12획]

바꾸다, 값

영 change 중 替 tì 일 タイ(かえる)

형성 사내 부(夫) 둘+가로 왈(日)자로 나란히 선 두 사람이 갈마드는 모양으로 '바꾸다'를 뜻한다.

替番(체번) 순번의 차례로 갈아듦. 替送(체송) 替直(체직) 交替(교체)

바꿀 체

滯

高 3급

물 수(삼수변) 水(氵)부 [3氵11 총14획]

막히다, 오래다

영 stuck 중 滯 zhì 일 タイ(とどこおる)

형성 물 수(氵)+띠 대(帶)자로 띠를 두르듯이 물이 '막힌 것'을 뜻한다.

滯納(체납) 세금이나 요금 등을 기일 안에 못냄. 滯留(체류) 滯拂(체불) 滯症(체증)

막힐 체

3단계

쉬엄쉬엄갈 착(辶)부 [4辶_10 총14획]

갈마들 체

갈마들다   영 replace   중 递 dì   일 テイ(かける)

형성 쉬엄쉬엄갈 착(辶)+갈마들 치(虒)자로 번갈아 나아가다, 차례로 전하여 '보내다'를 뜻한다.

遞信(체신) 우편이나 전신, 전화 등의 일을 통틀어 이르는 말. 遞減(체감) 遞增(체증)

손 수(재방변) 手(扌)부 [3扌4 총7획]

가릴 초

가리다, 뽑아 적음   영 choose   중 抄 chāo   일 ショウ

형성 손 수(扌)+적을 소(少)자로 손으로 물건을 조금 가지는 것에서 '가리다'를 뜻한다.

抄掠(초략) 억지로 빼앗음. 抄錄(초록) 抄本(초본) 抄譯(초역)

벼 화(禾)부 [5禾4 총9획]

시간 초

분초(단위), 까끄라기   영 second   중 秒 miǎo   일 ビョウ

형성 벼 화(禾)+작을 소(少)자로 벼 이삭의 끝으로 작고 세밀한 '시간'을 뜻한다.

秒針(초침) 시계의 초를 가리키는 바늘. 秒速(초속) 秒針(초침) 閏秒(윤초)

돌 석(石)부 [5石13 총18획]

주춧돌 초

주춧돌, 초석   영 foundation   중 础 chǔ   일 ソ(いしずえ)

형성 돌 석(石)+가시나무 초(楚)자로 기둥 밑의 발이 되는 돌, 즉 '주춧돌'을 뜻한다.

礎石(초석) 주춧돌. 礎業(초업) 基礎(기초) 柱礎(주초)

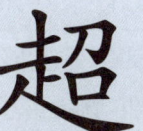

달아날 주(走)부 [7走5 총12획]

넘을 초

뛰어넘다, 넘다   영 leap   중 超 chāo   일 チョウ(こえる)

형성 달릴 주(走)+부를 소(召)자로 달려서 '뛰어넘는 것'을 뜻한다.

超過(초과) 한도를 넘음. 超然(초연) 超越(초월) 超人(초인)

3-3Ⅱ급 핵심한자 | 359

高3Ⅱ급	肖	닮다, 본받다　영 be like　중 肖 xiāo　일 ショウ(にる) 형성 고기 육(月)+작을 소(小)자로 몸집이 '닮음'을 뜻한다. 肖像畫(초상화) 사람 얼굴을 그림·사진으로 나타내는 것. 肖像(초상)　不肖(불초)　酷肖(혹초)
고기 육(육달월) 肉(月)부 [4月3 총7획]	닮을 초/소	肖肖肖肖肖肖肖

高3급	燭	촛불, 초　영 candle　중 烛 zhú　일 ショク(ともしび) 회의·형성 불 화(火)+벌레 촉(蜀)자로 오랜 시간 계속해서 타는 '촛불'을 뜻한다. 燭光(촉광) 등불빛.　燭察(촉찰)　燭臺(촉대)　燭數(촉수)
불 화(火/灬)부 [4火13 총17획]	촛불 촉	燭燭燭燭燭燭燭燭燭燭燭

高3Ⅱ급	促	재촉하다, 독촉함　영 push　중 促 cù　일 ソク(うながす) 형성 사람 인(亻)+발 족(足)자로 사람을 재촉하여 빨리 '시키다'의 뜻이다. 促迫(촉박) 약속한 기간 등이 닥쳐 몹시 급함.　促數(촉삭)　促求(촉구)　促成(촉성)
사람 인(人)부 [2人7 총9획]	재촉할 촉	促促促促促促促促促

高3Ⅱ급	觸(触)	닿다, 부딪히다　영 touch　중 触 zhù　일 触 ショク(ふれる) 형성 뿔 각(角)+벌레 촉(蜀)자로 나무에 붙어있는 벌레를 '만지는 것'을 뜻한다. 觸角(촉각) 곤충류의 더듬이.　觸診(촉진)　觸感(촉감)　觸發(촉발)
뿔 각(角)부 [7角13 총20획]	닿을 촉	觸觸觸觸觸觸觸觸觸觸觸

高3급	聰	귀가 밝다, 총명하다　영 sharp eared, clever　중 聪 cōng　일 ソウ(さとい) 형성 귀 이(耳)+밝을 총(悤)자로 청각 신경을 모아 귀가 '밝은 것'을 뜻한다. 聰明(총명) 귀가 잘 들리고 눈이 잘 보임.　聰敏(총민)　聰氣(총기)　聰敏(총민)
귀 이(耳)부 [6耳11 총17획]	귀밝을 총	聰聰聰聰聰聰聰聰聰聰聰

高3Ⅱ급	재촉하다, 닥쳐오다　　　영 pressing　중 催 cuī　일 サイ(もよおす)
 사람 인(人)부 [2亻11 총13획]	형성 사람 인(亻)+우뚝한산 최(崔)자로 사람을 다음 사태로 '재촉하는 것'을 뜻한다. 催促(최촉) 재촉하고 서둠.　催告(최고)　催眠(최면)　主催(주최) 催催催催催催催催催催催催催
재촉할 **최**	催 催 催 催 催

高3급	뽑다, 빼다　　　영 abstract　중 抽 chōu　일 チュウ(ぬく)
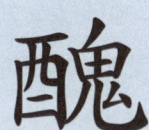 손 수(재방변) 手(扌)부 [3扌5 총8획]	형성 손 수(扌)+말미암을 유(由)자로 구멍에서 물건을 '뽑아내는 것'을 뜻한다. 抽出(추출) 뽑아냄.　抽籤(추첨)　抽象(추상)　抽身(추신) 抽抽抽抽抽抽抽抽
뺄 **추**	抽 抽 抽 抽 抽

高3급	더럽다, 추하다　　　영 ugly　중 丑 chǒu　일 シュウ(みにくい)
 닭 유(酉)부 [7酉10 총17획]	형성 닭 유(酉)+도깨비 귀(鬼)자로 술을 뿌리며 괴상한 탈을 쓴 사람의 모양으로 '추하다'를 뜻한다. 醜女(추녀) 얼굴이 못생긴 여자.　醜惡(추악)　醜聞(추문)　醜雜(추잡) 醜醜醜醜醜醜醜醜醜醜醜
더러울 **추**	醜 醜 醜 醜 醜

中3Ⅱ급	따르다, 좇다　　　영 pursue　중 追 zhuī　일 ツイ(おう)
쉬엄쉬엄갈 착(책받침) 辵(辶)부 [4辶6 총10획]	형성 사람의 뒤를 쫓아가는 것을 뜻한다. 追加(추가) 나중에 더하여 보탬.　追念(추념)　追擊(추격)　追放(추방) 追追追追追追追追追追
쫓을 **추**	追 追 追 追 追

中3Ⅱ급	소, 둘째 지지　　　영 cattle　중 丑 chǒu　일 チュウ(うし)
 한 일(一)부 [1—3 총4획]	지사 사람이 손가락 끝을 굽혀서 물건을 잡는 모양으로 십이지의 '소'를 뜻한다. 丑年(축년) 태세의 지지가 축(丑)으로 시작되는 해. 丑時(축시)　丑方(축방)　癸丑(계축) 丑丑丑丑
소 **축**	丑 丑 丑 丑 丑

高3급	畜	가축, 모으다	영 cattle 중 畜 chù 일 チク(たくわえる)
		회의 밭 전(田)+검을 현(玄)자로 농사에 힘써서 얻은 수확, 가산을 늘리는 '가축'을 뜻한다. 畜舍(축사) 가축을 기르는 건물. 畜産(축산) 畜生(축생) 家畜(가축)	
밭 전(田)부 [5田5 총10획]		畜畜畜畜畜畜畜畜畜畜	
쌓을 **축**		畜畜畜畜畜	

高3급	逐	쫓다, 물리치다	영 expel 중 逐 zhú 일 チク(おう)
		회의 쉬엄쉬엄갈 착(辶)+돼지 시(豕)자로 산돼지를 쫓는 발의 모양에서 '쫓다'를 뜻한다. 逐鬼(축귀) 귀신을 쫓음. 逐客(축객) 逐條(축조) 逐出(축출)	
쉬엄쉬엄갈 착(책받침) 辶(辶)부 [4辶_7 총11획]		逐逐逐逐逐逐逐逐逐逐逐	
쫓을 **축**		逐逐逐逐逐	

高3II급	衝	찌르다, 뚫다	영 pierce 중 衝 chōng 일 ショウ(つく)
		형성 다닐 행(行)+무거울 중(重)자로 창을 들고 나아가 꿰뚫는 것으로 '찌르다'를 뜻한다. 衝激(충격) 서로 세차게 부딪침. 衝擊(충격) 衝突(충돌) 衝動(충동)	
다닐 행(行)부 [6行9 총15획]		衝衝衝衝衝衝衝衝衝衝衝衝	
찌를 **충**		衝衝衝衝衝	

中3II급	吹	불다, 충동하다	영 blow 중 吹 chuī 일 スイ(ふく)
		회의 입 구(口)+하품할 흠(欠)자로 입을 벌려 어떤 물건에 입김을 부는 것을 뜻한다. 吹毛求疵(취모구자) 흉터를 찾으려고 털을 해친다는 의미. 吹入(취입) 鼓吹(고취) 吹打(취타)	
입 구(口)부 [3口4 총7획]		吹吹吹吹吹吹吹	
불 **취**		吹吹吹吹吹	

高3급	臭	냄새, 냄새나다	영 stinking 중 臭 chòu 일 シュウ(くさい)
		회의 스스로 자(自)+개 견(犬)자로 코의 작용이 예민한 개로서 '냄새'를 뜻한다. 臭氣(취기) 고약한 냄새. 臭味(취미) 家畜(가축) 牧畜(목축)	
스스로자(自)부 [6自4 총10획]		臭臭臭臭臭臭臭臭臭臭	
냄새 **취**		臭臭臭臭臭	

醉

高3Ⅱ급
닭 유(酉)부 [7酉8 총15획]
취할 **취**

취하다, 취기   영 drunk 중 醉 zuì 일 スイ(よう)

형성 닭 유(酉)+다할 졸(卒)자로 주량을 다하는 것으로 '취하다'를 뜻한다.

醉客(취객) 술에 취한 사람. 醉氣(취기) 醉死(취사) 心醉(심취)

側

高3Ⅱ급
사람 인(人)부 [2亻9 총11획]
곁 **측**

곁, 옆   영 side 중 側 cè 일 ソク(かたはら)

형성 사람 인(亻)+격식 칙(則)자로 사람이 격식을 차리지 않고 한 쪽으로 기우는 것을 뜻한다.

側近(측근) 매우 가까운 곳. 側面(측면) 側傍(측방) 南側(남측)

値

高3Ⅱ급
사람 인(人)부 [2亻8 총10획]
값 **치**

값, 가치   영 value·price 중 値 zhí 일 チ(ね·あたい)

형성 사람 인(亻)+곧을 직(直)자로 교역할 때 물건의 '값'을 뜻한다.

高値(고치) 높은 가격. 價値(가치) 値遇(치우) 同値(동치)

恥

高3Ⅱ급
마음 심(심방변) 心(忄/⺗)부 [4心6 총10획]
부끄러워할 **치**

부끄럽다   영 shame 중 耻 chǐ 일 恥 チ(はじ)

형성 귀 이(耳)+마음 심(心)자로 귀가 붉어질 정도로 '부끄러운 것'을 뜻한다.

恥部(치부) 부끄러운 부분. 國恥(국치) 恥事(치사) 恥辱(치욕)

稚

3Ⅱ급
벼 화(禾)부 [5禾8 총13획]
어릴 **치**

어리다, 만생종   영 young 중 稚 zhì 일 チ(おさない)

형성 벼 화(禾)+새 추(隹)자로 작은 벼를 나타내어 '어리다'를 뜻한다.

稚氣(치기) 어린이 같은 기분이나 감정. 稚魚(치어) 稚拙(치졸) 稚心(치심)

則

中3급 | 법칙, 규칙 | 영 rule 중 则 zé 일 ソク(のり)

회의 조개 패(貝)+칼 도(刂)자로 재물을 나누기 위해서 필요한 일정한 '법칙'을 뜻한다.

原則(원칙) 정해놓은 기준. 則效(칙효) 校則(교칙) 規則(규칙)

칼 도(刀/刂)부 [2刂7 총9획]

곧, 법칙/곧 즉

漆

高3급 | 옻, 옻칠하다 | 영 lacquer 중 漆 qī 일 シツ(うるし)

형성 물 수(氵)+옻나무 칠(桼)자로 액체인 '옻나무 칠'을 뜻한다.

漆夜(칠야) 아주 캄캄한 밤. 漆板(칠판) 漆器(칠기) 漆木(칠목)

물 수(삼수변) 水(氵)부 [3氵11 총14획]

옻 칠

沈

高3II급 | 잠기다, 가라앉다 | 영 sink 중 沈 shěn 일 チン(しずむ)

형성 물 수(氵)+머뭇거릴 유(冘)자로 베개에 머리를 안정시키듯이 물에 '잠기는 것'을 뜻한다.

沈默(침묵) 말을 하지 아니함. 沈淪(침륜) 沈澱(침전) 沈着(침착)

물 수(삼수변) 水(氵)부 [3氵4 총7획]

잠길 침

枕

高3급 | 베개, 베개를 베다 | 영 pillow 중 枕 zhěn 일 チン(まくら)

회의·형성 나무 목(木)+머뭇거릴 유(冘)자로 '베개(목침)'를 뜻한다.

枕頭(침두) 베갯머리. 枕席(침석) 枕木(침목) 衾枕(금침)

나무 목(木)부 [4木4 총8획]

베개 침

浸

高3급 | 잠기다, 적시다 | 영 soak 중 浸 jìn 일 シン(ひたす)

형성 물 수(氵)+침범할 침(帚+又)자로 물이 차츰 침범하여 '잠기는 것'을 뜻한다.

浸水(침수) 홍수로 인하여 논이나 밭 등이 물에 잠김.
浸透(침투) 浸入(침입) 浸漬(침지)

물 수(삼수변) 水(氵)부 [3氵7 총10획]

담글 침

高3ll급

계집 녀(女)부 [3女4 총7획]

평온할 **타**

온당하다, 평온하다 영 serene 중 妥 tuǒ 일 ダ(おだやか)

회의 손톱 조(爫)+계집 녀(女)자로 부드럽게 여자를 앉히는 모양에서 '온당, 편안하다'를 뜻한다.

妥結(타결) 서로가 좋도록 일을 마무리 지음. 妥當(타당) 妥協(타협) 妥當(타당)

高3급

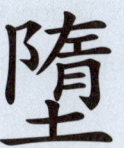

흙 토(土)부 [3土12 총15획]

떨어질 **타**

떨어지다, 무너지다 영 fall 중 堕 duò 일 ダ(おちる)

형성 떨어질 타(隋)+흙 토(土)자로 무너져 내린 성벽의 뜻에서 '떨어지다'를 뜻한다.

墮落(타락) 생활을 망침. 떨어짐. 解墮(해타) 墮漏(타루) 失墮(실타)

3급

구슬 옥(玉/王)부 [4王8 총12획]

쫄 **탁**

쪼다, 옥을 다듬다 영 chisel 중 琢 zhuó 일 タク(みがく)

형성 구슬 옥(王)+쫄 탁(豖)자로 옥을 '다듬는 것'을 뜻한다.

切磋琢磨(절차탁마) 학문이나 덕행을 갈고 닦음. 琢磨(절차탁마) 琢美(탁미) 磨琢(마탁)

高3급

물 수(삼수변) 水(氵)부 [3氵13 총16획]

흐릴 **탁**

흐리다, 흐리게 하다 영 cloudy 중 浊 zhuó 일 ダク(にごる)

형성 물 수(氵)+애벌레 촉(蜀)자로 물이 맑지 않은 불쾌한 물, 즉 '흐린 것'을 뜻한다.

濁音(탁음) 흐린 소리. 濁水(탁수) 濁酒(탁주) 濁流(탁류)

高3급

손 수(재방변) 手(扌)부 [3扌3 총6획]

밀 **탁**

받치다, 의지하다 영 push 중 托 tuō 일 タク(よる)

회의·형성 손 수(扌)+의지할 탁(乇)자로 손으로 물건을 한쪽으로 '밀어붙이는 것'을 뜻한다.

囑託(촉탁) 어떤 일을 처리하기 위하여 위임함. 托故(탁고) 托鉢(탁발) 托子(탁자)

濯

高 3급

물 수(삼수변) 水(氵)부 [3氵14 총17획]

씻다, 헹구다 영 wash 중 濯 zhuó 일 タク(すすぐ)

형성 물 수(氵)+꿩 적(翟)자로 물속에서 옷가지를 씻어 '건지는 것'을 뜻한다.
洗濯(세탁) 옷가지 등속을 빠는 것. 洗濯所(세탁소) 濯足(탁족) 濯靈(탁령)

濯濯濯濯濯濯濯濯濯濯濯濯

씻을 탁

濯 濯 濯 濯 濯

誕

高 3급

말씀언(言)부 [7言7 총14획]

태어나다, 탄생함 영 born 중 诞 dàn 일 タン

형성 말씀 언(言)+늘일 연(延)자로 일부러 사실(事實)을 잡아 늘이어 과대하게 말하는 것을 뜻한다.
誕生(탄생) 태어남. 誕辰(탄신) 誕降(탄강) 矜誕(긍탄)

誕誕誕誕誕誕誕誕誕誕誕

태어날 탄

誕 誕 誕 誕 誕

奪

高 3급

큰 대(大)부 [3大11 총14획]

빼앗다, 훔치다 반 與(더불 여) 영 rob 중 夺 duó 일 ダツ(うばう)

회의 큰 대(大)+새 추(隹)+마디 촌(寸)자로 옷 속에 들어있는 새를 꺼내는 모양에서 '빼앗다'를 뜻한다.
奪氣(탈기) 기운을 빼앗음. 奪還(탈환) 奪取(탈취) 奪回(탈회)

奪奪奪奪奪奪奪奪奪奪奪奪

빼앗을 탈

奪 奪 奪 奪 奪

貪

高 3급

조개 패(貝)부 [7貝4 총11획]

탐내다 영 covet 중 贪 tān 일 タン(むさぼる)

회의 조개 패(貝)+이제 금(今)자로 재화를 마음속에 품는 것으로 '탐내다'를 뜻한다.
貪官汚吏(탐관오리) 욕심이 많은 부정한 관리. 貪民(탐민) 貪慾(탐욕) 貪政(탐정)

貪貪貪貪貪貪貪貪貪貪貪

탐할 탐

貪 貪 貪 貪 貪

塔

高 3 II급

흙 토(土)부 [3土10 총13획]

탑, 탑파(塔婆) 영 tower 중 贪 tǎ 일 トウ(とう)

형성 흙 토(土)+대답할 답(荅)자로 흙으로 포개 올린 '탑'을 뜻한다.
塔頭(탑두) 탑 머리. 寺塔(사탑) 金塔(금탑) 塔誌(탑지)

塔塔塔塔塔塔塔塔塔塔

탑, 절 탑

塔 塔 塔 塔 塔

湯

끓이다, 끓인 물   영 boil   중 汤 tāng   일 トウ(ゆ)

형성 물 수(氵)+빛날 양(昜)자로 자유로이 뻗치는 '끓는 물'을 뜻한다.

冷湯(냉탕) 찬물이 있는 곳. 藥湯器(약탕기) 湯藥(탕약) 湯劑(탕제)

물 수(삼수변) 水(氵)부 [3氵9 총12획]

끓일 **탕**

泰

크다, 매우 큼   영 great   중 太 tài   일 タイ(やすい)

형성 큰 대(大)+물 수(氺)+두 이(二)자로 두 손으로 감당하기에는 큰 물, 즉 '크다'를 뜻한다.

泰斗(태두) 태산북두의 준말. 어떤 분야에 뛰어난 사람. 泰山(태산)

물 수(삼수변) 水(氵)부 [4氺6 총10획]

클 **태**

殆

위태롭다, 의심하다   영 danger   중 殆 dài   일 タイ(あやうい)

회의·형성 살바른뼈 알(歹)+늙을 태(台)자로 늙은 몸으로 뼈만 앙상해 '위태로운 것'을 뜻한다.

危殆(위태) 위험에 처함. 殆無(태무) 殆半(태반) 不殆(불태)

죽을 사(歹)부 [4歹5 총9획]

위태할 **태**

怠

게으르다   영 lazy   중 怠 dài   일 タイ(おこたる)

형성 마음 심(心)+늙을 태(台)자로 마음이 멎어 '게으름피우는 것'을 뜻한다.

怠慢(태만) 일을 게을리 함. 怠慢(태만) 怠業(태업) 倦怠(권태)

마음 심(심방변) 心(忄/㣺)부 [4心5 총9획]

게으를 **태**

澤 (沢)

못, 늪   영 pond   중 泽 zé   일 沢 タク(さわ)

형성 물 수(氵)+엿볼 역(睪)자로 물과 습기가 차례로 이어지는 못, 윤택한 것을 뜻한다.

澤畔(택반) 늪 가. 澤雨(택우) 光澤(광택) 澤瀉(택사)

물 수(삼수변) 水(氵)부 [3氵13 총16획]

못 **택**

吐

高3급

입 구(口)부 [3口3 총6획]

토할 토

토하다, 뱉어내다 　　영 vomit　중 吐 tǔ　일 ト(はく)

형성 입 구(口)+흙 토(土)자로 속이 가득 차서 입에서 '토해냄'을 뜻한다.

吐氣(토기) 억눌린 기분을 토해냄. 吐露(토로)　吐絲(토사)　吐逆(토역)

吐吐吐吐吐吐

吐吐吐吐吐

兎

3Ⅱ급

어진사람인발(儿)부 [2儿6 총8획]

토끼 토

토끼, 달(月)의 이칭　　영 rabbit　중 兎 tǔ　일 ト(うさぎ)

상형 긴 귀, 뛰는 다리, 짧은 꼬리의 토끼의 모양을 본뜬 글자다.

兎脣(토순) 찢어진 입술.　兎影(토영)　兎山高(토산고)　兎死狗烹(토사구팽)

兎兎兎兎兎兎兎兎

兎兎兎兎兎

透

高3급

쉬엄쉬엄갈 착(책받침) 辵(辶)부 [4辶7 총11획]

통할 투

통하다, 환하다　　영 transparent　중 透 tòu　일 トウ(すく)

형성 쉬엄쉬엄갈 착(辶)+빼어날 수(秀)자로 길게 뻗어 나가 '통하는 것'을 뜻한다.

透明(투명) 속까지 훤히 보임.　透視(투시)　透寫(투사)　明透(명투)

透透透透透透透透透透透

透透透透透

罷

高3급

그물 망(网)부 [5罒10 총15획]

그만둘 파

파하다, 그만두다　　영 cease　중 罢 bà　일 ヒ(やめる)

회의 그물 망(罒)+능할 능(能)자로 아무리 능한 자라도 그물(법)에 걸리면 파하는 것을 뜻한다.

罷免(파면) 직무를 해면함.　罷業(파업)　罷場(파장)　罷職(파직)

罷罷罷罷罷罷罷罷罷罷罷罷罷罷罷

罷罷罷罷罷

頗

高3급

머리 혈(頁)부 [9頁5 총14획]

자못 파

자못, 조금　　영 very　중 颇 pō　일 ハ(すこぶる)

회의·형성 머리 혈(頁)+가죽 피(皮)자로 머리가 기우는 모양에서 '치우치다'를 뜻한다.

偏頗(편파) 한쪽으로 치우침.　頗多(파다)　阿諛偏頗(아유편파)

頗頗頗頗頗頗頗頗頗頗頗頗頗頗

頗頗頗頗頗

高3급	把	잡다, 쥠　　　　　　　　　　　　영 grab　중 把 bǎ　일 ハ
		형성 손 수(扌)+꼬리 파(巴)자로 巴는 기어가는 뱀의 모양으로 손바닥으로 '움켜쥐는 것'을 뜻한다. 把杯(파배) 손잡이가 달린 술잔. 把守(파수) 把握(파악) 把持(파지)
손 수(재방변) 手(扌)부 [3扌4 총7획]		把把把把把把
잡을 **파**		把 把 把 把 把

高3급	播	씨뿌리다, 퍼뜨리다　　　　　　　영 sow　중 播 bō　일 ハ(たねまき)
		회의·형성 손 수(扌)+순서 번(番)자로 손으로 논밭에 '씨뿌리는 것'을 뜻한다. 播多(파다) 소문이 널리 퍼짐. 種播(종파) 播種(파종) 播遷(파천)
손 수(재방변) 手(扌)부 [3扌12 총15획]		播播播播播播播播播播
뿌릴 **파**		播 播 播 播 播

高3급	販	팔다, 매매함　　　　　　　　　　영 sell　중 販 fàn　일 ハン(うる)
		형성 돌이킬 반(反)+돈 패(貝:화폐)자로 물건을 사서 되돌려주는 것으로 '팔다'를 뜻한다. 販賣(판매) 물건을 팖. 販禁(판금) 販路(판로) 販促(판촉)
조개 패(貝)부 [7貝4 총11획]		販販販販販販販販販販
팔 **판**	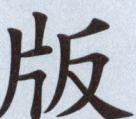	販 販 販 販 販

高3Ⅱ급	版	판목, 널　　　　　　　　　　　영 block　중 版 bǎn　일 ハン(ふだ)
		형성 돌이킬 반(反)+조각 편(片)자로 뒤치거나 엎을 수 있게 쪼갠 '나뭇조각'을 뜻한다. 版局(판국) 벌어진 일의 형편이나 판세. 版權(판권) 版畵(판화) 版面(판면)
조각 편(片)부 [4片4 총8획]		版版版版版版版版
널 **판**		版 版 版 版 版

中3급	貝	조개, 소라　　　　　　　　　　영 shell　중 贝 bèi　일 ハイ
		상형 조개의 모양을 본뜬 글자로 '조개'를 뜻한다. 貝殼(패각) 조개 껍데기. 貝物(패물) 貝類(패류) 貝塚(패총)
조개 패(貝)부 [7貝0 총7획]		貝貝貝貝貝貝貝
조개 **패**		貝 貝 貝 貝 貝

遍

高3급

두루 | 영 all over | 중 遍 biàn | 일 ヘン(あまねく)

형성 쉬엄쉬엄갈 착(辶)+작을 편(扁)자로 작은 것까지 발걸음이 널리 두루 미치는 것을 뜻한다.
遍在(편재) 두루 존재함. 遍歷(편력) 遍觀(편관) 一遍(일편)

쉬엄쉬엄갈 착(책받침)(辶)부 [4辶9 총13획]

두루 편

編

高3급

엮다, 모으다 | 영 weave | 중 编 biān | 일 ヘン(あむ)

형성 실 사(糸)+작을 편(扁)자로 글자를 쓴 죽간을 실로 얽어 하나로 만드는 데서 '엮다'를 뜻한다.
編物(편물) 뜨개질로 만든 물건. 編成(편성) 編纂(편찬) 編綴(편철)

실 사(糸)부 [6糸9 총15획]

엮을 편

片

中3Ⅱ급

조각, 토막 | 영 splinter | 중 片 piàn | 일 ヘン(かた)

지사 나무 목(木)자를 세로로 쪼개어 나눈 오른쪽 조각 형상으로 '조각, 쪼개다'를 뜻한다.
片道(편도) 가고 오는 길. 片面(편면) 破片(파편) 片紙(편지)

조각 편(片)부 [4片0 총4획]

조각 편

幣

高3급

폐백, 비단 | 영 silk | 중 币 bì | 일 ヘイ(おりもの·ぜに)

형성 수건 건(巾)+힘쓸 폐(敝)자로 신에게 절하고 바치는 천의 '뜻'을 나타낸다.
幣物(폐물) 선사하는 물건. 幣邦(폐방) 幣帛(폐백) 貨幣(화폐)

수건 건(巾)부 [3巾12 총15획]

비단 폐

弊

高3Ⅱ급

해지다, 폐단 | 영 wear out | 중 弊 bì | 일 ヘイ

형성 받들 공(廾)+해질 폐(敝)자로 옷이 해져서 두 손으로 가리는 나쁜 일, 즉 '폐단'을 뜻한다.
弊家(폐가) 자기 집의 겸칭. 弊習(폐습) 弊端(폐단) 弊風(폐풍)

손맞잡을 공(밑스물입)(廾)부 [3廾12 총15획]

해어질 폐

蔽

高3급

가리다, 덮다 　영 cover　중 蔽 bì　일 ヘイ(おおう)

형성 풀 초(艹)+해질 폐(敝)자로 물건이 해질만큼 풀을 '덮어 가린 것'을 뜻한다.

蔽塞(폐색) 다른 사람의 눈을 가림.　隱蔽(은폐)　蔽目(폐목)　蔽身(폐신)

풀초(초두) 艹(卄)부 [4卄12 총16획]

가릴 폐

廢

高3급

폐하다 　영 abandon　중 废 fèi　일 廃 ハイ(やめる·すたれる)

형성 집 엄(广)+필 발(發)자로 부서진 집의 뜻에서 '못 쓰게 되다'를 뜻한다.

廢家(폐가) 사람이 살지 않고 버린 집.　廢棄(폐기)　廢水(폐수)　廢車(폐차)

엄 호(广)부 [3广12 총15획]

폐할 폐

肺

高3Ⅱ급

허파, 부아 　영 lungs　중 肺 fèi　일 ハイ(はい)

형성 고기 육(月)+저자 시(市:나누다)자로 좌우의 둘로 나누어 있는 '허파'를 뜻한다.

肺炎(폐렴) 폐에 염증을 일으키는 병.　肺病(폐병)　肺腑(폐부)　鐵肺(철폐)

고기 육(육달월) 肉(月)부 [4月4 총8획]

허파 폐

飽

高3급

배부르다, 물림 　영 satiated　중 饱 bǎo　일 ホウ(あきる)

형성 밥 식(食)+쌀 포(包)자로 음식을 먹어서 배가 부푼 모습으로 '배부르다'를 뜻한다.

飽滿(포만) 음식을 먹어 배가 부른 모습.　飽聞(포문)　飽食(포식)　飽和(포화)

밥 식(食)부 [9食5 총14획]

배부를 포

抱

中3급

안다, 껴안다 　영 embrace　중 抱 bào　일 ホウ(かかえる)

형성 손 수(扌)+쌀 포(包)자로 손으로 '감싸안는 것'을 뜻한다.

抱負(포부) 안고 업고 하는 것.　抱卵(포란)　抱擁(포옹)　抱主(포주)

손 수(재방변) 手(扌)부 [3扌5 총8획]

안을 포

捕

高3급 | 잡다, 사로잡음 | 영 catch 중 捕 bǔ 일 ホ(とらえる)

형성 손 수(扌)+클 보(甫)자로 손으로 꼭 '쥐거나 잡는 것'을 뜻한다.
捕盜(포도) 도둑을 잡음. 捕殺(포살) 捕捉(포착) 捕獲(포획)

손 수(재방변) 手(扌)부 [3扌7 총10획]

잡을 포

浦

高3Ⅱ급 | 갯가, 개펄 | 영 seacast 중 浦 pǔ 일 ホ(うら)

형성 물 수(氵)+클 보(甫)자로 퍼져나가는 물, 즉 '갯가'를 뜻한다.
浦口(포구) 갯가. 浦田(포전) 浦村(포촌) 浦稅(포세)

물 수(삼수변) 水(氵)부 [3氵7 총10획]

개 포

幅

高3급 | 폭, 너비 | 영 width 중 幅 fú 일 フク(はば)

형성 수건 건(巾)+가득할 복(畐)자로 천의 가장자리, 즉 '폭'을 뜻한다.
幅廣(폭광) 한 폭의 너비. 幅跳(폭도) 幅員(폭원) 路幅(노폭)

수건 건(巾)부 [3巾9 총12획]

폭 폭

漂

高3급 | 떠돌다, 유랑 | 영 wander 중 漂 piāo 일 ヒョウ(ただよう)

형성 물 수(氵)+표 표(票)자로 물에 '떠다니는 것'을 뜻한다.
漂流(표류) 마냥 물에 떠내려감. 漂母(표모) 漂白(표백) 漂泊(표박)

물 수(삼수변) 水(氵)부 [3氵11 총14획]

떠돌 표

楓

3Ⅱ급 | 단풍나무 | 영 maple 중 枫 fēng 일 フウ(かえで)

형성 나무 목(木)+바람 풍(風)자로 가을바람에 나뭇잎이 붉게 물든 '단풍'을 뜻한다.
楓林(풍림) 단풍나무 숲. 楓葉(풍엽) 丹楓(단풍) 楓嶽(풍악)

나무 목(木)부 [4木9 총13획]

단풍나무 풍

彼

中3II급

저, 저기 영that, there 중彼 bǐ 일ヒ(かれ)

형성 조금걸을 척(彳)+가죽 피(皮)자로 물결처럼 멀리 간 곳, 즉 '저쪽'을 뜻한다.
彼我(피아) 그와 나. 彼我間(피아간) 彼岸(피안) 於此彼(어차피)

두인 변(彳)부 [3彳5 총8획]

저, 그 **피**

皮

中3II급

가죽, 생가죽 영skin 중皮 pí 일ヒ(かわ)

회의 손으로 짐승의 가죽을 벗기고 있는 모양을 본뜬 글자로 '가죽'을 뜻한다.
皮帶(피대) 가죽띠. 皮相(피상) 皮革(피혁) 去皮(거피)

가죽피(皮)부 [5皮0 총5획]

가죽 **피**

被

高3II급

입다, 이불 영quilt 중被 bèi 일ヒ(こうむる)

형성 옷의(衤)+가죽 피(皮)자로 모피처럼 덮어 쓰는 것으로 '입다, 이불'을 뜻한다.
被擊(피격) 습격을 받음. 被衾(피금) 被告(피고) 被拉(피랍)

옷 의(衤/衣)부 [5衤5 총10획]

이불 **피**

匹

中3급

짝, 필(옷감) 영partner 중匹 pǐ 일ヒツ(ひき·たぐい)

회의 말꼬리의 형상으로 말을 세거나 옷감의 길이를 나타내는 '단위, 짝'을 뜻한다.
匹馬(필마) 한 필의 말. 匹敵(필적) 匹夫(필부) 配匹(배필)

감출 혜(匚)부 [2匚2 총4획]

필, 짝 **필**

畢

高3II급

마치다, 다하다 영finish 중毕 bì 일ヒツ(おわる)

형성 짐승을 잡는 자루가 달린 그물 모양을 본뜬 글자로 남김 없이 '모두'를 뜻한다.
檢査畢(검사필) 검사를 마침. 畢業(필업) 畢竟(필경) 畢生(필생)

밭 전(田)부 [5田6 총11획]

마칠 **필**

何

[中3Ⅱ급] 사람 인(人)부 [2 1 5 총7획]

어찌, 무엇 　　　영 how　중 何 hé　일 カ·グ(した)

형성 사람 인(亻)+옳을 가(可)자로 '어찌, 무엇'을 뜻한다.
何故(하고) 어째서, 무슨 연유로. 何如間(하여간) 何必(하필) 如何(여하)

何何何何何何何

어찌 하　何何何何何

賀

[中3Ⅱ급] 조개 패(貝)부 [7貝5 총12획]

하례하다 　　　영 congratulate　중 贺 hè　일 ガ(いわう)

형성 조개 패(貝)+더할 가(加)로 재물을 더하여 보내는 것으로 '하례하다'를 뜻한다.
賀客(하객) 축하하는 손님. 賀正(하정) 賀禮(하례) 賀宴(하연)

賀賀賀賀賀賀賀賀賀賀賀賀

하례할 하　賀賀賀賀賀

荷

[高3급] 풀초(초두) 艸(艹)부 [4艹7 총11획]

메다, 어깨에 걸메다 　　　영 load　중 荷 hé　일 カ(はす)

형성 풀 초(艹)+멜 하(何)자로 사람이 물건을 '어깨에 멘 것'을 뜻한다.
荷役(하역) 짐을 싣고 내림. 荷電(하전) 荷重(하중) 荷物(하물)

荷荷荷荷荷荷荷

연, 멜 하　荷荷荷荷荷

鶴

[高3Ⅱ급] 새 조(鳥)부 [11鳥10 총21획]

두루미, 학 　　　영 crane　중 鹤 hè　일 カク(つる)

형성 새 조(鳥)+높이 날 학(雀)자로 하늘까지 높게 나는 새, 즉 '학'을 뜻한다.
鶴髮(학발) 흰머리. 鶴首(학수) 鶴帶(학대) 鶴企(학기)

鶴鶴鶴鶴鶴鶴鶴鶴鶴鶴

학 학　鶴鶴鶴鶴鶴

旱

[高3급] 날 일(日)부 [4日3 총7획]

가물다, 가뭄 　　　영 drought　중 旱 hàn　일 カン(ひでり)

형성 날 일(日)+골짜기 간(干)자로 가뭄이 계속되는 것으로 '가물다'를 뜻한다.
旱害(한해) 가뭄으로 인한 재앙. 旱害地(한해지) 旱魃(한발) 旱災(한재)

旱旱旱旱旱旱旱

가물 한　旱旱旱旱旱

汗

물 수(삼수변) 水(氵)부 [3氵3 총6획]

땀 한

땀, 땀을 흘리다 　　　　　영 sweat　중 汗 hán　일 カン(あせ)

형성 물 수(氵)+볕쬘 간(干)자로 더워서 땀이 나는 것을 뜻한다.
汗衫(한삼) 땀받이 옷. 汗蒸(한증) 汗馬(한마) 發汗(발한)

汗汗汗汗汗汗

汗 汗 汗 汗 汗

割

칼 도(刂)부 [2刂10 총12획]

나눌 할

나누다, 쪼갬 　　　　　영 divide　중 割 gē　일 カツ(わる)

형성 칼 도(刂)+해칠 해(害)자로 칼로 베어 끊는 것으로 '가르다, 나누다'를 뜻한다.
割據(할거) 땅을 나누어 차지하고 막아 지킴. 割當(할당) 割腹(할복) 割愛(할애)

割割割割割割割割割割割割

割 割 割 割 割

陷

언덕 부(좌부방) 阜(阝)부 [3阝8 총11획]

빠지다, 가라앉다 　　　　　영 fall　중 陷 xiàn　일 カン(おちいる)

형성 언덕 부(阝)+구덩이 함(臽)자로 언덕에서 굴러 구덩이에 빠지는 것을 뜻한다.
陷穽(함정) 짐승 등을 잡기 위해 파놓은 구덩이. 陷落(함락) 陷沒(함몰) 陷中(함중)

陷陷陷陷陷陷陷陷陷陷

陷 陷 陷 陷 陷

咸

입 구(口)부 [3口6 총9획]

다 함

다, 모두 　　　　　영 all　중 咸 xián　일 カン(みな)

회의 입 구(口)+도끼 월(戊) 자로 큰 도끼의 위엄에 목소리를 힘껏 내지르는 모양에서 '모두'를 뜻한다.
咸服(함복) 모두 복종함. 咸營(함영) 咸池(함지) 阮咸(완함)

咸咸咸咸咸咸咸咸咸

咸 咸 咸 咸 咸

含

입 구(口)부 [3口4 총7획]

머금다, 다물다 　　　　　영 contain　중 含 hán　일 ガン(ふくめる)

형성 입 구(口)+이제 금(今)자로 방금 입 안에 무엇을 넣었다하여 '머금다'를 뜻한다.
含笑(함소) 웃음을 머금음. 含垢(함구) 含量(함량) 含有(함유)

含含含含含含含

含 含 含 含 含

巷

高3급

몸 기(己)부 [3己6 총9획]

거리 **항**

거리, 통로나 복도 영street 중巷 xiàng 일コウ(ちまた)

형성 몸 기(己)+한가지 공(共)자로 마을 사람들이 공유하는 '길'을 뜻한다.
巷謠(항요) 거리에서 유행하는 노래. 巷談(항담) 巷間(항간) 巷說(항설)

項

高3Ⅱ급

머리 혈(頁)부 [9頁3 총12획]

목, 클 **항**

항목, 목덜미 영nape 중項 xiàng 일ケツ(ページ)

형성 머리 혈(頁)+장인 공(工)자로 머리 뒤쪽 '목덜미'를 뜻한다.
項領(항령) 큰 목. 項目(항목) 項鎖(항쇄) 事項(사항)

恒

中3Ⅱ급

마음 심(심방변) 心(忄/㣺)부 [3忄6 총9획]

항상 **항**

항상, 늘 영constant 중恒 héng 일コウ(つね)

형성 마음 심(忄)+뻗칠 긍(亙)자로 마음이 변치 않는 것으로 '항상'을 뜻한다.
恒久(항구) 변함없이 오램. 恒常(항상) 恒星(항성) 永恒(영항)

亥

中3급

돼지해머리(亠)부 [2亠4 총6획]

돼지 **해**

돼지, 열두째 지지 영pig 중亥 hài 일ガイ(い)

상형 돼지 시(豕)에서 글자의 모양을 본뜬 글자다.
亥年(해년) 태세의 지지가 해로 되는 해. 亥時(해시) 亥日(해일) 乙亥(을해)

奚

高3급

큰 대(大)부 [3大7 총10획]

어찌 **해**

어찌, 어찌 ~하랴 영why 중奚 xī 일カイ(ともに)

형성 머리 땋은 사람의 모습을 본뜬 글자로 '어찌'를 뜻한다.
奚琴(해금) 악기 이름. 奚奴(해노) 奚琴(해금) 殺奚(살해)

該 [高 3급]

갖추다, 겸하다
영 equip 중 该 gāi 일 ガイ(あたる)

형성 말씀 언(言)+돼지 해(亥)자로 말이 고쳐져 고루 미치는 것으로 '갖추다'를 뜻한다.
該敏(해민) 영리함. 該博(해박) 該當(해당) 該洞(해동)

말씀 언(言)부 [7言6 총13획]

그 해

享 [高 3급]

누리다, 드리다
영 enjoy 중 享 xiǎng 일 キョウ

회의 돼지해머리 두(亠)+입 구(口)+가로 왈(曰)자로 거리를 둘러싼 성벽위의 높은 건물로 '형통하다, 누리다'를 뜻한다.
享年(향년) 한평생 누린 나이. 享樂(향락) 享有(향유) 宴享(연향)

돼지해머리(亠)부 [2亠6 총8획]

누릴 향

響 [高 3ⅠⅠ급]

울리다, 명성
영 echo 중 响 xiǎng 일 キョウ(ひびく)

형성 소리 음(音)+시골 향(鄕(向))자로 마주 대하는 소리, 즉 '울리다'를 뜻한다.
響箭(향전) 우는 화살. 響應(향응) 響巖(향암) 音響(음향)

소리 음(音)부 [9音13 총22획]

울림 향

獻 [高 3ⅠⅠ급]

바치다
영 dedicate 중 献 xiàn 일 献 ケン(たてまつる)

형성 개 견(犬)+솥 권(鬳)자로 희생물을 신에게 '제사 지내거나 바치는 것'을 뜻한다.
獻物(헌물) 물건을 바침. 獻金(헌금) 獻血(헌혈) 獻花(헌화)

개 견(犬/犭)부 [4犬16 총20획]

바칠 헌

軒 [高 3급]

추녀, 처마
영 eaves 중 轩 xuān 일 ケン(のき)

형성 수레 거(車)+방패 간(干)자로 건물 밖으로 길게 뻗은 '추녀'를 뜻한다.
軒號(헌호) 남의 당호를 높이어 일컫는 말.
軒擧(헌거) 東軒(동헌) 軒軒丈夫(헌헌장부)

수레 거(車)부 [7車3 총10획]

처마 헌

高3급 懸	고을, 매달다	영 town 중 县 xiàn 일 ケン(あがた)
실 사(糸)부 [6糸10 총16획]	형성 실 사(糸)+매달 교(県)자로 목을 베어 나무에 거꾸로 매다는 뜻과 경작지로 '고을'을 뜻한다. 州縣(주현) 주와 현. 郡縣(군현) 縣監(현감) 縣官(현관) 縣縣縣縣縣縣縣縣縣縣縣縣	
고을, 달 현	縣 縣 縣 縣 縣	

高3Ⅱ급 玄	검다, 검은빛	영 black 중 玄 xuán 일 ゲン
검을현(玄)부 [5玄0 총5획]	회의 검은 실을 한 타래씩 묶은 모양으로 '검은 것'을 뜻한다. 玄琴(현금) 거문고. 玄妙(현묘) 玄關(현관) 玄米(현미) 玄玄玄玄玄	
검을 현	玄 玄 玄 玄 玄	

高3Ⅱ급 懸	매달다, 달아 맴	영 hang 중 悬 xuán 일 ケ・ケン(かかる)
마음 심(心)부 [4心16 총20획]	형성 고을 현(縣)+마음 심(心)자로 '매달다'를 뜻한다. 懸隔(현격) 동떨어짐. 懸燈(현등) 懸案(현안) 懸板(현판) 懸懸懸懸懸懸懸懸懸懸懸	
매달 현	懸 懸 懸 懸 懸	

高3급 絃	악기줄, 현악기	영 string 중 弦 xián 일 ゲン
실 사(糸)부 [6糸5 총11획]	회의·형성 실 사(糸)+현묘할 현(玄)자로 현묘한 소리를 내는 '악기줄'을 뜻한다. 絃琴(현금) 거문고. 絃樂(현악) 絃樂器(현악기) 絶絃(절현) 絃絃絃絃絃絃絃絃絃絃絃	
악기줄 현	絃 絃 絃 絃 絃	

3급 弦	활시위, 초승달	영 bow 중 弦 xián 일 ゲン(つるいと)
활 궁(弓)부 [3弓5 총8획]	형성 활 궁(弓)+아득할 현(玄)자로 '활시위'의 뜻을 나타낸다. 弦管(현관) 거문고와 피리. 弦矢(현시) 弦月(현월) 弦壺(현호) 弦弦弦弦弦弦弦弦	
활시위 현	弦 弦 弦 弦 弦	

穴

구멍, 구덩이 영hole 중穴 xué 일ケツ(あな)

형성 흙을 파서 만든 '동굴'을 뜻한다.
穴居(혈거) 흙이나 바위의 굴 속에서 삶. 穴深(혈심) 穴見(혈견) 經穴(경혈)

구멍 혈(穴)부 [5穴0 총5획]

구멍 **혈**

嫌

싫어하다, 미워함 영dislike 중嫌 xián 일ハ(とる)

형성 계집 녀(女)+겸할 겸(兼)자로 '싫어하다'를 뜻한다.
嫌忌(혐기) 꺼리며 싫어함. 嫌惡(혐오) 嫌疑(혐의) 嫌惡(혐오)

여자녀(女)부 [3女10 총13획]

싫어할 **혐**

脅

으르다, 위협하다 영menace 중胁 xié 일キョウ(おどかす)

형성 고기 육(月)+합할 협(劦)자로 '으르다'를 뜻한다.
脅迫(협박) 으르면서 몹시 위협함. 脅杖(협장) 威脅(위협) 脅威(협위)

고기 육(육달월) 肉(月)부 [4月6 총10획]

겨드랑이 **협**

亨

형통하다 영go well 중亨 hēng 일キョウ(とおる)

회의 조상신을 모신 장소를 본뜬 모양으로 일이 '형통함'을 뜻한다.
亨通(형통) 온갖 일이 뜻과 같이 잘 되어 감. 亨通(형통) 亨運(형운) 亨熟(형숙)

돼지해머리(亠)부 [2亠5 총7획]

형통할 **형**

衡

저울대, 저울 영scale beam 중衡 héng 일コウ(はかり)

형성 뿔 각(角)+클 대(大)+다닐 행(行)자로 쇠뿔에 잡아맨 나무를 의미했으나 변하여 '저울대'를 뜻한다.
衡平(형평) 평균. 銓衡(전형) 衡陽(형양) 均衡(균형)

갈행(行)부 [6行10 총16획]

저울대 **형**

高3급	 개똥벌레	영 firefly 중 萤 yíng 일 蛍 ケイ(ほたる)
	형성 벌레 충(虫)+등불 형(熒)자로 모닥불 같은 빛을 내는 벌레, 즉 '개똥벌레'를 뜻한다. 螢光(형광) 반딧불의 불빛. 螢石(형석) 螢光燈(형광등) 囊螢(낭형)	
벌레 충(虫)부 [6虫10 총16획]	螢螢螢螢螢螢螢螢螢螢螢螢	
개똥벌레 형	螢 螢 螢 螢 螢	

高3급	 강조, 감탄의 어조사	영 particle 중 兮 xī 일 ケイ
	회의 여덟 팔(八)+공교할 교(丂)자로 숨이 목까지 차오르는 것을 뜻했으나 가차하여 어조사로 쓰인다. 實兮歌(실혜가) 신라(新羅) 가요의 하나. 兮也(혜야) 寂兮寥兮(적혜요혜)	
여덟 팔(八)부 [2八2 총4획]	兮兮兮兮	
어조사 혜	兮 兮 兮 兮 兮	

高3Ⅱ급	 호걸, 호방하다	영 hero 중 豪 háo 일 ゴウ(つよい·おおきい)
	형성 높을 고(高)+돼지 시(豕)자로 갈기가 뻣뻣한 산돼지를 뜻하였으나 '호걸'을 뜻한다. 豪民(호민) 세력이 있는 백성. 豪言(호언) 豪傑(호걸) 豪氣(호기)	
돼지시(豕)부 [7豕7 총14획]	豪豪豪豪豪豪豪豪豪豪豪豪豪	
호걸 호	豪 豪 豪 豪 豪	

高3급	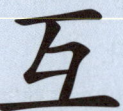 서로, 함께	영 mutually 중 互 hù 일 ゴ(たがいに)
	상형 막대 두 개를 서로 어긋나게 맞댄 모양으로 '서로'를 뜻한다. 互先(호선) 실력이 비슷한 사람끼리 두는 바둑. 互讓(호양) 互角(호각) 互稱(호칭)	
두 이(二)부 [2二2 총4획]	互互互互	
서로 호	互 互 互 互 互	

中3Ⅱ급	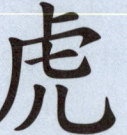 범, 용맹스럽다	영 tiger 중 虎 hǔ 일 コ(とら)
	상형 큰 입을 벌리고 날카로운 어금니, 발톱을 드러내놓은 '범'의 모양을 본뜬 글자로 '범'을 뜻한다. 虎尾(호미) 호랑이의 꼬리. 虎皮(호피) 虎口(호구) 虎叱(호질)	
범호 엄(虍)부 [6虍2 총8획]	虎虎虎虎虎虎虎虎	
범 호	虎 虎 虎 虎 虎	

浩

- 물 수(삼수변) 水(氵)부 [3氵7 총10획]
- 高3Ⅱ급
- 넓다, 크다
- 영 wide 중 浩 hào 일 コウ(ひろい)
- 형성 물 수(氵)+고할 고(告)자로 크고 넓은 물의 모양으로 '넓다, 크다'를 뜻한다.
- 浩浩湯湯(호호탕탕) 넓고 큰 모양. 浩瀚(호한) 浩氣(호기) 浩然(호연)

넓을 호

胡

- 고기 육(육달월) 肉(月)부 [4月5 총9획]
- 高3Ⅱ급
- 오랑캐, 멀다
- 영 savage 중 胡 hú 일 コ·ウ·ゴ(えびす)
- 형성 고기 육(月)+옛 고(古)자로 아득히 먼 '오랑캐 땅'을 뜻한다.
- 胡亂(호란) 오랑캐들이 일으킨 난리. 胡壽(호수) 胡桃(호도) 東胡(동호)

오랑캐 호

乎

- 삐칠 별(삐침)(丿)부 [1丿4 총5획]
- 中 3급
- 온, 그런가
- 영 particle 중 乎 hū 일 コ(か)
- 지사 목소리를 길게 뽑아 뜻을 다하는 말을 뜻한다.
- 確乎(확호) 든든하게. 斷乎(단호) 福輕乎羽(복경호우) 嗟乎(차호)

어조사 호

毫

- 털 모(毛)부 [4毛7 총11획]
- 高 3급
- 가는 털, 아주 가늘다
- 영 fine hair 중 毫 háo 일 ゴウ
- 회의·형성 높을 고(高)+털 모(毛)자로 털 중에서 가장 질 좋고 가는 털을 뜻한다.
- 毫端(호단) 붓의 끝. 毫髮(호발) 秋毫不犯(추호불범)

가는털 호

惑

- 마음 심(심방변) 心(忄/㣺)부 [4心8 총12획]
- 高3Ⅱ급
- 미혹하다, 빠지다
- 영 bewitch 중 惑 huò 일 ワク(まどう)
- 형성 혹시 혹(或)+마음 심(心)자로 여러 가지 생각으로 마음을 어지럽히는 것을 뜻한다.
- 惑世誣民(혹세무민) 세상을 어지럽게 함. 惑星(혹성) 惑道(혹도) 不惑(불혹)

미혹할 혹

魂

넋, 혼   영 soul   중 魂 hún   일 コン(たましい)

형성 귀신 귀(鬼)+구름 운(云)자로 하늘 위를 돌아다니는 '넋'을 뜻한다.

魂怯(혼겁) 혼이 빠지게 겁을 냄.   魂膽(혼담)   魂靈(혼령)   魂殿(혼전)

귀신귀(鬼)부 [10鬼4 총14획]

넋 혼

昏

어둡다, 혼미하다   영 dark   중 昏 hūn   일 コン(くらい)

회의 날 일(日)+백성 민(氏)자로 해가 서쪽으로 넘어가 '어두운 것'을 뜻한다.

昏君(혼군) 우매한 군주.   昏亂(혼란)   昏迷(혼미)   昏睡(혼수)

날 일(日)부 [4日4 총8획]

어두울 혼

忽

문득, 소홀히 하다   영 suddenly   중 忽 hū   일 ソ(うとし)

회의·형성 마음 심(心)+없을 물(勿)자로 마음속에 아무것도 없는 것을 뜻한다.

忽待(홀대) 소홀히 하는 대접.   忽視(홀시)   忽然(홀연)   疎忽(소홀)

마음 심(심방변) 心(忄/㣺)부 [4心4 총8획]

문득 홀

弘

넓다, 넓히다   영 extensive   중 弘 hóng   일 グ·コウ(ひろい)

형성 활 궁(弓)+사사 사(厶)자로 활을 튕겼을 때 소리가 퍼지는 것으로 '널리'를 뜻한다.

弘簡(홍간) 도량이 크고 넓음.   弘謀(홍모)   弘報(홍보)   弘益(홍익)

활 궁(弓)부 [3弓2 총5획]

넓을 홍

洪

넓다, 크다   영 broad   중 洪 hóng   일 コウ(おおみず)

형성 물 수(氵)+한가지 공(共)자로 넓고 '큰 물'을 뜻한다.

洪福(홍복) 큰 복.   洪水(홍수)   洪魚(홍어)   洪範(홍범)

물 수(삼수변) 水(氵)부 [3氵6 총9획]

큰물 홍

高3급 **鴻** 새 조(鳥)부 [11鳥6 총17획] 큰기러기 **홍**	기러기, 큰기러기　　　　　영 big goose　중 鸿 hóng　일 コウ
	형성 새 조(鳥)+강 강(江)자로 '큰 물새, 큰기러기'를 뜻한다. 鴻毛(홍모) 기러기 털.　鴻鵠之志(홍곡지지)　鴻雁(홍안)　鴻爪(홍조)
	鴻鴻鴻鴻鴻鴻鴻鴻鴻鴻鴻鴻
	鴻 鴻 鴻 鴻 鴻

中3Ⅱ급 **禍** 보일시(示)부 [5示9 총14획] 재난 **화**	재앙, 재난　　　　　영 disaster　중 祸 huò　일 カ(わざわい)
	형성 보일 시(示)+입 비뚤어질 와(咼)자로 깎여 없어진 행복, 즉 '재앙'을 뜻한다. 禍源(화원) 재앙의 근원.　禍福(화복)　禍根(화근)　禍難(화난)
	禍禍禍禍禍禍禍禍禍禍禍
	禍 禍 禍 禍 禍

高3급 **禾** 벼 화(禾)부 [5禾0 총5획] 벼 **화**	벼, 곡물　　　　　영 rice plant　중 禾 hé　일 カ(いね)
	상형 벼이삭이 드리워진 모양을 본뜬 글자로 '벼, 곡물'을 뜻한다. 禾稈(화간) 볏집.　禾苗(화묘)　禾穀(화곡)　禾主(화주)
	禾 禾 禾 禾 禾
	禾 禾 禾 禾 禾

高3급 **擴** 손 수(재방변) 手(扌)부 [3扌15 총18획] 넓힐 **확**	넓히다, 늘리다　　　　　영 expand　중 扩 kuò　일 拡 カク(ひろげる)
	형성 손 수(扌)+넓을 광(廣)자로 넓은 것을 손으로 '넓히다'를 뜻한다. 擴大(확대) 늘려서 크게 함.　擴散(확산)　擴張(확장)　擴充(확충)
	擴擴擴擴擴擴擴擴擴擴擴
	擴 擴 擴 擴 擴

高3급 **穫**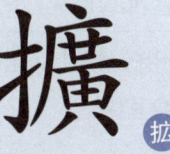 벼 화(禾)부 [5禾14 총19획] 벼벨 **확**	거두다, 벼 베다　　　　　영 harvest　중 获 huò　일 カク(かる)
	형성 벼 화(禾)+잡을 확(蒦)자로 수확기에 벼를 거두어들이는 것을 뜻한다. 收穫(수확) 거둬들임.　多收穫(다수확)　穫稻(확도)　刈穫(예확)
	穫穫穫穫穫穫穫穫穫
	穫 穫 穫 穫 穫

高3급	알, 둥글다	영 pill 중 丸 wán 일 ガン(たま)
丸	회의 새 을(乙)+비수 비(匕)자로 날붙이로 둥글린 둥근 '알'을 뜻한다.	
	丸藥(환약) 작고 둥글게 빚은 알약. 丸劑(환제) 丸衣(환의) 烏丸(오환)	
점 주(丶)부 [1丶2 총3획]	丸丸丸	
알 환	丸 丸 丸 丸 丸	

高3Ⅱ급	돌아오다, 물러나다	영 return 중 还 huán 일 カン(かえる)
還	형성 쉬엄쉬엄갈 착(辶)+돌 환(睘)자로 한 바퀴 돌아서 '돌아오는 것'을 뜻한다.	
	還鄉(환향) 고향으로 되돌아감. 還元(환원) 還都(환도) 還生(환생)	
쉬엄쉬엄갈 착(책받침) 辶(辶)부 [4辶13 총17획]	還還還還還還還還還還還還	
돌아올 환	還 還 還 還 還	

高3Ⅱ급	바꾸다	영 exchange 중 换 huàn 일 カン(とりかえる)
換	형성 손 수(扌)+맞바꿀 환(奐)자로 동작을 분명히 바꾸는 것을 뜻한다.	
	換率(환율) 두 나라 화폐간의 교환 비율. 換氣(환기) 換物(환물) 換錢(환전)	
손 수(재방변) 手(扌)부 [3扌9 총12획]	換換換換換換換換換	
바꿀 환	換 換 換 換 換	

中3Ⅱ급	임금	영 emperor 중 皇 huáng 일 コウ(きみ)
皇	형성 흰 백(白)+임금 왕(王)자로 햇볕에 빛나는 큰 도끼의 모양에서 '임금'을 뜻한다.	
	皇考(황고) 돌아간 아버지의 존칭. 皇恩(황은) 皇妃(황비) 皇室(황실)	
흰 백(白)부 [3扌9 총9획]	皇皇皇皇皇皇皇皇	
임금 황	皇 皇 皇 皇 皇	

高3급	거칠다, 망치다	영 rough 중 荒 huāng 일 コウ(あれる)
荒	형성 풀 초(艹)+없을 황(巟)자로 황량한 풀 이외에는 아무것도 없어 거친 것을 뜻한다.	
	荒年(황년) 흉년. 荒廢(황폐) 荒凉(황량) 荒野(황야)	
풀초(초두) 艸(艹)부 [4艹6 총10획]	荒荒荒荒荒荒荒荒荒荒	
거칠 황	荒 荒 荒 荒 荒	

懷

高3Ⅱ급

마음 심(忄)부 [3忄16 총19획]

품다, 품안 — 영 hug, cherish / 중 怀 huái / 일 カイ(なつかしい)

형성 마음 심(忄)+따를 회(褱)자로 마음속에 그리워하는 것으로 '정, 품다'를 뜻한다.
懷古談(회고담) 옛일을 돌이켜 말함. 懷柔(회유) 懷疑(회의) 懷抱(회포)

품을 회

悔

高3Ⅱ급

마음 심(심방변) 心(忄/㣺)부 [3忄7 총10획]

뉘우치다 — 영 regret / 중 悔 huī / 일 カイ(くやむ)

형성 마음 심(忄)+어두울 매(每)자로 마음이 어두워지는 것으로 '뉘우치다'를 뜻한다.
悔改(회개) 예전의 잘못을 뉘우침. 悔心(회심) 悔恨(회한) 痛悔(통회)

뉘우칠 회

劃

高3Ⅱ급

칼 도(刀/刂)부 [2刂12 총14획]

긋다, 나누다 — 영 draw / 중 划 huà / 일 カク·カツ

회의·형성 가를 획(畫)+칼 도(刂)자로 칼로 가르기에 앞서 '미리 정하는 것'을 뜻한다.
劃期的(획기적) 한 시기를 그을만함. 劃然(획연) 劃數(획수) 劃策(획책)

그을 획

橫

高3Ⅱ급

나무목(木)부 [4木12 총16획]

가로, 동서 — 영 width / 중 横 héng / 일 オウ(よこ)

형성 나무 목(木)+누를 황(黃)자로 대문의 빗장을 가로 끼우는 것을 뜻한다.
橫斷(횡단) 가로 끊음. 橫隊(횡대) 橫領(횡령) 橫步(횡보)

가로 횡

曉

高3급

날 일(日)부 [4日12 총16획]

새벽, 밝다 — 영 dawn / 중 晓 xiǎo / 일 ギョウ(あかつき)

형성 해 일(日)+멀 요(堯)자로 해가 멀리서 높게 떠오르는 '새벽'을 뜻한다.
曉星(효성) 새벽에 보이는 별. 曉得(효득) 曉習(효습) 曉鐘(효종)

새벽 효

喉

3급

목구멍, 목

영 throat 중 喉 hóu 일 コウ(のど)

형성 입 구(口)+과녁 후(侯)자로 입을 통해 음식이 들어가는 길, 즉 '목구멍'을 뜻한다.
喉頭(후두) 목의 위 끝 부분. 喉舌(후설) 喉頭炎(후두염) 斥喉(척후)

입 구(口)부 [3口9 총12획]

목구멍 **후**

侯

高 3급

제후, 후작

영 feudal lord 중 侯 hóu 일 コウ

회의 사람 인(亻)+임금 후(矣)자로 신분이 고귀한 신하에게 부여하는 '지위'를 뜻한다.
侯爵(후작) 고려 때의 벼슬 이름. 侯伯(후백) 封侯(봉후) 節侯(절후)

사람 인(人)부 [2亻7 총9획]

제후 **후**

毁

高 3급

헐다, 깨뜨리다

영 destroy 중 毁 huǐ 일 キ(やぶれる)

회의·형성 흙을 으깨는 것으로 '헐다'를 뜻한다.
毁慕(훼모) 죽은 사람을 너무 괴로워한 나머지 몸이 몹시 상함.
毁謗(훼방) 毁傷(훼상) 毁損(훼손)

칠 수(殳)부 [4殳9 총13획]

헐 **훼**

輝

高 3급

빛나다, 빛

영 shine 중 辉 huī 일 キ(かがやく)

형성 빛 광(光)+군사 군(軍)자로 전공(戰功)을 세운 군사가 '빛나다'를 뜻한다.
輝赫(휘혁) 빛이 남. 輝煌(휘황) 輝度(휘도) 明輝(명휘)

수레 거(車)부 [7車8 총15획]

빛날 **휘**

携

高 3급

가지다, 들다

영 lead, carry 중 携 xié 일 ケイ(たずさえる)

형성 손 수(扌)+동여맬 휴(隽)자로 손을 잡는 것으로 '가지다'를 뜻한다.
携帶(휴대) 손에 들거나 몸에 지님. 携帶品(휴대품) 携引(휴인) 提携(제휴)

손 수(재방변) 手(扌)부 [3扌10 총13획]

끌 **휴**

胸

가슴, 마음
영 breast 중 胸 xiōng 일 キョウ(むね)

형성 고기 육(月)+가슴 흉(匈)자로 몸속의 심장을 감싼 '가슴'을 뜻한다.

胸襟(흉금) 마음속. 胸背(흉배) 胸廓(흉곽) 胸部(흉부)

고기 육(육달월) 肉(月)부 [4月6 총10획]

가슴 **흉**

戱

놀다, 희롱하다
영 raillery 중 戏 xì 일 戱 ギ(たわむれる)

형성 옛 질그릇 희(虛)+창 과(戈)자로 무위를 의미하였으나 변하여 '희롱하다'를 뜻한다.

戱曲(희곡) 연극 대본. 戱弄(희롱) 戱劇(희극) 遊戱(유희)

창과(戈)부 [4戈12 총16획]

놀 **희**

旣

이미, 본디
영 already 중 既 jì 일 既 キ(すでに)

형성 이미 기(旡)+고소할 핍(皀)자로 실컷 먹었다는 데서 끝났음을 뜻하는 '이미'를 뜻한다.

旣刊(기간) 이미 출간함. 旣決(기결) 旣述(기술) 旣約(기약)

없을 무(이미기방)(旡)부 [4旡7 총11획]

이미 **희**

熙

빛나다, 빛
영 shine 중 熙 xī 일 キ(よろこぶ)

회의·형성 즐거울 이(巸)+불 화(灬)자로 불을 밝혀 기뻐하는 것으로 '빛나다'를 뜻한다.

熙笑(희소) 기쁜 웃음. 康熙字典(강희자전) 熙文(희문) 熙熙(희희)

불 화(火/灬)부 [4灬9 총13획]

빛날 **희**

噫

탄식하다, 한숨
영 sigh 중 噫 yī

회의·형성 입 구(口)+뜻 의(意)자로 가슴이 메어서 터지는 '탄성'을 뜻한다.

噫嗚(희오) 슬피 탄식(歎息)하고 괴로워하는 모양. 噫瘖(희음) 噫氣(애기) 噫噫(희희)

입 구(口)부 [3口13 총16획]

탄식할 **희/애**

3급 **稀** 벼 화(禾)부 [5禾7 총12획]	드물다　　　　　　　　　　　　　　영 rare　중 稀 xī　일 ケ(まれ)
	형성 벼 화(禾)+드물 희(希)자로 드문드문 성기게 심은 볏모의 모양에서 '드물다'를 뜻한다. 稀宴(희연) 일흔 살이 되는 해의 생일잔치.　稀貴(희귀)　稀微(희미)　稀薄(희박)
드물 **희**	稀 稀 稀 稀 稀 稀 稀 稀 稀 稀 稀 稀 稀 稀 稀

3단계 왕초보
1800 한자 쓰기 교본

부록

- 부수(部首) 일람표
- 두음법칙(頭音法則) 한자
- 동자이음(同字異音) 한자
- 약자(略字)·속자(俗字)
- 고사성어(故事成語)

부수(部首) 일람표

一 [한 일]	가로의 한 획으로 수(數)의 '하나'의 뜻을 나타냄 (지사자)
丨 [뚫을 곤]	세로의 한 획으로, 상하(上下)로 통하는 뜻을 지님 (지사자)
丶 [점 주(점)]	불타고 있어 움직이지 않는 불꽃을 본뜬 모양 (지사자)
丿 [삐칠 별(삐침)]	오른쪽에서 왼쪽으로 삐쳐 나간 모습을 그린 글자 (상형자)
乙(乚) [새 을]	갈지자형을 본떠, 사물이 원활히 나아가지 않는 상태를 나타냄 (상형자)
亅 [갈고리 궐]	거꾸로 휘어진 갈고리 모양을 본뜬 글자 (상형자)
二 [두 이]	두 개의 가로획으로 수사(數詞)의 '둘'의 뜻을 나타냄 (상형자)
亠 [머리 두(돼지해머리)]	亥에서 亠을 따 왔기 때문에 돼지해밑이라고 함 (상형자)
人(亻) [사람 인(인변)]	사람, 백성 등이 팔을 뻗쳐 서있는 것을 옆에서 본 모양 (상형자)
儿 [어진사람 인]	사람 두 다리를 뻗치고 서있는 모습 (상형자)
入 [들 입]	하나의 줄기가 갈라져 땅속으로 들어가는 모양 (상형자)
八 [여덟 팔]	사물이 둘로 나뉘어 등지고 있는 모습 (지사자)
冂 [멀 경(멀경몸)]	세로의 두 줄에 가로 줄을 그어, 멀리 떨어진 막다른 곳을 뜻함 (상형자)
冖 [덮을 멱(민갓머리)]	집 또는 지붕을 본떠 그린 글자 (상형자)
冫 [얼음 빙(이수변)]	얼음이 언 모양을 그린 글자 (상형자)
几 [안석 궤(책상궤)]	발이 붙어 있는 대의 모양 (상형자)
凵 [입벌릴 감(위터진입구)]	땅이 움푹 들어간 모양 (상형자)
刀(刂) [칼 도]	날이 구부정하게 굽은 칼 모양 (상형자)
力 [힘 력]	팔이 힘을 주었을 때 근육이 불거진 모습 (상형자)
勹 [쌀 포]	사람이 몸을 구부리고 보따리를 싸서 안고 있는 모양 (상형자)
匕 [비수 비]	끝이 뾰족한 숟가락 모양 (상형자)
匚 [상자 방(터진입구)]	네모난 상자의 모양을 본뜸 (상형자)
匸 [감출 혜(터진에운담)]	물건을 넣고 뚜껑을 덮어 가린다는 뜻 (회의자)
十 [열 십]	동서남북이 모두 추어진 모양
卜 [점 복]	점을 치기 위하여 소뼈나 거북의 등딱지를 태워서 갈라진 모양

卩(㔾) [병부 절]	사람이 무릎을 꿇은 모양을 본떠, '무릎 관절'의 뜻을 나타냄 (상형자)
厂 [굴바위 엄(민엄호)]	언덕의 위부분이 튀어나와 그 밑에서 사람이 살 수 있는 곳 (상형자)
厶 [사사로울 사(마늘모)]	자신의 소유품을 묶어 싸놓고 있음을 본뜸 (지사자)
又 [또 우]	오른손의 옆모습을 본뜬 글자 (상형자)
口 [입 구]	사람의 입모양을 나타냄 (상형자)
囗 [에울 위(큰입구)]	둘레를 에워싼 선에서, '에워싸다', '두루다'의 뜻을 나타냄 (지사자)
土 [흙 토]	초목의 새싹이 땅 위로 솟아오르며 자라는 모양을 본뜬 글자 (상형자)
士 [선비 사]	一에서 十까지의 기수(基數)로 선비가 학업에 입문하는 것 (상형자)
夂 [뒤져올 치]	아래를 향한 발의 상형으로, '내려가다'의 뜻을 나타냄 (상형자)
夊 [천천히걸을 쇠]	아래를 향한 발자국의 모양으로, 가파른 언덕을 머뭇거리며 내려가다는 뜻을 나타냄 (상형자)
夕 [저녁 석]	달이 반쯤 보이기 시작할 때 즉 황혼 무렵의 저녁을 말함 (상형자)
大 [큰 대]	정면에서 바라 본 사람의 머리, 팔, 머리를 본뜸 (상형자)
女 [계집 녀]	여자가 무릎을 굽히고 얌전히 앉아 있는 모습 (상형자)
子 [아들 자]	사람의 머리와 수족을 본뜸 (상형자)
宀 [집 면(갓머리)]	지붕이 사방으로 둘러싸인 집 (상형자)
寸 [마디 촌]	손가락 하나 굵기의 폭 (지사자)
小 [작을 소]	작은 점의 상형으로 '작다'의 뜻 (상형자)
尢(兀) [절름발이 왕]	한쪽 정강이뼈가 굽은 모양을 본뜸 (상형자)
尸 [주검 시]	사람이 배를 깔고 드러누운 모양 (상형자)
屮(丱) [싹날 철]	풀의 싹이 튼 모양을 본뜸 (상형자)
山 [메 산]	산모양을 본떠, '산'의 뜻을 나타냄 (상형자)
巛(川) [개미허리(내 천)]	물이 굽이쳐 흐르는 모양 (상형자)
工 [장인 공]	천지 사이에 대목이 먹줄로 줄을 튕기고 있는 모습 (상형자)
己 [몸 기]	사람이 자기 몸을 굽히고 있는 모양을 본뜬 글자 (상형자)
巾 [수건 건]	허리띠에 천을 드리우고 있는 모양 (상형자)
干 [방패 간]	끝이 쌍갈래진 무기의 상형으로, '범하다', '막다'의 뜻을 나타냄 (상형자)
幺 [작을 요]	갓 태어난 아이를 본뜸 (상형자)

广 [집 엄(엄호)]	가옥의 덮개에 상당하는 지붕의 모습을 본뜸 (상형자)
廴 [길게 걸을 인(민책받침)]	길게 뻗은 길을 간다는 뜻 (지사자)
廾 [손맞잡을 공(밑스물입)]	두 손으로 받들 공 왼손과 오른손을 모아 떠받들고 있는 모습 (회의자)
弋 [주살 익]	작은 가지에 지주(支柱)를 바친 모양 (상형자)
弓 [활 궁]	화살을 먹이지 않은 활의 모양을 본뜸 (상형자)
彐(크) [돼지머리 계(터진가로왈)]	돼지머리의 모양을 본뜬 모양 (상형자)
彡 [터럭 삼(삐친석삼)]	터럭을 빗질하여 놓은 모양 (상형자)
彳 [조금걸을 척(중인변)]	넓적다리, 정강이, 발의 세 부분을 그려서 처음 걷기 시작함을 나타냄 (상형자)
心(忄·㣺) [마음 심(심방변)]	사람의 심장의 모양을 본뜬 모양 (상형자)
戈 [창 과]	주살 익(弋)에 一을 덧붙인 날이 옆에 있는 주살 (상형자)
戶 [지게 호]	지게문의 상형으로, '문', '가옥'의 뜻을 지님 (상형자)
手(扌) [손 수(재방변)]	다섯 손가락을 펼치고 있는 손의 모양 (상형자)
支 [지탱할 지]	대나무의 한 쪽 가지를 나누어 손으로 쥐고 있는 모양 (상형자)
攴(攵) [칠 복(등글월문)]	손으로 북소리가 나게 두드린다는 뜻 (상형자)
文 [글월 문]	사람의 가슴을 열어, 거기에 먹으로 표시한 모양 (상형자)
斗 [말 두]	자루가 달린 용량을 계측하는 말을 본뜸 (상형자)
斤 [도끼 근(날근)]	날이 선, 자루가 달린 도끼로 그 밑에 놓인 물건을 자르려는 모양 (상형자)
方 [모 방]	두 척의 조각배를 나란히 하여 놓고 그 이름을 붙여 놓은 모양 (상형자)
无(旡) [없을 무(이미기방)]	사람의 머리 위에 一의 부호를 더하여 머리를 보이지 않게 한 것 (지사자)
日 [날 일]	태양의 모양을 본뜸 (상형자)
曰 [가로 왈]	입과 날숨을 본뜸 (상형자)
月 [달 월]	달의 모양을 본뜸 (상형자)
木 [나무 목]	나무의 줄기와 가지와 뿌리가 있는 서 있는 나무를 본뜸 (상형자)
欠 [하품 흠]	사람의 립에서 입김이 나오는 모양 (상형자)
止 [그칠 지]	초목에서 싹이 돋아날 무렵의 뿌리 부분의 모양 (상형자)
歹(歺) [뼈앙상할 알(죽을 사 변)]	살이 깎여 없어진 사람의 백골 시체의 모양 (상형자)
殳 [칠 수(갖은등글월문)]	오른손에 들고 있는 긴 막대기의 무기 모양 (상형자)

毋 [말 무]	毋말무 여자를 함부로 범하지 못하도록 막아 지킨다는 뜻 (상형자)
比 [견줄 비]	人을 반대 방향으로 나란히 세워 놓은 모양 (상형자)
毛 [터럭 모]	사람이나 짐승의 머리털을 본뜸 (상형자)
氏 [각시 씨]	산기슭에 튀어나와 있는 허물어져가는 언덕의 모양 (상형자)
气 [기운 기]	구름이 피어오르는 모양. 또는 김이 곡선을 그으면서 솟아오르는 모양 (상형자)
水(氵) [물 수(삼수변)]	물이 끊임없이 흐르는 모양 (상형자)
火(灬) [불 화]	불이 활활 타오르는 모양 (상형자)
爪(爫) [손톱 조]	손으로 아래쪽의 물건을 집으려는 모양 (상형자)
父 [아비 부]	손으로 채찍을 들고 가족을 거느리며 가르친다는 뜻 (상형자)
爻 [점괘 효]	육효(六爻)의 머리가 엇갈린 모양을 본뜸 (상형자)
爿 [조각널 장(장수장변)]	나무의 한 가운데를 세로로 자른 그 왼쪽 반의 모양 (상형자)
片 [조각 편]	나무의 한 가운데를 세로로 자른 그 오른 쪽 반의 모양 (상형·지사자)
牙 [어금니 아]	입을 다물었을 때 아래 위의 어금니가 맞닿은 모양 (상형자)
牛(牜) [소 우]	머리와 두 뿔이 솟고, 꼬리를 늘어뜨리고 있는 소의 모양 (상형자)
犬(犭) [개 견]	개가 옆으로 보고 있는 모양 (상형자)
老(耂) [늙을 로]	늙어서 머리털이 변한 모양 (상형자)
玉(王) [구슬 옥]	가로 획은 세 개의 옥돌, 세로 획은 옥 줄을 꿴 끈을 뜻함 (상형자)
艸(艹) [풀 초(초두)]	초목이 처음 돋아나오는 모양 (상형자)
辵(辶) [쉬엄쉬엄갈 착 (책받침)]	가다가는 쉬고 쉬다가는 간다는 뜻 (회의자)
玄 [검을 현]	'亠'과 '幺'이 합하여 그윽하고 멀다는 의미를 지님 (상형자)
瓜 [오이 과]	'八'는 오이의 덩굴을, 'ㅿ'는 오이의 열매를 본뜸 (상형자)
瓦 [기와 와]	진흙으로 구운 질그릇의 모양 (상형자)
甘 [달 감]	'ㅁ'와 'ㅡ'을 합한 것으로 입 안에 맛있는 것이 들어있음을 뜻함 (지사자)
生 [날 생]	초목이 나고 차츰 자라서 땅 위에 나온 모양 (상형자)
田 [밭 전]	'ㅁ'은 사방의 경계선을 '十'은 동서남북으로 통하는 길을 본뜸 (상형자)
疋 [필 필]	무릎 아래의 다리 모양 (상형자)
疒 [병들 녁(병질엄)]	사람이 병들어 침대에 기댄 모양 (회의자)
癶 [걸을 발(필발머리)]	두 다리를 뻗친 모양 (상형자)

白 [흰 백]	저녁의 어스레한 물색을 희다고 본데서 '희다'의 뜻을 나타냄 (상형자)
皮 [가죽 피]	손으로 가죽을 벗기는 모습 (상형자)
皿 [그릇 명]	그릇의 모양 (상형자)
目(罒) [눈 목]	사람의 눈의 모양 (상형자)
矛 [창 모]	병거(兵車)에 세우는 장식이 달리고 자루가 긴 창의 모양 (상형자)
矢 [화살 시]	화살의 모양 (상형자)
石 [돌 석]	언덕 아래 굴러있는 돌멩이 모양 (상형자)
示(礻) [보일 시]	인간에게 길흉을 보여 알림을 뜻함 (상형자)
禸 [짐승발자국 유]	짐승의 뒷발이 땅을 밟고 있는 모양 (상형자)
禾 [벼 화]	줄기와 이삭이 드리워진 모양 (상형자)
穴 [구멍 혈]	움을 파서 그 속에서 살 혈거주택을 본 뜬 모양 (상형자)
立 [설 립]	사람이 땅 위에 서 있는 모양 (상형자)
衣(衤) [옷 의]	사람의 윗도리를 가리는 옷이라는 뜻 (상형자)
竹 [대 죽]	대나무의 줄기와 대나무의 잎이 아래로 드리워진 모양 (상형자)
米 [쌀 미]	네 개의 점은 낟알을 뜻하고 十은 낟알이 따로따로 있음을 뜻함 (상형자)
糸 [실 사]	실타래를 본뜬 모양 (상형자)
缶 [장군 부]	장군을 본뜬 모양 (상형자)
网(罓·罒) [그물 망]	그물을 본뜬 모양 (상형자)
羊 [양 양]	양의 뿔과 네 다리를 나타낸 모양 (상형자)
羽 [깃 우]	새의 날개를 본뜬 모양 (상형자)
而 [말이을 이]	코 밑 수염을 본뜬 모양 (상형자)
耒 [쟁기 뢰]	우거진 풀을 나무로 만든 연장으로 갈아 넘긴다는 뜻으로 쟁기를 의미함 (상형자)
耳 [귀 이]	귀를 본뜬 모양 (상형자)
聿 [붓 율]	대쪽에 재빠르게 쓰는 물건 곧 붓을 뜻함 (상형자)
肉(月) [고기 육(육달월변)]	잘라낸 고기 덩어리를 본뜬 모양 (상형자)
臣 [신하 신]	임금 앞에 굴복하고 있는 모양 (상형자)
自 [스스로 자]	코를 본뜬 모양 (상형자)
至 [이를 지]	새가 날아 내려 땅에 닿음을 나타냄 (지사자)

臼 [절구 구(확구)]	확을 본뜬 모양 (상형자)
舌 [혀 설]	口와 千을 합하여 혀를 나타냄 (상형자)
舛(牟) [어그러질 천]	사람과 사람이 서로 등지고 반대 된다는 뜻 (상형·회의자)
舟 [배 주]	배의 모양을 본뜬 모양 (상형자)
艮 [그칠 간]	눈이 나란하여 서로 물러섬이 없다는 뜻 (회의자)
色 [빛 색]	사람의 심정이 얼굴빛에 나타난 모양 (회의자)
虍 [범의문채 호(범호)]	호피의 무늬를 본뜬 모양 (상형자)
虫 [벌레 충(훼)]	살무사가 몸을 도사리고 있는 모양 (상형자)
血 [피 혈]	제기에 담아서 신에게 바치는 희생의 피를 나타냄 (상형자)
行 [다닐 행]	좌우의 발을 차례로 옮겨 걸어감을 의미함 (상형자)
襾 [덮을 아]	그릇의 뚜껑을 본뜬 모양 (지사자)
見 [볼 견]	사람이 눈으로 보는 것을 뜻함 (회의자)
角 [뿔 각]	짐승의 뿔을 본뜬 모양 (상형자)
言 [말씀 언]	불신(不信)이 있을 대는 죄를 받을 것을 맹세한다는 뜻
谷 [골 곡]	샘물이 솟아 산 사이를 지나 바다에 흘러들어 가기까지의 사이를 뜻함 (회의자)
豆 [콩 두]	굽이 높은 제기를 본뜬 모양 (상형자)
豕 [돼지 시]	돼지가 꼬리를 흔드는 모양 (상형자)
豸 [발없는벌레 치(갖은돼지시변)]	짐승이 먹이를 노려 몸을 낮추어 이제 곧 덮치려 하고 있는 모양 (상형자)
貝 [조개 패]	조개를 본뜬 모양 (상형자)
赤 [붉을 적]	불타 밝은데서 밝게 드러낸다는 뜻 (회의자)
走 [달아날 주]	사람이 다리를 굽혔다 폈다 하면서 달리는 모양 (회의자)
足 [발 족]	무릎부터 다리까지를 본뜬 모양 (상형자)
身 [몸 신]	아이가 뱃속에서 움직이는 모양 (상형자)
車 [수레 거]	외바퀴차를 본뜬 모양 (상형자)
辛 [매울 신]	문신을 하기 위한 바늘을 본뜬 모양 (상형자)
辰 [별 진]	조개가 조가비를 벌리고 살을 내놓은 모양 (상형자)
邑(阝) [고을 읍(우부방)]	사람이 모여 사는 마을을 뜻함 (회의자)
酉 [닭 유]	술두루미를 본뜬 모양 (상형자)

釆 [분별할 변]	짐승의 발톱이 갈라져 있는 모양 (상형자)
里 [마을 리]	밭도 있고 흙도 있어서 사람이 살만한 곳을 뜻함 (회의자)
金 [쇠 금]	땅 속에 묻혔으면서 빛을 가진 광석에서 가장 귀한 것을 뜻함 (상형·형성자)
長(镸) [길 장]	사람의 긴 머리를 본뜬 모양 (상형자)
門 [문 문]	두 개의 문짝을 달아놓은 모양 (상형자)
阜(阝) [언덕 부(좌부방)]	층이 진 흙산을 본뜬 모양 (상형자)
隶 [미칠 이]	손으로 꼬리를 붙잡기 위해 뒤에서 미친다는 뜻 (회의자)
隹 [새 추]	꽁지가 짧은 새를 본뜬 모양 (상형자)
雨 [비 우]	하늘의 구름에서 물방울이 뚝뚝 떨어지는 모양 (상형자)
靑 [푸를 청]	싹도 우물물도 맑은 푸른빛을 뜻함 (형성자)
非 [아닐 비]	새가 날아 내릴 때 날개를 좌우로 날아 드리운 모양 (상형자)
面 [낯 면]	사람의 머리에 얼굴의 윤곽을 본뜬 모양 (지사자)
革 [가죽 혁]	두 손으로 짐승의 털을 뽑는 모양 (상형자)
韋 [다룸가죽 위]	어떤 장소에서 다른 방향으로 발걸음을 내디디는 모양 (회의자)
韭 [부추 구]	땅 위에 무리지어 나있는 부추의 모양 (상형자)
音 [소리 음]	말이 입 밖에 나올 때 성대를 울려 가락이 있는 소리를 내는 모양 (지사자)
頁 [머리 혈]	사람의 머리를 강조한 모양 (상형자)
風 [바람 풍]	공기가 널리 퍼져 움직임을 따라 동물이 깨어나 움직인다는 뜻 (상형·형성자)
飛 [날 비]	새가 하늘을 날 때 양쪽 날개를 쭉 펴고 있는 모양 (상형자)
食 [밥 식(변)]	식기에 음식을 담고 뚜껑을 덮은 모양 (상형자)
首 [머리 수]	머리털이 나있는 머리를 본뜬 모양 (상형자)
香 [향기 향]	기장을 잘 익혔을 때 나는 냄새를 뜻함 (회의자)
馬 [말 마]	말을 본뜬 모양 (상형자)
骨 [뼈 골]	고기에서 살을 발라내고 남은 뼈를 뜻함 (회의자)
高 [높을 고]	출입문 보다 누대는 엄청 높다는 뜻 (상형자)
髟 [머리털늘어질 표(터럭발)]	긴 머리털을 뜻함 (회의자)
鬥 [싸울 투]	두 사람이 손에 병장기를 들고 서로 대항하는 모양 (상형자)
鬯 [술 창]	곡식의 낱알이 그릇에 담겨 괴어 액체가 된 것을 숟가락으로 뜬다는 뜻 (회의자)

鬲 [솥 력]	솥과 비슷한 다리 굽은 솥의 모양 (상형자)
鬼 [귀신 귀]	사람을 해치는 망령 곧 귀신을 뜻함 (상형자)
魚 [물고기 어]	물고기를 본뜬 모양 (상형자)
鳥 [새 조]	새를 본뜬 모양 (상형자)
鹵 [소금밭 로]	서쪽의 소금밭을 가리킴 (상형자)
鹿 [사슴 록]	사슴의 머리, 뿔, 네 발을 본뜬 모양 (상형자)
麥 [보리 맥]	겨울에 뿌리가 땅속에 깊이 박힌 모양 (회의자)
麻 [삼 마]	삼의 껍질을 가늘게 삼은 것을 뜻함 (회의자)
黃 [누를 황]	밭의 색은 황토색이기 때문에 '노랗다'는 것을 뜻함 (상형자)
黍 [기장 서]	술의 재료로 알맞은 기장을 뜻함 (상형·회의자)
黑 [검을 흑]	불이 활활 타올라 나가는 창인 검은 굴뚝을 뜻함 (상형자)
黹 [바느질할 치]	바늘에 꿴 실로서 수를 놓는 옷감을 그린 모양 (상형자)
黽 [맹꽁이 맹]	맹꽁이를 본뜬 모양 (상형자)
鼎 [솥 정]	발이 세 개, 귀가 두개인 솥의 모양 (상형자)
鼓 [북 고]	장식이 달린 아기를 오른손으로 친다는 뜻 (회의자)
鼠 [쥐 서]	쥐의 이와 배, 발톱과 꼬리의 모양 (상형자)
鼻 [코 비]	공기를 통하는 '코'를 뜻함 (회의·형성자)
齊 [가지런할 제]	곡식의 이삭이 피어 끝이 가지런한 모양 (상형자)
齒 [이 치]	이가 나란히 서 있는 모양
龍 [용 룡]	끝이 뾰쪽한 뿔과 입을 벌린 기다란 몸뚱이를 가진 용의 모양 (상형자)
龜 [거북 귀(구)]	거북이를 본뜬 모양 (상형자)
龠 [피리 약]	부는 구멍이 있는 관(管)을 나란히 엮은 모양 (상형자)

두음법칙(頭音法則) 한자

한자음에서 첫머리나 음절의 첫소리에서 발음되는 것을 피하기 위해 다른 소리로 바꾸어 발음하는 것으로 즉, 'ㅣ, ㅑ, ㅕ, ㅛ, ㅠ' 앞에서 'ㄹ과 ㄴ'이 'ㅇ'이 되고, 'ㅏ, ㅓ, ㅗ, ㅜ, ㅡ, ㅐ, ㅔ, ㅚ' 앞의 'ㄹ'은 'ㄴ'으로 변하는 것을 말한다.

ㄴ→ㅇ로 발음

한자	예	한자	예	한자	예
尿(뇨)	뇨-糖尿病(당뇨병) 요-尿素肥料(요소비료)	尼(니)	니-比丘尼(비구니) 이-尼僧(이승)	泥(니)	니-雲泥(운니) 이-泥土(이토)
溺(닉)	닉-眈溺(탐닉) 익-溺死(익사)	女(녀)	여-女子(여자) 녀-小女(소녀)	匿(닉)	닉-隱匿(은닉) 익-匿名(익명)
紐(뉴)	뉴-結紐(결뉴) 유-紐帶(유대)	念(념)	념-理念(이념) 염-念佛(염불)	年(년)	년-數十年(수십년) 연-年代(연대)

ㄹ→ㄴ,ㅇ로 발음

한자	예	한자	예	한자	예
洛(락)	락-京洛(경락) 낙-洛東江(낙동강)	蘭(란)	란-香蘭(향란) 난-蘭草(난초)	欄(란)	란-空欄(공란) 난-欄干(난간)
藍(람)	람-甘藍(감람) 남-藍色(남색)	濫(람)	람-氾濫(범람) 남-濫發(남발)	拉(랍)	랍-被拉(피랍) 납-拉致(납치)
浪(랑)	랑-放浪(방랑) 낭-浪說(낭설)	廊(랑)	랑-舍廊(사랑) 낭-廊下(낭하)	涼(량)	량-淸涼里(청량리) 양-涼秋(양추)
諒(량)	량-海諒(해량) 양-諒解(양해)	慮(려)	려-憂慮(우려) 여-慮外(여외)	勵(려)	려-獎勵(장려) 여-勵行(여행)
曆(력)	력-陽曆(양력) 역-曆書(역서)	蓮(련)	련-水蓮(수련) 연-蓮根(연근)	戀(련)	련-悲戀(비련) 연-戀情(연정)
劣(렬)	렬-拙劣(졸렬) 열-劣等(열등)	廉(렴)	렴-淸廉(청렴) 염-廉恥(염치)	嶺(령)	령-大關嶺(대관령) 영-嶺東(영동)

동자이음(同字異音) 한자

降	내릴	강	降雨(강우)	更	다시	갱	갱생(更生)
	항복할	항	降伏(항복)		고칠	경	경장(更張)
車	수레	거	車馬(거마)	乾	하늘, 마를	건	乾燥(건조)
	수레	차	車票(차표)		마를	간	乾物(간물)
見	볼	견	見聞(견문)	串	버릇	관	串童(관동)
	나타날, 뵐	현	謁見(알현)		땅이름	곶	甲串(갑곶)
告	알릴	고	告示(고시)	奈	나락	나	奈落(나락)
	뵙고청할	곡	告寧(곡녕)		어찌	내	奈何(내하)
帑	처자	노	妻帑(처노)	茶	차	다	茶菓(다과)
	나라곳집	탕	帑庫(탕고)		차	차	茶禮(차례)
宅	댁	댁	宅內(댁내)	度	법도	도	度數(도수)
	집	택	宅地(택지)		헤아릴	탁	忖度(촌탁)
讀	읽을	독	讀書(독서)	洞	마을	동	洞里(동리)
	구절	두	吏讀(이두)		통할	통	洞察(통찰)
屯	모일	둔	屯田(둔전)	反	돌이킬	반	反亂(반란)
	어려울	준	屯困(준곤)		뒤집을	번	反田(번전)
魄	넋	백	魂魄(혼백)	便	똥오줌	변	便所(변소)
	넋잃을	탁/박	落魄(낙탁)		편할	편	便利(편리)
復	회복할	복	復歸(복귀)	父	아비	부	父母(부모)
	다시	부	復活(부활)		남자미칭	보	尙父(상보)
否	아닐	부	否決(부결)	北	북녘	북	北進(북진)
	막힐	비	否塞(비색)		달아날	패	敗北(패배)
分	나눌	분	分裂(분열)	不	아니	불	不能(불능)
	단위	푼	分錢(푼전)		아닐	부	不在(부재)
沸	끓을	비	沸騰(비등)	寺	절	사	寺刹(사찰)
	물용솟음칠	불	沸水(불수)		내시, 관청	시	寺人(시인)
殺	죽일	살	殺生(살생)	狀	모양	상	狀況(상황)
	감할	쇄	殺到(쇄도)		문서	장	狀啓(장계)

索	찾을 쓸쓸할	색 삭	索引(색인) 索莫(삭막)	塞	막을 변방	색 새	塞源(색원) 要塞(요새)
說	말씀 달랠 기뻐할	설 세 열	說得(설득) 說客(세객) 說喜(열희)	省	살필 덜	성 생	省墓(성묘) 省略(생략)
率	거느릴 비율	솔 률/율	率先(솔선) 率身(율신)	衰	쇠할 상복	쇠 최	衰退(쇠퇴) 衰服(최복)
數	셀 자주 촘촘할	수 삭 촉	數學(수학) 數窮(삭궁) 數罟(촉고)	宿	잘 별	숙 수	宿泊(숙박) 宿曜(수요)
拾	주울 열	습 십	拾得(습득) 拾萬(십만)	瑟	악기이름 악기이름	슬 실	瑟居(슬거) 琴瑟(금실)
食	밥 먹일	식 사	食堂(식당) 簞食(단사)	識	알 기록할	식 지	識見(식견) 標識(표지)
什	열사람 세간	십 집	什長(십장) 什器(집기)	十	열	십 시	十干(십간) 十月(시월)
惡	악할 미워할	악 오	惡漢(악한) 惡寒(오한)	樂	풍류 즐길 좋아할	악 낙/락 요	樂聖(악성) 樂園(낙원)
若	만약 반야	약 야	若干(약간) 般若(반야)	於	어조사 탄식할	어 오	於是乎(어시호) 於兎(오토)
厭	싫어할 누를	염 엽	厭世(염세) 厭然(엽연)	葉	잎 성씨	엽 섭	葉書(엽서) 葉氏(섭씨)
六	여섯 여섯	육/륙 유/뉴	六年(육년) 六月(유월)	易	쉬울 바꿀, 주역	이 역	易慢(이만) 易學(역학)
咽	목구멍 목멜	인 열	咽喉(인후) 嗚咽(오열)	刺	찌를 수라 찌를	자 라 척	刺戟(자극) 水刺(수라) 刺殺(척살)
炙	구울 고기구이	자 적	炙背(자배) 炙鐵(적철)	著	지을 붙을	저 착	著述(저술) 著近(착근)
抵	막을 칠	저 지	抵抗(저항) 抵掌(지장)	切	끊을 모두	절 체	切迫(절박) 一切(일체)

提	끌 보리수 떼지어날	제 리 시	提携(제휴) 菩提樹(보리수) 提提(시시)	辰	지지 일월성	진 신	辰時(진시) 生辰(생신)
斟	술따를 짐작할	짐 침	斟酌(짐작) 斟量(침량)	徵	부를 음률이름	징 치	徵兵(징병)
差	어긋날 층질	차 치	差別(차별) 參差(참치)	帖	문서 체지	첩 체	帖着(첩착) 帖文(체문)
諦	살필 울	체 제	諦念(체념) 眞諦(진제)	丑	소	축 추	丑時(축시) 公孫丑(공손추)
則	법 곧	칙 즉	則效(칙효) 然則(연즉)	沈	가라앉을 성씨	침 심	沈沒(침몰) 沈氏(심씨)
拓	박을 넓힐	탁 척	拓本(탁본) 拓殖(척식)	罷	그만둘 고달플	파 피	罷業(파업) 罷勞(피로)
編	엮을 땋을	편 변	編輯(편집) 編髮(변발)	布	베 베풀	포 보	布木(포목) 布施(보시)
暴	사나울 사나울	폭 포	暴動(폭동) 暴惡(포악)	曝	볕쬘 볕쬘	폭 포	曝衣(폭의) 曝白(포백)
皮	가죽 가죽	피 비	皮革(피혁) 鹿皮(녹비)	行	다닐 항렬·줄	행 항	行樂(행락) 行列(항렬)
陝	좁을 땅이름	협 합	陝隘(협애) 陝川(합천)	滑	미끄러울 어지러울	활 골	滑降(활강) 滑稽(골계)

약자(略字) · 속자(俗字)

假=仮 (거짓 가)	靈=灵 (신령 령)	嚴=岩 (바위 암)	眞=真 (참 진)
價=価 (값 가)	禮=礼 (예도 례)	壓=圧 (누를 압)	盡=尽 (다할 진)
覺=覚 (깨달을 각)	勞=労 (수고로울 로)	藥=薬 (약 약)	晉=晋 (나라 진)
擧=挙 (들 거)	爐=炉 (화로 로)	讓=譲 (사양할 양)	贊=賛 (찬성할 찬)
據=拠 (의지할 거)	綠=緑 (푸를 록)	嚴=厳 (엄할 엄)	讚=讃 (칭찬할 찬)
輕=軽 (가벼울 경)	賴=頼 (의지할 뢰)	餘=余 (남을 여)	參=参 (참여할 참)
經=経 (경서 경)	龍=竜 (용 룡)	與=与 (줄 여)	册=冊 (책 책)
徑=径 (지름길 경)	樓=楼 (다락 루)	驛=駅 (정거장 역)	處=処 (곳 처)
鷄=雞 (닭 계)	稟=禀 (삼갈·사뢸 품)	譯=訳 (통역할 역)	淺=浅 (얕을 천)
繼=継 (이를 계)	萬=万 (일만 만)	鹽=塩 (소금 염)	鐵=鉄 (쇠 철)
館=舘 (집 관)	滿=満 (찰 만)	榮=栄 (영화 영)	廳=庁 (관청 청)
關=関 (빗장 관)	蠻=蛮 (오랑캐 만)	豫=予 (미리 예)	體=体 (몸 체)
廣=広 (넓을 광)	賣=売 (팔 매)	藝=芸 (재주 예)	觸=触 (닿을 촉)
敎=教 (가르칠 교)	麥=麦 (보리 맥)	溫=温 (따뜻할 온)	總=総 (다 총)
區=区 (구역 구)	半=半 (반 반)	圓=円 (둥글 원)	蟲=虫 (벌레 충)
舊=旧 (예 구)	發=発 (필 발)	圍=囲 (둘레 위)	齒=歯 (이 치)
驅=駆 (몰 구)	拜=拝 (절 배)	爲=為 (하 위)	恥=耻 (부끄러울 치)
國=国 (나라 국)	變=変 (변할 변)	陰=陰 (그늘 음)	稱=称 (일컬을 칭)
權=権 (권세 권)	辯=弁 (말잘할 변)	應=応 (응할 응)	彈=弾 (탄할 탄)
勸=勧 (권할 권)	邊=辺 (가 변)	醫=医 (의원 의)	澤=沢 (못 택)
龜=亀 (거북 귀)	竝=並 (아우를 병)	貳=弐 (두 이)	擇=択 (가릴 택)
氣=気 (기운 기)	寶=宝 (보배 보)	壹=壱 (하나 일)	廢=廃 (폐할 폐)
旣=既 (이미 기)	拂=払 (떨칠 불)	姊=姉 (누이 자)	豊=豊 (풍성할 풍)
內=内 (안 내)	佛=仏 (부처 불)	殘=残 (남을 잔)	學=学 (배울 학)
單=単 (홑 단)	氷=氷 (어름 빙)	潛=潜 (잠길 잠)	解=觧 (풀 해)
團=団 (둥글 단)	絲=糸 (실 사)	雜=雑 (섞일 잡)	鄕=郷 (고을 향)
斷=断 (끊을 단)	寫=写 (베낄 사)	壯=壮 (씩씩할 장)	虛=虚 (빌 허)
擔=担 (멜 담)	辭=辞 (말씀 사)	莊=庄 (별장 장)	獻=献 (드릴 헌)
當=当 (당할 당)	雙=双 (짝 쌍)	爭=争 (다툴 쟁)	驗=験 (증험할 험)
黨=党 (무리 당)	敍=叙 (펼 서)	戰=戦 (싸움 전)	顯=顕 (나타날 현)
對=対 (대할 대)	潟=鴻 (개펄 석)	錢=銭 (돈 전)	螢=蛍 (반딧불 형)
德=徳 (큰 덕)	釋=釈 (풀 석)	傳=伝 (전할 전)	號=号 (부르짖을 호)
圖=図 (그림 도)	聲=声 (소리 성)	轉=転 (구를 전)	畫=画 (그림 화)
讀=読 (읽을 독)	續=続 (이을 속)	點=点 (점 점)	擴=拡 (늘릴 확)
獨=独 (홀로 독)	屬=属 (붙을 속)	靜=静 (고요 정)	歡=歓 (기쁠 환)
樂=楽 (즐길 락)	收=収 (거둘 수)	淨=浄 (깨끗할 정)	黃=黄 (누를 황)
亂=乱 (어지러울 란)	數=数 (수 수)	濟=済 (건널 제)	會=会 (모을 회)
覽=覧 (볼 람)	輸=輸 (보낼 수)	齊=斉 (다스릴 제)	回=囬 (돌아올 회)
來=来 (올 래)	肅=粛 (삼갈 숙)	條=条 (가지 조)	效=効 (본받을 효)
兩=両 (두 량)	濕=湿 (젖을 습)	弔=吊 (조상할 조)	黑=黒 (검을 흑)
涼=凉 (서늘할 량)	乘=乗 (탈 승)	從=従 (쫓을 종)	戲=戯 (희롱할 희)
勵=励 (힘쓸 려)	實=実 (열매 실)	晝=昼 (낮 주)	
歷=歴 (지날 력)	兒=児 (아이 아)	卽=即 (곧 즉)	
練=練 (익힐 련)	亞=亜 (버금 아)	增=増 (더할 증)	
戀=恋 (사모할 련)	惡=悪 (악할 악)	證=証 (증거 증)	

고사성어(古事成語)

家家戶戶(가가호호)	각 집, 각각의 집마다
刻舟求劍(각주구검)	배에 새겨 칼을 구함
肝膽相照(간담상조)	간과 쓸개가 서로 본다(격의 없이 지내는 사이)
甘言利說(감언이설)	남의 비위에 맞도록 꾸민 달콤한 말
乾坤一色(건곤일척)	주사위를 한 번 던져 승패를 겸
建陽多慶(건양다경)	새해가 시작됨에 경사스런 일이 많기를 바람
見利思義(견리사의)	눈앞의 이익을 보면 먼저 의리를 생각함
犬馬之誠(견마지성)	개와 말의 주인을 위한 충성
見善從之(견선종지)	선한 것을 보면 그것을 좇음
結者解之(결자해지)	맺은 사람이 풀어야 함
結草報恩(결초보은)	풀을 묶어서 은혜에 보답(죽은 뒤에라도 은혜를 갚음)
鷄卵有骨(계란유골)	계란이 곯았다(좋은 기회를 만나도 일이 잘 안 됨)
鷄肋(계륵)	닭갈비(버리기에는 아깝고 먹자니 별거 없음)
苦盡甘來(고진감래)	고생 끝에 즐거움이 옴
公平無私(공평무사)	공평하여 사사로움이 없음
過猶不及(과유불급)	지나침은 미치지 못함과 같음
管鮑之交(관포지교)	아주 친한 친구 사이의 사귐
矯角殺牛(교각살우)	소의 뿔을 바로 잡으려다가 소를 죽임
交友以信(교우이신)	벗을 믿음으로써 사귀어야 함
敎學相長(교학상장)	가르치고 배우면서 서로 성장함
句句節節(구구절절)	하나하나의 모든 구절(매우 상세하고 간곡함)
九死一生(구사일생)	아홉 번죽을 뻔하다가 겨우 살아남
群鷄一鶴(군계일학)	닭의 무리 가운데 한 마리의 학(무리 중 뛰어난 인물)
君臣有義(군신유의)	임금과 신하 사이에는 의리가 있어야 함
君爲臣綱(군위신강)	임금과 신하 사이에 마땅히 지켜야 할 도리
勸善懲惡(권선징악)	착한 것을 권하고 악을 응징함
捲土重來(권토중래)	어떤 일에 실패한 뒤 힘을 길러 다시 그 일을 시작함
金蘭之契(금란지계)	친구 사이의 매우 두터운 정
金蘭之交(금란지교)	친구 사이의 매우 두터운 정
今昔之感(금석지감)	지금과 옛날의 감정이 크게 달라짐

金石之交(금석지교)	쇠붙이와 돌처럼 굳고 변함없는 우정
金枝玉葉(금지옥엽)	금으로 된 가지와 옥으로 된 잎(임금의 일족을 높임)
起死回生(기사회생)	거의 죽을 뻔하다가 도로 살아남
杞人之憂(기인지우)	기나라 사람의 걱정 근심
奇貨可居(기화가거)	진기한 물건은 잘 간직하여 나중에 이익을 남기고 팜
難兄難弟(난형난제)	서로 비슷비슷하여 우열이나 정도를 가리기 어려움
男女老少(남녀노소)	남자와 여자와 늙은이와 젊은이
老馬之智(노마지지)	늙은 말의 지혜
多多益善(다다익선)	많으면 많을수록 좋음
斷機戒(단기지계)	학문을 하다가 중도에 그만두면 아무 쓸모가 없음
單刀直入(단도직입)	단칼로 쳐들어감(요점이나 문제의 핵심을 곧바로 말함)
大器晚成(대기만성)	큰 그릇을 만드는 데는 시간이 오래 걸림
獨不將軍(독불장군)	무슨 일이든지 제 생각대로 혼자 처리하는 사람
讀書亡羊(독서망양)	글을 읽는 데 정신이 팔려 먹이고 있던 양을 잃음
讀書尙友(독서상우)	책을 읽음으로써 옛 현인들과 벗이 될 수 있음
冬去春來(동거춘래)	겨울이 가고 봄이 옴
東問西答(동문서답)	질문과는 전혀 상관없는 엉뚱한 대답
登龍門(등용문)	입신출세를 위한 어려운 관문이나 시험
燈下不明(등하불명)	등잔 밑이 어둡다(가까이에서 일어난 일을 잘 모름)
燈火可親(등화가친)	서늘한 가을밤은 등불을 가까이 하여 글 읽기에 좋음
馬耳東風(마이동풍)	말의 귀에 동풍이 불어도 아랑곳하지 않음
莫逆之交(막역지교)	서로 뜻이 잘 맞고 허물없는 아주 친한 사귐
望雲之情(망운지정)	자식이 객지에서 고향에 계신 어버이를 그리는 마음
亡子計齒(망자계치)	죽은 자식 나이 세기
梅蘭菊竹(매난국죽)	매화와 난초와 국화와 대나무
麥秀之嘆(맥수지탄)	보리가 팬 것을 보고 하는탄식(조국이 망한 것을 한탄)
明明白白(명명백백)	아주 뚜렷함
名山大川(명산대천)	이름난 산과 큰 내
明若觀火(명약관화)	불을 보는 것처럼 분명하고 뻔함
毛遂自薦(모수자천)	자기가 자기를 추천하는 것
目不識丁(목불식정)	한자 중 쉬운 글자인 '丁'자도 모를 정도로 무식함
武陵桃源(무릉도원)	무릉에 있는 선경(중국 후난성 복숭아꽃이 만발한 낙원)
墨守(묵수)	자기의 의견이나 주장을 굽히지 않고 굳게 지킴

文房四友(문방사우)	글방의 네 가지 친구
聞一知十(문일지십)	한 가지를 듣고 열 가지를 미루어 안다(지극히 총명함)
尾生之信(미생지신)	융통성이 없이 약속만을 굳게 지키는 것
反哺之孝(반포지효)	까마귀 새끼가 자라서 늙은 어미에게 먹이를 물어다 주는 효
拔本塞源(발본색원)	좋지 않은 일의 근본 원인 요소를 완전히 없애 버림
蚌鷸之爭(방휼지쟁)	조개와 도요새의 싸움(둘이 싸우면 엉뚱한 제삼자가 이익)
背水之陣(배수지진)	물을 등지고 진을 침(싸움에 임한 비장한 각오)
百年大計(백년대계)	먼 장래까지 내다보고 세우는 큰 계획
百年河淸(백년하청)	어떤 일이 아무리 오랜 시간이 흘러도 이루어지기 어려움
伯牙絶絃(백아절현)	참다운 벗의 죽음을 슬퍼함
百折不屈(백절불굴)	수없이 많이 꺾여도 굴하지 않고 이겨 나감
步武堂堂(보무당당)	걸음걸이가 씩씩하고 활기참
夫婦有別(부부유별)	남편과 아내 사이에는 분별이 있어야 함
夫爲婦綱(부위부강)	남편과 아내 사이에 마땅히 지켜야 할 도리
父爲子綱(부위자강)	부모와 자식 사이에 마땅히 지켜야 할 도리
父子有親(부자유친)	아버지와 자식간에는 친함이 있어야 함
朋友有信(붕우유신)	친구 사이에는 믿음이 있어야 함
非一非再(비일비재)	한두 번이나 한둘이 아니고 많음
氷山一角(빙산일각)	빙산의 한 모서리(어떤 일이 숨겨져 극히 일부분만 드러남)
舍己從人(사기종인)	자신을 버리고 남을 따름
四面楚歌(사면초가)	적에게 완전히 포로가 되어 있는 상태
砂上樓閣(사상누각)	모래 위에 세운 누각(기초가 튼튼하지 못함)
師弟同行(사제동행)	스승과 제자가 함께 길을 감
蛇足(사족)	뱀의 다리를 그림(쓸데없는 군짓을 하여 도리어 잘못되게 함)
事親以孝(사친이효)	부모님을 효로써 섬겨야 함
四通八達(사통팔달)	도로망, 교통망, 통신망 따위가 이리저리 사방으로 통함
事必歸正(사필귀정)	모든 일은 반드시 바른길로 돌아가게 마련임
山高水長(산고수장)	덕행이나 지조의 깨끗함을 산과 강물에 비유
山戰水戰(산전수전)	세상일의 어려운 고비를 다 겪어 봄
殺身成仁(살신성인)	자기 몸을 희생하여 인을 이룸
三馬太守(삼마태수)	세 마리의 말만 거느린 태수(청빈한 관리)
三三五五(삼삼오오)	서너 사람이나 대여섯 사람씩 떼지어 다님
三人成虎(삼인성호)	근거 없는 말도 여럿이 하면 곧이듣게 됨

三日天下(삼일천하)	사흘 동안 천하를 얻음(짧은 기간 동안 정권을 잡음)
三尺童子(삼척동자)	키가 석자밖에 되지 않는 어린아이
三遷之敎(삼천지교)	맹자의 교육을 위해 그 어머니가 집을 세 번 옮김
塞翁之馬(새옹지마)	인간의 길흉화복은 변화가 무쌍하여 도무지 예측할 수 없음
先見之明(선견지명)	다가올 일을 미리 짐작하는 밝은 지혜
先公後私(선공후사)	공적인 일을 먼저 하고 사사로운 일은 나중에 함
雪膚花容(설부화용)	눈처럼 흰 살갗과 꽃처럼 고운 얼굴(아름다운 여자의 모습)
雪上加霜(설상가상)	눈이 내리는 위에 서리까지 더함(불행이 겹침)
小貪大失(소탐대실)	작은 것을 탐하다가 큰 것을 잃음
束手無策(속수무책)	어찌할 도리나 방책이 없어 꼼짝 못함
送舊迎新(송구영신)	묵은 해를 보내고 새해를 맞음
松茂栢悅(송무백열)	소나무가 무성하면 잣나무가 기뻐함(벗이 잘됨을 기뻐함)
首尾一貫(수미일관)	어떤 일을 처음부터 끝까지 한결같이 함
手不釋卷(수불석권)	손에서 책을 놓지 않음
水魚之交(수어지교)	물과 물고기의 관계(매우 친밀한 사이)
守株待兎(수주대토)	그루터기를 지키면서 토끼를 기다림
宿虎衝鼻(숙호충비)	자는 호랑이의 코를 찌름(공연히 건드려서 일을 그르침)
脣亡齒寒(순망치한)	입술이 없으면 이가 시림
是是非非(시시비비)	옳은 것을 옳다 하고 그른 것을 그르다 함
始終如一(시종여일)	처음과 끝이 한결 같음
身言書判(신언서판)	예전 인물을 골랐던 네 가지 조건(신수, 말씨, 문필, 판단력)
十中八九(십중팔구)	열 가운데 여덟이나 아홉이 그렇다(대개가 그러함)
我田引水(아전인수)	자기 논에 물 댄다(자기에게 이롭게 되도록 행동함)
安貧樂道(안빈낙도)	가난한 생활을 하면서도 편안한 마음으로 도를 지킴
眼下無人(안하무인)	눈아래 보이는 사람이 없다(방자하고 교만함)
愛人如己(애인여기)	남을 자기 몸처럼 사랑함
愛之重之(애지중지)	매우 사랑하고 소중히 여김
藥房甘草(약방감초)	한약에는 감초를 넣는 일이 많아 한약방에는 항상 감초가 있음
羊頭狗肉(양두구육)	양 머리를 걸어놓고 개고기를 팜
良藥苦口(양약고구)	좋은 약은 입에 씀
魚頭肉尾(어두육미)	물고기는 머리 쪽이, 짐승은 꼬리 쪽이 맛이 있음
漁父之利(어부지리)	도요새와 조개가 서로 다투다가 어부에게 둘다 잡힘
於異阿異(어이아이)	'어'다르고 '아'다름

億兆蒼生(억조창생)	수많은 백성
言中有骨(언중유골)	말 속에 뼈가 있음
與民同樂(여민동락)	임금이 백성과 더불어 즐김
易地思之(역지사지)	남과 처지를 바꾸어 생각함(남의 입장에서 생각함)
年年歲歲(연년세세)	해마다 이어져 무궁토록
緣木求魚(연목구어)	나무에 올라가서 물고기를 구함(불가능한 일을 하려 함)
榮枯盛衰(영고성쇠)	세월이 흐름에 따라 변전하는 번영과 쇠락
五里霧中(오리무중)	오리 사방이 안개속(어디에 있는지 찾을 길이 없음)
吾鼻三尺(오비삼척)	내 코가 석 자
烏飛梨落(오비이락)	까마귀 날자 배 떨어짐(일이 공교롭게 때가 같아 의심을 받음)
五十步百(오십보백보)	오십보를 간 자나 백보를 간 자나 본질적으로 같음
烏合之卒(오합지졸)	임시로 모여들어 규율이 없고 무질서한 병졸 또는 군중
溫故知新(온고지신)	옛것을 익히고 그것을 통하여 새것을 앎
溫柔敦厚(온유돈후)	온화하고 부드럽고 돈독하고 두터움
臥薪嘗膽(와신상담)	섶에 누워 쓸개를 맛봄(복수를 위해 고난을 참고 견딤)
王兄佛兄(왕형불형)	살아서는 왕의 형이 되고 죽어서는 부처의 형이 됨
外柔內剛(외유내강)	겉으로는 부드럽고 순하나 속은 곧고 꿋꿋함
外華內貧(외화내빈)	겉으로는 화려하게 보이나 속으로는 빈곤하고 부실함
樂山樂水(요산요수)	산을 좋아하고 물을 좋아함
欲速不達(욕속부달)	일을 너무 빨리 하고자 서두르면 도리어 이루지 못함
龍頭蛇尾(용두사미)	머리는 용이나 꼬리는 뱀(처음은 좋으나 끝이 좋지 않음을)
愚公移山(우공이산)	어리석은 영감이 산을 옮김
牛耳讀經(우이독경)	소귀에 경 읽기
衛正斥邪(위정척사)	바른 것은 보호하고 간사한 것은 내침
韋編三絶(위편삼절)	책을 열심히 읽음
有口無言(유구무언)	입은 있으나 할 말이 없음
有名無實(유명무실)	이름만 그럴듯하고 실속은 없음
有備無患(유비무환)	미리 준비해 두면 근심할 것이 없음
流水不腐(유수불부)	흐르는 물은 썩지 않음
柳暗花明(유암화명)	버들은 무성하고 꽃은 활짝 피어 밝음
唯一無二(유일무이)	오직 하나만 있고 둘은 없음
有害無益(유해무익)	해롭기만 하고 이로움은 없음
隱忍自重(은인자중)	밖으로 드러내지 않고 속으로 참고 견디며 몸가짐을 신중히 함

陰德陽報(음덕양보)	남모르게 덕행을 쌓은 사람은 뒤에 그 보답을 받게 됨
泣兒授乳(읍아수유)	우는 아이에게 젖을 줌
意氣揚揚(의기양양)	기세가 등등하고 뽐내는 모양이 가득함
以德服人(이덕복인)	덕으로써 다른 사람을 복종시킴
以文會友(이문회우)	글로써 벗을 만남
以心傳心(이심전심)	마음과 마음으로 서로 뜻이 통함
以熱治熱(이열치열)	열을 열로 다스림
利害得失(이해득실)	이로움과 해로움 및 얻음과 잃음
人之常情(인지상정)	사람이면 누구나 가질 수 있는 보통의 마음이나 감정
一擧兩得(일거양득)	한 가지 일로 두 가지 이익을 얻음
一石二鳥(일석이조)	한 개의 돌로 두 마리새를 잡음
一進一退(일진일퇴)	한 번 나아갔다 한 번 물러섰다 함
日就月將(일취월장)	날로 달로 발전하거나 성장함
一片丹心(일편단심)	한 조각의 붉은 마음(오직 한 가지에 변함없는 마음)
立身揚名(입신양명)	출세하여 세상에 이름을 떨침
自强不息(자강불식)	스스로 힘써 몸과 마음을 가다듬고 쉬지 않음
子子孫孫(자자손손)	대대로 이어지는 여러 대의 자손
作心三日(작심삼일)	마음 먹은 것이 사흘 감
長幼有序(장유유서)	어른과 아이 사이에는 차례가 있어야 함
前途有望(전도유망)	앞으로 발전하고 성공할 가능성과 희망이 있음
轉禍爲福(전화위복)	화를 바꾸어 복이 되게 함
絶世佳人(절세가인)	당대에는 견줄 만한 상대가 없는 뛰어난 미인
絶長補短(절장보단)	긴 것을 잘라서 짧은 것을 보충함
切磋琢磨(절차탁마)	옥이나 뿔 따위를 갈고 닦아서 빛을 냄
頂門一針(정문일침)	정수리에 침 하나를 꽂음(따끔하고 매서운 충고)
正正堂堂(정정당당)	바르고 떳떳함
朝令暮改(조령모개)	아침에 내린 명령을 저녁에 다시 고침
朝變夕改(조변석개)	아침저녁으로 뜯어고침
朝三暮四(조삼모사)	자기의 이익을 위해 교활한 꾀를 써서 남을 속임
助長(조장)	억지로 힘을 무리하게 써 일을 그르침
坐不安席(좌불안석)	마음이 불안해서 자리에 가만히 앉아 있지를 못함
坐井觀天(좌정관천)	우물 속에 앉아 하늘을 봄
左衝右突(좌충우돌)	이리저리 마구 치고받고 부딪침

晝耕夜讀(주경야독)	낮에는 농사를 짓고 밤에는 글을 읽음
走馬看山(주마간산)	달리는 말위에서 산천을 구경함
酒池肉林(주지육림)	술이 연못을 이루고 고기가 숲을 이룸(사치하고 음란한 행동)
竹馬故友(죽마고우)	어릴 때에 대나무로 만든 말을 타고 놀던 친구
衆口難防(중구난방)	여러 사람의 입은 막기가 어렵다
知己之友(지기지우)	자기의 가치나 속마음을 잘 알아주는 참다운 벗
之東之西(지동지서)	줏대가 없이 이리저리 갈팡질팡함
芝蘭之交(지란지교)	지초와 난초의 사귐(벗 사이의 높고 맑은 사귐)
指鹿爲馬(지록위마)	사슴을 가리켜 말이라고 함
志在千里(지재천리)	뜻이 천리에 있음
知彼知己(지피지기)	적의 형편과 나의 형편을 다 자세히 앎
紙筆硯墨(지필연묵)	종이와 붓과 벼루와 먹
知行合一(지행합일)	지식과 행동이 하나로 합치됨
集小成多(집소성다)	작은 것을 모아서 많은 것을 이룸
借廳借閨(차청차규)	대청을 빌려 사는 사람이 점점 안방까지 들어감
天長地久(천장지구)	하늘과 땅처럼 오래가고 변함이 없음
千篇一律(천편일률)	여러 사물이 개성이 없이 모두 비슷비슷함
徹頭徹尾(철두철미)	처음부터 끝까지 빈틈없고 철저하게 함
晴耕雨讀(청경우독)	맑은 날은 논밭을 갈고 비오는 날은 책을 읽음
青松綠竹(청송녹죽)	푸른 소나무와 푸른 대나무
青雲之志(청운지지)	천자가 될 사람이 있는 곳에는 푸른구름이 깃들임
青出於藍(청출어람)	푸른색은 쪽빛에서 나옴(스승보다 제자의 실력이 뛰어남)
淸風明月(청풍명월)	맑은 바람과 밝은 달
草綠同色(초록동색)	풀과 초록색은 같은 색
初志不變(초지불변)	처음의 뜻이 변하지 않음
推己及人(추기급인)	자신을 미루어 다른 사람에게 미침
追遠報本(추원보본)	조상의 덕을 추모하여 제사를 지내며 은혜를 갚음
秋風落葉(추풍낙엽)	가을바람에 흩어져 떨어지는 나뭇잎
出告反面(출고반면)	나갈 때는 아뢰고 돌아오면 뵘
親仁善隣(친인선린)	어진 사람을 가까이 하고 이웃과 사이좋게 지냄
他山之石(타산지석)	남의 산에 있는 돌이라도 나의 옥을 다듬는 데에 소용이 됨
泰山北斗(태산북두)	태산과 북두칠성처럼 모든 사람들이 우러러보는 존재
兎死狗烹(토사구팽)	토끼가 죽고 나면 사냥개를 삶아먹음

破邪顯正(파사현정)	사견이나 사도를 깨어 버리고 정도를 나타냄
破竹之勢(파죽지세)	대나무의 한끝을 쪼개듯 거침없이 적에게 진군하는 기세
風樹之嘆(풍수지탄)	어버이가 돌아가시어 효도하고 싶어도 할 수 없음
風前燈火(풍전등화)	바람 앞의 등불(사물이나 인생의 덧없음)
匹夫匹婦(필부필부)	평범한 남녀
學如不及(학여불급)	필요하지도 않고 급하지도 않음
學如逆水(학여역수)	배움은 물을 거슬러올라가는 것과 같음
漢江投石(한강투석)	한강에 돌던지기
咸興差使(함흥차사)	함흥으로 사신을 보냄
螢雪之功(형설지공)	고생 속에서도 꾸준히 공부하여 얻은 보람
兄弟投金(형제투금)	형제가 금을 강에 던짐
形形色色(형형색색)	모양이나 빛깔이 서로 다른 여러 가지
狐假虎威(호가호위)	여우가 호랑이의 힘을 빌려 잘난체하며 경솔하게 행동함
浩然之氣(호연지기)	사람의 마음에 차 있는 너르고 크고 올바른 기운
胡蝶夢(호접몽)	나비의 꿈(자아와 외물은 본디 하나라는 이치)
昏定晨省(혼정신성)	저녁에 자리를 펴드리고 새벽에 문안 인사를드림
畵龍點睛(화룡점정)	가장 중요한 부분을 마무리 지음
和而不同(화이부동)	남과 사이좋게 지내기는 하나 무턱대고 한데 어울리지 않는 일
會者定離(회자정리)	만난 사람은 반드시 헤어지게 됨
後生可畏(후생가외)	뒤에 난 사람은 두려워할 만하다
厚顔無恥(후안무치)	낯가죽이 두꺼워 뻔뻔하고 부끄러움을 모름
興亡盛衰(흥망성쇠)	흥하고 망함과 성하고 쇠함
興盡悲來(흥진비래)	즐거운 일이 다하면 슬픈 일이 옴
喜怒哀樂(희로애락)	기쁨과 성냄과 슬픔과 즐거움

ㄱ

中7급 歌(가) 14
中7급 家(가) 14
中5급 價(가) 14
中5급 加(가) 14
中5급 可(가) 15
高4급 暇(가) 116
中4Ⅱ급 街(가) 116
中4Ⅱ급 假(가) 116
高3급 架(가) 218
中3Ⅱ급 佳(가) 218
中6급 角(각) 15
中6급 各(각) 15
高4급 覺(각) 117
高4급 刻(각) 116
高3급 却(각) 218
中3Ⅱ급 脚(각) 218
高3Ⅱ급 閣(각) 219
中7급 間(간) 15
高4급 簡(간) 117
中4급 看(간) 117
中4급 干(간) 117
高3급 姦(간) 219
高3Ⅱ급 肝(간) 219
高3Ⅱ급 懇(간) 219
高3Ⅱ급 幹(간) 219
高3Ⅱ급 刊(간) 220
中3급 渴(갈) 220
中6급 感(감) 15
中4급 敢(감) 118
中4급 甘(감) 118
中4Ⅱ급 減(감) 117
高4Ⅱ급 監(감) 118
高3Ⅱ급 鑑(감) 220
中4급 甲(갑) 118
中7급 江(강) 16
中6급 强(강) 16
高4Ⅱ급 康(강) 118
中4Ⅱ급 講(강) 119
高3급 鋼(강) 221
高3급 剛(강) 220
高3Ⅱ급 綱(강) 220
中4급 降(강/항) 119
中6급 開(개) 16

中5급 改(개) 16
中4Ⅱ급 個(개) 119
高3급 慨(개) 221
高3급 蓋(개) 221
中3급 皆(개) 221
高3Ⅱ급 介(개) 222
高3Ⅱ급 槪(개) 221
中5급 客(객) 16
中4급 更(갱/경) 119
中5급 去(거) 17
中5급 擧(거) 17
高4급 拒(거) 120
中4급 居(거) 119
中4급 巨(거) 120
高4급 據(거) 120
高3Ⅱ급 距(거) 222
中7급 車(거/차) 17
高5급 建(건) 17
高5급 健(건) 18
高5급 件(건) 17
中3Ⅱ급 乾(건) 222
高4급 傑(걸) 120
高3급 乞(걸) 222
高4급 儉(검) 120
高4Ⅱ급 檢(검) 121
高3Ⅱ급 劍(검) 222
3급 憩(게) 223
高5급 格(격) 18
高4급 激(격) 121
中4급 擊(격) 121
高3급 隔(격) 223
中4급 堅(견) 121
中4급 犬(견) 121
高3급 肩(견) 224
高3급 遣(견) 223
高3급 絹(견) 223
高3급 牽(견) 223
中5급 見(견/현) 18
中5급 決(결) 18
中5급 結(결) 18
中4Ⅱ급 潔(결) 122
高4Ⅱ급 缺(결) 122
高3Ⅱ급 訣(결) 224
高3Ⅱ급 謙(겸) 224

高3급 兼(겸) 224
中6급 京(경) 19
中5급 輕(경) 19
中5급 競(경) 19
中5급 景(경) 19
中5급 敬(경) 19
中4급 驚(경) 122
高4급 傾(경) 122
高4급 鏡(경) 123
高4Ⅱ급 警(경) 122
中4Ⅱ급 慶(경) 123
中4Ⅱ급 境(경) 123
中4Ⅱ급 經(경) 123
中3급 庚(경) 225
高3급 徑(경) 225
高3급 卿(경) 224
高3급 竟(경) 226
高3급 硬(경) 225
中3급 耕(경) 225
中3Ⅱ급 頃(경) 225
中6급 計(계) 20
中6급 界(계) 20
高4급 階(계) 124
高4급 繼(계) 125
高4급 系(계) 123
高4급 季(계) 124
高4급 戒(계) 124
高4급 鷄(계) 124
高4Ⅱ급 係(계) 124
中3급 癸(계) 227
高3급 桂(계) 226
高3Ⅱ급 契(계) 227
中3Ⅱ급 溪(계) 227
高3Ⅱ급 啓(계) 226
高3Ⅱ급 械(계) 226
高3급 繫(계) 226
中6급 古(고) 20
中6급 高(고) 21
中6급 苦(고) 20
中5급 固(고) 20
中5급 考(고) 21
高4급 庫(고) 125
高4급 孤(고) 125
中4Ⅱ급 故(고) 125

高3급 顧(고) 228
高3급 枯(고) 228
高3Ⅱ급 姑(고) 227
高3Ⅱ급 稿(고) 228
高3Ⅱ급 鼓(고) 227
中5급 告(고/곡) 21
中5급 曲(곡) 21
中4급 穀(곡) 125
高3Ⅱ급 哭(곡) 228
高3Ⅱ급 谷(곡) 228
中4급 困(곤) 126
中3급 坤(곤) 229
中4급 骨(골) 126
中7급 工(공) 22
中7급 空(공) 21
中6급 公(공) 22
中6급 共(공) 22
中6급 功(공) 22
高4급 孔(공) 126
高4급 攻(공) 126
高3Ⅱ급 恐(공) 229
高3Ⅱ급 貢(공) 229
高3Ⅱ급 恭(공) 229
高3Ⅱ급 供(공) 229
中6급 科(과) 23
中6급 果(과) 23
中5급 課(과) 22
中5급 過(과) 23
3급 瓜(과) 230
高3급 誇(과) 230
高3급 寡(과) 230
高3급 郭(곽) 230
中5급 關(관) 23
中5급 觀(관) 23
高4급 管(관) 127
中4Ⅱ급 官(관) 126
高3급 寬(관) 231
高3Ⅱ급 館(관) 231
高3Ⅱ급 慣(관) 230
高3Ⅱ급 貫(관) 231
高3Ⅱ급 冠(관) 231
中6급 光(광) 24
中5급 廣(광) 24
高4급 鑛(광) 127

高3급 狂(광) 231
高3급 掛(괘) 232
高3급 愧(괴) 232
高3급 壞(괴) 232
高3급 塊(괴) 232
高3Ⅱ급 怪(괴) 232
中8급 敎(교) 24
中8급 校(교) 24
中6급 交(교) 24
中5급 橋(교) 25
高3급 矯(교) 233
高3급 郊(교) 233
高3급 巧(교) 233
高3Ⅱ급 較(교) 233
中8급 九(구) 25
中7급 口(구) 25
高6급 區(구) 25
高6급 球(구) 26
中5급 舊(구) 26
中5급 救(구) 26
高5급 具(구) 25
高4급 構(구) 128
中4Ⅱ급 求(구) 127
中4Ⅱ급 究(구) 127
中4Ⅱ급 句(구) 127
高3급 苟(구) 235
高3급 驅(구) 234
高3급 丘(구) 234
3급 鷗(구) 234
高3급 狗(구) 235
高3급 俱(구) 235
高3급 懼(구) 234
高3Ⅱ급 拘(구) 234
中3Ⅱ급 久(구) 233
高3급 龜(구/귀/균) 235
中8급 國(국) 26
高5급 局(국) 26
高3Ⅱ급 菊(국) 235
中8급 軍(군) 27
中6급 郡(군) 27
高4급 群(군) 128
中4급 君(군) 128
高4급 屈(굴) 128
高4급 窮(궁) 129

高4Ⅱ급 宮(궁) 128
中3Ⅱ급 弓(궁) 236
中4급 勸(권) 129
中4급 卷(권) 129
中4급 券(권) 129
中4Ⅱ급 權(권) 129
高3Ⅱ급 拳(권) 236
高3급 厥(궐) 236
高3급 軌(궤) 236
中5급 貴(귀) 27
中4급 歸(귀) 130
高3Ⅱ급 鬼(귀) 236
高5급 規(규) 27
高3급 叫(규) 237
3급 閨(규) 237
高3급 糾(규) 237
中4급 均(균) 130
高3급 菌(균) 237
中4급 劇(극) 130
中4Ⅱ급 極(극) 130
高3Ⅱ급 克(극) 237
中6급 近(근) 28
中6급 根(근) 27
中4급 勤(근) 130
中4급 筋(근) 131
高3급 僅(근) 238
高3급 斤(근) 238
高3급 謹(근) 238
中6급 今(금) 28
中4Ⅱ급 禁(금) 131
高3Ⅱ급 禽(금) 238
高3Ⅱ급 琴(금) 239
高3Ⅱ급 錦(금) 238
中8급 金(금/김) 28
高6급 級(급) 28
中6급 急(급) 28
中5급 給(급) 29
中3Ⅱ급 及(급) 239
高3급 肯(긍) 239
高7급 旗(기) 29
中7급 記(기) 29
中7급 氣(기) 29
中5급 汽(기) 30
中5급 基(기) 30

中5급 己(기) 30
中5급 技(기) 30
中5급 期(기) 29
高4급 奇(기) 131
高4급 機(기) 132
高4급 寄(기) 131
高4급 紀(기) 132
中4Ⅱ급 起(기) 132
高4Ⅱ급 器(기) 131
高3급 騎(기) 241
高3급 飢(기) 241
高3급 欺(기) 240
高3급 忌(기) 240
高3급 棄(기) 240
中3급 幾(기) 240
高3Ⅱ급 祈(기) 241
高3Ⅱ급 畿(기) 239
高3Ⅱ급 其(기) 240
高3Ⅱ급 企(기) 239
高3급 豈(기/개) 241
高3Ⅱ급 緊(긴) 241
中5급 吉(길) 30

ㄴ

高3급 那(나) 242
高3급 奈(나/내) 242
中4Ⅱ급 難(난) 132
中4Ⅱ급 暖(난) 132
中8급 南(남) 31
中7급 男(남) 31
中4급 納(납) 133
高3Ⅱ급 納(납) 242
高3급 娘(낭) 242
中7급 內(내) 31
中3Ⅱ급 乃(내) 243
高3Ⅱ급 耐(내) 242
中8급 女(녀/여) 31
中8급 年(년/연) 31
中5급 念(념/염) 32
高3Ⅱ급 寧(녕/영) 243
高4Ⅱ급 努(노) 133
中4Ⅱ급 怒(노) 133
高3Ⅱ급 奴(노) 243

中7급 農(농) 32
3급 濃(농) 243
高3급 惱(뇌) 244
高3Ⅱ급 腦(뇌) 243
中5급 能(능) 32
高3급 泥(니) 244

ㄷ

中6급 多(다) 32
高3Ⅱ급 茶(다/차) 244
中6급 短(단) 32
高5급 壇(단) 33
高5급 團(단) 33
高4급 段(단) 134
高4Ⅱ급 檀(단) 133
中4Ⅱ급 端(단) 134
高4Ⅱ급 斷(단) 134
中4Ⅱ급 單(단) 133
中3Ⅱ급 但(단) 244
中3Ⅱ급 丹(단) 244
高3Ⅱ급 旦(단) 245
中4Ⅱ급 達(달) 134
中5급 談(담) 33
高4Ⅱ급 擔(담) 134
3급 潭(담) 245
高3Ⅱ급 淡(담) 245
中7급 答(답) 33
高3급 畓(답) 245
高3Ⅱ급 踏(답) 245
中6급 堂(당) 33
中5급 當(당) 34
高4Ⅱ급 黨(당) 135
高3급 糖(당) 246
高3Ⅱ급 唐(당) 246
中8급 大(대) 34
中6급 待(대) 34
中6급 對(대) 34
中6급 代(대) 34
高4Ⅱ급 帶(대) 135
高4Ⅱ급 隊(대) 135
高3급 貸(대) 246
高3Ⅱ급 臺(대) 246
中5급 德(덕) 35

中7급 道(도) 35
中6급 圖(도) 35
中5급 都(도) 36
中5급 到(도) 35
中5급 島(도) 35
中4급 徒(도) 135
高4급 盜(도) 136
高4급 逃(도) 136
高4Ⅱ급 導(도) 135
高3급 桃(도) 248
高3급 跳(도) 247
高3급 倒(도) 247
高3급 挑(도) 247
高3급 稻(도) 248
高3급 渡(도) 248
高3Ⅱ급 途(도) 247
高3Ⅱ급 陶(도) 246
中3급 刀(도) 248
高3급 塗(도) 247
中6급 度(도/탁) 36
中5급 獨(독) 36
中4Ⅱ급 毒(독) 136
高4Ⅱ급 督(독) 136
中3급 獨(독) 249
高3급 篤(독) 248
中6급 讀(독/두) 36
高3급 敦(돈) 249
高3급 豚(돈) 249
高3Ⅱ급 突(돌) 249
中8급 東(동) 36
中7급 同(동) 37
中7급 冬(동) 37
中7급 動(동) 37
中6급 童(동) 37
高4Ⅱ급 銅(동) 136
3급 桐(동) 249
高3급 凍(동) 250
中7급 洞(동/통) 37
中6급 頭(두) 38
中4Ⅱ급 豆(두) 137
中4Ⅱ급 斗(두) 137
高3급 鈍(둔) 250
高3급 屯(둔) 250
中4Ⅱ급 得(득) 137

中7급 登(등) 38
中6급 等(등) 38
中4Ⅱ급 燈(등) 137
高3급 騰(등) 250

ㄹ

高4Ⅱ급 羅(라(나)) 137
中5급 落(락(낙)) 38
高3Ⅱ급 諾(락(낙)) 250
高3Ⅱ급 絡(락) 251
高6급 樂(락/악/요) 38
中4급 卵(란(난)) 138
高4급 亂(란(난)) 138
高3Ⅱ급 蘭(란(난)) 251
3급 爛(란) 251
高3Ⅱ급 欄(란) 251
高4급 覽(람) 138
3급 藍(람) 251
高3급 濫(람) 252
中5급 朗(랑(낭)) 39
高3Ⅱ급 廊(랑(낭)) 252
中3Ⅱ급 浪(랑) 252
中3Ⅱ급 郞(랑) 252
中7급 來(래(내)) 39
中5급 冷(랭(냉)) 39
高4급 略(략(약)) 138
高3급 掠(략) 252
中5급 量(량(양)) 39
中5급 良(량(양)) 39
高4급 糧(량(양)) 139
中4Ⅱ급 兩(량(양)) 138
高4급 梁(량(양)) 253
高4급 諒(량(양)) 253
中3Ⅱ급 凉(량(양)) 253
中5급 旅(려(여)) 40
高4급 慮(려(여)) 139
高4Ⅱ급 麗(려(여)) 139
高3Ⅱ급 勵(려) 253
中7급 力(력(역)) 40
中5급 歷(력(역)) 40
中3Ⅱ급 曆(력) 254
高3Ⅱ급 曆(력) 253
中5급 練(련(연)) 40

中4Ⅱ급 連(련(연)) 139
高3급 憐(련(연/인)) 254
高3Ⅱ급 聯(련) 254
高3Ⅱ급 鍊(련) 254
高3Ⅱ급 戀(련) 254
中4급 烈(렬(열)) 140
中4Ⅱ급 列(렬(열)) 139
高3급 裂(렬) 255
高3급 劣(렬) 255
高3급 廉(렴) 255
高3급 獵(렵(엽)) 255
中5급 領(령(영)) 41
中5급 令(령(영)) 40
高3급 零(령(영)) 256
高3Ⅱ급 靈(령) 255
中6급 禮(례(예)) 41
中6급 例(례(예)) 41
高3급 隷(례(예)) 256
中7급 老(로(노)) 41
中6급 路(로(노)) 42
中5급 勞(로(노)) 41
高3Ⅱ급 爐(로(노)) 256
高3Ⅱ급 露(로) 256
高3Ⅱ급 路(로) 256
中6급 綠(록(녹)) 42
高4Ⅱ급 錄(록(녹)) 140
高3급 鹿(록) 257
高3급 祿(록) 257
中4Ⅱ급 論(론(논)) 140
高3Ⅱ급 弄(롱) 257
高3Ⅱ급 雷(뢰(뇌)) 257
高3Ⅱ급 賴(뢰) 257
中5급 料(료(요)) 42
高3급 了(료(요)) 258
高3급 僚(료(요)) 258
高4급 龍(룡(용)) 140
高3급 漏(루(누)) 258
高3급 屢(루(누)) 258
高3급 累(루(누)) 259
高3급 淚(루(누)) 258
高3Ⅱ급 樓(루(누)) 259
高5급 類(류(유)) 42
中5급 流(류(유)) 42
中4급 柳(류(유)) 140

中4Ⅱ급 留(류(유)) 141
中8급 六(륙(육)) 43
中5급 陸(륙(육)) 43
高4급 輪(륜(윤)) 141
中3Ⅱ급 倫(륜(윤)) 259
中4Ⅱ급 律(률(율)) 141
高3Ⅱ급 栗(률(율)) 259
高3Ⅱ급 隆(륭(융)) 259
高3Ⅱ급 陵(릉(능)) 260
中7급 里(리(이)) 44
高6급 李(리(이)) 43
中6급 利(리(이)) 43
中6급 理(리(이)) 43
高4급 離(리(이)) 141
高3급 梨(리(이)) 260
高3Ⅱ급 履(리(이)) 260
高3Ⅱ급 吏(리(이)) 260
高3Ⅱ급 裏(리(이)) 260
高3급 隣(린(인)) 261
中7급 林(림(임)) 44
高3Ⅱ급 臨(림(임)) 261
中7급 立(립(입)) 44

ㅁ

中5급 馬(마) 44
高3급 磨(마) 261
高3급 麻(마) 261
高3급 幕(막) 261
高3Ⅱ급 漠(막) 262
中8급 萬(만) 44
中4Ⅱ급 滿(만) 141
高3급 漫(만) 262
3급 蠻(만) 262
中3급 晩(만) 262
高3급 慢(만) 262
中5급 末(말) 45
中5급 望(망) 45
高3급 罔(망) 263
中3급 忘(망) 263
中3급 忙(망) 263
高3Ⅱ급 妄(망) 263
高3Ⅱ급 茫(망) 263
中5급 亡(망/무) 45

中7급 每(매) 45
中5급 買(매) 45
中5급 賣(매) 46
中4급 妹(매) 142
高3급 埋(매) 264
高3급 媒(매) 264
高3Ⅱ급 梅(매) 264
高4Ⅱ급 脈(맥) 142
中3급 麥(맥) 264
高3Ⅱ급 盲(맹) 264
高3Ⅱ급 孟(맹) 265
高3Ⅱ급 盟(맹) 265
高3Ⅱ급 猛(맹) 265
中7급 面(면) 46
中4급 勉(면) 142
中3급 免(면) 266
高3Ⅱ급 綿(면) 265
中3급 眠(면) 265
高3Ⅱ급 滅(멸) 266
中7급 名(명) 46
中7급 命(명) 46
中6급 明(명) 46
中4급 鳴(명) 142
高3급 冥(명) 266
高3Ⅱ급 銘(명) 266
中8급 母(모) 47
高4급 模(모) 142
中4Ⅱ급 毛(모) 143
高3급 募(모) 267
中3급 暮(모) 267
高3급 某(모) 267
3급 矛(모) 268
高3Ⅱ급 慕(모) 267
高3Ⅱ급 貌(모) 266
中3급 莫(모) 268
高3Ⅱ급 謀(모) 268
高3Ⅱ급 侮(모) 268
高3급 冒(모) 267
中8급 木(목) 47
中6급 目(목) 47
高4Ⅱ급 牧(목) 143
3급 沐(목) 269
高3Ⅱ급 睦(목) 268
高3Ⅱ급 沒(몰) 269

高3Ⅱ급 夢(몽) 269
高3Ⅱ급 蒙(몽) 269
中4급 妙(묘) 143
高4급 墓(묘) 143
高3급 苗(묘) 269
中3급 卯(묘) 270
高3급 廟(묘) 270
中5급 無(무) 47
中4급 舞(무) 144
中4Ⅱ급 武(무) 144
中4Ⅱ급 務(무) 143
高3급 霧(무) 270
中3급 戊(무) 270
高3Ⅱ급 貿(무) 270
高3Ⅱ급 茂(무) 271
中3급 黙(묵) 271
高3급 墨(묵) 271
中8급 門(문) 47
中7급 問(문) 48
中7급 文(문) 48
中6급 聞(문) 48
中3급 紋(문) 271
中7급 物(물) 48
高3Ⅱ급 勿(물) 271
中6급 米(미) 48
中6급 美(미) 49
中4Ⅱ급 味(미) 144
中4Ⅱ급 未(미) 144
中3급 尾(미) 272
高3급 迷(미) 272
高3급 眉(미) 272
高3Ⅱ급 微(미) 272
中8급 民(민) 49
高3급 敏(민) 272
高3급 憫(민) 273
中4Ⅱ급 密(밀) 144
高3급 蜜(밀) 273

ㅂ

高6급 朴(박) 49
高4급 拍(박) 145
高4Ⅱ급 博(박) 145
高3급 泊(박) 273

高3Ⅱ급 迫(박) 273
高3Ⅱ급 薄(박) 273
中6급 半(반) 49
中6급 班(반) 49
中3급 飯(반) 274
高3급 叛(반) 275
高3급 盤(반) 274
高3급 返(반) 274
高3Ⅱ급 般(반) 274
高3급 伴(반) 274
中6급 反(반/번) 50
中6급 發(발) 50
高4급 髮(발) 145
高3급 拔(발) 275
中7급 方(방) 50
中6급 放(방) 50
高4급 妨(방) 145
中4Ⅱ급 訪(방) 146
中4Ⅱ급 房(방) 146
中4Ⅱ급 防(방) 145
高3급 邦(방) 275
高3급 傍(방) 276
高3급 倣(방) 275
高3급 芳(방) 275
高5급 倍(배) 50
高4Ⅱ급 配(배) 146
高4Ⅱ급 背(배) 146
中4Ⅱ급 拜(배) 146
中3급 杯(배) 276
高3Ⅱ급 排(배) 276
高3Ⅱ급 培(배) 276
中8급 白(백) 51
中7급 百(백) 51
3급 柏(백) 277
高3Ⅱ급 伯(백) 276
中6급 番(번) 51
高3Ⅱ급 繁(번) 277
中4Ⅱ급 伐(벌) 147
高4Ⅱ급 罰(벌) 147
高4급 犯(범) 147
高4급 範(범) 147
3급 汎(범) 277
中3Ⅱ급 凡(범) 277
中5급 法(법) 51

高4Ⅱ급 壁(벽) 147
高3Ⅱ급 碧(벽) 277
中5급 變(변) 51
高4급 辯(변) 148
高4Ⅱ급 邊(변) 148
高3급 編(변) 278
高3급 辨(변) 278
中6급 別(별) 52
中6급 病(병) 52
中5급 兵(병) 52
高3급 屛(병) 278
高3급 竝(병) 278
高3Ⅱ급 丙(병) 278
高4급 普(보) 149
中4Ⅱ급 保(보) 148
中4Ⅱ급 報(보) 148
中4Ⅱ급 寶(보) 148
中4Ⅱ급 步(보) 149
高3급 譜(보) 279
高3Ⅱ급 補(보) 279
中6급 服(복) 52
高5급 福(복) 52
高4급 複(복) 149
中4급 伏(복) 149
高3급 卜(복) 279
高3Ⅱ급 腹(복) 279
高3급 覆(복) 279
中4Ⅱ급 復(복/부) 149
中6급 本(본) 53
中5급 奉(봉) 53
高3급 蜂(봉) 280
高3급 鳳(봉) 280
高3Ⅱ급 峯(봉) 280
高3Ⅱ급 封(봉) 280
中3급 逢(봉) 280
中8급 父(부) 53
中7급 夫(부) 53
中6급 部(부) 53
高4급 負(부) 151
中4Ⅱ급 婦(부) 150
高4Ⅱ급 副(부) 150
高4Ⅱ급 府(부) 150
中4Ⅱ급 富(부) 150
高3급 腐(부) 281

高3급 賦(부) 281
高3급 赴(부) 281
3급 膚(부) 281
高3Ⅱ급 符(부) 282
高3Ⅱ급 付(부) 282
高3Ⅱ급 簿(부) 282
高3Ⅱ급 浮(부) 282
高3Ⅱ급 附(부) 282
中3Ⅱ급 扶(부) 281
中4급 否(부/비) 150
中8급 北(북/배) 54
高4급 憤(분) 151
高4급 粉(분) 151
高3Ⅱ급 奮(분) 283
高3Ⅱ급 奔(분) 283
高3Ⅱ급 紛(분) 283
中6급 分(분/푼) 54
中4Ⅱ급 佛(불) 151
3급 弗(불) 283
高3급 拂(불) 283
中7급 不(불/부) 54
中3급 朋(붕) 284
高3급 崩(붕) 284
高5급 費(비) 54
中5급 鼻(비) 54
高4급 批(비) 152
高4급 祕(비) 152
高4급 碑(비) 152
中4Ⅱ급 備(비) 151
中4Ⅱ급 飛(비) 153
中4Ⅱ급 悲(비) 152
中4Ⅱ급 非(비) 152
高3Ⅱ급 肥(비) 285
高3Ⅱ급 婢(비) 284
高3Ⅱ급 卑(비) 284
高3Ⅱ급 妃(비) 284
中5급 比(비) 55
中4Ⅱ급 貧(빈) 153
高3급 賓(빈) 285
高3급 頻(빈) 285
高3급 聘(빙) 285
中5급 氷(빙) 55

人

中8급 四(사) 55
中7급 事(사) 55
中6급 死(사) 57
高6급 社(사) 56
高5급 査(사) 57
高5급 寫(사) 56
中5급 士(사) 55
中5급 仕(사) 56
中5급 史(사) 56
中5급 思(사) 57
中4급 射(사) 153
中4급 絲(사) 154
中4급 辭(사) 154
中4급 私(사) 154
中4Ⅱ급 舍(사) 154
中4Ⅱ급 師(사) 154
中4Ⅱ급 謝(사) 153
高3급 詐(사) 287
高3급 斜(사) 287
高3급 蛇(사) 287
高3급 斯(사) 285
高3급 捨(사) 288
高3급 賜(사) 288
高3급 似(사) 286
中3Ⅱ급 巳(사) 286
高3Ⅱ급 邪(사) 286
高3Ⅱ급 詞(사) 286
高3Ⅱ급 司(사) 287
高3Ⅱ급 沙(사) 286
高3Ⅱ급 祀(사) 287
中6급 使(사) 56
中4Ⅱ급 寺(사/시) 153
高3급 朔(삭) 288
高3급 削(삭) 288
高3급 索(삭/색) 288
中8급 山(산) 57
中7급 算(산) 57
中5급 産(산) 58
中4급 散(산) 155
3급 酸(산) 289
中4Ⅱ급 殺(살/쇄) 155
中8급 三(삼) 58
3Ⅱ급 森(삼) 289

中7급 上(상) 58
中5급 賞(상) 58
中5급 相(상) 58
中5급 商(상) 59
高4급 象(상) 155
中4급 傷(상) 155
高4Ⅱ급 想(상) 156
高4Ⅱ급 床(상) 156
中4급 常(상) 155
高3급 償(상) 290
高3급 祥(상) 290
高3급 桑(상) 290
高3급 嘗(상) 290
高3Ⅱ급 裳(상) 291
中3Ⅱ급 霜(상) 291
中3Ⅱ급 喪(상) 289
高3Ⅱ급 像(상) 289
中3Ⅱ급 尙(상) 289
高3Ⅱ급 詳(상) 290
高4Ⅱ급 狀(상/장) 156
高3Ⅱ급 塞(새/색) 291
中7급 色(색) 59
中8급 生(생) 59
中8급 西(서) 59
中6급 書(서) 59
中5급 序(서) 60
高3급 庶(서) 292
高3Ⅱ급 敍(서) 291
中3급 暑(서) 291
高3급 署(서) 292
高3Ⅱ급 徐(서) 293
高3Ⅱ급 緖(서) 292
高3Ⅱ급 恕(서) 292
高3급 逝(서) 293
中7급 誓(서) 292
中7급 夕(석) 60
中6급 席(석) 60
中6급 石(석) 60
中3급 昔(석) 293
高3급 析(석) 293
中3Ⅱ급 惜(석) 294
高3Ⅱ급 釋(석) 293
中8급 先(선) 60
中6급 線(선) 61

中5급 選(선) 61
中5급 鮮(선) 61
中5급 善(선) 61
中5급 仙(선) 61
中5급 船(선) 62
高4급 宣(선) 156
高3급 禪(선) 294
高3Ⅱ급 旋(선) 294
中6급 雪(설) 62
高4급 舌(설) 156
中4Ⅱ급 設(설) 157
中5급 說(설/세/열) 62
3급 涉(섭) 294
高3급 攝(섭) 294
中7급 姓(성) 62
中6급 成(성) 62
中5급 性(성) 63
中4Ⅱ급 誠(성) 157
中4Ⅱ급 盛(성) 157
中4Ⅱ급 星(성) 157
中4Ⅱ급 城(성) 157
中4Ⅱ급 聲(성) 158
中4Ⅱ급 聖(성) 158
中6급 省(성/생) 63
中7급 世(세) 63
中5급 歲(세) 63
中5급 洗(세) 63
中4Ⅱ급 細(세) 158
中4Ⅱ급 稅(세) 158
中4Ⅱ급 勢(세) 158
中8급 小(소) 64
中7급 少(소) 64
中7급 所(소) 64
中6급 消(소) 64
中4Ⅱ급 笑(소) 159
高4Ⅱ급 掃(소) 159
中4Ⅱ급 素(소) 159
高3급 蔬(소) 295
高3급 召(소) 295
高3급 昭(소) 296
高3급 騷(소) 296
高3급 燒(소) 296
高3급 疏(소) 295
高3Ⅱ급 蘇(소) 295

高3Ⅱ급 訴(소) 295
中6급 速(속) 64
高5급 束(속) 65
高4급 屬(속) 159
中4Ⅱ급 俗(속) 159
中4Ⅱ급 續(속) 160
高3급 粟(속) 296
中6급 孫(손) 65
高4급 損(손) 160
高3Ⅱ급 率(솔) 296
高4급 頌(송) 160
中4급 松(송) 160
中4Ⅱ급 送(송) 160
高3급 誦(송) 297
高3급 訟(송) 297
高3급 鎖(쇄) 297
高3Ⅱ급 刷(쇄) 297
高3Ⅱ급 衰(쇠) 297
中8급 水(수) 65
中7급 手(수) 65
中6급 樹(수) 65
中5급 首(수) 66
中4급 秀(수) 162
中4Ⅱ급 守(수) 161
中4Ⅱ급 受(수) 161
中4Ⅱ급 修(수) 161
中4Ⅱ급 授(수) 161
中4Ⅱ급 收(수) 161
中3급 誰(수) 298
中3급 雖(수) 298
高3급 睡(수) 298
高3급 遂(수) 299
中3급 須(수) 299
高3급 囚(수) 301
高3Ⅱ급 獸(수) 300
高3Ⅱ급 帥(수) 300
高3Ⅱ급 需(수) 299
中3Ⅱ급 壽(수) 299
高3Ⅱ급 輸(수) 298
高3Ⅱ급 隨(수) 298
高3Ⅱ급 殊(수) 300
中3급 愁(수) 299
高3급 搜(수) 300
高3급 垂(수) 300

中7급 數(수/삭/촉) 66
高3급 孰(숙) 301
中3Ⅱ급 淑(숙) 301
高4급 肅(숙) 162
中4급 叔(숙) 162
高3Ⅱ급 熟(숙) 301
中5급 宿(숙/수) 66
中5급 順(순) 66
中4Ⅱ급 純(순) 162
高3급 殉(순) 302
高3급 循(순) 302
高3급 脣(순) 302
3급 盾(순) 302
高3Ⅱ급 旬(순) 301
高3Ⅱ급 巡(순) 302
高3Ⅱ급 瞬(순) 303
高6급 術(술) 66
中3급 戌(술) 303
高3Ⅱ급 述(술) 303
中4급 崇(숭) 162
中6급 習(습) 67
高3급 濕(습) 303
中3Ⅱ급 拾(습/십) 303
中6급 勝(승) 67
中4Ⅱ급 承(승) 163
中3급 升(승) 304
高3Ⅱ급 昇(승) 304
高3Ⅱ급 僧(승) 304
高3Ⅱ급 乘(승) 304
中7급 市(시) 67
中7급 時(시) 67
中6급 始(시) 67
中5급 示(시) 68
中4Ⅱ급 試(시) 164
中4Ⅱ급 視(시) 163
中4Ⅱ급 施(시) 163
中4Ⅱ급 詩(시) 163
中4Ⅱ급 是(시) 163
高3급 矢(시) 305
高3Ⅱ급 侍(시) 304
高3급 尸(시) 305
中7급 植(식) 68
中6급 式(식) 68
高4Ⅱ급 息(식) 164

高3Ⅱ급 飾(식) 305
中7급 食(식/사) 68
中5급 識(식/지) 68
中6급 信(신) 69
中6급 新(신) 69
中6급 身(신) 69
中6급 神(신) 69
中5급 臣(신) 69
中4Ⅱ급 申(신) 164
高3급 辛(신) 305
高3급 晨(신) 305
高3급 伸(신) 306
高3Ⅱ급 愼(신) 306
中8급 室(실) 70
中6급 失(실) 70
中5급 實(실) 70
中7급 心(심) 70
中4Ⅱ급 深(심) 164
高3급 尋(심) 306
高3Ⅱ급 審(심) 306
高3Ⅱ급 甚(심) 306
中8급 十(십/시) 70
高3Ⅱ급 雙(쌍) 307
中4급 氏(씨) 164

ㅇ

中5급 兒(아) 71
高3급 餓(아) 308
高3급 芽(아) 307
高3급 牙(아) 307
高3Ⅱ급 亞(아) 308
高3Ⅱ급 雅(아) 307
3Ⅱ급 阿(아) 308
中3Ⅱ급 我(아) 307
高3급 岳(악) 308
中5급 惡(악/오) 71
中7급 安(안) 71
中5급 案(안) 71
中4Ⅱ급 眼(안) 165
高3급 雁(안) 308
高3Ⅱ급 岸(안) 309
高3Ⅱ급 顔(안) 309
高3급 謁(알) 309

中4Ⅱ급 暗(암) 165
中3Ⅱ급 巖(암) 309
高4Ⅱ급 壓(압) 165
高3급 押(압) 309
中3Ⅱ급 仰(앙) 310
高3Ⅱ급 央(앙) 310
中6급 愛(애) 71
高3급 涯(애) 310
中3Ⅱ급 哀(애) 310
高4급 額(액) 165
中4Ⅱ급 液(액) 165
高3급 厄(액) 310
中6급 夜(야) 72
中6급 野(야) 72
中3급 也(야) 311
高3급 耶(야) 311
中3Ⅱ급 若(야) 311
中6급 藥(약) 72
中6급 弱(약) 72
中5급 約(약) 72
高3급 躍(약) 311
中6급 洋(양) 73
中6급 陽(양) 73
中5급 養(양) 73
高4급 樣(양) 166
中4Ⅱ급 羊(양) 166
高3급 楊(양) 312
高3Ⅱ급 壤(양) 311
中3Ⅱ급 揚(양) 312
中3Ⅱ급 讓(양) 312
中7급 語(어) 73
中6급 漁(어) 73
中5급 魚(어) 74
中3급 於(어) 312
高3Ⅱ급 御(어) 312
中5급 億(억) 74
高3급 抑(억) 313
中3Ⅱ급 憶(억) 313
中6급 言(언) 74
高3급 焉(언) 313
中4급 嚴(엄) 166
中6급 業(업) 74
中4급 與(여) 167
中4Ⅱ급 如(여) 166

中4Ⅱ급 餘(여) 166	高4급 豫(예) 170	高3급 庸(용) 323	高3급 僞(위) 326
高3급 予(여) 313	中4Ⅱ급 藝(예) 170	中3Ⅱ급 容(용) 323	高3급 違(위) 326
高3급 輿(여) 313	高3급 銳(예) 318	中7급 右(우) 78	高3급 胃(위) 326
中3급 汝(여) 314	中3Ⅱ급 譽(예) 318	中5급 友(우) 78	高3급 緯(위) 325
中3급 余(여) 314	中8급 五(오) 75	中5급 牛(우) 78	高3Ⅱ급 謂(위) 326
高4급 域(역) 167	中7급 午(오) 76	中5급 雨(우) 78	中7급 有(유) 81
中4급 或(역) 212	中4Ⅱ급 誤(오) 170	高4급 郵(우) 171	中6급 由(유) 81
中4Ⅱ급 逆(역) 167	中3급 吾(오) 320	高4급 優(우) 171	中6급 油(유) 81
高3급 疫(역) 314	高3급 汚(오) 319	中4급 遇(우) 171	中4급 遺(유) 175
高3Ⅱ급 譯(역) 314	高3급 娛(오) 319	高3급 尤(우) 324	中4급 乳(유) 174
中3Ⅱ급 亦(역) 314	高3급 傲(오) 318	高3급 羽(우) 324	中4급 遊(유) 174
高3Ⅱ급 役(역) 315	3급 梧(오) 319	高3급 于(우) 325	高4급 儒(유) 174
高3Ⅱ급 驛(역) 315	高3급 嗚(오) 319	高3급 又(우) 323	中3급 酉(유) 327
中4급 易(역/이) 167	中3Ⅱ급 悟(오) 318	高3Ⅱ급 偶(우) 323	中3급 唯(유) 328
中7급 然(연) 74	中3Ⅱ급 烏(오) 319	高3Ⅱ급 憂(우) 324	高3급 惟(유) 328
高4급 延(연) 168	中5급 屋(옥) 76	高3Ⅱ급 愚(우) 324	高3급 愈(유) 326
高4급 鉛(연) 168	中4Ⅱ급 玉(옥) 170	高3Ⅱ급 宇(우) 324	高3Ⅱ급 幽(유) 328
高4급 燃(연) 167	高3Ⅱ급 獄(옥) 320	中6급 運(운) 79	中3Ⅱ급 幼(유) 327
高4급 緣(연) 169	中6급 溫(온) 76	中5급 雲(운) 79	中3Ⅱ급 猶(유) 327
中4Ⅱ급 研(연) 168	高3급 翁(옹) 320	高3급 云(운) 325	中3Ⅱ급 柔(유) 327
高4Ⅱ급 演(연) 168	高3급 擁(옹) 320	高3Ⅱ급 韻(운) 325	高3Ⅱ급 悠(유) 328
中4Ⅱ급 煙(연) 168	中3급 臥(와) 321	中5급 雄(웅) 79	高3Ⅱ급 誘(유) 328
3급 硯(연) 316	中3급 瓦(와) 320	中6급 遠(원) 80	高3Ⅱ급 維(유) 327
高3급 蓮(연) 315	中5급 完(완) 76	中6급 園(원) 80	高3Ⅱ급 裕(유) 329
高3급 燕(연) 315	高3급 緩(완) 321	中5급 元(원) 79	中7급 育(육) 82
高3Ⅱ급 沿(연) 315	中3급 曰(왈) 321	高5급 院(원) 80	中4Ⅱ급 肉(육) 175
高3Ⅱ급 宴(연) 316	中8급 王(왕) 76	中5급 願(원) 80	高3급 閏(윤) 329
高3Ⅱ급 軟(연) 316	中4Ⅱ급 往(왕) 170	中5급 原(원) 79	高3Ⅱ급 潤(윤) 329
中5급 熱(열) 75	中8급 外(외) 77	高4급 援(원) 172	中6급 銀(은) 82
中3Ⅱ급 悅(열) 316	高3급 畏(외) 321	高4급 源(원) 172	高4급 隱(은) 175
高3급 閱(열) 316	中5급 要(요) 77	中4급 怨(원) 172	中4Ⅱ급 恩(은) 175
高3급 鹽(염) 317	中5급 曜(요) 77	高4Ⅱ급 員(원) 172	中3Ⅱ급 乙(을) 329
中3급 炎(염) 317	中4Ⅱ급 謠(요) 171	中4Ⅱ급 圓(원) 172	中6급 音(음) 82
高3Ⅱ급 染(염) 317	高3급 腰(요) 321	中8급 月(월) 80	中6급 飮(음) 82
中5급 葉(엽) 75	高3급 遙(요) 322	高3Ⅱ급 越(월) 325	中4Ⅱ급 陰(음) 175
中6급 英(영) 75	高3급 搖(요) 322	中5급 偉(위) 81	高3급 淫(음) 329
中6급 永(영) 75	中5급 浴(욕) 77	中5급 位(위) 81	中3급 吟(음) 330
中4급 迎(영) 169	高3Ⅱ급 辱(욕) 322	高4급 委(위) 173	中7급 邑(읍) 82
高4급 映(영) 169	高3Ⅱ급 慾(욕) 322	高4급 慰(위) 174	中3급 泣(읍) 330
高4급 營(영) 169	中3Ⅱ급 浴(욕) 322	中4급 危(위) 173	中4Ⅱ급 應(응) 176
中4Ⅱ급 榮(영) 169	中3Ⅱ급 欲(욕) 323	高4급 圍(위) 173	高3급 凝(응) 330
高3급 詠(영) 317	中6급 用(용) 78	中4급 威(위) 174	中6급 衣(의) 83
高3급 泳(영) 318	中6급 勇(용) 77	高4Ⅱ급 衛(위) 173	中6급 醫(의) 83
高3급 影(영) 317	中4Ⅱ급 容(용) 171	中4Ⅱ급 爲(위) 173	中6급 意(의) 83

高4급 疑(의) 177
中4급 依(의) 176
高4급 儀(의) 176
中4ⅠⅠ급 義(의) 176
中4ⅠⅠ급 議(의) 176
中3급 矣(의) 330
高3급 宜(의) 330
中8급 二(이) 83
中5급 耳(이) 84
中5급 以(이) 83
中4급 異(이) 177
中4ⅠⅠ급 移(이) 177
3급 貳(이) 331
中3급 而(이) 331
中3급 已(이) 331
高3급 夷(이) 331
中4ⅠⅠ급 益(익) 177
高3ⅠⅠ급 翼(익) 331
中8급 人(인) 84
中5급 因(인) 84
中4급 仁(인) 177
中4ⅠⅠ급 引(인) 178
中4ⅠⅠ급 印(인) 178
中4ⅠⅠ급 認(인) 178
中3급 寅(인) 332
3급 刃(인) 332
高3급 姻(인) 332
中3ⅠⅠ급 忍(인) 332
中8급 日(일) 84
中8급 一(일) 84
3급 壹(일) 333
高3ⅠⅠ급 逸(일) 332
高5급 任(임) 85
高3급 賃(임) 333
中3ⅠⅠ급 壬(임) 333
中7급 入(입) 85

ㅈ

中7급 子(자) 85
中7급 字(자) 85
中7급 自(자) 85
中6급 者(자) 86
高4급 資(자) 179

高4급 姿(자) 178
中4급 姉(자) 178
高3급 恣(자) 334
3급 雌(자) 334
高3급 玆(자) 334
高3급 紫(자) 333
中3ⅠⅠ급 慈(자) 333
高3급 刺(자/척/라) 334
高6급 昨(작) 86
中6급 作(작) 86
高3급 酌(작) 334
高3급 爵(작) 335
高4급 殘(잔) 179
高3급 蠶(잠) 335
3ⅠⅠ급 潛(잠) 335
高3ⅠⅠ급 暫(잠) 335
高4급 雜(잡) 179
高8급 長(장) 86
中7급 場(장) 86
中6급 章(장) 87
高4급 壯(장) 179
高4급 腸(장) 179
中4급 帳(장) 180
高4급 獎(장) 180
高4급 裝(장) 180
高4급 張(장) 180
中4ⅠⅠ급 障(장) 181
中4ⅠⅠ급 將(장) 180
高3급 牆(장) 335
高3ⅠⅠ급 掌(장) 337
高3ⅠⅠ급 莊(장) 336
中3ⅠⅠ급 丈(장) 337
高3ⅠⅠ급 葬(장) 336
高3ⅠⅠ급 藏(장) 336
高3ⅠⅠ급 臟(장) 336
高3ⅠⅠ급 粧(장) 336
中6급 才(재) 87
中6급 在(재) 87
中5급 再(재) 87
中5급 財(재) 88
高5급 災(재) 88
中5급 材(재) 87
中3급 哉(재) 337
高3ⅠⅠ급 裁(재) 337

高3ⅠⅠ급 載(재) 337
高3ⅠⅠ급 栽(재) 338
高3ⅠⅠ급 宰(재) 338
中5급 爭(쟁) 88
中5급 貯(저) 88
高4급 底(저) 181
中4ⅠⅠ급 低(저) 181
高3ⅠⅠ급 抵(저) 338
中3ⅠⅠ급 著(저) 338
中5급 赤(적) 89
中5급 的(적) 88
中4급 適(적) 181
高4급 績(적) 182
高4급 積(적) 182
高4급 賊(적) 182
高4급 籍(적) 182
中4ⅠⅠ급 敵(적) 181
高3급 滴(적) 338
3ⅠⅠ급 笛(적) 339
高3ⅠⅠ급 跡(적) 339
高3ⅠⅠ급 寂(적) 339
3ⅠⅠ급 蹟(적) 339
高3ⅠⅠ급 摘(적) 339
中7급 全(전) 89
中7급 前(전) 89
中7급 電(전) 89
中6급 戰(전) 89
中5급 典(전) 90
中5급 傳(전) 90
中5급 展(전) 90
高4급 專(전) 182
高4급 轉(전) 183
中4급 錢(전) 183
中4ⅠⅠ급 田(전) 183
高3급 殿(전) 340
中5급 節(절) 90
高4급 折(절) 183
中4ⅠⅠ급 絶(절) 183
高3급 竊(절) 340
高5급 切(절/체) 90
中5급 店(점) 91
高4급 占(점) 184
中4급 點(점) 184
高3ⅠⅠ급 漸(점) 340

中4ⅠⅠ급 接(접) 184
高3급 蝶(접) 340
中7급 正(정) 91
中6급 定(정) 91
中6급 庭(정) 91
中5급 情(정) 92
中5급 停(정) 91
中4급 靜(정) 185
高4급 整(정) 185
中4급 丁(정) 184
中4ⅠⅠ급 政(정) 185
高4ⅠⅠ급 程(정) 184
中4ⅠⅠ급 精(정) 185
高3급 訂(정) 342
高3급 亭(정) 342
中3ⅠⅠ급 淨(정) 340
中3ⅠⅠ급 井(정) 341
中3ⅠⅠ급 頂(정) 341
高3ⅠⅠ급 廷(정) 341
中3ⅠⅠ급 貞(정) 341
中3ⅠⅠ급 征(정) 341
中8급 弟(제) 92
中6급 題(제) 92
中6급 第(제) 92
中4급 帝(제) 186
高4ⅠⅠ급 制(제) 185
中4ⅠⅠ급 除(제) 186
高4ⅠⅠ급 提(제) 186
高4ⅠⅠ급 濟(제) 186
中4ⅠⅠ급 製(제) 186
高4ⅠⅠ급 際(제) 187
中4ⅠⅠ급 祭(제) 187
高3급 堤(제) 342
中3ⅠⅠ급 諸(제) 342
高3ⅠⅠ급 齊(제) 342
中7급 祖(조) 92
中6급 朝(조) 93
高5급 操(조) 93
中5급 調(조) 93
高4급 潮(조) 187
高4급 組(조) 187
高4급 條(조) 188
中4ⅠⅠ급 助(조) 187
中4ⅠⅠ급 鳥(조) 188

中4Ⅱ급 早(조) 188	高4Ⅱ급 準(준) 191	中5급 質(질) 97	高3Ⅱ급 戚(척) 355
中4Ⅱ급 造(조) 188	高3급 俊(준) 346	高3급 姪(질) 350	中3Ⅱ급 尺(척) 355
高3급 弔(조) 343	高3급 遵(준) 346	高3Ⅱ급 秩(질) 350	高3Ⅱ급 拓(척/탁) 356
高3급 燥(조) 343	中8급 中(중) 96	高3Ⅱ급 疾(질) 350	中7급 天(천) 99
高3급 租(조) 343	中7급 重(중) 96	中6급 集(집) 97	中7급 千(천) 99
高3Ⅱ급 照(조) 343	中4Ⅱ급 衆(중) 191	高3Ⅱ급 執(집) 351	中7급 川(천) 99
中3Ⅱ급 兆(조) 343	高3급 仲(중) 347	高3급 懲(징) 351	中4급 泉(천) 196
中7급 足(족) 93	中3Ⅱ급 卽(즉) 347	高3Ⅱ급 徵(징) 351	高3급 薦(천) 356
中6급 族(족) 93	中4Ⅱ급 證(증) 191		高3급 遷(천) 356
中4급 存(존) 188	中4Ⅱ급 增(증) 191		高3Ⅱ급 踐(천) 356
中4Ⅱ급 尊(존) 189	高3급 贈(증) 348	**ㅊ**	中3Ⅱ급 淺(천) 356
中5급 卒(졸) 94	高3Ⅱ급 蒸(증) 348	高4급 差(차) 194	高3Ⅱ급 賤(천) 357
高3급 拙(졸) 344	高3Ⅱ급 症(증) 347	中4Ⅱ급 次(차) 194	中5급 鐵(철) 99
中5급 種(종) 94	中3Ⅱ급 曾(증) 347	中3급 借(차) 352	高3Ⅱ급 徹(철) 357
中5급 終(종) 94	高3Ⅱ급 憎(증) 347	中3급 且(차) 351	高3Ⅱ급 哲(철) 357
中4급 鐘(종) 189	中7급 紙(지) 96	中3Ⅱ급 此(차) 351	高3급 尖(첨) 357
中4급 從(종) 189	中7급 地(지) 96	中5급 着(착) 98	高3급 添(첨) 357
中4Ⅱ급 宗(종) 189	中5급 知(지) 97	高3급 捉(착) 352	高3급 妾(첩) 358
高3Ⅱ급 縱(종) 344	中5급 止(지) 97	高3급 錯(착) 352	中8급 靑(청) 99
中7급 左(좌) 94	高4급 誌(지) 192	高4급 讚(찬) 195	中6급 淸(청) 100
高4급 座(좌) 189	高4급 智(지) 192	高3Ⅱ급 贊(찬) 352	中4급 聽(청) 196
中3급 左(좌) 344	中4급 持(지) 191	中4Ⅱ급 察(찰) 195	高4급 廳(청) 196
高3급 佐(좌) 344	高4급 指(지) 192	高3급 慘(참) 353	中4Ⅱ급 請(청) 196
中3Ⅱ급 坐(좌) 344	中4Ⅱ급 至(지) 193	高3급 慚(참) 352	中3급 晴(청) 358
中5급 罪(죄) 94	中4Ⅱ급 志(지) 192	中5급 參(참/삼) 98	中6급 體(체) 100
中7급 住(주) 95	中4Ⅱ급 支(지) 192	中6급 窓(창) 98	高3급 替(체) 358
中7급 主(주) 95	中3급 只(지) 348	中5급 唱(창) 98	高3Ⅱ급 遞(체) 359
中6급 注(주) 95	高3급 遲(지) 349	高4Ⅱ급 創(창) 195	高3Ⅱ급 逮(체) 358
中6급 晝(주) 95	中3급 枝(지) 348	高3급 暢(창) 353	高3급 滯(체) 358
高5급 州(주) 96	中3Ⅱ급 之(지) 348	3급 滄(창) 354	中7급 草(초) 100
中5급 週(주) 95	高3Ⅱ급 池(지) 349	中3Ⅱ급 昌(창) 353	中5급 初(초) 100
中4급 朱(주) 190	中7급 直(직) 97	高3Ⅱ급 倉(창) 353	中4급 招(초) 197
中4급 酒(주) 190	高4급 織(직) 193	高3Ⅱ급 蒼(창) 353	高3급 抄(초) 359
高4급 周(주) 190	高4Ⅱ급 職(직) 193	中4급 採(채) 195	高3Ⅱ급 超(초) 359
中4Ⅱ급 走(주) 190	高4급 珍(진) 193	高3급 債(채) 354	高3Ⅱ급 礎(초) 359
高3급 株(주) 345	中4급 盡(진) 194	高3Ⅱ급 彩(채) 354	高3급 秒(초) 359
中3급 酒(주) 345	高4급 陣(진) 193	中3Ⅱ급 菜(채) 354	高3Ⅱ급 肖(초/소) 360
高3Ⅱ급 柱(주) 345	中4Ⅱ급 眞(진) 194	中5급 責(책) 98	高3급 燭(촉) 360
高3Ⅱ급 洲(주) 345	中4Ⅱ급 進(진) 194	中4급 冊(책) 195	高3Ⅱ급 觸(촉) 360
中3Ⅱ급 宙(주) 346	高3Ⅱ급 鎭(진) 350	高3Ⅱ급 策(책) 354	高3Ⅱ급 促(촉) 360
高3급 鑄(주) 345	高3Ⅱ급 振(진) 349	中4Ⅱ급 處(처) 196	中8급 寸(촌) 100
高3급 奏(주) 346	高3급 陳(진) 349	3급 悽(처) 355	中7급 村(촌) 101
高3급 珠(주) 346	高3급 震(진) 349	中3Ⅱ급 妻(처) 355	高4급 總(총) 197
中4Ⅱ급 竹(죽) 190	中3Ⅱ급 辰(진/신) 350	高3급 斥(척) 355	高4Ⅱ급 銃(총) 197

高3급 聰(총) 360
中5급 最(최) 101
高3급 催(최) 361
中7급 秋(추) 101
中3급 丑(추) 361
高3급 抽(추) 361
高3급 醜(추) 361
中3Ⅱ급 追(추) 361
中4급 推(추/퇴) 197
中5급 祝(축) 101
高4급 縮(축) 198
高4Ⅱ급 蓄(축) 197
高4Ⅱ급 築(축) 198
高3급 逐(축) 362
高3급 畜(축) 362
中7급 春(춘) 101
中7급 出(출) 102
中5급 充(충) 102
中4Ⅱ급 忠(충) 198
中4Ⅱ급 蟲(충) 198
高3Ⅱ급 衝(충) 362
高4Ⅱ급 趣(취) 199
中4급 就(취) 199
中4Ⅱ급 取(취) 198
高3급 臭(취) 362
高3Ⅱ급 醉(취) 363
中3Ⅱ급 吹(취) 362
高4Ⅱ급 測(측) 199
高3Ⅱ급 側(측) 363
高4급 層(층) 199
中5급 致(치) 102
中4Ⅱ급 齒(치) 200
高4Ⅱ급 置(치) 199
中4급 治(치) 200
高3Ⅱ급 恥(치) 363
高3Ⅱ급 値(치) 363
3Ⅱ급 稚(치) 363
中3급 則(칙/즉) 364
中5급 則(칙/즉) 102
中6급 親(친) 102
中8급 七(칠) 103
高3급 漆(칠) 364
中4급 針(침) 200
高4급 寢(침) 200

中4Ⅱ급 侵(침) 200
高3급 浸(침) 364
高3급 枕(침) 364
高3Ⅱ급 沈(침) 364
高4급 稱(칭) 201

ㅋ

中4Ⅱ급 快(쾌) 201

ㅌ

中5급 他(타) 103
中5급 打(타) 103
高3급 墮(타) 365
高3Ⅱ급 妥(타) 365
高4급 卓(탁) 103
高3급 濁(탁) 365
高3급 托(탁) 365
高3급 濯(탁) 366
3급 琢(탁) 365
高5급 炭(탄) 103
高4급 歎(탄) 201
高4급 彈(탄) 201
高3급 誕(탄) 366
中4급 脫(탈) 201
高3급 奪(탈) 366
中4급 探(탐) 202
高3급 貪(탐) 366
高3Ⅱ급 塔(탑) 366
高3급 湯(탕) 367
中6급 太(태) 104
高4Ⅱ급 態(태) 202
高3급 怠(태) 367
中3Ⅱ급 泰(태) 367
高3Ⅱ급 殆(태) 367
高3Ⅱ급 澤(택) 367
高4급 擇(택) 202
中5급 宅(택/댁) 104
中8급 土(토) 104
高4급 討(토) 202
高3급 吐(토) 368
3급 兔(토) 368
中6급 通(통) 104

高4급 痛(통) 202
中4Ⅱ급 統(통) 203
中4Ⅱ급 退(퇴) 203
高4급 鬪(투) 203
中4급 投(투) 203
高3급 透(투) 368
中6급 特(특) 104

ㅍ

高4급 派(파) 204
中4Ⅱ급 破(파) 204
中4Ⅱ급 波(파) 203
高3급 罷(파) 368
高3급 頗(파) 368
高3급 播(파) 369
高3급 把(파) 369
高5급 板(판) 105
中4급 判(판) 204
高3급 販(판) 369
高3Ⅱ급 版(판) 369
中8급 八(팔) 105
中3급 貝(패) 369
中5급 敗(패,) 105
高3급 幣(폐) 370
中4급 篇(편) 204
高3급 遍(편) 370
中3Ⅱ급 片(편) 370
高3급 偏(편) 370
中7급 便(편/변) 105
中7급 平(평) 105
高4급 評(평) 204
中4급 閉(폐) 205
高3급 蔽(폐) 371
高3급 廢(폐) 371
高3Ⅱ급 肺(폐) 371
高3Ⅱ급 弊(폐) 370
高4급 胞(포) 205
高4Ⅱ급 包(포) 205
中4Ⅱ급 砲(포) 205
中3급 抱(포) 371
高3급 捕(포) 372
高3급 飽(포) 371
高3Ⅱ급 浦(포) 372

中4Ⅱ급 布(포/보) 205
高4급 爆(폭) 206
高3급 幅(폭) 372
中4Ⅱ급 暴(폭/포) 206
中6급 表(표) 106
高4급 標(표) 206
高4Ⅱ급 票(표) 206
高3급 漂(표) 372
中5급 品(품) 106
中6급 風(풍) 106
中4Ⅱ급 豐(풍) 206
3급 楓(풍) 372
高4급 避(피) 207
高4급 疲(피) 207
高3Ⅱ급 被(피) 373
中3Ⅱ급 皮(피) 373
中3Ⅱ급 彼(피) 373
中5급 筆(필) 106
中5급 必(필) 106
中3급 匹(필) 373
高3Ⅱ급 畢(필) 373

ㅎ

中7급 下(하) 107
中7급 夏(하) 107
中5급 河(하) 107
高3급 荷(하) 374
中3Ⅱ급 賀(하) 374
中3Ⅱ급 何(하) 374
中8급 學(학) 107
高3Ⅱ급 鶴(학) 374
中8급 韓(한) 107
中7급 漢(한) 108
中5급 寒(한) 108
中4급 恨(한) 207
中4급 閑(한) 207
中4Ⅱ급 限(한) 207
高3급 汗(한) 375
高3급 旱(한) 374
高3Ⅱ급 割(할) 375
高3급 咸(함) 375
高3Ⅱ급 陷(함) 375
高3Ⅱ급 含(함) 375

中6급 合(합) 108	中4급 刑(형) 211	中4급 歡(환) 213
高4급 抗(항) 208	高3급 螢(형) 380	高3급 丸(환) 384
高4Ⅱ급 港(항) 208	高3급 亨(형) 379	高3Ⅱ급 換(환) 384
高4Ⅱ급 航(항) 208	高3급 衡(형) 379	高3Ⅱ급 還(환) 384
高3급 巷(항) 376	高4Ⅱ급 惠(혜) 211	中7급 活(활) 112
高3Ⅱ급 項(항) 376	高3급 兮(혜) 380	中6급 黃(황) 112
中3Ⅱ급 恒(항) 376	中6급 號(호) 110	高4급 況(황) 214
中7급 海(해) 108	中5급 湖(호) 110	高3급 荒(황) 384
中5급 害(해) 108	中4Ⅱ급 戶(호) 212	中3Ⅱ급 皇(황) 384
中4Ⅱ급 解(해) 208	高4Ⅱ급 護(호) 212	中6급 會(회) 112
中3급 亥(해) 376	中4Ⅱ급 呼(호) 211	中4급 灰(회) 214
高3급 奚(해) 376	中4Ⅱ급 好(호) 211	中4Ⅱ급 回(회) 214
高3급 該(해) 377	中3급 乎(호) 381	高3Ⅱ급 悔(회) 385
高4급 核(핵) 208	高3급 互(호) 380	高3Ⅱ급 懷(회) 385
中6급 幸(행) 109	高3급 毫(호) 381	高3Ⅱ급 劃(획) 385
中6급 行(행/항) 109	高3Ⅱ급 豪(호) 380	高3Ⅱ급 橫(횡) 385
中6급 向(향) 109	高3Ⅱ급 浩(호) 381	中7급 孝(효) 112
中4Ⅱ급 香(향) 209	中3Ⅱ급 虎(호) 380	中5급 效(효) 113
中4Ⅱ급 鄕(향) 209	高3Ⅱ급 胡(호) 381	高3급 曉(효) 385
高3급 享(향) 377	高3Ⅱ급 惑(혹) 381	中7급 後(후) 113
高3Ⅱ급 響(향) 377	中4급 婚(혼) 212	中4급 厚(후) 215
中5급 許(허) 109	中4급 混(혼) 212	中4급 候(후) 214
中4Ⅱ급 虛(허) 209	高3급 昏(혼) 382	高3급 侯(후) 386
高4급 憲(헌) 209	高3Ⅱ급 魂(혼) 382	3급 喉(후) 386
高3급 軒(헌) 377	高3Ⅱ급 忽(홀) 382	中6급 訓(훈) 113
高3Ⅱ급 獻(헌) 377	中4급 紅(홍) 213	高3급 毁(훼) 386
高4급 險(험) 209	高3급 弘(홍) 382	高4급 揮(휘) 215
高4Ⅱ급 驗(험) 210	高3급 鴻(홍) 383	高3급 輝(휘) 386
高4급 革(혁) 210	高3Ⅱ급 洪(홍) 382	中7급 休(휴) 113
中6급 現(현) 109	中8급 火(화) 111	高3급 携(휴) 386
高4급 顯(현) 210	中7급 話(화) 111	中5급 凶(흉) 113
中4Ⅱ급 賢(현) 210	高7급 花(화) 110	中3급 胸(흉) 387
高3급 絃(현) 378	中6급 和(화) 111	中5급 黑(흑) 114
高3급 縣(현) 378	中5급 化(화) 111	高4Ⅱ급 吸(흡) 215
3급 弦(현) 378	中4급 華(화) 213	中4Ⅱ급 興(흥) 215
高3Ⅱ급 懸(현) 378	中4Ⅱ급 貨(화) 213	中4급 喜(희) 215
高3Ⅱ급 玄(현) 378	高3급 禾(화) 383	中4Ⅱ급 希(희) 216
中4Ⅱ급 血(혈) 210	中3Ⅱ급 禍(화) 383	3급 稀(희) 388
高3급 穴(혈) 379	中6급 畵(화/획) 111	中3급 旣(희) 387
高3급 嫌(혐) 379	高4Ⅱ급 確(확) 213	3급 熙(희) 387
中4Ⅱ급 協(협) 211	高3급 穫(확) 383	中3Ⅱ급 戲(희) 387
高3Ⅱ급 脅(협) 379	高3급 擴(확) 383	3급 噫(희/애) 387
中8급 兄(형) 110	中5급 患(환) 112	
中6급 形(형) 110	高4급 環(환) 214	

MEMO

MEMO

부수명칭(部首名稱)

1획

一	한 일
丨	뚫을 곤
丶	점 주(점)
丿	삐칠 별(삐침)
乙(乚)	새 을
亅	갈고리 궐

2획

二	두 이
亠	머리 두(돼지해머리)
人(亻)	사람 인(인변)
儿	어진사람 인
入	들 입
八	여덟 팔
冂	멀 경(멀경몸)
冖	덮을 멱(민갓머리)
冫	얼음 빙(이수변)
几	안석 궤(책상궤)
凵	입벌릴 감 (위터진입구)
刀(刂)	칼 도
力	힘 력
勹	쌀 포
匕	비수 비
匚	상자 방(터진입구)
匸	감출 혜(터진에운담)
十	열 십
卜	점 복
卩(㔾)	병부 절
厂	굴바위 엄(민엄호)
厶	사사로울 사(마늘모)
又	또 우

3획

口	입 구
囗	에울 위(큰입구)
土	흙 토
士	선비 사
夂	뒤져올 치
夊	천천히걸을 쇠
夕	저녁 석
大	큰 대
女	계집 녀
子	아들 자
宀	집 면(갓머리)
寸	마디 촌
小	작을 소
尢(尣)	절름발이 왕
尸	주검 시
屮(艸)	싹날 철
山	메 산
巛(川)	개미허리(내 천)
工	장인 공
己	몸 기
巾	수건 건
干	방패 간
幺	작을 요
广	집 엄(엄호)
廴	길게걸을 인(민책받침)
廾	손맞잡을 공(밑스물입)
弋	주살 익
弓	활 궁
彐(彑)	돼지머리 계(터진가로왈)
彡	터럭 삼(삐친석삼)
彳	조금걸을 척(중인변)

4획

心(忄·㣺)	마음 심(심방변)
戈	창 과
戶	지게 호
手(扌)	손 수(재방변)
支	지탱할 지
攴(攵)	칠 복 (등글월문)
文	글월 문
斗	말 두
斤	도끼 근(날근)
方	모 방
无(旡)	없을 무(이미기방)
日	날 일
曰	가로 왈
月	달 월
木	나무 목
欠	하품 흠
止	그칠 지
歹(歺)	뼈앙상할 알(죽을사변)
殳	칠 수 (갖은등글월문)
毋	말 무
比	견줄 비
毛	터럭 모
氏	각시 씨
气	기운 기
水(氵)	물 수(삼수변)
火(灬)	불 화
爪(爫)	손톱 조
父	아비 부
爻	점괘 효
爿	조각널 장(장수장변)
片	조각 편
牙	어금니 아
牛(牜)	소 우
犬(犭)	개 견

5획

玄	검을 현
玉(王)	구슬 옥
瓜	오이 과
瓦	기와 와
甘	달 감
生	날 생
用	쓸 용
田	밭 전
疋	필 필
疒	병들 녁(병질엄)
癶	걸을 발(필발머리)
白	흰 백
皮	가죽 피
皿	그릇 명
目(罒)	눈 목
矛	창 모
矢	화살 시
石	돌 석

示(礻)	보일 시	谷	골 곡	\multicolumn{2}{c}{10 획}
禸	짐승발자국 유	豆	콩 두	馬	말 마
禾	벼 화	豕	돼지 시	骨	뼈 골
穴	구멍 혈	豸	발없는벌레 치(갖은돼지시변)	高	높을 고
立	설 립	貝	조개 패	髟	머리털늘어질 표(터럭발)
\multicolumn{2}{c}{6 획}	赤	붉을 적	鬥	싸울 투
竹	대 죽	走	달아날 주	鬯	술 창
米	쌀 미	足(𧾷)	발 족	鬲	솥 력
糸	실 사	身	몸 신	鬼	귀신 귀
缶	장군 부	車	수레 거	\multicolumn{2}{c}{11 획}
网(罒·冂)	그물 망	辛	매울 신	魚	물고기 어
羊	양 양	辰	별 진	鳥	새 조
羽	깃 우	辵(辶)	쉬엄쉬엄갈 착(책받침)	鹵	소금밭 로
老(耂)	늙을 로	邑(阝)	고을 읍(우부방)	鹿	사슴 록
而	말이을 이	酉	닭 유	麥	보리 맥
耒	쟁기 뢰	釆	분별할 변	麻	삼 마
耳	귀 이	里	마을 리	\multicolumn{2}{c}{12 획}
聿	붓 율	\multicolumn{2}{c}{8 획}	黃	누를 황
肉(月)	고기 육(육달월변)	金	쇠 금	黍	기장 서
臣	신하 신	長(镸)	길 장	黑	검을 흑
自	스스로 자	門	문 문	黹	바느질할 치
至	이를 지	阜(阝)	언덕 부(좌부방)	\multicolumn{2}{c}{13 획}
臼	절구 구(확구)	隶	미칠 이	黽	맹꽁이 맹
舌	혀 설	隹	새 추	鼎	솥 정
舛(牟)	어그러질 천	雨	비 우	鼓	북 고
舟	배 주	靑	푸를 청	鼠	쥐 서
艮	그칠 간	非	아닐 비	\multicolumn{2}{c}{14 획}
色	빛 색	\multicolumn{2}{c}{9 획}	鼻	코 비
艸(艹)	풀 초(초두)	面	낯 면	齊	가지런할 제
虍	범의문채 호(범호)	革	가죽 혁	\multicolumn{2}{c}{15 획}
虫	벌레 충(훼)	韋	다룸가죽 위	齒	이 치
血	피 혈	韭	부추 구	\multicolumn{2}{c}{16 획}
行	다닐 행	音	소리 음	龍	용 룡
衣(衤)	옷 의	頁	머리 혈	龜	거북 귀(구)
襾	덮을 아	風	바람 풍	\multicolumn{2}{c}{17 획}
\multicolumn{2}{c}{7 획}	飛	날 비	龠	피리 약변
見	볼 견	食(𩙿)	밥 식(변)	*는	*忄심방(변) *扌재방(변)
角	뿔 각	首	머리 수	부수의	*氵삼수(변) *犭개사슴록(변)
言	말씀 언	香	향기 향	변형글자	*阝(邑) 우부(방) *阝(阜) 좌부(변)